LES
FIEFS DU MACONNAIS

OUVRAGE PUBLIÉ

SOUS LES AUSPICES DE L'ACADÉMIE DE MACON

PAR

L. LEX

Ancien élève de l'Ecole nationale des Chartes
Archiviste du Département, de la Ville et de l'Académie

MACON
PROTAT FRÈRES, IMPRIMEURS

—

1897

LES FIEFS DU MACONNAIS

MACON, PROTAT FRÈRES, IMPRIMEURS

LES FIEFS DU MACONNAIS

OUVRAGE PUBLIÉ

SOUS LES AUSPICES DE L'ACADÉMIE DE MACON

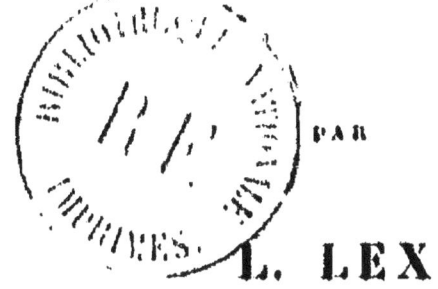

PAR

L. LEX

Ancien élève de l'Ecole nationale des Chartes
Archiviste du Département, de la Ville et de l'Académie

MACON
PROTAT FRÈRES, IMPRIMEURS

1897

INTRODUCTION

En 1863, l'Académie de Mâcon décida d'imprimer à ses frais un *Inventaire des fiefs du Mâconnais et du Charollais, avec table généalogique des familles et de leurs blasons*, dont M. Ragut, archiviste du département de Saône-et-Loire, venait de rédiger le manuscrit [1]. Ce livre n'a jamais vu le jour, bien qu'en 1864 on ait pu lire sur la couverture du *Cartulaire de Saint-Vincent de Mâcon* qu'il était « sous

---

1. Extraits des procès-verbaux des séances : 30 avril 1863. « M. Ragut met sous les yeux de l'assemblée un volumineux manuscrit intitulé : *Inventaire des fiefs du Mâconnais et du Charollais, avec table généalogique des familles et de leurs blasons*, et propose à l'Académie d'en entreprendre la publication à ses frais. Il est décidé que la Société fera cette publication sur ses propres fonds, après que l'édition du Cartulaire de Saint-Vincent sera terminée ». — 28 mai 1863. « M. Ragut entretient l'assemblée de la publication du *Dictionnaire des fiefs du Charollais et du Mâconnais*, dont il a été parlé dans la précédente séance ». — 30 juillet 1863. « M. Ragut annonce qu'il a entre mains le grand armorial de France et la liste des gentilshommes ayant eu droit d'assister aux États généraux de Bourgogne. Ces documents serviront pour la confection du travail sur les fiefs du Charollais et du Mâconnais, qui est en préparation ». — 27 août 1863. « L'assemblée adopte la rédaction d'un prospectus concernant la publication projetée du *Dictionnaire des fiefs du Charollais et du Mâconnais*, et qui contiendra, outre l'état de ces fiefs, la généalogie des familles qui les ont possédés par héritages, donations, acquisitions, alliances ou autrement, et un armorial représentant les blasons de la plupart de ces familles ». (*Annales de l'Académie de Mâcon*, t. VI, Mâcon, 1867, in-8º, pp. 195, 196, 199 et 201).

presse ¹ ». L'apparition, en 1865, de l'*Indicateur héraldique et généalogique du Mâconnais*, dû à notre très distingué confrère, M. Arcelin, découragea peut-être M. Ragut, dont le manuscrit, pour moitié, perdait le mérite, sinon de l'inédit, au moins de l'original. M. Ragut mourut, d'ailleurs, peu après.

Il était dans l'erreur, en tout cas, s'il estimait que la partie de son travail relative aux fiefs faisait double emploi avec la publication de M. Arcelin. Celui-ci, en effet, a dirigé ses recherches dans les sens de l'histoire des familles seigneuriales, mais point dans celui de l'histoire des domaines seigneuriaux. Aussi avons-nous pu reprendre à notre compte l'idée de M. Ragut, une portion de son projet, en nous bornant aux fiefs, et à ceux seulement du Mâconnais.

Nous ignorons ce qu'est devenu le manuscrit de M. Ragut, et nous ne savons rien du plan que l'auteur avait adopté ni de la forme sous laquelle se présentait son *Inventaire*. Mais en ce qui concerne le présent volume, et pour y comprendre tous les documents d'ensemble que nous avons conservé sur les fiefs du Mâconnais, nous avons cru devoir imprimer : 1° l'analyse du registre connu sous le nom de *Papirus feodatariorum comitatus et baillivie Matisconensis*; 2° le rôle des nobles en 1478; 3° le rôle du ban et arrière-ban vers 1540; 4° le rôle des possédant fiefs en 1560; 5° l'inventaire dit *de Peincedé*; 6° le rôle de la noblesse en 1789.

---

1. Il est vrai qu'en 1838, au dos de sa *Statistique du département de Saône-et-Loire*, M. Ragut annonçait déjà deux de ses « publications nouvelles », des *Tablettes chronologiques pour servir à l'histoire de Mâcon* (un fort volume in-8°) et des *Tablettes chronologiques pour servir à l'histoire de Cluny* (un volume in-8°), qui n'ont jamais paru non plus, que nous sachions, dont en tout cas il n'existe aucun exemplaire à notre connaissance.

INTRODUCTION

Le *Papirus feodatariorum* est le plus ancien texte concernant nos fiefs qui nous ait été transmis. C'est un registre de moyen format, contenant 73 feuillets en papier, chiffrés anciennement. Il est conservé aux archives du département de la Côte-d'Or, dans le fonds de la Chambre des Comptes de Dijon, sous la cote B.10437 [1].

L'écriture des actes cotés i-ciii et qui vont de 1306 à 1389 est celle du commencement du xv° siècle (1410-1420 [2]). Les analyses cotées ciii-cviii et qui se réfèrent à des actes compris entre 1217 et 1474 sont une addition de la fin du xvii° siècle ou du commencement du xviii°.

---

1. « B.10447. (Registre). — Petit in-folio, 73 feuillets, papier. — 1306-1881. — *Papirus feodariorum comitatus et ballivæ Matisconensis*. Copie extraite au xv° siècle « d'ung papier noir de petit volume » par Le Noble et Massin, notaires. — Reprise de fief de « parties des langues bovines » de Mâcon, par Béatrix de Teney, veuve de Pierre Mallivalle. — Aveu par Jeoffroy de Lugny, seigneur d'Ygé. — Dénombrement de la terre de La Salle, par Gérard de Vero ; — de celle de Beynens, par Geoffroi de Germoles. — Serment de fidélité d'Amédée, abbé de Tournus, au roi Charles VI. — Vente faite à Jean de France, comte de Mâcon, par Humbert de Thoire et Villars, de tout ce qu'il possède dans ledit comté. — Hommage de Jean, comte de Forez, à Jean, comte de Mâcon. — Dénombrement de Jacques de Valnosse, seigneur dudit lieu ; — d'Hérardin de Semur, seigneur de Sancenay ; — de Robert de Vichy, seigneur de Champrond ; — de Hugues de Digoine, seigneur de Viry ; — de Raoul de Tresettes, seigneur de L'Étoile ; — de Jean de Bruxeul, seigneur de Saint-Germain-en-Brionnais. — Aveu de Jeanne de Nevers, veuve de Hugues Damas, dame de La Bazole ; — de Jean de Marchesouil, mari de Catherine de Busaières, dame dudit lieu ; — de Pierre de Fougeris, seigneur de Marnay ; — de Guyot de La Saint-Jean, seigneur du Roussel ». (*Inventaire sommaire des Archives départementales antérieures à 1790*, p. J. Garnier. *Côte-d'Or*, série B, t. IV, Dijon, 1876, in-4°, p. 212).

2. Il nous semble difficile de porter cette date extrême de 1420 à 1435, sans quoi on pourrait admettre avec vraisemblance que le *Papirus feodatariorum* a été copié pour le duc de Bourgogne quand le traité d'Arras (1435) lui eut donné le Mâconnais.

Le titre primitif *Papirus feoda[ta]riorum conmitatus et bailllivie Matisconensis* se lit encore[1]. Mais le préambule (f° 1) est plus explicite : *In hoc libro scripta sunt nomina feodatariorum domini nostri Regis et denominaciones rerum feodalium existencium in baillivia Matisconensi, necnon alique recogniciones facte illustri principi domino Johanni, duci Bituricensi et Alvernie, comiti Matisconensi et domino dicte baillivie, ac eciam alique acquisiciones facte per ipsum dominum ducem et comitem tempore quo ipse tenuit comitatum Matisconensem, ac eciam alique alie recogniciones per dictos feodatarios facte subsequenter, postquam dictus dominus dux dimisit dictum comitatum manu dicti domini nostri Regis, et aliqua alia antiqua registra reperta in aliquibus libris curie Matisconensis. Et sunt ea que sequntur per ordinem divisa, et distincta per ordinem castellaniarum et prepositurarum prout inferius continetur.*

Les souscriptions finales (f°ˢ 72 v° et 73) méritent aussi d'être reproduites :

« Copie extraicte du papier des fiez par nous,

« A. Le Noble.   Dy. Massini[2] ».

« Copie est extraicte d'ung papier noir de petit volume des fiez du conté et bailliage de Mascon signé dessus à ✠.

« Et est assavoir que l'on en eust bien trouvé plus largement qui eust eu le temps, et mesmement comme l'ont dit et certiffié les tesmoings de la ville de Marcigny examinez en l'informacion, qui dient que il y a des fiez plus de cent appartenans à cause du chastel de Saint-Mur[3], dont ilz ont

---

1. Il a été découpé et collé en tête de la table.
2. Lire *Dy[onisius] Massini* (Denis Massin).
3. Semur-en-Brionnais, chef-lieu de canton.

veu les recognoissances et reprinses en la Chambre des Comptes de Monsieur de Bourbon à Villefranche[1].

« A. Le Noble. Dy. Massini ».

C'est, on le voit, une suite d'aveux et dénombrements, de prestations de foi et hommage. Le scribe en a généralement transcrit le texte ; quelquefois il s'est borné à en donner une analyse[2].

Un double de B.10437 existe aux Archives Nationales,

---

1. Villefranche-sur-Saône, chef-lieu d'arrondissement (Rhône).
2. Voici comment les actes transcrits ou analysés au xv⁰ siècle se répartissent au point de vue chronologique :
1306, v.
1344, lx.
1352, xlvi, lxvii, lxxvi-lxxvii.
1353, xxxv.
1354, lxviii, iiii××i, ci.
1367, i, ii, iii-iv, xxv-xxvi, xxix, xxxviii, xlii-xliii, lxxi.
1368, vi-vii, viii, ix-x, xi-xii, xiv-xv, xvi-xvii, xviii-xix, xx-xxi, xxii-xxiii, xxvii-xxviii, xxx-xxxi, xxxii, xxxvi-xxxvii, xxxix, xl-xli, xliv-xlv, xlvii-xlviii, xlix-l, liii, lvi-lvii, lviii-lix, lxi-lxi^bis, lxii-lxiiii, lxix, lxx, lxxiii, iiii××-iiii××ii, iiii××iii-iiii××iiii, iiii××vi, iiii××vii-iiii××viii, iiii××xii-iiii××xiii, cii.
1369, iiii××xi, iiii××xvi, iiii××xvii.
1372, lxxix.
1373, sans n⁰ entre xxxv et xxxvi, lxv, lxvi, 2 sans n⁰s entre lxxviii et lxxix, sans n⁰ entre c et ci, ciii.
1375, xxiv, lii, lxxii, lxxiiii, iiii××ix, iiii××ix-c.
1376, li, liv-lv.
1377, xiii, iiii××xiv, iiii××xv, iiii××viii.
1378, xxxiii.
1379, lxxv, lxxviii.
1381, xxxiv.
1389, iiii××v, iiii××x.

Les analyses ajoutées au xvii⁰ siècle ou au xviii⁰ portent sur des actes des années suivantes :
1217, ciiii.
1370, cv.
1442, cviii.
1473, cvii.
1474, cvi.

INTRODUCTION

dans le fonds de la Chambre des Comptes de Paris, sous la cote P.595[1].

L'écriture est celle de la fin du xiv° siècle (1380-1390).

Même préambule que dans B.10437, mais point de souscription finale. C'est également un registre de moyen format et en papier, dont 80 feuillets seulement ont été chiffrés au xvii° siècle. Ils contiennent la matière de B.10437, rangée dans un ordre différent : d'une part, les analyses [2], numérotées i-lxi ; d'autre part, les actes, numérotés lxii-cxxi.

A la suite de ces 80 feuillets on en trouve de non chiffrés, sur lesquels le copiste a relevé, sous forme de notes, diverses indications non authentiquées (*non signata*) et sans date relatives aux fiefs du Mâconnais, puis quelques reconnaissances du commencement du xiv° siècle, dont la plupart ont été renouvelées ensuite et sont, par conséquent, conservées dans B.10437 [3]. Ces transcriptions portent les numéros cxxii à ii°viii. Elles sont précédées de ces lignes : *Sequntur quedam antiqua registra non signata sed tanquam privata scriptura reperta in aliquibus libris curie Matisconensis. Et sunt ea que sequntur per ordinem distincta, et divisa per ordinem castellaniarum et prepositurarum* [4] *prout inferius continetur.*

---

1. « Transcrits d'aveux et dénombrements de Mâcon, Charlieu, Saint-Gengoux, 1868 ». (*Inventaire sommaire et Tableau méthodique des fonds conservés aux Archives Nationales*, Paris, 1871, in-4°, col. 347).

2. Sauf pour la châtellenie de Saint-Symphorien-le-Château, dont les actes suivent les analyses.

3. Celle-ci nous a seule paru digne d'être relatée : « cxxvi. C'est ce que Messire Guillaume de G...mole, chevalier, tient en fié du roy de France nostre sire et confesse à tenir, c'est assavoir demi denier pour livre de la monnoye que l'on bat ou conté de Mascon, quelque monnoye que ce soit que l'on bate, [soit] grosse, soit menue, soit grant, soit petite, etc. »

4. *Et primo in prepositura Matisconensi*, cxxii-clx. *In castellania Sancti Simphoriani Castri et Poilliaci Monialis*, sans n° entre clx et

En somme, B.10437 et P.595 paraissent être des expéditions faites, à vingt, trente ou quarante ans d'intervalle, d'un registre disparu, qui avait été minuté d'après des originaux également perdus.

Les actes de B.10437 sont presque tous en latin. Nous les avons analysés ou traduits avec le plus grand soin, en supprimant les formules initiales et finales et en n'omettant rien des indications qui méritaient d'être prises.

*
* *

Le rôle de la noblesse « du pays de Masconnois » en 1478, a été dressé à l'occasion du serment de fidélité que, cette année-là, Louis XI se fit prêter « par les habitans des pays de par-deçà », et il a été transcrit dans le cartulaire [1] de la ville de Mâcon connu sous le nom de *Le Despourveu* [2].

Il ne nous paraît pas sans intérêt de reproduire ici les deux documents qui, dans *le Despourveu*, précèdent le texte de ce rôle :

« A tous ceulx qui ces présentes lettres verront, Jaques d'Amanzé, chevalier, seigneur dudit lieu [3] et de Choffailles [4], lieutenant général de noble et puissant seigneur Messire Jehan de Damas, chevalier, seigneur de Digoyne [5], de Cleissy [6] et de Saint-Amour [7], conseillier et chambellan du Roy nostre

---

CLXI. *In castellaniis Castri Novi et Cariloci*, CLXI-CIII^{XX}XXIII. *In castellania de Bosco*, CIII^{XX}XV-II^CIII. *In castellania Sancti Gengulphi et prepositura Sancti Andree Deserti*, II^CIIII-II^CVIII.

1. Archives de la ville de Mâcon, AA. 3, 1466-1483.
2. Parce que, dit-on, primitivement il n'avait pas de couverture.
3. Amanzé, canton de La Clayette.
4. Chauffailles, chef-lieu de canton.
5. Digoine, commune de Palinges, chef-lieu de canton.
6. Clessy, canton de Gueugnon.
7. Chef-lieu de canton (Jura).

sire, son lieutenant, gouverneur et bailli de Masconnois, député en ceste partie de Monseigneur le conte de Brienne, lieutenant général et gouverneur pour le Roy nostre sire en ses duchié et conté de Bourgongne, Masconnois et Charrolois, salut. Savoir faisons que, l'an de nostre Seigneur courant mil quatre cens soixante dix-huyt, le mardi xxiii° jour du moys de novembre, heure de tierce, auxqueulx jour et heure plusieurs gens d'esglise et nobles du pays de Masconnois et les bourgeois et habitans de ladicte ville de Mascon estoient par nous et par noz lettres missives, à eulx de par nous envoyées, mandez pour faire de nouvel le sèrement au Roy nostre sire en la forme que mandé nous a esté par mondict seigneur le conte de Brienne, lieutenant général et gouverneur, et par ses lettres patentes de la date du xiii° jour de ce présent moys scellées de son grant seel en cire vermeille à simple quehue, desquelles la teneur est telle :
« Charles d'Amboize, conte de Brienne[1], seigneur de Chaul-
« mont[2], lieutenant général et gouverneur pour le Roy
« nostre sire des duchié [et] conte de Bourgogne, Charro-
« lois, Masconnois et pays de Champaigne, à nostre chier
« et bien amé le gouverneur de Mascon ou à son lieute-
« nant, salut. Comme le Roy nostre sire, pour certaines
« causes à ce le mouvans, ait ordonné prandre et recepvoir
« le sèrement de tous les prélatz, gens d'esglise, nobles et
« autres gens notables de ses pays de Bourgongne de doures
« en avant luy estre bons et loyaulx et le servir envers et
« contre tous, et soit ainsi que, pour l'occupacion que nous
« avons de présent pour les affaires dudict seigneur, ne
« pouvons vacquer en personne en ce faire, et pour ce soit
« besoing y commectre quelcung pour et ou nom de nous,
« pour ce est-il que nous, confians de voz sens, vaillance,

---

1. Brienne-le-Château, chef-lieu de canton (Aube).
2. Chaumont-sur-Loire, canton de Montrichard (Loir-et-Cher).

« preudommie et bonne diligence, nous [vous] avons commis,
« ordonné et députó, et par ces présentes commettons,
« ordonnons et députons à assembler [ou] faire assembler
« ou lieu que verrez estre à faire et plus convenable
« tous lesditz prélatz, gens d'esglise, nobles et autres gens
« notables de vostre gouvernement ou bailliaige de Mascon,
« et d'iceulx, appellez [1] avec vous deux notaires royaulx telz
« que verrez estre pour le mieulx, prenez et recevez le
« sèrement en la forme [2] que le vous envoyons signé de
« nostre main, et iceulx sèremens faites enregistrer par
« notaires et personnes publicques et signer du seing ma-
« nuel de ceulx qui les feront, et de tout ce que fait aurez
« rappourtez le par-devers nous et par-devers nos gens des
« Comptes à Dijon. Donné à Germole [3], soubz nostre seel
« armoyé de noz armes, le XIII° jour de novembre l'an mil
« CCCCLXXVIII. Par Monseigneur le Conte, lieutenant général
« et gouverneur, L. Siclier ». Se sont comparuz à Mascon,
en l'esglise du couvent des frères prescheurs dudit lieu, par-
devant nous, estans et assistans avec nous honnourables

---

1. Nous avons cru devoir rectifier ainsi la copie du *Despourveu*, où on lit : « et de ceulx appellez... »
2. Teneur du serment : « Nous soubzescriptz, jurons aux sainctz euvangilles de Dieu que nous touchons présentement, par le babtesme que nous appourtâmes de dessus les fons, et sur le dampnement de noz âmes, que nous serons doures en avant bons, vrais et loyaulx subgetz du Roy nostre sire, de Monseigneur le Daulphin, son succes- seur, et que nous le servirons à l'encontre du duc d'Aultriche et de Mademoiselle sa femme et de tous autres quelxconques, sans nulx excepter, et jamais ne ferons ne procurerons chose que soit au préju- dice et dommaige du Roy, et se nous savons qu'il se face chose qui soit préjudiciable ou dommaigeable au Roy ne à ses pays et subgetz, que nous l'en advertirons et obvierons au contraire de tout nostre pouvoir. Et au surplus ferons tout ce que bons et loyaulx subgetz doivent et sont tenuz de faire envers leur souvrain seigneur et naturel sire. Et renonçons à tous autres sèremens que nous pourrions avoir fait précédent au contraire ». (AA.3, f° IXXXI).
3. Germolles, commune de Mellecey, canton de Givry.

personnes et saiges Maistre Guillaume Le Fèvre, licencié en loix, lieutenant général ou bailliaige de Mascon, Maistre Philibert de La Ferté, aussi licencié en loix, advocat, et Claude Pennet, procureur fiscaulx dudit seigneur oudit bailliaige de Mascon, les gens d'esglise, nobles, et aussi les bourgeois et habitans de ladite ville de Mascon ».

Le rôle de la noblesse est reproduit deux fois dans *le Despourveu* [1].

Le scribe a d'abord énuméré les comparants, puis « ceulx qui ont fait le sèrement et signé ». Les listes varient peu de l'une à l'autre. Nous avons imprimé le texte de la première, auquel celui de la seconde, plus complète, nous a permis d'ajouter un certain nombre d'articles nouveaux [2] et des formes différentes de noms de lieux. En suite de la mention relative à chacun de ceux qui « ont prêté serment », il y a : « Ainsi signé (*un tel*) », sauf en ce qui concerne Jean Robolet, sans doute « pour ne l'avoir su ».

Nous avons pu reconstituer en ses grandes lignes le rôle du ban et arrière-ban vers 1540 [3], grâce à l'usage qu'en a fait [4] dans ses *Antiquitez de Mascon* [5] Saint-Julien de Baleurre, à qui l'avait communiqué « M. Charles Décrivieux, advocat du Roy au bailliage du Masconnois ».

« Le bailliage Masconnois, dit-il [6], s'estend sur plusieurs

---

1. F^{os} ıx^{xx}xııı et ıx^{xx}xvııı v°.
2. Ce sont les dix-sept mentions finales, pp. 31 et 32.
3. Sur cette date approximative, voir p. 36, n. 7.
4. Pages 311 à 362.
5. Les *Deux Livres des Antiquitez de Mascon*, par Pierre de Saint-Julien, de la maison de Baleurre, ont paru chez Nicolas Chesneau, à Paris, en 1580, in-f°; mais la dédicace de cet ouvrage « à Monsieur le révérend Evesque de Mascon » est datée du 10 juillet 1577.
6. Page 311.

tant chastellenies que prévostez royales : lesquelles par les roolles du ban et riéreban du conté dudict Mascon sont réduictes à ce qu'on appelle *Baillief, Chastellenies de Criche*[1], *d'Igyé*[2], *de Prissey*[3], *de Sainct-Gengoulx*[4], *la Prévosté Sainct-André*[5], *Chastellenies du Bois-Saincte-Marie*[6] *et de Chasteau-Neuf*[7]. De chacune desquelles, ensemble des maisons nobles situées en icelles, j'espère parler... Le roolle du ban et riéreban du Masconnois sera le guide que j'ay entreprins de suyvre, tant pour éviter calumnie, que pour décliner l'envie qui pourroit naistre, si de moy-mesme j'avois emplacé les seigneurs des maisons desquelles j'ay à parler en autre rang que celuy qu'ils pensent leur appartenir. J'ay choisy ce moyen et l'ay jugé plus requis pour (comme avec l'escu de Pallas) rendre les hommes (sinon pierres) à tout le moins muetz. Car quand je suivray le roolle du Roy, qu'y pourra-il avoir de ma coulpe ? »

Malheureusement Saint-Julien de Baleurre a omis de citer les fiefs sur les possesseurs desquels il n'avait pas de renseignements. Ainsi pour les châtellenies d'Igé et de Prissé il dit qu'il y a « plusieurs maisons nobles, desquelles ignorant les seigneurs, (il a) esté contrainct (se) taire » (p. 326). Pour la châtellenie de Saint-Gengoux, il demande au « reste des autres sieurs nommez au roolle (de l'excuser), s'il leur plaist, (s'il se tait) d'eux, n'ayant suffisantes instructions pour en parler à contentement » (p. 331). De même pour la châtellenie du Bois-Sainte-Marie : « Si je ne fay article de chacun des autres seigneurs nommez, je leur

---

1. Crèches, canton de La Chapelle-de-Guinchay.
2. Igé, canton de Cluny.
3. Prissé, canton de Mâcon sud.
4. Saint-Gengoux-le-National, chef-lieu de canton.
5. Saint-André-le-Désert, canton de Cluny.
6. Le Bois-Sainte-Marie, canton de La Clayette.
7. Château-Neuf, canton de Chauffailles.

prie croire que si j'eusse eu quelques instructions pertinentes et dignes de les escrire, je n'eusse espargné ma peine » (p. 356). Enfin, après la châtellenie de Château-Neuf et pour l'ensemble du rôle : « Je pourrois poursuyvre le reste des maisons contenues et nommées au roolle que j'ay suivy et en parler de gros en gros; mais ce que j'en puis sçavoir est si peu que nul n'en pourroit estre d'autant satisfaict. Cela me contrainct de m'en déporter » (p. 360).

On voit que forcément le texte que nous avons tenté de restituer n'est pas absolument complet.

*
* *

Le très intéressant rôle des possédant fiefs en 1560 forme un cahier conservé aux archives du département de Saône-et-Loire dans le fonds des Etats du Mâconnais (C.547, n° 10). Il est intitulé : « Extraict du rolle des nobles et roturiers tenans fiefz et rièrefiefz au bailliaige de Masconnoys, et le revenu d'iceulx fiefz selon le denombrement baillé à la dernière convocation de ban [et] rièreban ».

L'acte ci-dessous a été transcrit en tête du cahier et nous apprend dans quelles circonstances l' « extraict » a été produit : « Jehan Boyer, docteur ès droict, seigneur de Tresmolles[1], conseillier du Roy nostre sire, son lieutenant général, civil et criminel ès bailliaige et judicature royaulx de Masconnoys, commissaire depputé en ceste partie, sçavoir faisons que suyvant les lectres patantes du Roy nostre sire, donnée[s] le trantiesme de janvyer dernier passé, signé *Par le Roy en son Conseil, Hurault*, et sellée[s] de grand seel en cire jaulne à simple queue pendant, ce jour d'huy, neufviesme du moys de mars mil cinq cens soixante, avons taxé à noble Anthoine de Semeur, seigneur

---

1. Tremolle, commune de Viry, canton de Charolles.

de Tresmont[1], de Sancenier[2] et de Cercy[3], lieutenant pour le Roy au gouvernement de la ville de Verdung en Lorraine, depputé naguère par la noblesse dudict balliaige pour comparoir en l'assemblé[e] générale des Estatz du royaulme de France en la ville d'Orléans, la somme de huict cens livres tournoiz, pour ses vaccations pour l'allée, séjour et retour du voyaige, et pour certain[s] fraiz par luy nécessairement débourcés, le tout par l'advis de six gentilzhommes du pays, esleuz pour assister à ladicte taxe, selon que plus à plain est contenu par noz procès-verbaulx, laquelle somme nous avons imposé[e] sur les fiefz nobles dudict bailliaige, selon le revenu d'iceulx baillé par dénombrement à la dernière convocation de ban et rièreban et selon la taxe du rolle cy-après escript, sur lequel revenu sera prins et levé à raison de douze denier[s] pour livre pour satisfaire à ladicte taxe, lesquelz denier[s] seront levés et recuilly[s] par M° Olivyer Dagoneau, recepveur pour le Roy audict pays, que nous avons à ce commys et qui s'est obligé avec sèrement et toutes submission[s] requisses d'y vacquer diligenment, et des deniers receuz payer la taxe faicte audict seigneur de Tresmont, pour le payement de quoy à raison desdicts douze denier[s] pour livre seront contrainct[s] par le premyer sergent sur ce requis ceulx qui tiennent lesdicts fiefz par saisie d'iceulx et par toutes aultres voyes deues et raisonnaibles, nonobstant opposition ou appellations quelzconques et sans préjudice d'icelles, à la forme desdictes lectres patantes, à la charge de randre compte par ledict Dagoneau dans six sepmaines de ce qu'il auroit receu oultre ladicte taxe pour estre emploié au premyer besoing qui se

---

1. Trémont, commune de Varennes-sous-Dun, canton de La Clayette.
2. Sancenay, commune d'Oyé, canton de Semur-en-Brionnais.
3. Sercy, canton de Buxy.

présentera pour la noblesse dudict pays. Faict à Mascon, les an et jour que dessus ».

Le rôle était signé *Boyer* et plus bas *De Montmessin*.

Dagoneau a certifié l'extrait conforme dans les termes suivants : « Extraict pris sur le mesme qu'a faict mectre entre mès mains Monsʳ le lieutenant général au bailliaige de Mascon. Dagoneau ».

L'écriture du document a pâli. Des additions, contemporaines de l'acte, mais d'une encre plus noire, ont été faites au bas des pages. Nous les avons groupées à la fin de chacune des deux parties, consacrées, la première aux nobles, la seconde aux roturiers [1].

*
* *

Peincedé, garde des livres de la Chambre des Comptes de Bourgogne, a rédigé vers 1782 [2] un recueil de textes et d'analyses de documents de la Chambre des Comptes, en 30 volumes ou registres in-f⁰ conservés aujourd'hui aux archives du département de la Côte-d'Or [3]. La première moitié du tome XII [4] de cette précieuse collection contient un inventaire détaillé, non seulement du *Papirus feodatariorum*, mais encore de sept liasses de reprises de fief et dénombrements du Mâconnais [5], dont les originaux sont, avec l'ensemble des archives de la Chambre des Comptes, au dépôt départemental.

Un inventaire sommaire en 12 volumes de la partie du recueil consacrée aux reprises de fief et dénombrements a été entrepris par Peincedé lui-même après 1782 et poursuivi par

---

1. Voir pages 54 et 61.
2. Le dernier acte qu'il ait inventorié est une reprise de fief du 8 août 1781. Voir page 188.
3. B.11994-12024.
4. B.12005. B.12042 en est un double.
5. La seconde moitié contient l'inventaire de quatre layettes et deux liasses de reprises de fief et dénombrements du Charollais.

INTRODUCTION

Nicaise, conseiller doyen de la Chambre des Comptes, jusqu'en 1790. Il se trouve également aux archives de la Côte-d'Or [1]. Le tome XI [2] se réfère au Mâconnais.

Ce sont les analyses de l'inventaire détaillé de Peincedé, au nombre de 470, allant de 1451 à 1781, et celles de l'inventaire sommaire de Nicaise, au nombre de 26, allant de 1778 à 1789 [3], que nous avons imprimées, de manière à donner une suite des reprises et dénombrements des fiefs du Mâconnais depuis le milieu du xv° siècle jusqu'à la Révolution. Malheureusement sur les 470 analyses de Peincedé, 13 seulement portent sur des actes du xv° siècle et 29 seulement sur des actes du xvi°.

Dans l'un et l'autre inventaire, les analyses suivent l'ordre chronologique, selon lequel, d'ailleurs, les pièces étaient rangées dans les liasses de la Chambre des Comptes et le sont encore dans les portefeuilles des archives de la Côte-d'Or [4]. Nous avons refondu le travail de Peincedé et de Nicaise et nous avons classé les analyses par ordre alphabétique des noms de fiefs de manière à grouper, dans les limites du possible, toutes les reprises, tous les dénombrements d'une même seigneurie [5].

---

1. B.11980-11991.
2. B.11990. Il y en a une copie récente (1888) aux archives du département de Saône-et-Loire, supplément à la série E (Féodalité).
3. Une analyse se rapporte à 1778, une à 1781, une à 1783, deux à 1784, huit à 1785, quatre à 1786, trois à 1787, quatre à 1788 et deux à 1789. Celles de 1778 et 1781 (voir pp. 67 et 155) paraissent réparer des omissions de Peincedé ; celle de 1783 (voir p. 127) se réfère à un acte du 10 mai de cette année-là. — Les analyses de l'inventaire sommaire de Peincedé et Nicaise sont imprimées en italique, de sorte qu'il est facile de les distinguer de celles de l'inventaire détaillé de Peincedé. Ce que, dans la n. 4 de la p. 66, nous qualifions de « table de l'inventaire de Peincedé » n'est autre chose que l'inventaire sommaire de Peincedé et Nicaise.
4. B.10470-11118.
5. Quand une reprise ou un dénombrement porte sur plusieurs fiefs, nous en plaçons l'analyse au rang alphabétique du premier nom cité.

Un autre point auquel nous nous sommes attachés, ç'a été de rétablir l'orthographe des noms de personnes et de lieux, dont la lecture dans les originaux avait été l'objet de peu d'attention de la part de Peincedé et de Nicaise, qui, par suite, en avaient fréquemment donné des transcriptions fautives.

Enfin nous avons essayé d'identifier au point de vue géographique tous les fiefs, même ceux qui sont étrangers au Mâconnais.

*
* *

Le rôle de la noblesse en 1789 compris au procès-verbal de l'assemblée générale des trois ordres du bailliage de Mâcon (16-30 mars) a été publié d'après la copie des Archives Nationales [1], par MM. L. de La Roque et E. de Barthélemy, dans leur *Catalogue des gentilshommes de Bourgogne, Bresse, Bugey, Valromey et de la principauté de Dombes, qui ont pris part ou envoyé leur procuration aux assemblées de la noblesse pour l'élection des députés aux Etats généraux de 1789* [2], et par M. Arcelin dans son *Indicateur héraldique et généalogique du Mâconnais* [3]. Notre texte a été soigneusement amendé et, partout où nous l'avons pu faire, nous avons restitué aux noms des seigneurs et des terres leur orthographe que depuis un siècle au moins les scribes maltraitaient à plaisir et sans discontinuité dans les rôles annuels dressés soit pour les convocations aux tenues des Etats particuliers du Mâconnais, soit pour l'acquittement des impositions spéciales aux privilégiés. Ces rôles sont conservés en grand nombre aux archives du départe-

---

L'index toponomastique imprimé à la fin du volume renvoie aux autres.

1. B.III, 77, pp. 105-156.
2. 2ᵉ éd. Paris, 1892, in-8º, pp. 29-33.
3. 2ᵉ éd. Paris et Mâcon, 1866, in-8º, pp. 471-478.

ment de Saône-et-Loire [1], mais, nous le répétons, ils sont invariablement fautifs, les erreurs se retrouvent de l'un en l'autre et finalement beaucoup de noms y sont devenus méconnaissables [2].

**

Tel que nous l'avons conçu et préparé, ce recueil de textes et d'analyses ne permettra guère, à raison de la date relativement récente des documents qu'il contient, d'écrire sur le Mâconnais un livre analogue à celui que M. Seignobos a consacré à la féodalité en Bourgogne [3], mais il rendra service, nous l'espérons du moins, aux historiens locaux. Il sera un utile instrument de travail à mettre entre les mains des auteurs de monographies communales, non seulement du Mâconnais, mais encore des pays limitrophes, Chalonnais, Charollais, Bourbonnais, Forez, Beaujolais, Bresse, Dombes et Lyonnais. En effet, les noms qui intéressent cette région sont en nombre presque égal à ceux qui concernent exclusivement le Mâconnais. On s'en convaincra facilement en jetant un coup d'œil sur l'index toponomastique [4] et sur l'index onomastique qui terminent ce volume.

---

1. Séries B et C.
2. Ainsi dans la banlieue de Mâcon, il faut lire « Cormon » et « Corcelles », au lieu de « Comon » et « Conelles »; dans la châtellenie de Chânes et Crêches, « Palerne » au lieu de « Palesse »; dans la châtellenie de Vérizet (et non *Nérizet*), il faut lire « La Salle de Grenot », « Vaux-Verzé », « De Jubilé », « Perrier, seigneur de Marigny » et « Des Epaux », au lieu de « Lavaux de Grenot », « Vaux-Serré », « De Sabelé », « Perrin, seigneur de Magny » et « Despréaux », etc.
3. *Le Régime féodal en Bourgogne jusqu'en 1360*, p. Ch. Seignobos, Paris, in-8º, 1882.
4. Les noms qui dans l'index toponomastique ne sont pas suivis d'indication de département appartiennent à Saône-et-Loire. Nous avons adopté pour ces derniers l'orthographe du *Dictionnaire des lieux habités du département de Saône-et-Loire*, p. P. Siraud (Mâcon, 1892, in-8º); pour les autres, celle du *Dictionnaire des Postes* (Pithiviers, 1884, in-4º).

Le *Papirus feodatariorum* est un véritable cartulaire des fiefs du Mâconnais au xiv° siècle. Pour le xv° siècle, des indications sont fournies par le rôle des nobles en 1478 Le rôle du ban et arrière-ban vers 1540 et le rôle des possédant fiefs en 1560, — ce dernier d'autant plus précieux qu'il donne l'indication du revenu des seigneuries, — nous renseignent sur le xvi° siècle. Enfin, pour le xvii° et le xviii° siècle, nous avons dans l'inventaire de Peincedé la suite à peu près sans lacune des reprises et dénombrements présentés à la Chambre des Comptes de Dijon, — ce qui permettra aux érudits d'en trouver plus facilement le texte intégral aux archives du département de la Côte-d'Or où il sont conservés [1]. Quant au rôle de la noblesse en 1789 il nous présente un tableau d'ensemble des seigneurs à la veille de la Révolution qui devait les supprimer.

C'est un devoir pour nous de nommer, en terminant, toutes les personnes aux lumières de qui nous avons dû faire appel au cours de notre travail : Mgr Rameau, qui nous a ouvert plusieurs fois le trésor de ses notes historiques sur le Mâconnais; notre vénéré collègue, M. Garnier, archiviste du département de la Côte-d'Or, qui, non content de nous communiquer de la manière la plus libérale les précieux documents, le *Papirus feodatariorum* et l'inventaire de Peincedé, confiés à ses soins pieux, a bien voulu faire pour nous mainte et mainte collation de texte dans les originaux de son riche dépôt; MM. Brossard, Guigue, de Fréminville, Prudhomme, Claudon et Rouchon, nos excellents confrères de l'Ain, du Rhône, de la Loire, de

---

[1]. Les aveux, hommages et dénombrements rendus au Roi pendant la réunion ancienne du Mâconnais à la Couronne (1239-1435) étaient conservés à la Chambre des Comptes de Paris, où ils ont dû être détruits par l'incendie de 1737, car ils ne se retrouvent pas aux Archives Nationales où le seul document concernant les fiefs du Mâconnais est le double du *Papirus feodatariorum* coté P.595.

l'Isère, de l'Allier et du Puy-de-Dôme, sans compter ceux des autres départements, à qui nous devons plus d'une identification de famille ou de terre étrangères au Mâconnais. Nous n'avons garde d'oublier non plus un collaborateur aussi modeste que dévoué, M. Perraud, employé aux archives et ancien secrétaire de l'Académie, qui n'a cessé de nous prêter son concours pour l'accomplissement des recherches, la confection des index et la lecture des épreuves. A tous, merci.

TABLE DES MATIÈRES

Introduction v

PREMIÈRE PARTIE
Analyse du *Papirus feodatariorum* 1

DEUXIÈME PARTIE
Rôle des nobles en 1478 29

TROISIÈME PARTIE
Rôle du ban et arrière-ban vers 1540 33

QUATRIÈME PARTIE
Rôle des possédant fiefs en 1560 39

CINQUIÈME PARTIE
Inventaire de Peincedé 63

SIXIÈME PARTIE
Rôle de la noblesse en 1789 237

Additions et corrections 249
Index toponomastique 253
Index onomastique 260

LES FIEFS DU MACONNAIS

PREMIÈRE PARTIE
ANALYSE DU *PAPIRUS FEODATARIORUM*

PRÉVÔTÉ DE MACON

Vaux-sur-Aisne[1]. — Guillaume Cusin (*Cusini*), de Vaux (*de Vallibus*), paroisse d'Azé (*Asiaci*), avoue tenir en fief et hommage lige une maison sise *En Vaulx Meldouse*, dite paroisse, à côté de la maison d'Etienne de La Farge (*de Fargia*), avec la cour attenante à la maison susdite (le 13 janvier 1367).

I.

Vaux-sur-Aisne. — Etienne de La Farge, de Pierreclos (*de Petraclausa*)[2], avoue tenir en fief et hommage une maison sise *En*[3] *Vaulx Meldouse*, paroisse d'Azé, et deux curtils attenants à ladite maison, avec les appartenances de ladite maison et desdits curtils (le 13 janvier 1367).

II.

Mâcon (péage). — Mathieu de La Mure (*de Mura*, alias *de Muro*), citoyen de Lyon, avoue tenir en fief et hommage lige cinquante livres tournois de rente annuelle sur le péage de Mâcon (l'avant-dernier jour de mars 1367).

III-V[4].

Mâcon (boucherie). — Béatrice de Tanay (*de Teney*), damoiselle, veuve de Pierre de Malaval (*de Mala Valle*, *de Maleval*), au nom de François de Malaval, écuyer, son fils, avoue tenir en fief

---

1. Commune d'Azé, canton de Lugny.
2. Canton de Tramayes.
3. *Apud*.
4. Sous la cote v on trouve les lettres par lesquelles Philippe le Bel concède ladite rente à Mathieu, dit *de Mure*, de Lyon, son panetier (Poissy, juin 1306).

la tierce et la huitième partie des langues des bêtes bovines de la boucherie et de l'écorcherie[1] de Mâcon, estimées valoir cent sous tournois par an (le 20 juin 1368).

VI-VII.

Igé[2] et Dommange[3]. — Geoffroy de Lugny (*de Luignie*), damoiseau, en son nom et au nom d'Isabeau, sa femme, avoue tenir en fief leur maison forte d'Igé (*apud Ygiacum*), avec les fossés qui l'entourent; item, les rentes appelées *les tâches*, qui leur sont dues sur les paroisses d'Igé et de Dommange, et qui peuvent valoir trois paneaux de blé ou environ, mesure de Cluny; item, les rentes qu'ils ont sur les bois communs d'Igé, de peu de valeur; item, la justice des routes d'Igé et de Dommange; item, la garde des issues[4] de Dommange la veille et le jour de la Saint-Barthélemy (le 25 mai 1368).

VIII.

Dommange. — Béraud de Francheleins (*de Franchelains*), damoiseau, au nom de Philiberte de La Perrière, sa femme, et Marguerite de La Bussière (*de Buxeria*), paroisse de Saint-Marcelin[5], damoiselle, avouent tenir en fief et hommage, ledit Béraud et sa femme pour un quart, ladite Marguerite pour un autre quart, la petite dîme des gros blés de Dommange, chaque quart valant par an onze paneaux de blé, mesure de Cluny, moitié froment et moitié orge; item, la petite dîme du vin dudit Dommange, chaque quart valant communément sept ânées de vin, dite mesure; item, ledit Béraud et sa femme pour une moitié, ladite Marguerite pour l'autre moitié, la grange de Dommange où l'on dépose les susdites dîmes (le dernier jour de juillet 1368).

IX-X.

La Salle[6] et la Saône. — Catherine de La Salle (*de Aula*), damoiselle, avoue tenir en fief et hommage les deux tiers du péage de La Salle qu'on lève sur terre[7], au pont de la Mouge, depuis le

---

1. *Macelli et escorcherie.*
2. Canton de Cluny.
3. Commune d'Igé.
4. *Custodiam in exitibus.*
5. Saint-Marcelin-de-Cray, canton de La Guiche.
6. Canton de Lugny.
7. *Per terram.*

lieu dit *Dez le gué de la Roche* jusqu'au lieu dit *A les barres du pertuis Perron Buer*, estimé valoir, par an, quatre livres tournois ou environ; item, le cours de la Saône depuis le lieu dit *Du biez du Chiervigne*[1] jusqu'au lieu dit *Au bochier de Moge*, asservisé quatre sous parisis l'an; item, neuf sous, dix deniers parisis, une ânée de froment et trois gelines de rente et servis à elle dus vers le pont de la Mouge et le château de La Salle par plusieurs ténementiers; item, la grange sise sous le château de La Salle et cinq meitérées de terre labourable situées non loin de là, en montant du gué de la Roche audit château, lesquelles peuvent valoir, par an, cinq muids de blé du blé qui y croît; item, six meitérées de terre appelées *tepes* et *peloux*, situées autour dudit château, lesquelles pourraient valoir, par an, un muid de blé si elles n'étaient en friche depuis le décès de leurs ténementiers survenu au temps de la grande mortalité (le samedi, veille de la Pentecôte, 1368).

XI-XIII.

Vaux-Verzé[2]. — Guillaume de Vaux (*de Vaulx*), chevalier, avoue tenir en fief et hommage lige les *mures* (*muras*[3]) appelées *de Crehues*, alias lieu dit *En Crehues*, sises à Vaux, alias *Vaulx*, paroisse de Verzé (*Versiaci*), et la justice des pâturages, des chemins, des bois et autres communs de Vaux, le tout de peu de valeur (le 3 mai 1368).

XIV-XV.

Igé et Marigny[4]. — Guillaume de Mailly (*de Maillie, de Mailliaco*), chevalier, avoue tenir en fief ses parts de la justice d'Igé et de Marigny (*de Manisiaco*), paroisse de Verzé (*Versiaci*), et des revenus de ladite justice; item, l'usage des bois de Malessart[5], le tout valant, par an, vingt sous tournois de rente (le 11 août 1368).

XVI-XVII.

---

1. Nom disparu. Voir page 4.
2. Commune de Verzé, canton de Mâcon nord.
3. *Mansio, domus, vel quod lapidibus exstructa, vel quod muro cincta, sic dicta videtur* (Du Cange).
4. Commune de Verzé.
5. Id.

Les Esserteaux[1] **et Milly**[2]. — Henri Béchet (*Bechcti*), damoiseau, avoue tenir en fief et hommage une tour[3] sise aux Esserteaux (*Essaltaux*), avec un verger devant et derrière, ladite tour valant quarante livrées de terre, *alias* quarante livres tournois; item, vingt sous parisis d'annuelle rente sur ses biens[4] et ses revenus de Milly (*Milliacum*) (le 16 août 1368 et le 23 juin 1373).

XVIII-XIX et sans numéro (entre XXXV et XXXVI).

La Salle, la Saône, chemins de Mâcon à Tournus et La Vieille-Bâtie[5]. — Girard de Vers, chevalier, seigneur de La Salle (*de Aula*) et de Senozan (*Senosain*)[6], avoue tenir en fief et hommage son château de La Salle (*de Aula*), avec la grange dudit château, et le gagnage attenant au même château; item, ses bois de La Salle voisins des bois de Verzé (*de Verziaco*) et du bois de Fléchey (*de Flecheyo*)[7]; item, le péage du pont de la Mouge (*de Moge*) sur terre[8], l'eau de la Saône entre le bief *du Chiervigna* (*de Charvigniaco*)[9] et le bief ou rivière de Mouge; item, une portion des grands chemins de Mâcon à Tournus, avec les autres chemins de la terre de La Salle; item, toutes les rentes assises en dedans[10] des vieilles barres du château de La Salle, tant sur les hommes que sur les autres revenus quelconques[11]; item, la justice de la terre dudit château, le tout valant, par an, vingt-cinq livrées de terre ou environ; item, le lieu[12] appelé *La Vieille-Bâtie* (*Antiqua Bastia, Vetus Bastia*), paroisse de La Chapelle-de-Guinchay (*de Guinchey, de Guinchay*), proche la Saône, avec le bois voisin; item, un pré de huit seitérées, avec le bois appelé *bois* ou *brosse*[13] *de Guicheloup*, alias *Chivacheloup*; item, la pêcherie de la Saône, près de ladite

---

1. Commune de Bussières, canton de Mâcon sud.
2. Canton de Mâcon nord.
3. *Aulam in modum turris constructam, alias conditam.*
4. *Res hereditariæ.*
5. Commune de La Chapelle-de-Guinchay, chef-lieu de canton.
6. Canton de Mâcon nord.
7. Nom disparu.
8. *Per terram.*
9. Nom disparu. Voir p. 3.
10. *Infra.*
11. *Emolumentis aliis et fructibus quibuscumque.*
12. Alias *becium*, erreur évidente du copiste, car aucun *bief* n'arrose ce lieu.
13. *Brocia.*

Vieille-Bâtie, proche la pêcherie de l'abbé de Tournus, le tout valant, par an, dix livres tournois ou environ (le 5 mai 1368).

XX-XXI.

Le Parc [1], Sancé, Escole [2], Pierreclos, Vanzé [3], Saint-Martin-de-Senozan et Mâcon (péage). — Guy (*Guido*, alias *Guiotinus*) Chevrier, *alias* Chivrier (*Caprarii*), chevalier, seigneur de la maison forte du Parc (*de Parcu*), près Mâcon, en 1366, et Guy Chevrier, damoiseau, son fils, en 1374, avouent tenir en fief et hommage vingt livres parisis d'annuelle rente sur ladite maison forte, sur l'étang et le bois voisins de ladite maison, sur la terre dite *de la Garenne*, alias *de la Carine*, contenant environ trois meitérées de terre, sur la terre dite *des Mars*, alias *de Mars*, contenant environ trois meitérées de terre, et ce dans la partie seule qui est au-dessous du colombier, sur la verchère [4] située derrière ladite maison, contenant quinze coupées de terre, sur la vigne appelée *de Chancontart*, alias *de Champcontaut* sur des servis et des gardes à eux dus à Sancé (*Sanciacum*) par plusieurs tênementiers, valant, par an, une ânée de vin et sept sous parisis ou environ, sur neuf ânées de vin, dix-huit coupes d'avoine et trente sous parisis à eux dus annuellement pour la garde du prieuré [5] de Sancé, et sur la justice et les produits de la justice basse du Parc et de Sancé; item, leur terre d'Escole (*d'Escola*) et de Pierreclos (*de Petraclausa*) appelée *terre de Vanzé* (*Vangiaci*), valant par an vingt ânées de vin, douze livres parisis, seize muids de froment, dix muids d'avoine, quatre muids de noix, huit coupes de châtaignes, quarante gelines, le quart des fruits et des tâches en certaines terres qui sont longtemps restées incultes [6]; item, la justice haute et basse d'Escole et de Pierreclos; item, un meix appelé *li mez ancienz de Messire Guy Chevrier*, valant, par an, cent sous et quatre muids de froment; item, la justice haute et basse de Saint-Martin-de-Senozan (*de Senosano*); item, trente livres estévenants sur le produit du

---

1. Commune de Sancé, canton de Mâcon nord.
2. Commune de Verzé, canton de Mâcon nord.
3. Id.
4. *Vercheria*, alias *bercheria*.
5. *Garda in prioratu*.
6. *Inhermes*.

péage de Mâcon (le 22 avril 1368 et le vendredi avant la Saint-Laurent 1374).

XXII-XXIV.

Mâcon (péage). — Guyot (*Guiotus*, alias *Guionetus*) et Henri Chevrier (*Caprarii*), citoyens de Lyon, avouent tenir en fief et hommage, comme héritiers de feu Barthélemy Chevrier, citoyen de Lyon, leur aïeul paternel, la treizième partie de tout le péage de Mâcon levé sur terre et sur eau [1]; item, huit deniers parisis sur chaque charge [2] traversant ladite ville; item, soixante-dix sous parisis de rente sur les produits du péage royal dudit Mâcon; item, cent livres tournois d'annuelle rente sur les produits dudit péage et ceux de la prévôté de Mâcon; item, les deux tiers de deux deniers parisis sur l'arrivage [3] de Mâcon; item, une rente annuelle et perpétuelle de trente livres tournois sur les produits dudit péage (le 21 janvier 1367).

XXV-XXVI.

Azé [4]. — Guillaume de Sologny (*de Sologniaco*), damoiseau, avoue tenir en fief la moitié par indivis de la justice des grands chemins et quarrouges ou communs [5] d'Azé; item, la moitié par indivis de la justice des bois dits *de Royssars*, alias *Roissars*, le tout de peu de valeur (le 9 mai 1368).

XXVII-XXVIII.

Banand [6]. — Geoffroy de Germolles (*de Germola*), chevalier, seigneur de Banand (*Bennens*), avoue tenir en fief lige sa maison forte de Banand, avec les fossés d'icelle et la justice qui appartient à ladite maison (le 9 janvier 1367).

XXIX.

Saint-Sorlin [7] **et Verzé.** — Jeanne Chevrière (*Chevrere*), dame de La Bussière (*Buxeria*) [8] et de Monetais (*Monnestey*) [9] en partie,

---

1. *Per terram et aquam.*
2. *Chargia.*
3. *Arrivagium.*
4. Canton de Lugny.
5. *In itineribus magnis et quarrugiis seu communibus ville Aziaci.*
6. Commune de Vinzelles, canton de Mâcon sud.
7. Canton de Mâcon nord.
8. Commune de Saint-Léger-sous-la-Bussière, canton de Tramayes.
9. Commune de Treffort, chef-lieu de canton (Ain).

avoue tenir en fief lige et hommage certaines maisons basses en ruine [1] près la tour de Saint-Sorlin (*Sancti Saturnini*), valant vingt livres tournois, monnaie royale; item, la moitié de la justice de Saint-Sorlin, réservé une rue acquise [2] par les doyen et chanoines du chapitre de Mâcon, valant ladite moitié cent sous tournois par an; item, l'usage pour le chauffage de la maison forte de Saint-Sorlin dans le bois appelé *broce de Verzé* (*brocia Verziaci*, alias *in brociis de Verziaco*) valant vingt sous tournois par an (les 22 mai et 23 juillet 1368).

XXX-XXXI.

Vinzelles[3], **Fuissé**[4] **et Davayé**[5]. — Guillaume, seigneur de Saint-Amour[6] et de Vinzelles, chevalier, avoue tenir en fief « le chastel de Vinzelles, ensambles les hayes et toute la juridicion ou parrochage de Vinzelles appartenans audict chastel, et les grans chemins en ladicte parroche; item, tous les servis et rente qu'il a [à] Fuissie et parroche d'icelle, tant en argent, blef, vin, gelines, comme autre[s] rentes, excepté ce qu'il tient du mas; item, tous les chemins et les revières en la ville et parrosse de Fuissie, ensamble la juridicion en ladicte parroiche; item, i petit diesme [7] appellé *le diesme contal*, en ladicte parroiche de Fuissie, ensamble tout ce qu'il a, ne puet avoir, oultre les chouses nommées, en ladicte ville et parroche [de] Fuissé; item, ce qu'il a *En Balosse* soubz Daveyé » (le 5 septembre 1368).

XXXII.

La Salle et Mâcon (péages). — Humbert de Bletterans (*de Bleterens*), citoyen de Mâcon, avoue tenir en fief son péage dit *le péage de la Saule*, alias *de Moge*[8]; item, quarante sous parisis de rente acquis par lui de Girard de Vers, chevalier, seigneur de La Salle (*de la Saule*)[9], sur le péage de Mâcon (le 20 avril 1378).

XXXIII.

---

1. *Ruynatas seu dirutas.*
2. *Vico pridem acquisito.*
3. Canton de Mâcon sud.
4. Id.
5. Id.
6. Chef-lieu de canton (Jura).
7. Dîme.
8. La Mouge, rivière.
9. Canton de Lugny.

Tournus (abbaye). — Amédée, abbé de Tournus, prête le serment qu'il doit à raison de son monastère (le 5 septembre 1381).

XXXIV.

Romanèche[1]. — Guillaume de Monthieux (*de Monteu*)[2], écuyer, fait hommage de la tour de Romanèche (*Romenanches*), située dans la paroisse du même nom, et du servis dit *contal* qu'il tient en fief au bailliage de Mâcon, lesdits biens provenant de feu Oger (*Ougerius*) de Saint-Romain, et échus audit Guillaume à cause de sa femme, fille dudit Oger (le 20 décembre 1353).

XXXV.

CHATELLENIE DE SAINT-SYMPHORIEN-SUR-COISE[3]

Riverie[1], **Saint-Romain-en-Jarret**[5], **Châteauneuf**[6], **Dargoire**[7], **Mornant**[8], **Chagnon**[9], **Ampuis**[10], **Saint-Symphorien-sur-Coise**, **Chamousset**[11] **et Montagny**[12]. — Humbert de Villars, seigneur de Roussillon (*Rossillions, Rossillion, Roissillions*)[13] et d'Annonay (*Anoniaci*)[14], fils de Humbert, seigneur de Thoire (*Toyre*)[15] et de Villars (*Vilars*)[16], avoue tenir en fief lige, hommage et arrière-fief : « en fié, le chastel de Rivirie (*Reiviriaci*), Saint-Romain-en-Gereys (*Sancti Romani in Jaresio*), Chastel-Neuf-soubz-Griez (*Castri Novi super Gier*), Dargoire (*Dargoyre*) et Mornanz (*de Mornayo*); item, en rièrefié, le fié du chastel et mandement de Chaignon (*Chagny*), de deux chastelx et mandemens d'Ampoiz (*Ampuys*), et le fié de la moitié du chastel et mandement de

---

1. Canton de La Chapelle-de-Guinchay.
2. Canton de Saint-Trivier-sur-Molgnans (Ain).
3. Chef-lieu de canton (Rhône), anciennement Saint-Symphorien-le-Châtel.
4. Canton de Mornant (Rhône).
5. Canton de Rive-de-Gier (Loire).
6. Id.
7. Id.
8. Chef-lieu de canton (Rhône).
9. Canton de Rive-de-Gier (Loire).
10. Canton de Condrieu (Rhône).
11. Commune de Saint-Laurent-de-Chamousset, chef-lieu de canton (Rhône).
12. Canton de Givors (Rhône).
13. Chef-lieu de canton (Isère).
14. Chef-lieu de canton (Ardèche).
15. Commune de Matafelon, canton d'Izernore (Ain).
16. Villars-les-Dombes, chef-lieu de canton (Ain).

Saint-Sanphorien-le-Chastel (*Sancti Simphoriani Castri*), et le fié en quoy ly est tenuz le seigneur de Chamoset (*de Chamassen*), et le fié en quoy ly est tenuz le sire de Montaigny (*Montigniaci*), et le fié en quoy ly sont tenuz Jehan de Ferney (*Fernay*) [1] et ly Lambert de Condry (*les Lombars de Coyndrieu*) [2], ensamble tous aultres fiez, rièrefiez, rantes, yssues et obvencions, et toutes aultres chouses à luy appartenans dedans les juridicions, mandemens et chastelz dessus nommés » (le vendredi après l'octave du Corps du Christ 1368).

XXXVI-XXXVII.

(**Obligation**). — Guillaume de Gleteins (*Gletens*), chevalier, s'oblige, fait hommage et prête le serment de féauté qu'il doit à raison de quatre cents francs d'or par lui reçus de son seigneur duc et comte (le 9 janvier 1367).

XXXVIII.

Montbrison [3], Montsupt [4], La Tour-en-Jarret [5], Montarcher [6], Saint-Bonnet-le-Château [7], Cervières [8] et Thiers [9]. — Jean, comte de Forez, avoue tenir en fief et hommage les châtellenies de Montbrison (*Montisbrisonis*), de Montsupt (*Montisseuti*), La Tour-en-Jarret (*Turris in Jaresio*) et Montarcher (*Montis Acherii*); item, la garde des chemins, et ses droits sur sa terre et sur ses hommes; item, Saint-Bonnet-le-Château (*de Sancto Bonito Castri*); item, le château de Cervières (*Serverie*), lesdits lieux situés dans le bailliage de Mâcon; item, le château de Thiers (*de Tierno*), avec son mandement [10], au bailliage d'Auvergne (le 2 juin 1368).

XXXIX.

---

1. Fernay, canton de Rive-de-Gier (Loire).
2. Condrieu, chef-lieu de canton (Rhône).
3. Chef-lieu d'arrondissement (Loire).
4. Commune de Saint-Georges-Haute-Ville, canton de Saint-Jean-Soleymieux (Loire).
5. Canton de Saint-Héand (Loire).
6. Canton de Saint-Jean-Soleymieux (Loire).
7. Chef-lieu de canton (Loire).
8. Canton de Noirétable (Loire).
9. Chef-lieu d'arrondissement (Puy-de-Dôme).
10. *Cum ejus mandamento.*

CHATELLENIES DE CHATEAU-NEUF[1] ET DE CHARLIEU[2]

Mussy-sous-Dun[3] **et Chauffailles**[4]. — Guillaume de Mazille (*de Masilliis*), en son nom et au nom de Marguerite, sa femme, fille de feu Durand Bufferard (*Bufferardi*), de Château-Neuf, avoue tenir en fief et hommage un meix dit *des Moulins* (*de Mulins*, alias *de Molins*), paroisse de Mussy (*Muciaci*), valant, par an, trois florins d'or pour ses herbes ou son foin, quatre bichets de froment et de seigle, mesure de Château-Neuf, pour ses terres; item, seize bichets de seigle et quatre bichets d'avoine de rente annuelle sur la dîme de Chauffailler (*Choffailles*); item, la moitié des menus blés d'une certaine partie de ladite dîme, valant, par an, neuf bichets de pois, fèves, orge et autres légumes; item, la moitié de la paille de ladite partie de dîme, valant, par an, vingt sous tournois, à charge par ledit Guillaume de fournir, au temps des moissons, un domestique et un cheval pour lever ladite dîme; item, une grange sur la paroisse de Chauffailles (*Choffaillies*) où est emmagasinée la dîme; item, un cellier où l'on dépose le blé de ladite dîme, lesdits grange et cellier valant huit livres tournois (le 9, alias le 11 août 1308).

XL-XLI.

Vanoise[5], **Les Avaises**[6] **et Saint-Laurent-en-Brionnais**[7]. — Jacques ou Jacquet (*Jacobus*, alias *Jaquetus*) de Vanoise (*de Valnoyse*), damoiseau, avoue tenir en fief et hommage lige sa maison forte de Vanoise (*Valnoyse, Vanoyse*), près Château-Neuf, valant quatre cents francs; item, son moulin sis au-dessous de ladite maison, sur la rivière de Sornin (*Sonnen*), valant, par an, sept ânées de blé, mesure de Château-Neuf, de cens, pour quoi il a l'usage du bois d'Avaise (*Avoyse*), comme l'ont les habitants dudit Château-Neuf; item, six bichets et un livrot de froment, seize

---

1. Canton de Chauffailles.
2. Chef-lieu de canton (Loire).
3. Canton de Chauffailles.
4. Chef-lieu de canton.
5. Commune de Saint-Martin-de-Lixy, canton de Chauffailles.
6. Commune de Saint-Maurice-lès-Château-Neuf, id.
7. Canton de La Clayette.

bichets d'avoine d'annuelle rente, dite mesure, sept barraux de vin, quatre gelines, deux sous et six deniers tournois dits « pour les viandes »[1], six deniers tournois dits « pour les chandelles »[2], six salignons de sel et la moitié d'un pot de miel, dont les cinq pots valent une ânée de miel, lesdits droits censuels levés annuellement sur la maison du prieuré ou doyenné de Saint-Laurent-en-Brionnais (*Sancti Laurentii Briennensis*) (le 13 mars 1367).

XLII-XLIII.

Saint-Bonnet-de-Cray[3] **et Saint-Laurent-en-Brionnais.** — Thomas Perrière, *alias* Perrere, de Château-Neuf[4], bourgeois, *alias* damoiseau, avoue tenir en fief et hommage lige six, *alias* trois, livrées, trois soudées et un denier tournois de terre à lui dus sur les tailles, les servis, les corvées, les tâches et la justice de Saint-Bonnet-de-Cray (*Sancti Boniti de Cray*) et de Saint-Laurent-en-Brionnais (*Sancti Laurentii in Briennensi*) par les tènementiers dudit lieu qui lui doivent annuellement, savoir : Jean Cucherat, vingt sous de taille, d'une part, et d'autre part, huit sous tournois et deux gelines, avec la justice basse jusqu'à soixante sous parisis, la tâche et la corvée ; Huguenin Marion (*Hugoninus Marionis*), de Liéme (*de Liemo, de Lyemo*)[5], neuf sous, trois deniers et une obole tournois de taille, d'une part, et d'autre part, sept sous et quatre deniers tournois de servis, sept sous tournois de taille, avec la justice basse jusqu'à soixante sous parisis, la tâche et la corvée ; le nommé Mayot, dix-neuf sous tournois de taille, six sous huit deniers tournois, deux gelines et un comble d'avoine de servis, avec la justice, la tâche et la corvée, valant par an dix sous tournois et deux bichets de seigle, mesure de Château-Neuf, plus trois bichets et un demi livroir de froment, huit bichets d'avoine, trois barraux et demi de vin, quatre sous parisis et deux gelines de cens d'annuelle rente sur la maison du doyenné de Saint-Laurent-en-Brionnais (le mardi après la fête de saint Georges 1368).

XLIIII-XLV.

---

1. *Qui communiter vocantur pro carne, alias pro carnibus.*
2. *Pro candela, alias pro candellis.*
3. Canton de Semur-en-Brionnais.
4. Canton de Chauffailles.
5. Commune de Saint-Bonnet-de-Cray.

Saint-Bonnet-de-Cray. — Jeannet Perrière (*Perrere, Pererii*), clerc, père de Thomas, tant en son nom qu'au nom de Jeanne, sa femme, fille de feu Hugues de *Chalois*, damoiseau, avoue tenir en fief le meix ou tènement taillable des hoirs Guillaume Cucherat, de Lième, situé dans la paroisse de Saint-Bonnet-de-Cray (*Sancti Boniti de Croyo*); item, le tènement taillable des hoirs du nommé Morin (*Morini*), de Lième; item, le meix ou tènement taillable du nommé Godoyl, de Lième; item, le tènement franc de Jean Mugon, paroissien de Saint-Germain-la-Montagne (*Sancti Germani de Monte*)[1], le tout valant, par an, soixante sous parisis, deux combles d'avoine, mesure de Château-Neuf, et quatre gelines (le vendredi avant la fête de saint Michel, archange, 1[3]52).

XLVI.

Mussy-sous-Dun[2]. — Huguenin (*Hugoninus*), fils de feu Etienne Bastier (*Basterii*), paroissien de Belmont (*Bellimontis*)[3], châtellenie de Château-Neuf, avoue tenir en fief et hommage le tènement dit *de Monteilz*, alias *de Monterel*[4], paroisse de Mussy (*Muciaci*), valant un comble d'avoine, deux gelines et quarante sous d'annuelle rente; item, un autre semblable tènement dit *de Monteil*, alias *de Monterel*, dite paroisse, aujourd'hui de nulle valeur, parce qu'il n'est pas cultivé (le 11 août 1308).

XLVII-XLVIII.

Chandon[5] **et Mars**[6]. — Pierre Alais, *alias* Delais ou de Lais, bourgeois de Charlieu (*Cariloci*)[7], avoue tenir en fief et hommage trois bichets de froment, huit bichets de seigle, huit bichets d'avoine, mesure de Château-Neuf, six gelines et soixante sous parisis d'annuelle rente ou de servis sur plusieurs tènementiers demeurant dans les paroisses de Chandon (alias *Jandon*) et de Mars; item, certaines terres arables, sises sur lesdites paroisses, qui peuvent être cultivées par deux bœufs dans l'année, moisson-

---

1. Canton de Belmont (Loire).
2. Canton de Chauffailles.
3. Chef-lieu de canton (Loire).
4. Nom disparu.
5. Canton de Charlieu (Loire).
6. Id.
7. Chef-lieu de canton (Loire).

nées par dix hommes en un jour, et qui valent, par an, dix bichets de blé, tant froment que seigle et avoine ; item, des prés, sis sur les mêmes paroisses, valant, par an, six livres tournois ; item, son bois taillis situé sur lesdites paroisses, valant, par an, quarante sous tournois ; item, la justice haute et basse sur les tènements, les tènementiers et les biens susdits, sauf une charrette de foin et six bichets de noix dus, d'aumône annuelle, à l'église, *alias* au curé, de Chandon (le 4 mai 1368).

XLIX-L.

Sancenay[1] et Bussy[2]. — Girardin (*Gerardinus, Girardinus*) de Semur (*de Sine Muro*, alias *de Semur-en-Brionnois*), seigneur de Sancenay (*Cencenier*, alias *Sancenier*), damoiseau en 1368 et 1374, écuyer en 1376, avoue tenir en fief et hommage sa maison forte, *alias* « forteresse », *alias* « fort maison », de Sancenay, estimée deux cents livres tournois ; item, dix livrées, *alias* livres, de terre de rente dans le voisinage de ladite maison, paroisse d'Oyé (*de Oyeta*) ; item, au nom de Bérarde Morelle (*Berardo Morello*), sa mère, plusieurs maisons à Bussy (*Buxi*), paroisse de Fleury (*de Floriaco*), valant trente livres tournois, *alias* « une maison plate assise en la parroche de Flurie, atout la pièce de terre out elle [est] assise, appellée *Buxi* » (le 5 septembre 1368, le samedi après la fête de saint Barthélemy, apôtre, 1374, et le 8 décembre 1376).

LI-LV.

Saint-Germain-la-Montagne[3]. — Michel *Peille-Oille* (alias *Peyle-Oylle*), alias *Au Vilain*, au nom de Jeannette, sa femme, et de Jean Au Vilain, père de ladite Jeannette, demeurant à La Guillermière (*La Guillermyère, La Guillermire*), paroisse de Saint-Germain-la-Montagne, avoue tenir en fief les maisons qu'ils habitent audit lieu, couvertes, les unes de tuile, les autres de paille, avec une grange couverte de paille, le meix, tènement et dépendances desdites maisons, où il peut y avoir quatorze bichonées de terre, mesure de Château-Neuf, les prés qui produisent, par an, seize charretées de foin, quatorze bichonées

---

1. Commune d'Oyé, canton de Semur-en-Brionnais.
2. Commune de Fleury-la-Montagne, id.
3. Canton de Belmont (Loire).

de bois taillis, valant, par an, quinze sou. tournois, et généralement tous les biens qu'ils ont audit Saint-Germain, sauf un pré mouvant en censive de Guillaume de Mazillo (*de Masiliis, Masilliis*), et une maison proche l'église de Saint-Germain avec la terre attenante à ladite maison mouvant en censive de Jean Bordon, damoiseau (le 28 avril 1368).

LVI-LVII.

L'Etoile[1]. — Jean d'Essertines, chevalier, au nom et comme tuteur de Jeanne, Jean et Robert, enfants de feu Jean d'Essertines, *alias* dit *Monsieur Quornu*, alias *Cornu*, chevalier, seigneur de la maison forte de L'Etoile (*de Stella*), châtellenie de Château-Neuf, avoue tenir en fief ladite maison forte; item, ses rentes et appartenances, qui valent, par an, trente livrées, *alias* livres, de terre (le 30 juillet 1368).

LVIII-LIX.

L'Etoile. — « Cornu d'Essertines, escuier, sire de L'Estoile, fait hommaige de la forte maison d'Estoile » (le 24 avril 1344).

LX.

Saint-Maurice-lès-Château-Neuf. — Guillaume de Beaujeu (*de Bellijoco*), chevalier, seigneur d'Amplepuis (*de Amplo Puteo*)[2] et de Dyo (*Dio*)[3], avoue tenir en fief et hommage à cause d'Agnès de Saint-Germain (*de Sancto Germano*), sa femme, et de Damas (*Dalmacii*) et Jacques, enfants de ladite Agnès et de feu Guy, seigneur de Dyo, plusieurs meix et tènements à *La Serratière*, *alias* à *Serrotey*[4], sur lesquels, tant francs que taillables, ledit Guillaume a une rente annuelle de vingt livres, cinq sous, six deniers et une obole parisis, cinq bichets de froment, cinq de seigle et cinq d'avoine, mesure de Château-Neuf; item, sur chaque feu, une geline en carême; item, la justice haute et basse sur lesdits biens, hommes et meix, de la paroisse de Saint-Maurice près Château-Neuf, réservé audit Guillaume, sur lesdits biens, huit livres tournois d'annuelle

---

1. Commune de Ligny, canton de Semur-en-Brionnais.
2. Canton de Thizy (Rhône).
3. Canton de La Clayette.
4. Nom disparu.

rente qui ne sont pas dudit fief, et qu'il tient de pur et franc
aleu (le vendredi saint 1368).

LXI-LXI [bis].

Barnay[1], **Coublanc**[2] **et Mussy-sous-Dun**[3]. — Jean de Charlieu,
chevalier, seigneur de Jarnosse[4], avoue tenir en fief et hommage lige la maison dite *de Barnay* (*Bernays, Bernayes*), située
paroisse de *Saint-Maurice-de-Lière*[5], mandement de Château-Neuf, valant par an soixante sous tournois; item, le quart de
l'étang de Coublanc (*Comblant*), valant quatre livres tournois
d'annuelle rente, avec le bois dit *de l'Eschaufour*, alias *de l'Eschafour*, situé sur la paroisse de Mussy, châtellenie du Bois,
valant vingt sous par an (le 14 août 1368).

LXII-LXIIII.

Saint-Germain-la-Montagne[6]. — Michel *Peile-Oille*, alias dit *Au
Vilain*, demeurant à La Guillermière, paroisse de *Saint-Germain-de-la-Montaigne*, avoue tenir en fief, au nom de Jeannette, sa
femme, les biens déjà dits[7] (le 25 juin 1373).

LXV.

Champ-Rond[8]. — Robert de Vichy (*de Vicheyo*, alias *de Vichiaco*),
chevalier, seigneur de Champ-Rond (*de Campo Rotundo*), au
nom de Marguerite de Champ-Rond, sa femme, avoue tenir en
fief et hommage lige la maison forte de Champ-Rond, les fossés
qui l'entourent, et les droits, appartenances et dépendances de
ladite maison et de sesdits fossés (le 13 juin 1373).

LXVI.

Fleury-la-Montagne[9]. — Jean Sirot (*Siroti*), alias *Li Lochars*, alias
dit *Li Lochars*, chevalier, avoue tenir en fief toute la justice
qu'il a, peut et doit avoir en la paroisse de Fleury (*de Fluriaco*),

---

1. Commune de Saint-Martin-de-Lixy, canton de Chauffailles.
2. Canton de Chauffailles.
3. Id.
4. Canton de Charlieu (Loire).
5. Aujourd'hui Saint-Martin-de-Lixy.
6. Canton de Belmont (Loire).
7. Voir p. 13. C'est sans doute la mort de Jean Au Vilain, père de Jeannette,
qui a nécessité ce nouvel aveu.
8. Commune de Ligny, canton de Semur-en-Brionnais.
9. Canton de Semur-en-Brionnais.

appartenant à sa maison forte dudit lieu (le lundi après la fête de saint Michel, archange, 1352).

LXVII.

Saint-Germain-la-Montagne, Saint-Laurent-en-Brionnais, Mussy-sous-Dun, Avaise[1], Varennes-sous-Dun et Dun[2]. — Catherine *de Gletcins*, alias *de Gletens*, veuve de Jean Sirot, chevalier, en son nom et au nom de Quicque[3] et de Jeanne[4], leurs filles, avoue tenir en fief : quatorze sous parisis et une geline de cens sur le tènement de *Chesaulx*[5], paroisse de Saint-Germain-de-Villon (*Saint-Germain-de-Viffelon*)[6] ; item, trois autres tènements, avec leurs appartenances ; item, la garenne de *Chassignoles*, avec les terres labourables sises autour de ladite garenne, paroisse de Saint-Laurent-en-Brionnais, le tout dans la châtellenie de Château-Neuf ; item, trois tènements, avec leurs appartenances, paroisse de Mussy ; item, les quarts[7] du clos d'*Espée* s'élevant, par an, à quinze ânées ; item, quatre autres tènements à Avaise (*Aveysia*) ; item, un petit étang appelé *de les Trotéres* ; item, un bois appelé *de Fantcleins*, sous le chemin de La Beluze (*Baleyse*)[8], lesdits biens situés paroisse de Varennes-sous-Dun (*Varenarum subtus Dunum*) ; item, la justice du château de Dun et ses appartenances, le tout dans la châtellenie du Bois (le dimanche avant Noël 1354).

LXVIII.

Saint-Germain-la-Montagne, Mussy-sous-Dun, Varennes-sous-Dun et Dun. — Jean, seigneur de Saint-Léger (*Sancti Leodegarii*), chevalier, au nom de Marguerite, sa femme, fille de feu Jean Sirot, chevalier, avoue tenir en fief lige le tènement de *Cheseaux*, paroisse de *Saint-Germain-de-Villion*, valant, par an, vingt sous tournois et deux gelines, présentement vacant ; item, un autre tènement, paroisse de Mussy, valant, par an, d'une part, dix sous parisis de taille et, d'autre part, quatre sous six

---

1. Commune de Varennes-sous-Dun, canton de La Clayette.
2. Commune de Saint-Racho, id.
3. *Sic*. Elle s'appelait Marguerite et avait épousé Jean, seigneur de Saint-Léger (voir plus bas).
4. Elle avait épousé Girard de Chintré (voir p. 17).
5. Nom disparu (voir plus bas).
6. Aujourd'hui Saint-Germain-la-Montagne (voir p. 15).
7. *Quartus quos habet.*
8. Commune de Varennes-sous-Dun.

deniers parisis, deux livroirs de seigle, un livroir de froment, quatre ras d'avoine, mesure de Charlieu, et deux gelines; item, un autre tènement, même paroisse, valant, par an, d'une part, dix sous parisis de taille et, d'autre part, sept sous six deniers parisis, un bichet de seigle, un livroir de froment, un bichet d'avoine, mesure de Charlieu, et deux gelines de servis; item, un autre tènement, même paroisse, valant par an, d'une part, douze sous parisis de taille et, d'autre part, trois sous parisis, un bichet d'avoine et deux gelines; item, un autre tènement valant, par an, d'une part, dix sous parisis de taille et, d'autre part, quatre sous trois deniers parisis, un bichet de seigle, un quarteron de froment, mesure du Bois, et une geline de servis; item, le tiers d'un autre tènement valant par an, d'une part, neuf sous quatre deniers parisis de taille et, d'autre part, vingt deniers parisis, le tiers d'un quarteron de froment et d'un bichet de seigle, mesure du Bois, deux poulets et deux quarterons d'huile de servis; item, les deux autres tiers dudit tènement, qui sont en la main dudit chevalier, pour défaut d'hoirs, valant, par an, d'une part, dix-huit sous huit deniers parisis de taille et, d'autre part, trois sous parisis, deux bichets de seigle, les deux tiers d'un quarteron de froment, quatre poulets et quatre quarterons d'huile; item, la justice qu'il a dans les limites du château de Dun, laquelle n'est d'aucun produit; item, le bois *de Fontalcin* et l'étang *de les Trotères*, valant par an dix sous tournois (le 1ᵉʳ septembre 1368).

LXIX.

Saint-Laurent-en-Brionnais. — Girard de Chintré (*Girardus, Gerardus de Chintriaco*), chevalier, au nom de Jeanne, sa femme, avoue tenir en fief lige : un tènement valant, par an, d'une part, dix sous parisis de taille à volonté et, d'autre part, cinq sous parisis, un livroir de froment, un bichet de seigle et une geline de servis, les autres charges personnelles au tènementier non comprises; item, un autre tènement, valant, par an, d'une part, douze sous parisis de taille à volonté et, d'autre part, un bichet d'avoine de servis, les autres charges personnelles au tènementier non comprises; item, un autre tènement valant, par an, quatre sous parisis de taille à volonté; item, un autre tènement valant par an, d'une part, huit sous parisis de taille à volonté et, d'autre part, une geline de servis; item, la garenne de *Chacignolles*, alias *Chacignoles*, et six bichets de terre labourable au-dessus de ladite garenne valant, par an, dix sous tournois de servis, tous lesdits biens situés dans la paroisse de Saint-Laurent-en-Brionnais (le 1ᵉʳ septembre 1368).

LXX.

Viry[1], Coublanc[2] et Avaise[3]. — Hugues de Digoine (*de Digonia*), chevalier, en son nom et au nom d'Alice Leverd (*Alisie Viridis*), son épouse, et de Marguerite, fille de ladite Alice et de feu Robert de La Rochette (*de Rocheta*), seigneur de Viry (*de Viriaco*), avoue tenir en fief lige sa maison forte de Viry, près Château-Neuf, avec sa grange, son pourpris[4], et toutes ses autres appartenances et dépendances, tant en rentes, hommes, ténementiers, cens et redevances, qu'en autres droits quelconques, excepté[5] ce qui est sur la paroisse de Coublanc (*Coblant*), dont un sixième est néanmoins dudit fief, le tout estimé mille livres tournois, et lesdites appartenances et dépendances comprenant : quinze bichonées de terre en gaignages ou terres labourables, savoir douze à froment et à fèves, trois à seigle; item, des prés donnant dix charretées de foin; item, des garennes contenant quinze bichonées de bois taillis; item, le chauffage de ladite maison et de ses habitants dans les bois d'Avaise (*de Aveysia*); item, un moulin situé sur la rivière qui coule au-dessous de ladite maison, valant, par an, dix bichets de blé; item, le droit de pêche dans ladite rivière; item, le patronage de la chapelle du lieu; item, la justice haute et basse; item, par an, quatorze livres et quatorze sous parisis de tailles; item, sept livres, cinq sous, cinq deniers et une obole parisis, vingt-cinq bichets de seigle, quatre bichets et demi de froment, mesure de Château-Neuf, cent huit combles d'avoine, quarante gelines, six poulets, cinq livres de cire, une livre et demie et

---

1. Nom disparu.
2. Canton de Chauffailles.
3. Commune de Saint-Maurice-lès-Château-Neuf.
4. *Unacum porpresio*, alias *gaigniagio*.
5. Dans l'aveu de 1374, on trouve : excepté les trois quarts de la dîme de Coublanc et du meix de *Chesalagon*, lesdits trois quarts mouvant en fief de l'abbaye de Saint-Rigaud.

un quarteron de poivre, un barrau de vin et la moitié d'une trousse de foin, de servis ou de rentes; item, la moitié de la dîme de Coublanc, valant, par an, seize ânées de blé; item, trois meix et tènements vacants, valant annuellement, l'un vingt-deux sous de taille et quatre sous parisis de cens, l'autre seize sous de taille et quatre sous de servis, le dernier quatorze sous de taille et douze deniers parisis de servis, plus tous les trois cinq bichets de seigle, treize combles d'avoine et six gelines par an, outre la justice haute et basse; item, un fief de cent soudées de terre; it. a. un autre fief de quinze livrées de terre; item, un autre fief composé d'une maison et de son pourpris; item, trois autres fiefs de soixante soudées de terre chacun; item, un autre fief ou tènement de vingt soudées de terre; item, un autre fief de dix soudées de terre; item, un autre fief de quarante soudées de terre; item, un autre fief de quatre livrées de terre (l'avant-dernier jour de mars 1367, le dimanch après l'octave de la fête des saints Pierre et Paul 1368, et le mardi après l'octave de la Purification de la Vierge 1374).

LXXI-LXXIII.

L'Etoile[1]. — Raoul de Trézette (*de Trezetes*)[2], chevalier, fait hommage de la forteresse et de la terre de L'Etoile (*de Stella*), châtellenie de Château-Neuf (le 18 avril 1374).

LXXIIII.

La Motte[3]. — Pierre Cam, bourgeois de Charlieu (*Chierlieu*), avoue tenir en fief lige et hommage son moulin de Lième (*de Liemo*), *alias* de La Motte (*de Mota*), avec le pré qui est devant, situé entre les rivières de Suppléon (*Saint-Plain*, alias *Sompliain*) et d'Augière (*Orise*, alias *Ozores*), lesdits biens, leurs droits et leurs appartenances par lui achetés de Thomas de Pierrelatte (*de Petra Lata*), damoiseau (le 22 juillet 1379).

LXXV.

---

1. Commune de Ligny, canton de Semur-en-Brionnais.
2. Robert *de Monz*, alias *de Tresetis*, chevalier, avait été sommé de faire hommage avant la Saint-Jean-Baptiste (le 20 avril 1379). (Sans numéro, entre LXXVIII et LXXIX).
3. Commune de Saint-Bonnet-de-Cray, canton de Semur-en-Brionnais.

La Motte. — Jean Maréchal (*Marescalli, Mareschalli*), bourgeois de Charlieu (*Cariloci*), avoue tenir en fief et hommage un pré sis à Lième (*Liemo, Leemo*); item, un moulin attenant audit pré, avec leurs droits et leurs appartenances (le 1er octobre 1352).

LXXVI-LXXVII.

Vauban[1] **et Versaux**[2]. — Jean de Busseul (*de Buxul*), dit *Ly Mouton*, seigneur de Saint-Sernin-en-Brionnais (*Sancti Saturnini Briennensis*), damoiseau, avoue tenir en fief : sa maison forte dudit Saint-Sernin ; item, la justice de sa terre qui est dans la châtellenie de Château-Neuf ; item, son pré situé sous ladite maison ; item, le meix de *Saz*[3], paroisse de Saint-Maurice près Château-Neuf ; item, un autre meix ; item, douze deniers parisis de cens sur une maison ; item, un chas[4] de maison sous l'orme de Château-Neuf (*subtus ulmum Castri Novi*), le tout tenu en fief ; item, divers biens situés entre le ruisseau de *Combelarete*[5] et le village de *Scelleiz*[6] jusqu'à la rivière de Sornin (*Sonnain*) ; item, un pré dit *Préal*, le tout tenu en arrière-fief (le mardi avant la Nativité de la Vierge 1379).

LXXVIII.

L'Etang[7]. — Huet, seigneur de l'Etang (*L'Estain*), avoue tenir en fief sa maison forte de *L'Estain* et ce qui est dans les limites des fossés de ladite maison (le 1er octobre 1373).

Sans numéro (entre LXXVIII et LXXIX).

Les Murgers[8]. — Jean de Baron (*de Barono*), chevalier, avoue tenir en fief la maison dite *des Murgers* (*des Murgiers*), paroisse de Mussy, avec les terres, prés et bois par lui acquis de Perret des Murgers, damoiseau (le mardi après la fête de saint Jean-Baptiste 13[7]2[9]).

LXXIX.

---

1. Anciennement Saint-Sernin-en-Brionnais, canton de La Clayette.
2. Commune de Saint-Maurice-lès-Château-Neuf.
3. Aujourd'hui Versaux.
4. *Peyam*.
5. Nom disparu.
6. Id.
7. Commune de Saint-Julien-de-Jonzy, canton de Semur-en-Brionnais.
8. Commune de Mussy-sous-Dun, canton de Chauffailles.
9. *Anno Domini mill° trecentesimo XII°* (sic).

CHATELLENIE DU BOIS-SAINTE-MARIE [1]

La Clayette [2]. — Philibert de Lespinasse (*de Espinacia*), chevalier, conseiller du Roi, seigneur de La Clayette (*La Cleette, Cleetta*), avoue tenir en fief et hommage l'emplacement de son étang de La Clayette situé près de la maison forte dudit lieu, avec les droits et les appartenances dudit emplacement (le 1er septembre 1368).

IIII^{xx}-IIII^{xx}II [3].

Vaux [4]. — Huguenin Gaschet, damoiseau, de la paroisse de Dun-le-Roi (*Dunum Regis*, alias *Dunum Regium*)[5], avoue tenir en fief et hommage cinquante-huit sous tournois et trois ras d'avoine, mesure du Bois, d'annuelle rente à lui due par divers tènementiers du village de Vaux (*Vaulx*) sous Dun, paroisse de Varennes (*Varenarum*); item, la justice haute et basse sur lesdits tènementiers et leurs tènements (le 28 avril 1368).

IIII^{xx}III-IIII^{xx}IIII.

Vaux. — Le même avoue tenir en fief et hommage à Vaux, paroisse de Varennes, un meix ou tènement appelé *le meix de Robert de Vaux* (*Vaulx*), valant, par an, vingt-huit sous tournois, monnaie royale, de rente ou redevance[6]; item, un autre meix ou tènement appelé *du Monceau*, valant, par an, trente sous tournois, trois ras d'avoine, mesure du Bois; item, la justice desdits meix ou tènements, leurs droits, appartenances et dépendances (le 3 août 1389).

IIII^{xx}V.

Dun-le-Roi. — Robert de Trémont (*de Tribus Montibus*), damoiseau, avoue tenir en fief et hommage quatre livrées tournois de terre et onze gelines d'annuelle rente, à lui dues dans le village ou terre de *Valois*, paroisse de Dun, par divers tène-

---

1. Canton de La Clayette.
2. Chef-lieu de canton.
3. Les lettres royaux cotées IIIIxxI somment ledit chevalier de faire hommage *de stangno et molendino* avant Pâques (le 2 janvier 1354).
4. Commune de Varennes-sous-Dun, canton de La Clayette.
5. Commune de Saint-Racho.
6. *Redditus seu redibentia.*

mentiers, avec la justice haute et basse sur les tènements et les hommes du lieu (le 28 avril 1368).

IIII^{xx}VI.

Gillette, Le Côté, Corcelle et Indre[1]. — Renaud de *Corbelein*, *alias* Jean Leduc, de Beaujeu (*de Bellijoco*), avoue tenir en fief et hommage lige trente sous parisis et huit pintes de miel à lui dus à Gillette (*Gibletes*), Le Côté (*Le Costé*), Corcelle (*Corcelles*), et Indre (*Aynde*), paroisse de Gibles (*de Gebliis*); item, le bois appelé *de Montbruchie*, avec la garenne attenante; item, un petit bois lieu dit *En haute Roche* (*Alta Ruppis, In alta Ruppe*); item, un meix appelé [2] *le meix de Nemey et de Valet* (*Valeti, Valleti*) *du Coste*; item, les terres et héritages sis autour dudit meix et près des étangs dudit Renaud; item, le grand étang rompu [3] dit *de la Roche*, avec le moulin attenant; item, deux petits étangs rompus sis au finage du Côté, le tout valant anciennement [4] dix livres tournois par an (le 28 avril 1368).

IIII^{xx}VII-IIII^{xx}VIII.

(**Terre**). — Le même, sous le nom de Jean Legraz, Legras, Graz, de Beaujeu, écuyer, « fait le serement de féauté et homaige » qu'il doit au Roi « à cause de certaine terre qu'il tient en la chastellenie de Nostre-Dame-du-Boiz [5] » (le 23 septembre 1374).

IIII^{xx}IX.

Gibles, Corcelle et Le Côté. — Jean Leduc (*Ducis*), bourgeois de Beaujeu, avoue tenir en fief et hommage : l'étang de la Roche (*de Ruppe*), paroisse de Gibles (*de Gibliis*), avec le moulin situé sous la chaussée dudit étang; item, un autre petit étang dit *de la Boyge*, même paroisse, près le chemin de Corcelle au moulin de la Roche; item, un petit bois ou étang, finage dudit Corcelle; item, le pré appelé *la praye Jehan Leduc*, près la queue de l'étang de la Roche et les terres de ceux du Côté

---

1. Commune de Gibles, canton de La Clayette.
2. *Item mansum vocatum mansus Nemey et dicti Valeti du Coste* (IIII^{xx}VII). — *Item mansum vocatum mansus Nemey et Valleti dicti loci du Coste* (IIII^{xx}VIII).
3. *Disruptum.*
4. *Ante ipsorum* (*stagnorum*) *destructionem*, *alias corruptionem.*
5. Le Bois-Sainte-Marie.

(du Coster), paroisse de Gibles (de Gebilis); item, douze sous parisis, un bichet de froment, mesure du Bois, et deux gelines de servis, par an, sur un meix ou tènement au Côté (apud Le Costé); item, seize sous parisis et une geline de servis, par an, sur un autre meix ou tènement au même lieu; item, quatre sous parisis, un livroir de froment, mesure du Bois, et une geline de servis, par an, sur un autre meix ou tènement au même lieu; item, quatre sous parisis, un bichet de seigle, trois ras d'avoine à la mesure du Bois, et deux gelines de servis, par an, sur un autre meix ou tènement au même lieu; item, le bois de Monbruchiez, avec le clapier et la garenne qui s'y trouvent; item, tous les autres biens et droits que ledit Jean peut avoir dans la paroisse dudit Gibles (le lundi après la Nativité de la Vierge 1389).

IIII^{xx}X.

Drée[1]. — Jeanne de Nevers (de Nyvernis), veuve de Hugues Damas (Dalmacii), dame de La Bazolle (Bazola, Basola), en son nom et au nom de Jean et Robert, ses fils, damoiseaux, avoue tenir en fief et hommage sa maison forte ou forteresse[2] de La Bazolle, attenante à la maison et forteresse des héritiers de feu Guillaume de La Bazolle, chevalier, comprise dans la même enceinte[3], avec les maisons dépendant de ladite forteresse, et situées en dedans des fossés dudit lieu de La Bazolle, le tout valant dix livrées tournois de terre, par an, ou bien la somme de quatre cents livres tournois, monnaie royale (le mardi après la fête de saint Pierre aux Liens 1369).

IIII^{xx}XI.

La Chapelle-du-Mont-de-France[4], **Buffières**[5], **Villeret**[6], **Perouzot**[7], **Châtillon**[8], **Ruère**[9] et **Vaux**[10]. — Jean de Marchizeuil (Melchisul,

---

1. Anciennement La Bazolle, commune de Curbigny, canton de La Clayette.
2. *Domum fortem seu fortalicium.*
3. *Clausura.*
4. Canton de Matour.
5. Canton de Cluny.
6. Commune de Buffières.
7. Id.
8. Id.
9. Canton de Saint-Bonnet-de-Joux.
10. Commune de Varennes-sous-Dun, canton de La Clayette.

Merchisul), damoiseau en 1368, écuyer en 1377, au nom de Catherine, sa femme, fille de feu Jean de Buffières (*de Bufferiis*), damoiseau, avoue tenir en fief et hommage six paneaux de froment, sept paneaux de seigle, huit paneaux d'avoine, mesure de Cluny, quinze sous et huit deniers clunisois, d'annuel servis, *alias* de rente, à lui dus par plusieurs tènementiers de la paroisse de La Chapelle-du-Mont-de-France (*Cappella Montis Francie*); item, la maison de Buffières (*Bufferes*), forte jadis, mais détruite et brûlée [1] par les ennemis dans leurs incursions; item, deux verchères, attenantes à ladite maison, contenant deux bichonées de terre et valant, par an, de terrage, un paneau de froment, mesure susdite; item, une terre, proche ladite maison, appelée *terre de Bigot*, valant par an un demi paneau de froment, dite mesure; item, une autre terre avec un pré dit *de Verneal*, alias *Verneaul*, alias *Vernea*, valant par an deux sous tournois; item, le lieu ou place d'un moulin détruit [2], sis à Villeret (*Vileyres*, alias *Vilereys*, alias *Villeroy*), près Buffières, avec le pré attenant et le bois *de Perroset*, valant, par an, douze sous tournois; item, le bois dit *La Grolais*, alias *des Agrolois*, la terre de *Bassey* (*Bessey*, alias *Bessoy*), la terre *d'Arnet*, alias *de Monnet*, et le champ *de Masilles Guion*, alias *de Masille Guion*, valant, par an, douze sous tournois; item, quinze sous tournois, deux bichets de seigle et deux bichets d'avoine, d'annuel servis [3], dus par plusieurs tènementiers de Buffières; item, le meix appelé *le meix Châtillon* (*le mes Chasteillon*, alias *Chasteillion*, alias *Chastellion*), paroisse dudit Buffières, valant, par an, douze sous clunisois, trois paneaux [4] de seigle, et trois, *alias* quatre, paneaux [5] d'avoine, mesure de Cluny; item [6], un autre meix

---

1. Elle n'était probablement pas relevée en 1377, car, dans l'acte coté mmxxiiii, on lit : « la maison de Buffières qui se soloit appeler la maison fort ».
2. *Disruptum*. L'acte de 1377 dit « vague ».
3. « De menus servis » dit l'acte de 1377.
4. « Deux bichets » dit l'acte de 1377.
5. « Daux bichets » dit encore l'acte de 1377.
6. L'acte de 1377 coté mmxxiiii se termine ainsi : « Item, iiii s. clun. que tient et doit Tevenin Quarrière, de Rueres, de la par. de Seur, et ses perceneurs; item, ou Vaux-soulz-Seur, ii s. clun. sur une terre que tenoit la Guicharde de Chassaigne et ses perceneurs, assis près du for de ladicte ville de Chassaigne; ensemble la juridicion et seignorie haute, moyenne et basse, en toutes les chouses situées en ladicte parrosse de Buffières ». — Peut-être faut-il identifier *Vaux-soulz-Seur* avec *Vaux*, commune de Sivignon, près Ruère et Suin, canton de Saint-Bonnet-de-Joux, et *Chassaigne* avec *La Saigne*, commune de Varennes-sous-Dun, canton de La Clayette.

appelé *le mes Quarré*, alias *Carré*, à Ruère (*Rueres*), paroisse de Suin (*de Seduno*), valant, par an, quatre sous clunisois et trois poulets; item, deux sous clunisois par an sur une verchère sise à Vaux (*Vaulx*) sous Dun; item, la justice haute et basse sur ses biens de Buffières, valant par an, dix, *alias* douze, sous tournois (les 16 septembre 1368 et 25 janvier 1377).

IIII^{xx}XII-IIII^{xx}XV.

CHATELLENIE DE SAINT-GENGOUX [1] ET PRÉVÔTÉ DE SAINT-ANDRÉ-LE-DÉSERT [2]

La Chize [3]. — Henri du Sauvement, damoiseau, prête le serment de féauté pour sa terre de La Chize (*La Chize*) (le 5 décembre 1369).

IIII^{xx}XVI.

Donzy-le-Royal [4]. — Béatrice, veuve de Jean des Murgers (*des Murgiers*), damoiseau, avoue tenir en fief et hommage le tiers de la justice et la moitié des lods, cens et servis de Donzy-le-Royal (*Donziaci Regalis*), par elle achetés de Jean de Buffières, damoiseau, valant, le tout, six livres tournois par an (le dimanche après l'octave des saints Pierre et Paul, apôtres, 1369).

IIII^{xx}XVII.

Mimont [5]. — Henri du Blé (*de Ablato*), chevalier, seigneur de Vitry (*Vitriaci*) [6], avoue tenir en fief et hommage deux deniers clunisois et une quarte d'avoine, mesure de Cluny, d'annuel cens, sur le bois de Mimont (*de Mediomonte*) (le 22 décembre 1377).

IIII^{xx}XVIII.

---

1. Saint-Gengoux-le-National, chef-lieu de canton.
2. Canton de Cluny.
3. La Chize, commune de Milly, canton de Mâcon nord, n'a jamais été un fief. Il faut lire sans doute *Chigy*. Voir p. 30.
4. Canton de Cluny.
5. Commune de La Vineuse, canton de Cluny.
6. Vitry-lès-Cluny, id.

Mornay[1]. — Pierre de Fougères (*de Fougières*), dit *Ly Asno*, avoue tenir en fief lige « sa maison de Mornay, *alias* Marnay, ensamble LX s. de turon. au plus prest de ladicte maison, tant en rentes comme en homes, et laquelle maison est assise en la parroiche de Mornay, dedans la prévosté de Saint-André-le-Désert » (le 28 septembre 1374).

IIII^{xx}XIX-C.

(Serment). — Huguenin de Murzeau (*de Mulzeau*), damoiseau, prête serment de féauté (le 26 avril 1373).

Sans numéro (entre C et CI).

Le Rousset[2]. — Emard Dèce (*Emardus Decius*), chevalier, seigneur du Rousset (*de Roceyo*), avoue tenir en fief et hommage le château du Rousset et ses appartenances (le 24 juin 1373).

CI-CIII[3].

Mâcon (comté). — *Stephanus, comes Burgundiæ, notum facit quod cum fecit homagium ligium duci Burgundiæ de feodo quod de comite Burgundiæ tenebat, scilicet de feodo Matisconensi, quod comes Guillelmus de ipsa ligie tenebat, dominus dux ei concessit quod quando hæres comitatus Burgundiæ venerit in homagium revertar in homagium comitis. Datum apud Laonam*[4] *mense octobris* 1217[5].

CIIII.

---

1. Canton de Saint-Bonnet-de-Joux.
2. Canton de La-Guiche.
3. Sous les cotes CI et CIII, on trouve les lettres royaux de « respit et souffrance » accordées : 1° au seigneur de La Motte-Saint-Jean et du Rousset (le 9 décembre 1354) ; 2° à Guyot, seigneur de La Mote et de Rocey, écuyer (le 10 janvier 1368). — La Motte-Saint-Jean, canton de Digoin.
4. Saint-Jean-de-Losne, chef-lieu de canton (Côte-d'Or).
5. *Ego Stephanus, comes Burgundiæ, notum facio præsentibus et futuris, quod cum ego feci homagium ligium domino et consanguineo meo, Odoni, duci Burgundiæ, de feodo quod de comite Burgundiæ tenebam, scilicet de feodo Matisconense, quod comes Vuillelmus de me ligie tenebat, dominus dux mi concessit quod quando hæres legitimus qui comitatum Burgundiæ tenebit, venerit, et homagium dicto duci fecerit, ego absque fide mentiri in homagium comitis Burgundiæ de prædicto feodo revertar. Quod ut ratum habeatur, præsens scriptum sigillo meo confirmavi. Actum est hoc apud Laonam, anno gratiæ millesimo ducentesimo decimo septimo, mense octobris.* (Etienne Pérard, *Recueil de plusieurs pièces curieuses servant à l'histoire de Bourgogne*, Paris, Cramoisy, 1664, in-f°, p. 321).

Le Mont[1] **et Saint-Nizier.** — « Dénombrement de la maison forte du Mont et d'autres biens scituez à Sainct-Nizier, donné par Raoul *de Tresetis*[2], chevalier, le lundy après la Purification 1370 ».

CV.

Messey-sur-Grosne[3]. — « Reprise de fief de Messey faicte par Guillaume de Messey, sieur de Rains[4], capiteine de Bourbon-Lancis[5], escuyer, le 3 mai 1474 ».

CVI.

Messey-sur-Grosne. — « Vidimus du don faict aux ditz de Messey de la haute, moyenne et basse justice, donné au mois de mars 1473, au bas duquel est la reprise de fief de laditte justice ».

CVII.

Mâcon (péage). — « Reprise de fief du péage de Mascon faicte par Louys et André Chevrière, frères, enfans et héritiers de feu André Chevrier, et [par] Guy de Groles[6], à cause de Marguerite, sa femme, fille de Henry Chevrière, le 24 febvrier 1442 ».

CVIII.

---

1. Commune de Saint-Nizier, canton de Charlieu (Loire).
2. Raoul de Trézette (voir p. 19).
3. Canton de Buxy.
4. Commune de Joncy, canton de La Guiche.
5. Bourbon-Lancy, chef-lieu de canton.
6. Lire « Grolée ».

DEUXIÈME PARTIE

ROLE DES NOBLES EN 1478

Noble et puissant seigneur Messire Claude de La Guiche, chevalier, seigneur dudit lieu [1] et de Chaulmont [2].

Jehan de Thenay, seigneur de Vers [3], *alias* de Besanceul [4].

Messire Anthoine de Montfaulcon, seigneur de Massy, *alias* Massey [5].

Jehan de Chamilli, seigneur de Pomier [6].

Estienne de Balzy, pour et ou nom de Pierre, son frère [7].

Maistre Estienne Tyard, seigneur de Bissy [8].

Guillaume de Messey, seigneur de Rayns [9].

Jehan de Messé, *alias* Mersy, seigneur dudit lieu [10].

Jehan de Troncey.

Jaques de Grant-Vaulx.

Thibault de Sempigny, seigneur de La Chappelle-de-Braigny [11].

Michiel de Ponceaulx, seigneur de Murceaulx, *alias* Mursaux [12].

Jehan de Semur, seigneur de Sancenier [13].

Anthoine de Vichy, seigneur de Champron [14].

---

1. Chef-lieu de canton.
2. Chaumont, commune de Saint-Bonnet-de-Joux, chef-lieu de canton.
3. Canton de Sennecey-le-Grand.
4. Besanceuil, commune de Bonnay, canton de Saint-Gengoux-le-National.
5. Massy, canton de Cluny.
6. Pommier, commune de Cortevaix, canton de Saint-Gengoux-le-National.
7. Seigneur de Valécot, commune de Saint-Martin-la-Patrouille, canton de La Guiche. Voir l'inventaire de Peincedé.
8. Bissy-sur-Fley, canton de Buxy.
9. Commune de Joncy, canton de La Guiche.
10. Messey-sur-Grosne, canton de Buxy.
11. La Chapelle-de-Bragny, canton de Sennecey-le-Grand.
12. Le Murzeau, commune de La Vineuse, canton de Cluny.
13. Sancenay, commune d'Oyé, canton de Semur-en-Brionnais.
14. Champ-Rond, commune de Ligny, id.

Jehan de Damas, escuyer, seigneur de Verdprez [1].
Philippe de Neufville, seigneur d'Ucelles [2].
Jehan de Faultrières, seigneur du Petit-Bost, *alias* Petit-Boys [3].
Anthoine Gachet, seigneur de Chevanes [4].
Edoard de La Magdeleine, seigneur de Banchet [5].
Jehan de Molins, seigneur dudit lieu [6].
Claude du Mouton [7].
Philippe de Saint-Andrieu.
Anthoyne de La Palu, seigneur de Gernousse, *alias* de Genosse [8] et de Bernois [9].
Quantin de Mincié, seigneur de La Bruyère [10].
Jehan de Mincié, seigneur de Perrone [11].
Claude de Lugny, seigneur d'Igié [12].
Pierre, filz de Philibert de Salornay, *alias* seigneur dudit lieu [13].
Claude de Salornay, seigneur de Sarrières [14].
Messire Philibert de Rougemont, chevalier, seigneur de Pierrecloux [15], *alias* et Chigie [16].
Jehan de Saint-Point, seigneur dudit lieu [17].
Françoys de Rochebaron, seigneur de Berzié [18], de Cenve [19] et de Joncy [20].
Loys de Feurs, seigneur des Tours [21].

---

1. Vertpré, commune de Tancon, canton de Chauffailles.
2. Uxelles, commune de Chapaize, canton de Saint-Gengoux-le-National.
3. Le Petit-Bois, commune de Saint-Julien-de-Civry, canton de Charolles.
4. Chavanne, commune de Saint-Racho, canton de La Clayette.
5. Le Banchet, commune de Château-Neuf, canton de Chauffailles.
6. Moulins, commune de Saint-Maurice-lès-Château-Neuf, id.
7. Seigneur de La Tour, commune de Charnay-lès-Mâcon, canton de Mâcon sud. Voir Arcelin, *Indicateur héraldique et généalogique du Mâconnais*, Mâcon, 1865, in-8°, p. 267.
8. Jarnosse, canton de Charlieu (Loire).
9. Barnay, commune de Saint-Martin-de-Lixy, canton de Chauffailles.
10. Commune d'Igé, canton de Cluny.
11. Péronne, canton de Lugny.
12. Igé, canton de Cluny.
13. Commune d'Hurigny, canton de Mâcon nord.
14. Serrières, canton de Tramayes.
15. Pierreclos, id.
16. Le Gros-Chigy, commune de Saint-André-le-Désert, canton de Cluny.
17. Canton de Tramayes.
18. Berzé-le-Châtel, canton de Cluny.
19. Cenves, canton de Monsols (Rhône).
20. Canton de La Guiche.
21. Commune de Crèches, canton de La Chapelle-de-Guinchay.

Anthoyne et Guillaume de Buxal, frères, seigneurs du Parc[1].
Jaqués Mareschal, seigneur de Senosan[2].
Perceval de Fitigny, seigneur de Grenoud[3].
Jehan Robelet[4].
Jehan Chassepoul, *alias* Chacipoul[5].
Françoys de Digoyne, seigneur du Palais[6].
Maistre Lancelot Ailloud, seigneur du Colombier[7].
Claude de Saint-Point, seigneur de La Saule[8].
Philibert Rosset[9].
Loys Chevrier, seigneur de Saint-Moris[10].

Messire Jaques d'Amanzé, chevalier, seigneur dudit lieu[11] et de Choffailles[12].
Messire Pierre de Vergier, seigneur de Dulphey[13].
Claude de Monnay, seigneur dudit lieu[14] en partie.
Oddot de Givingy, seigneur de Vitry[15].
Jehan de Chamelly, seigneur dudit lieu[16].
Philippe de Franc, seigneur des Sertaux[17].
Anthoyne de Chevrel, seigneur de Loyse[18].
Edoard de Damas, seigneur de La Bazole[19].

---

1. Commune de Sancé, canton de Mâcon nord.
2. Senozan, id. — Cette mention de Jacques Mareschal permet de compléter en partie l'inscription de l'église de Sancé que M. Monnier a publiée avec plusieurs lacunes (*Annuaire de Saône-et-Loire* pour 1859, p. 403).
3. Grenot, commune d'Uchizy, canton de Tournus.
4. Possesseur du fief des Eauyers à Uchizy. Voir Archives départementales, B. 1331, f° 388.
5. Possesseur du fief de Jubilé à Uchizy, id.
6. Commune de Mailly, canton de Semur-en-Brionnais.
7. Colombier-en-Brionnais, canton de La Clayette.
8. La Salle, canton de Lugny.
9. Seigneur de Morfontaine, commune de Montbellet, canton de Lugny. Voir le rôle des possédant fiefs en 1560.
10. Saint-Maurice-de-Satonnay, canton de Lugny.
11. Canton de La Clayette.
12. Chauffailles, chef-lieu de canton.
13. Commune de Mancey, canton de Sennecey-le-Grand.
14. Commune de Dompierre-les-Ormes, canton de Matour.
15. Vitry-lès-Cluny, canton de Cluny.
16. Chemilly, commune de La Vineuse, canton de Cluny. Il doit y avoir là une erreur du copiste, car Chemilly n'a jamais été une seigneurie, et nous savons d'autre part que Jean de Chemilly était seigneur de Pommier. Voir p. 29.
17. Esserteaux, commune de Bussières, canton de Mâcon sud.
18. Loise, commune de La Chapelle-de-Guinchay, chef-lieu de canton.
19. La Bazolle, commune de Curbigny, canton de La Clayette.

Jaquemin de Pyemont[1].
Michault de Damas, seigneur de La Bazole.
Charles de Busseul, seigneur de Saint-Sarnin[2].
Anthoyne de Dyo[3].
Claude, seigneur de Chintrié[4] et de Varennes[5].
Philibert de Lespinasse, seigneur de Civignon[6].
Philibert de Fougières, seigneur de L'Estoille[7].
Philippe d'Alenay, seigneur de Fougières[8].
Françoys de Salornay, seigneur de Sarrières[9].

---

1. Coseigneur, avec son frère, de Givry, commune de Laizé, canton de Mâcon nord. Voir Archives départementales, E. 381, n° 11.
2. Saint-Sernin-en-Brionnais, aujourd'hui Vauban, canton de La Clayette.
3. Seigneur de Dyo, canton de La Clayette.
4. Chaintré, canton de La Chapelle-de-Guinchay.
5. Varennes-lès-Mâcon, canton de Mâcon sud.
6. Sivignon, canton de Saint-Bonnet-de-Joux.
7. Commune de Ligny, canton de Semur-en-Brionnais.
8. Fougère, commune de Saint-Christophe-en-Brionnais, canton de Semur-en-Brionnais.
9. Serrières, canton de Tramayes.

TROISIÈME PARTIE
ROLE DU BAN ET ARRIÈRE-BAN VERS 1540

BAILLIEF [1] DE MASCON [2]

Berzé [3].
Lugny [4].
Montbelet [5].
La Salle [6].
Sainct-Poinct [7].
Le Parc [8] et Senouzan [9]
Salornay [10].
Sainct-Sarnin [11].

---

1. « Le tiltre du premier article du roolle porte ces mots *Baillief de Mascon*. On pourroit penser qu'il y doit avoir *Banlieue*, ainsi qu'en la Prévosté de Paris : mais comme nulle raison me pouvant induire à le croire, je suis tiré à penser autrement. Et (comme en chose non résolue il est permis librement opiner) je suis d'advis que bien anciennement les enroollez en ce chapitre estoient considerez comme ceux qui furent dicts par les Romains *Cohors Prætoria*, ou ceux qu'on appelloit *Triarios*, de nostre mot François *Triez*, qui signifie choisis : d'autant qu'ils estoient désignez pour la garde et protection du Bailly, qui (en ceste part) tient le rang que tenoit à Rome le Préteur. Au reste l'estat de Chastellain selon les loix Galliques, observées soingneusement par les François et Bourgongnons, n'estoit jadis baillé qu'à personnes signalées de noblesse. Et audict estat de Chastellain estoit joinct celuy de Capitaine, ensemble l'office de Juge en première instance. Ses appellations estoient vuydées par le Bailly royal ou par son Lieutenant quand il alloit tenir ses assises. Es places plus importantes les Chastellains se qualifient à présent Gouverneurs : on les a aussi quelquefois nommé Capitaines ; et néantmoins l'estat de Capitaine est accessoire à celuy de Chastellain ». (P. de Saint-Julien, de la maison de Baleurre, *Antiquitez de Mascon*, pp. 311-312).
2. Mâcon.
3. Berzé-le-Châtel, canton de Cluny.
4. Chef-lieu de canton.
5. Montbellet, canton de Lugny.
6. Même canton.
7. Saint-Point, canton de Tramayes.
8. Commune de Sancé, canton de Mâcon nord.
9. Senozan, id.
10. Commune d'Hurigny, id.
11. Saint-Sernin-en-Brionnais, aujourd'hui Vauban, canton de La Clayette.

Fiefs du Mâconnais

Dulphey [1].
Chavanes [2].
Pierrecloux [3].
Sainct-Mauris-des-Preys [4].
Marigny [5].
Sivolières [6].
Merzé [7].
La Grange [8].
Ozenay [9].
Chassipol [10].
Grenoux [11].
Faverges [12].
Malfontaine [13] et Perrone [14].
La Pallu [15].

CHASTELLENIE DE CRICHE [16]

Viuzelles [17].
Estours [18].
Loyse [19].

---

1. Commune de Mancey, canton de Sennecey-le-Grand.
2. Chavanne, commune de Saint-Racho, canton de La Clayette.
3. Pierreclos, canton de Tramayes.
4. Saint-Maurice-de-Satonnay, canton de Lugny.
5. Commune de Verzé, canton de Mâcon nord.
6. Scivolière, commune de Jugy, canton de Sennecey-le-Grand.
7. Commune de Cortambert, canton de Cluny.
8. Commune de Tournus, chef-lieu de canton. — « Ne sçay pourquoy ceste Grange fut mise au roolle du rièreban. Car anciennement c'estoit une métairie de l'abbaye de Tournus. Pourroit estre qu'on en ait fait à l'abbé dudit Tournus comme il lui fut fait jadis du droict de directe qu'il avoit en la rue de Bourgneuf à Mascon, où présentement il n'a rien, ny n'en sçauroit monstrer aucuns tiltres par la mauvaise foy de ceux qui les ont eu en charge ». (P. de Saint-Julien de Baleurre, p. 322).
9. Canton de Tournus.
10. Nom disparu, commune d'Uchizy, id.
11. Grenot, id., id.
12. Nom disparu, id., id.
13. Merfontaine, commune de Montbellet, canton de Lugny.
14. Péronne, même canton.
15. La Palud, commune de Quincié, canton de Beaujeu (Rhône). — « Ceste seigneurie est possédée par les Berjots... » (P. de Saint-Julien de Baleurre, p. 324). Cela explique son rattachement au « bailliof » de Mâcon.
16. Crêches, canton de La Chapelle-de-Guinchay.
17. Canton de Mâcon sud.
18. Les Tours, commune de Crêches.
19. Loize, commune de La Chapelle-de-Guinchay.

La Tour [1].
Varennes [2] et Chintrey [3].
Toyria [4].

CHASTELLENIE D'IGYÉ [5]

Igyé.
...... [6].

CHASTELLENIE DE PRISSEY [7]

...... [8].

CHASTELLENIE DE SAINCT-GENGOULX [9]

Sercy [10].
Savigny [11].
La Sarrée [12].
La Chapelle-de-Braigny [13].
Courmatain [14].
...... [15].

---

1. Commune de Mâcon, ou commune de Romanèche, canton de La Chapelle-de-Guinchay.
2. Canton de Mâcon sud.
3. Chaintré, canton de La Chapelle-de-Guinchay.
4. Thoiriat, commune de Crèches, id.
5. Igé, canton de Cluny.
6. « En ladicte chastellenie d'Igyé, comme aussi en celle de Prissey, sont plusieurs autres maisons nobles, desquelles ignorant les seigneurs, j'ay esté contrainct me taire ». (P. de Saint-Julien de Baleurre, p. 326).
7. Prissé, canton de Mâcon sud.
8. Voir ci-dessus, note 6.
9. Saint-Gengoux-le-National, chef-lieu de canton.
10. Canton de Buxy.
11. Savigny-sur-Grosne, canton de Saint-Gengoux.
12. La Serrée, commune de Curtil-sous-Burnand, id.
13. La Chapelle-de-Bragny, canton de Sennecey-le-Grand.
14. Cormatin, canton de Saint-Gengoux. — « Le sieur de Courmatain n'est pas appelé au bán du Masconnois à cause de sa maison de Courmatain, car elle est au bailliage de Chalon : mais puis qu'il est sur le roolle du Masconnois, je ne laisseray d'en dire quelque chose ». (P. de Saint-Julien de Baleurre, p. 329).
15. « Le reste des autres sieurs nommez au roolle, à la fin du tiltre de la chastellenie Sainct-Gengoulx, m'excuseront (s'il leur plaist) si je me tais d'eux, n'ayant suffisantes instructions pour en parler à contentement ». (Id., p. 331).

PRÉVOSTÉ (DE) SAINCT-ANDRÉ [1]

La Guiche [2].
Sivignon [3].
Rossey [4].
Chigy [5].
Lis [6] et [7] Crusilles [8].
La Bazolle [9], Le Banchet [10] et Sigy [11].
Chassignoles [12].

CHASTELLENIE DU BOIS-SAINCTE-MARIE [13]

Dyo [14].
Le Vaulx-de-Choyseul [15].
La Clayette [16].
Voulgy [17].

---

1. Saint-André-le-Désert, canton de Cluny.
2. Chef-lieu de canton.
3. Canton de Saint-Bonnet-de-Joux.
4. Le Rousset, canton de La Guiche.
5. Le Gros-Chigy, commune de Saint-André-le-Désert.
6. Lys, commune de Chissey-lès-Mâcon, canton de Saint-Gengoux.
7. « Ces deux seigneuries auparavant distinctes sont icy accouplées parce que lors que le roolle (que j'ay prins pour guide) fut faict, elles estoyent toutes deux tombées en la puissance d'un seul seigneur, qui fut Gaspar de Saillant, sieur dudit lieu, fils de Charles... » (P. de Saint-Julien de Baleurre, p. 341). C'est ce détail qui nous a permis d'assigner au rôle la date approximative de 1540.
8. Cruzille, canton de Lugny. — « Combien que la seigneurie de Crusilles soit sur le roolle du ban et rièreban du Masconnois, si est la maison fort dudit Crusilles du bailliage de Chalon. Vray est que quelques villages, tant qui estoient jadis (comme Macheron) qu'autres qui en sont encores (comme Sagy), sont du Masconnois ». (Id., p. 342).
9. Commune de Curbigny, canton de La Clayette.
10. Commune de Château-Neuf, canton de Chauffailles.
11. Sigy-le-Châtel, canton de Saint-Gengoux.
12. Chassignole, commune de Bonnay, id. — « Estant le sieur de Chassignoles le dernier au tiltre de la prévosté Sainct-André, je finiray par luy ce chapitre ». (P. de Saint-Julien de Baleurre, p. 344).
13. Le Bois-Sainte-Marie, canton de La Clayette.
14. Même canton.
15. Le Vau-de-Chizeuil, commune de Saint-Julien-de-Civry, canton de Charolles. — « Est par corruption de langage dit le Vaulx-de-Chyseul ». (P. de Saint-Julien de Baleurre, p. 346).
16. Chef-lieu de canton.
17. Vougy, canton de Charlieu (Loire). — « ... Marc de Chantemerle... Fault noter que ce n'est pour raison de Voulgy qu'il est icy mis sur le roolle du

Amanzé [1].
La Bussière [2] et Sainct-Sorlin [3].
Matour [4] et Chasteau-Tyard [5].
L'Estoille [6] et [7] Fougières [8].
Le Terreau [9].
Sancenier [10].
Angleure [11].
L'Estang [12].
Marcilly [13].
...... [14].

---

qan et rièreban du Masconnois, (car Voulgy n'en est pas), ains pour le regard de Nay ». (P. de Saint-Julien de Baleurre, p. 350). — Nay, commune de Tramayes, chef-lieu de canton.

1. Canton de La Clayette.
2. Commune de Saint-Léger-sous-la-Bussière, canton de Tramayes.
3. Saint-Sorlin, canton de Mâcon nord.
4. Chef-lieu de canton.
5. Château-Thiers, commune de Matour.
6. L'Etoile, commune de Ligny, canton de Semur-en-Brionnais.
7. « Combien que ces deux seigneuries soient séparées sur le roolle que nous suyvons, si est-ce qu'estans n'aguères à un seul seigneur (Girard de Fougières), entre les enfans duquel elles ont esté partagées, je n'en ay voulu faire qu'un article pour ne disjoindre deux bons frères, estimez grandement des grands et bien-aimez d'un chacun ». (P. de Saint-Julien de Baleurre, p. 353). Baleurre a eu tort de faire ce rapprochement, car le Fougères dont Girard était seigneur appartient à la commune de Saint-Nizier-d'Azergues, canton de La Mure (Rhône).
8. Fougère, commune de Saint-Christophe-en-Brionnais, canton de Semur-en-Brionnais.
9. Les Terreaux, commune de Verosvres, canton de Saint-Bonnet-de-Joux. — « Faut noter que ce n'est pour la pièce du Terreau que le seigneur dudit lieu est appellé au rièreban du Masconnois, car le Terreau est en Charrolois ». (P. de Saint-Julien de Baleurre, p. 354).
10. Sancenay, commune d'Oyé, canton de Semur-en-Brionnais.
11. Anglure-sous-Dun, canton de Chauffailles.
12. L'Etang, commune de Saint-Julien-de-Jonzy, canton de Semur-en-Brionnais.
13. Marcilly-la-Gueurce, canton de Charolles. — « Le sieur de Marcilly, à cause de la seigneurie de Vaulx ». (P. de Saint-Julien de Baleurre, p. 356). Ce Vaulx est aujourd'hui Lavau, commune de Dyo, canton de La Clayette.
14. « Les autres seigneurs nommez au chapitre de la chastellenie du Bois-Saincte-Marie m'excuseront (s'il leur plaist) si je ne fay article de chacun d'eux. Je leur prie croire que si j'eusse eu quelques instructions pertinentes et dignes de les escrire je n'eusse espargné ma peine... » (P. de Saint-Julien de Baleurre, p. 356).

CHASTELLENIE DE CHASTEAU-NEUF [1]

Chauffailles [2].
Champ-Rond [3].
Verpré [4].
Le Palais [5].
Moulins-sur-la-Reconce [6].
...... [7].

---

1. Château-Neuf, canton de Chauffailles.
2. Chef-lieu de canton.
3. Commune de Ligny, canton de Semur-en-Brionnais.
4. Vertpré, commune de Tancon, canton de Chauffailles.
5. Commune de Mailly, canton de Semur-en-Brionnais.
6. Moulin-de-l'Arconce, commune de Poisson, canton de Paray-le-Monial. — Il y a là une erreur; le *Moulins* dont il s'agit est celui de la commune de Saint-Maurice-lès-Château-Neuf, canton de Chauffailles.
7. « Je pourrois poursuyvre le reste des maisons contenues et nommées au roolle que j'ay suivy et en parler de gros en gros; mais ce que j'en puis sçavoir est si peu que nul n'en pourroit estre d'autant satisfaict. Cela me contrainct de m'en déporter. Entre autres je pouvois parler des seigneuries que le Chapitre de Chalon tient enclavées dedans le bailliage du Masconnois, qui sont Boyer près Tournus et La Rochette près Sainct-Gengoulx... Ayant donques esbauché la recherche des maisons illustres du Masconnois (du moins de celles qui paroissent mieux et desquelles j'ay meilleure congnoissance), si un autre, plus diligent que moy, y vouldra exactement employer son loysir et mieux polir ceste besongne, le publicq luy en sera tenu et je luy feray honneur avec action de grâces ». (P. de Saint-Julien de Baleurre, pp. 360-362). — Boyer, canton de Sennecey-le-Grand. La Rochette, commune de Saint-Maurice-des-Champs, canton de Buxy.

QUATRIÈME PARTIE

ROLE DES POSSÉDANT FIEFS EN 1560

[NOBLES]

La vefve et héritiers de feu noble Geoffray de Rochebaron, par le dernier dénombrement baillé de leurs seigneuries de Berzé[1] et de Liz[2] tiennent (d)e revenu annuel audict bailliaige de Mascon cinq cens cinq livres huict solz tournoiz.

v^cv l. viii s.

Noble Marc Lordin de Salegny, par dénombrement donné de sa baronnye du Rossay[3], tient de revenu anuel en fiefz troys cens livres.

iii^c l.

Le(s) seigneur(s) de La Magdelayne tiennent en fiefz audict bailliaige deux mil livres de rante par dénombrement donné de leur(s) seigneuries de Chastel-Neufz[4], du Banchet[5], La Bazolle[6], Bosdemont[7] et La Salle[8].

ii^{mil} l.

Noble Anthoine de Laubespin, seigneur du Chisy[9], tient par son dénombrement cent dix livres de rante.

cx l.

---

1. Berzé-le-Châtel, canton de Cluny.
2. Lye, commune de Chissey-lès-Mâcon, canton de Saint-Gengoux-le-National.
3. Le Rousset, canton de La Guiche.
4. Château-Neuf, canton de Chauffailles.
5. Le Banchet, commune de Château-Neuf.
6. Commune de Curbigny, canton de La Clayette.
7. Baudemont, même canton.
8. Nom disparu. Pour La Salle, canton de Lugny, voir p. 40, n. 6 et p. 48, n. 9.
9. Le Gros-Chigy, commune de Saint-André-le-Désert, canton de Cluny.

Noble Jehan de Miolans, seigneur de Sainct-Martin [1], du Parc [2] et de Sainct-Pierre-de-Senozain [3], tient audict bailliaige cinq cens livres de rante.

v^c l.

Noble Maistre Françoys Dormy, présidant en la court souveraine du parlement de Paris, tient à cause de sa seignorie de La Tour [4] cent sept livres de rante.

CVII l.

Les héritiers de feu Monsieur de Lyon, conseillier en la souveraine court du parlement de Paris, tiennent audict bailliaige six-vingt-dix livres de rante [5].

VI^{xx}x l.

Monsieur Florette, conseillier en ladicte court, tient cent quatre livres dix solz.

CIIII l. x s.

Le sieur de Digoyne, seigneur du Palays [6], tient de revenu anuel six-vingt livres tournoiz par an.

VI^{xx} l.

Les héritiers (du) feu seigneur du Bordeaulx [7], coseigneur de La Salle [8], tiennent cinquante livres de revenu.

L l.

Noble Philibert de Saigie, seigneur de Sainct-Ligier [9], tient par dénombrement vingt-six livres de rante.

XXVI l.

Les héritiers du feu seigneur de Dyo [10] tiennent audict bailliaige, par dénombrement baillé, huict-vingt-dix livres.

VIII^{xx}x l.

---

1. Saint-Martin-de-Senozan, canton de Mâcon nord.
2. Commune de Sancé, id.
3. Senozan, même canton.
4. La Tour-Dormy, commune de Salornay-sur-Guye, canton de Cluny.
5. «... Maistre Jehan Ligeret, chanoine de Mascon, a dict qu'il ne sçait ce que se'est... » (C. 547, n° 12). C'était la seignourie de Pruzilly, canton de La Chapelle-de-Guinchay. Voir Archives départementales, E. 210.
6. Le Palais, commune de Mailly, canton de Semur-en-Brionnais.
7. «... Le seigneur de La Salle s'appelle Monsieur de Bordeaux, demerant en Sçavoye... » (C. 547, n° 12).
8. Canton de Lugny.
9. Saint-Léger, commune de Charnay-lès-Mâcon, canton de Mâcon sud.
10. Canton de La Clayette.

Dame Philippes de Lugny, dame de Montbellet [1], d'Igé [2] et Flacé [3], tient audict bailliaige, par dénombrement baillé, mil livres de rante.

Mil livres.

Le seigneur de Molin lès Chastel-Neufz [4] tient audict bailliaige cinquante-six livres de rante.

LVI l.

Le seigneur de Barnaye [5] y tient, par dénombrement baillé, cent livres de rantes.

c l.

Le seigneur de Grenoux [6] y tient, par dénombrement baillé, soixante livres de rante.

LX l.

Le seigneur Desbrosse, seigneur de Givry [7] en partie, y tient sept livres dix solz de rante.

VII l. x s.

Le seigneur de Fraigne [8] y tient, par dénombrement baillé, vingt livres.

xx l.

Le seigneur de Gondrais [9] y tient dix livres de rante.

x l.

Le seigneur baron de La Clayette [10] po(u)r sa part de ladicte seignorie y tient quarante livres de rante.

XL l.

Noble Françoys de Chemynant, seigneur de Vernuz [11], y tient par dénombrement soixante-six livres.

LXVI l.

---

1. Canton de Lugny.
2. Canton de Cluny.
3. Canton de Mâcon nord.
4. Moulins, commune de Saint-Maurice-lès-Château-Neuf, canton de Chauffailles.
5. Barnay, commune de Saint-Martin-de-Lixy, id.
6. Grenot, commune d'Uchizy, canton de Tournus.
7. Commune de Laizé, canton de Mâcon nord.
8. Fragne, commune de Colombier-en-Brionnais, canton de La Clayette.
9. Le Moulin-Gondras, commune de Varenne-Reuillon, canton de Digoin.
10. Chef-lieu de canton.
11. Verneuil, commune de Charnay-lès-Mâcon, canton de Mâcon sud.

Le seigneur de Sarrière[1] y tient par dénombrement troys cens cinquante livres.

$III^c L l.$

Le seigneur de Vaulx-de-Chisseul[2] y tient deux cens quattre-vingt-quinze livres de rante.

$II^c IIII^{xx} XV l.$

Noble Jacques de Bellecombe, seigneur et baron de Vinzelles[3], a baillé dénombrement de ce qu'il tient en fiefz rière ledict bailliaige, (soit) quattre cens cinquante livres tournoiz de revenu.

$IIII^c L l. t.$

Noble Anthoine de Rogemont, seigneur de Pierrecloux[4], a baillé dénombrement de ladicte seignorie de deux cens soixante-neufz livres tournoiz de revenu.

$II^c LXIX l. t.$

Noble Charle de Buseul a donné, par dénombrement des seignories de Sainct-Sarnin[5], d'Escolle[6], de Corcelle[7] et de Germolles[8], aussy de la seignorie de La Bastie[9], cinq cens cinquante livres tournoiz de revenu.

$V^c L l.$

Noble Claude de Feurs a baillé, par dénombrement de sa seignorie des Tours[10], troys cent trante-cinq livres dix-neufz solz tournoiz de revenu anuel.

$III^c XXXV l. XIX s. t.$

Damoiselle Marie de Varay a donné dénombrement de la seignorie de Varennes[11] appertenant à elle et à ses enffans de cent livres tournoiz de revenu anuel.

$c l.$

---

1. Serrières, canton de Tramayes.
2. Le Vau-de-Chiseuil, commune de Saint-Julien-de-Civry, canton de Charolles.
3. Canton de Mâcon sud.
4. Pierreclos, canton de Tramayes.
5. Saint-Sernin-en-Brionnais, aujourd'hui Vauban, canton de La Clayette.
6. Escole, commune de Verzé, canton de Mâcon nord.
7. Corcelles, commune de Bourgvilain, canton de Tramayes.
8. Même canton.
9. La Bâtie, commune de Charnay-lès-Mâcon, canton de Mâcon sud.
10. Commune de Crêches, canton de La Chapelle-de-Guinchay.
11. Varennes-lès-Mâcon.

Noble Jehan de Lugny a baillé dénombrement pour sa seignorie de Loize [1] (de) cent livres de revenu annuel.

c l.

Le seigneur et baron de Corsan [2] a baillé dénombrement de
sa seigneurie de Thorié [3] (de) quatre-vingt livres de revenu
anuel.

IIII^{xx} l.

Noble Françoys Bernard a baillé dénombrement de la seigneurie
de Chintré [4] (de) quatre-vingt-unze livres dix solz tournoiz de
revenu anuel.

IIII^{xx}XI l. x s.

Noble Françoys de Sallornay a baillé dénombrement de sa
seigneurie de Sallornay [5] de sept-vingt-quatre livres, dix-huict
solz, huict deniers tournoiz.

VII^{xx}IIII l. XVIII s. VIII d.

Noble Bernard de Salornay a donné pour dénombrement de sa
seigneurie de Sarrière [6] six-vingt livres tournoiz.

VI^{xx} l.

Noble Jehan du Moton a baillé pour dénombrement de sa seignorie du Moton [7] dix-sept livres tournoiz.

XVII l.

Noble Guillaume Berjot, procureur du Roy au bailliaige de
Masconnoys, a baillé dénombrement de sa seigneurie de La Paluz [8]
de deux cens quatre-vingt livres tournoiz.

II^{c}IIII^{xx} l.

Jehan-Loys de La Baulme donne par dénombrement pour la
moytié de la seigneurie de La Salle [9] cinquante livres tournoiz.

L l.

---

1. Commune de La Chapelle-de-Guinchay, chef-lieu de canton.
2. Corsant, commune de Perrex, canton de Pont-de-Veyle (Ain).
3. Thoiriat, commune de Crèches, canton de La Chapelle-de-Guinchay.
4. Chaintré, même canton.
5. Salornay, commune d'Hurigny, canton de Mâcon nord.
6. Serrières, canton de Tramayes.
7. Le Mouton, autrement La Tour-de-Lange, aujourd'hui La Tour, commune de Charnay-lès-Mâcon, canton de Mâcon sud.
8. La Pallud, commune de Quincié, canton de Beaujeu (Rhône).
9. Canton de Lugny.

Noble Nycolas de Franc a donné pour dénombrement de la seignorie d'Essertaulx[1] deux cens soixante-unze livres tournoiz.

IIᶜLXXI l. t.

Noble Guillaume de Sainct-Poinct a baillé pour dénombrement de sa seignorie de Sainct-Poinct[2] deux cens quatre-vingt-une livres tournoiz.

IIᶜIIII^{xx}I l.

Noble Jehan Doulcet a baillé dénombrement pour sa seignorie de Mongin[3] (de) treze livres tournoiz.

XIII l.

Noble Philibert de Chevrières a baillé dénombrement de sa seignorie de Sainct-Moris[4] (de) six cens vingt livres.

VIᶜXX l.

Damoizelle Nycole de Grand-Vaulx a donné pour sa seignorie de La Bruyre[5] soixante livres tournoiz.

LX l.

Noble Pierre Dodde a donné pour sa seignorie de Givry[6] trante-cinq livres tournoiz.

XXXV l.

Noble Pierre de Musy a donné pour dénombrement de sa seignorie de Sathonay[7] soixante livres tournoiz.

LX l.

Noble Jehan Severt a donné pour dénombrement de sa seignorie d'Urigny[8] quarante-troys livres.

XLIII l.

Noble Estienne Severt a donné dénombrement de sa seignorie de Noailly[9] de douze livres tournoiz.

XII l.

---

1. Essorteaux, commune de Bussières, canton de Mâcon sud.
2. Saint-Point, canton de Tramayes.
3. Nom disparu.
4. Saint-Maurice-de-Satonnay, canton de Lugny.
5. La Bruyère, commune d'Igé, canton de Cluny.
6. Commune de Laizé, canton de Mâcon nord.
7. Satonnay, commune de Saint-Maurice-de-Satonnay, canton de Lugny.
8. Hurigny, canton de Mâcon nord.
9. La Noaille commune de Saint-Pierre-la-Noaille, canton de Charlieu (Loire), ou peut-être Noailly, canton de Saint-Haon-le-Châtel (Loire).

Noble Mathias Naturel a donné pour dénombrement de sa seignorie de la tour de Dulphé[1] neufz-vingt-dix-sept livres ung solz huict deniers tournoiz.

IX^{xx} XVII l. I s. VIII d.

Noble Jehan de Roux a donné pour dénombrement de sa seignorie de Chasselay[2] soixante livres tournoiz.

LX l.

Noble Jacques Rosset a donné pour dénombrement de sa seignorie de Malfontaine[3] quatre-vingt-deux livres tournoiz.

IIII^{xx}II l. t.

Haulte et puyssante dame Françoyse de Polignac a donné dénombrement pour sa seignorie de Lugny[4] (de) quatre cens trante livres tournoiz.

IIII^{c}XXX l.

Noble Philibert de Myncé a donné pour sa seignorie de Perrosne[5] dénombrement (de) soixante (livres) tournoiz.

LX l.

Noble Pierre Ragot a baillé dénombrement de sa seignorie de Robellet[6] (de) vingt-cinq livres de revenu anuel.

XXV l. t.

Noble Loys de Charnoux a baillé dénombrement de sa seignorie de Faverges[7] (de) sept-vingtz-dix livres tournoiz.

VII^{xx}X l.

Noble Pierre Cadot a donné dénombrement de sa seignorie de Chivolière[8] de soixante et unze livres tournoiz.

LXXI l. t.

---

1. Dulphey, commune de Mancey, canton de Sennecey-le-Grand.
2. Chasselas, canton de La Chapelle-de-Guinchay.
3. Marfontaine, commune de Montbellet, canton de Lugny.
4. Chef-lieu de canton.
5. Péronne, canton de Lugny.
6. Plus tard Les Ecuyers, nom disparu, commune d'Uchisy, canton de Tournus.
7. Faverge, id., id., id. — « Noble Loys Charnoux... dict que la seignorie de Fauverge a esté vandue par ses prédessesseurs et qu'elle est en la Comté... » (C. 547, n° 12).
8. Scivolière, commune de Jugy, canton de Sennecey-le-Grand.

Damoyselle Françoyse de Chassipol[1] a donné dénombrement pour sa seigneurie d'Ouzenay[2] (de) quarante livres.

XL l.

Noble Pierre Bédel a baillé pour dénombrement de sa seigneurie du Buysson[3] vingt livres tournoiz.

xx l.

Damoyzelle Claude de La Ferté a donné pour dénombrement de sa seigneurie de Blayny[4] cinq livres tournoiz.

v l.

Noble Anthoine de Colombier a donné dénombrement de sa seigneurie de Savigny[5] (de) cent cinq livres.

cv l.

Noble Jehan de Fouldras a baillé dénombrement de sa seigneurie de Chasteau-Thiard[6] (de) sept-vingt-dix livres tournoiz.

vii^{xx}x l.

Noble Anthoine de Vichy a donné pour dénombrement de sa seigneurie de Champron[7] trante livres dix-huict solz tournoiz.

xxx l. xviii s.

Le seigneur de Vaulx-sus-Aynes[8] a donné pour dénombrement quatre-vingt-dix livres tournoiz.

iiii^{xx}x l.

Noble Anthoine de Semeur pour sa seigneurie de Cercy[9] (et) Marcilly[10] quatre-vingt-dix livres.

iiii^{xx}x l.

---

1. D'après son exploit de commandement, Jean Rayffort, sergent royal au bailliage, se serait rendu successivement, dans la journée du 26 mars 1560, auprès de « la femme de noble Pierre Bédel (sic) », puis auprès de « Françoise de Chassipol, dame du Buysson ». Le 25 il avait terminé par Scivolière et le 27 il commençait par La Bruyère (C. 547, n° 12).
2. Ozenay, canton de Tournus.
3. Le Buisson, nom disparu, commune de Montbellet, canton de Lugny.
4. Blany, commune de Laizé, canton de Mâcon nord.
5. Savigny-sur-Grosne, canton de Saint-Gengoux-le-National.
6. Château-Thiers, commune de Matour, chef-lieu de canton.
7. Champ-Rond, commune de Ligny, canton de Semur-en-Brionnais.
8. Vaux-sur-Aisne, commune d'Azé, canton de Lugny.
9. Sercy, canton de Buxy.
10. Marcilly-lès-Buxy, id.

Noble Françoys de Cyry a donné dénombrement de vingt-cinq livres.

xxv l.

Noble Anthoine du Tartre a donné dénombrement de sa seignorie du Til [1] (de) quinze livres tournoiz.

xv l.

Damoyselle Anthoinette d'Angleure a donné dénombrement pour ses seignories de Boyer [2] et Corcelles [3] (de) quatre-vingt-troys livres tournoiz.

IIII^{xx}III l. t.

Le seigneur de Valesot [4] a donné pour dénombrement quatre-vingt-unze livres tournoiz.

IIII^{xx}XI l.

Dame Jehanne La Viste a baillé dénombrement pour sa seignorie de La Buxière [5] (de) troys cens livres tournoiz.

III^c l.

Noble Françoys Toillon a baillé dénombrement pour sa seignorie de Prisy [6] (de) quatre-vingt-dix livres tournoiz.

IIII^{xx}X l.

Noble Philibert Cajot a donné pour sa seignorie de Burnand [7] dénombrement de huict-vingt-seze livres tournoiz.

VIII^{xx}XVI l.

Noble Claude de Buxeul a donné dénombrement de ses seignories de Busseul [8] et de Molin-sus-la-Regonce [9] (de) quinze livres troys solz quatre deniers tournoiz.

xv l. III s. IIII d.

---

1. Le Thil, commune de Chenôves, canton de Buxy.
2. Commune de Saint-Maurice-lès-Château-Neuf, canton de Chauffailles.
3. Corcelle, commune de Gibles, canton de La Clayette.
4. Valécot, commune de Saint-Martin-la-Patrouille, canton de La Guiche.
5. La Bussière, commune de Saint-Léger-sous-la-Bussière, canton de Tramayes.
6. Prisy, canton de Charolles, appartenait aux d'Amanzé. Il faut lire sans doute *Pouilly*, communes de Fuissé et de Solutré, canton de Mâcon sud.
7. Canton de Saint-Gengoux-le-National.
8. Commune de Poisson, canton de Paray-le-Monial.
9. Moulin-de-l'Arconce, id., id.

Noble Jacques des Prez a donné dénombrement pour sa seigneurie de Fortunet[1] (de) dix livres tournoiz.

x l.

Noble Jehan de Messé a donné dénombrement pour sa seigneurie de Messé[2] (de) cent soixante-cinq livres.

CLXV l.

Noble Françoys de Chassignolle[3] a donné dénombrement pour sa seigneurie de Chassignolles[4] (de) trante livres tournoiz.

XXX l.

Noble Jehan de Messé, seigneur de Reins[5], a donné dénombrement pour sadicte seignorie de Rains (de) cinquante-sept livres quinze solz tournoiz.

LVII l. XV s.

Noble Jehan de Bordes a donné dénombrement pour s(es) seignories du Croset[6] et de Rains[7] (de) vingt-troys livres de revenu anuel.

XXIII l.

Noble Aymé de Thenay a donné pour sa seignorie de Bessansul[8] dénombrement de quatre-vingt-huict livres huict solz quatre deniers de revenu anuel.

IIII^{xx}VIII l. VIII s. IIII d.

Noble Jehan d'Arthus, seigneur de Sailly[9], a donné dénombrement de sadicte seignorie de Sailly (de) quarante livres de revenu anuel.

XL l.

---

1. Commune de Santilly, canton de Buxy.
2. Messey-sur-Grosne, même canton.
3. «... Monsieur Dormy la tien(t) d'achapt despuys ung moys en sçà... » (31 mars-1er avril 1560. C. 547, n° 12).
4. Chassignole, commune de Bonnay, canton de Saint-Gengoux-le-National.
5. Rains, commune de Joncy, canton de La Guiche.
6. Le Crouzot, id., id. Peut-être faut-il lire *La Crotte* (La Crote, commune de Saint-Symphorien-de-Marmagne, canton de Montcenis). Voir Archives départementales, B. 873.
7. Voir plus haut, note 5.
8. Besanceuil, commune de Bonnay, canton de Saint-Gengoux-le-National.
9. Même canton.

Damoyselle Claude des Serpenz a baillé dénombrement pour sa seignorie des Espée(s)[1] de trante livres (de) revenu anuel.

xxx l.

Damoizelle Philiberte Rozard a donné dénombrement de sa seignorie d'Effondré[2] (de) trante livres de revenu anuel.

xxx l.

Noble Françoys de Chevigny a donné pour sa seignorie de Pomiers[3] dénombrement de vingt-six livres de revenu anuel.

xxvi l.

Damoyzelle Claude de Sainct-Romain a donné dénombrement pour sa seignorie de Ciro[4] (de) quatre-vingt-dix livres de revenu anuel.

iiii^{xx}x l.

Noble Jehan de Bagnes a donné dénombrement de sa seignorie de Baignes[5] (de) vingt livres de revenu anuel.

xx l.

Noble Charles de Moroge baille dénombrement de cent livres de revenu anuel.

c l.

Noble Jehan Bosquet a donné dénombrement pour sa seignorie de Villeret[6] (de) cinq livres de revenu anuel.

v l.

Noble Jehan de La Garde a donné dénombrement de ses sei-

---

1. Probablement Les Epaux, nom disparu, commune de Salornay-sur-Guye, canton de Cluny. — «... Je (me suys transporté) à la maison de damoizelle des Espée(s), laquelle m'a dict qu'elle ne tien(t) en fiefz quant à ce faict... » (C. 547, n° 12). Le même jour (1ᵉʳ avril 1560), Jean Rayffort, parti sans doute de Mâcon, se rendit successivement de la maison de Mlle des Espées à La Garde, à Farges, au Bois-Sainte-Marie, à La Clayette, à Collange, à Vertpré, à La Tannière, à Amanzé, à Moulin-Lacour, à Marcilly-la-Guerce, à Chauffailles et au Petit-Bois.
2. L'Effondré, commune de Saint-Clément-sur-Guye, canton de Mont-Saint-Vincent.
3. Pommier, commune de Cortevaix, canton de Saint-Gengoux-le-National.
4. Sirot, commune de Flagy, canton de Cluny.
5. Beugne, commune de La Vineuse, même canton.
6. Villerest, id., id.

Fiefs du Mâconnais

gnories de Souly et La Buxière[1] de cinquante-neuf livres treze solz de revenu anuel.

LIX l. XIII s.

Noble Claude de La Garde a baillé dénombrement de sa seigneurie de Varange[2] (de) trante livres de revenu anuel.

XXX l.

Noble Jacques de Molle a baillé dénombrement de sa seigneurie de May[3] (de) six-vingt-unze livres tournoiz de revenu anuel.

VI^{xx}XI l. t.

Noble Philibert de Nagu[4] a baillé dénombrement de sa seigneurie de Farges[5] (de) cent livre(s) de revenu anuel.

c l.

Noble Claude de Masilles a baillé dénombrement pour s(es) seigneuries de Vaubrisson[6] et Villers[7] (de) quarante livres de revenu anuel.

XL l.

Noble Jehan de Masilles a baillé dénombrement de sa seigneurie de Vaubrisson[8] de quatorze livres de revenu anuel.

XIIII l.

Les hoirs noble Pierre de Mary ont donné dénombrement pour le dixesme de La Verrière[9] (de) dix livres de revenu anuel.

x l.

Damoiselle Jehanne de Mont-Regnard a baillé dénombrement

---

1. Lire « Souls la Buxière », aujourd'hui La Garde, commune de Saint-Léger-sous-la-Bussière, canton de Tramayes. — «... Au chasteau de La Garde, je me suys enquis de plusieurs hommes, lesquels m'ont respondu qu'il n'y a aulcung seigneur... » (C. 547, n° 12).
2. Varanges, commune de Cortambert, canton de Cluny.
3. Lire *Nay*, commune de Tramayes, chef-lieu de canton.
4. Il y a *Nagir* dans le rôle.
5. Farges-lès-Mâcon, canton de Tournus. — «... Les habitans dudict lieu m'ont dict qu'il(s) ne sçavent poinct avoir en cedict lieu d'aultre seigneur que Messieurs du chappitre Sainct-Vincent .. » (C. 547, n° 12). Philibert de Nagu était, en effet, seigneur de *Frouges*, commune de Dompierre-les-Ormes, canton de Matour.
6. Vaubresson, commune de Gibles, canton de La Clayette.
7. Le Villard, commune de Montmelard, canton de Matour.
8. Voir plus haut, note 6.
9. Commune de Saint-Martin-de-Salencey, canton de La Guiche.

pour sa seigneurie du Terreau [1] (de) vingt-cinq livres de revenu annuel.

xxv l.

Noble Mathias de La Forestz, seigneur du Costé [2], a donné dénombrement pour sadicte seigneurie du Costé (de) cent unze livres cinq deniers de revenu anuel.

cxi l. v d.

Noble Anthoine de Chantemerle, coseigneur de La Clayette [3], a donné dénombrement pour sadicte seigneurie de quarante-cinq livres (de revenu) anuel.

xLv l.

Noble Philibert Babon a donné dénombrement pour sa seigneurie de Colenges [4] (de) trante-cinq livres de revenu anuel.

xxxv l.

Noble Thomas Raffin a donné dénombrement pour sa seigneurie de Sarmeze [5] (de) douze livres quinze solz de revenu anuel.

xii l. xv s.

Noble Claude de Montaigny a donné dénombrement pour sa seigneurie d'Angleures [6] (de) quatre-vingt-seze livres de revenu anuel.

iiii^{xx}xvi l.

Noble Pierre de Vauzelles a donné dénombrement pour sa seigneurie de Vauzelles [7] (de) quarante livres dix solz tournoiz.

xL l. x s.

Noble Adrien de La Garde a donné dénombrement pour sa seigneurie de Chassegny [8] (de) deux cens cinquante livres de revenu anuel.

ii^{c}L l.

---

1. Les Terreaux, commune de Verosvres, canton de Saint-Bonnet-de-Joux.
2. Le Côté, commune de Gibles, canton de La Clayette. — « ... Au Boys-Sainct-Marie, je me suys enquis qui est seigneur de La Coste. C'est présenté ung servitheur du sieur Mothias (sic), qui m'a dict que son maistre n'est pas au peys... » (C. 547, n° 12).
3. Chef-lieu de canton.
4. Collange, commune de Saint-Racho, canton de La Clayette.
5. Sermaise, commune de Gibles, même canton.
6. Anglure-sous-Dun, canton de Chauffailles.
7. Vauzelle, commune de Saint-Bonnet-des-Bruyères, canton de Monsols (Rhône).
8. Chassigny-sous-Dun, canton de Chauffailles.

La dame de Merzé[1] a donné dénombrement pour sa seignorie de Montmeuru[2] (de) trante-cinq livres de revenu anuel.

xxxv l.

Noble Jehan de Damas a donné dénombrement pour sa seignorie de Verpré[3] (de) deux cens dix livres de revenu anuel.

ii^{c}x l.

Noble Benoid Gaillard, seigneur de La Tanière[4], a baillé dénombrement pour ladicte seignorie (de) vingt livres de revenu anuel.

xx l.

Noble Gérard de Semeur a baillé dénombrement de sa seignorie de Fougières[5] de six-vingt-cinq livres quinze solz de revenu anuel.

vi^{xx}v l. xv s.

Noble Pierre d'Amanzé a donné pour sa seignorie d'Amanzé[6] dénombrement de troys cens dix-sept livres de revenu anuel.

iii^{c}xvii l.

Noble Françoys de La Court a baillé dénombrement de sa seignorie de Molins[7] (de) vingt livres de revenu anuel.

xx l.

Damoyselle Lucresse de Marcilly a donné dénombrement pour sa seignorie de Vaulx[8] (de) seze livres de revenu anuel.

xvi l.

Noble Françoy(s) d'Amanzé a donné dénombrement pour sa

---

1. Commune de Cortambert, canton de Cluny.
2. Mont-Mery, commune de Marigny, canton de Mont-Saint-Vincent.
3. Verpré, commune de Tancon, canton de Chauffailles.
4. La Tanière, commune de La Chapelle-sous-Dun, canton de La Clayette.
— « ... Je me suys enquis du seigneur de La Gallardière, seigneur de La Tanière, et n'ay jamais peult ny sceu sçavoir qu'il est ny où il se tient... » Jean Rayffort relate ce détail entre les mentions concernant sa présence à Verpré et à Amanzé (C. 547, n° 12).
5. Fougère, commune de Saint-Christophe, canton de Semur-en-Brionnais.
6. Canton de La Clayette.
7. Moulin-Lacour, commune de Marcilly-la-Gueurce, canton de Charolles.
8. Lavau, commune de Dyo, canton de La Clayette. — « ... Je me suys transporté à Marcilly, où j'ay trouvé damoizelle Lucresse... » (C. 547, n° 12). Marcilly-la-Gueurce.

seigneurie de Choffailles¹ (de) deux cens vingt-troys livres de revenu anuel.

II^cxxIII l.

Noble Denys Geoffray, seigneur du Petit-Boys², a donné dénombrement pour sadicte seigneurie (de) huict-vingt livres de revenu anuel.

VIII^{xx} l.

Noble Philibert Geoffray a baillé pour sa seigneurie de Dinechin³ dénombrement de dix livres.

x l.

Noble Nycolas de La Mothe, seigneur des Béraudières⁴, a donné dénombrement pour ladicte seigneurie (de) trante livres de revenu anuel.

xxv (sic) l.

Le seigneur de Brolan⁵ a donné pour sadicte seigneurie dénombrement de cent livres de revenu anuel.

c l.

Noble Jehan de Moles a baillé pour sa seigneurie (de) Patiers⁶ dénombrement (de) soixante livres de revenu anuel.

lx l.

Dame Jehanne des Serpenz⁷ a donné dénombrement de sa seigneurie de La Mayteroille⁸ (de) cinquante livres de revenu anuel.

l l.

---

1. Chauffailles, chef-lieu de canton.
2. Le Petit-Bois, commune de Saint-Julien-de-Civry, canton de Charolles.
3. Commune de Fleury-la-Montagne, canton de Semur-en-Brionnais.
4. Commune de La Chapelle-sous-Dun, canton de La Clayette.
5. Peut-être Morland, commune de Coutouvre, canton de Perreux (Loire). — Le même jour (2 avril 1560), Jean Rayffort se rendit successivement aux Béraudières, à « Brolan », au « village de Molles », à La Matrouille, à La Faye, à « Esmurgier », au « Mont-de-France » et de là à Mâcon (C. 547, n° 12).
6. Puthières, commune de Saint-Yan, canton de Paray-le-Monial. Voir ci-dessus, note 5.
7. Il y a *Serpeur* dans le rôle (C. 547, n° 10), et *Sepeur* dans l'exploit (C. 547, n° 12).
8. La Matrouille, commune de Saint-Maurice-lès-Château-Neuf, canton de Chauffailles.

Le seigneur de La Fay[1] près Semeur, damoizelle Jehanne de Marcelange, vefve de feu M° Nicolas Moyne, a donné dénombrement de unze livres de revenu anuel.

xi l.

Le seigneur des Murgiers[2] a baillé pour son dénombrement cent livres tournoiz de revenu anuel.

c l.

Vénérable Maistre Jehan Boyer, lieutenant général audict bailliaige (a donné dénombrement) pour ung diesme qu'il tient en fiefz (de) vingt livres tournoiz.

xx l.

Damoizelle Loyze de Boursuel[3] a donné pour son dénombrement quinze livres de revenu anuel.

xv l.

Noble Philibert de Fougières a donné pour sa seignorie de L'Estoille[4] dénombrement de troy(s) cens livres tournoiz.

iii^c l.

---

[5] Noble Jehan de Fouldras, seigneur de Corsenay[6] et Matour[7], a baillé desnombrement de deux cens cinquante-deux livres.

ii^clii l.

Noble Charles de Mollée, seigneur de Chassaignes[8], a baillé desnombrement de dix livres tournoiz.

x l.

Dame Philippes de Lugny, relicte (de) feu noble Guillaume de Maugiron, a baillé desnombrement de mil livres tournoiz.

Mil l.

---

1. La Faye, commune de Semur-en-Brionnais, chef-lieu de canton.
2. Les Murgers, commune de Donzy-le-Royal, canton de Cluny. — Voir ci-dessus, page 53, note 5. — Un reçu de 1563 (C. 547, n° 12 *bis*) nous apprend que « Madame la bailllyve de Chalon, à cause des Murgers » a payé v l. t.
3. « ... Je me suys enquis au lieu de Mont-de-France et par aultres lieu cy congnoissent poinct damoizelle Loyze de Boursuel, qui m'ont dict qui ne la congnoissent ny sçavent qui se'est... » (C. 547, n° 12).
4. L'Etoile, commune de Ligny, canton de Semur-en-Brionnais.
5. Ce qui suit a été ajouté au bas des pages consacrées aux « Nobles ».
6. Courcenay, commune de Mardore, canton de Thizy (Rhône).
7. Chef-lieu de canton.
8. La Chassagne, commune d'Ouroux-sous-le-Bois-Sainte-Marie, canton de La Clayette.

Noble Anthoine Verjus, filz de Béraud Verjus, a baillé desnombrement de dix livres.

x l.

Noble Pierre de Montaigny, seigneur de Vitry[1], tient par desnombrement (quattre livres).

IIII l.

Noble Anthoine d'Esclaine, seigneur de Crusille[2], a baillé desnombrement de sept-vingtz livres tournoiz[3].

VII^{xx} l.

Noble Jehan Symon, seigneur de La Chappelle-de-Braigny[4], a baillé desnombrement de vingt-cinq livres.

xxv l.

Noble Anthoine de Saincte-Collombe, seigneur du Til[5] et de Milly[6], a baillé desnombrement de vingt livres tournoiz.

xx l.

Noble Jehan de La Garde, seigneur dudict lieu[7], tient par desnombrement cinquante-neuf livres treize solz.

LIX l. XIII s.

Le seigneur de La Sarré[8] a baillé desnombrement de troys cens cinquante livres tournoiz.

III^cL l.

Noble Hugues du Bled, seigneur de Cormatin[9], a baillé desnombrement de soixante-dix-huict livres.

LXXVIII l.

Noble Jacques Fremet, seigneur de Boyvert[10], a baillé desnombrement de sept livres.

VII l.

---

1. Vitry-lès-Cluny, canton de Cluny.
2. Cruzille, canton de Lugny.
3. En marge : « Tenet Madame Paterin » (Paterin).
4. La Chapelle-de-Bragny, canton de Sennecey-le-Grand.
5. Le Thil, commune de Vauxrenard, canton de Beaujeu (Rhône).
6. Canton de Mâcon nord.
7. Voir page 50, note 1.
8. La Serrée, commune de Curtil-sous-Burnand, canton de Saint-Gengoux-le-National.
9. Même canton.
10. Nom disparu.

Noble André de Bellecombe a baillé desnombrement de quattorze livres tournoiz.

xiiii l.

Noble Bertrand Chandieu, seigneur de Chahouttes [1], a baillé desnombrement de cent treize livres.

cxiii l.

Noble Jacques de Ronchevol, seigneur du Poyet [2], a baillé desnombrement (de) dix-huict livres tournoiz.

xviii l.

Noble Anthoine Naturel a donné desnombrement de cent soixante-huict livres.

clxviii l.

Noble Loys du Lac, seigneur dudict lieu [3], tient par desnombrement vingt-cinq livres.

xxv l.

Les hoirs noble Gaspard de Fautrières ont baillé desnombrement (de) trante livres tournoiz.

·xxx l.

Les hoirs du seigneur de Brialles [4] tien(nen)t par desnombrement soixante livres.

lx l.

[ROTURIERS]

Françoys et Jane Bulyon ont donné dénombrement pour neufz-vingt-une livres dix solz tournoiz de revenu anuel.

ix^{xx}i l. x s.

Claude Buyllyon, seigneur de Layé [5], a donné dénombrement de deux cens soixante-huict livres de revenu anuel.

ii^{c}lxviii l.

---

1. Chabotte, nom disparu, commune d'Igé, canton de Cluny.
2. Commune de Pouilly-sous-Charlieu, canton de Charlieu (Loire).
3. Saint-Martin-du-Lac, canton de Marcigny.
4. Briaille, commune de Ligny, canton de Semur-en-Brionnais.
5. Nom disparu, commune de Vinzelles, canton de Mâcon sud.

Les héritiers Claude de La Porte, de Mascon, ont donné dénombrement (de) vingt-cinq solz de revenu anuel de ce qu'il(z) tiennent en fiefz rière ce bailliaige.

xxv s.

Jehan Coppet a donné dénombrement pour deux livres dix solz de revenu anuel.

ii l. x s.

Me Michiel de La Porte a donné dénombrement pour cinq livres treze solz de revenu anuel.

v l. xiii s.

Philibert Brunet a donné dénombrement pour six livres de revenu anuel.

vi l.

Les héritiers Nycolas Bernard et Philibert Verjus ont baillé pour dénombrement douze livres de revenu anuel.

xii l.

Dame Catherine de La Bessé a donné dénombrement pour vingt-cinq livres de revenu anuel.

xxv l.

Gratian Marboux a donné (pour) dénombrement troys solz de ce qu'il tient en fiefz.

iii s.

Ysabeau de Monnay a donné pour dénombrement deux solz de revenu anuel.

ii s.

Jehan Pelletier a donné pour dénombrement cinq solz tournoiz.

v s.

Maistre Françoys Toillon, esleuz pour le Roy audict Masconnoys, a donné dénombrement pour vingt livres.

xx l.

Les hoirs Claude Alloing ont donné pour dénombrement trante et une livres

xxxi l.

Maistre Françoys Porchier a donné pour dénombrement quatre livres de revenu.

                 iiii l.

Les hoirs Pierre de Croix ont donné pour dénombrement deux livres.

                 ii l.

Me Geoffray de Sagie a donné dénombrement pour cinq livres.
                 v l.

Françoys Buylion l'ancien a donné dénombrement pour deux livres huict solz six deniers tournoiz.

            ii l. viii s. vi d.

Me Jehan Laurant a donné dénombrement pour vingt-deux livres.

                 xxii l.

Me Anthoine Desfossés a donné pour dénombrement vingt-cinq livres.

                 xxv l.

Me Jehan Pelez a donné pour dénombrement trante livres [1] à cause de sa seignorie de Piedmont [2].

                 xxx l.

Me Bertrand Chevreau a donné dénombrement pour douze livres.

                 xii l.

Me Phillibert Pelez et Jehan, son filz, ont donné dénombrement pour trante-quatre livres tournoiz [3] à cause de Marigny [4].

                 xxxiiii l.

Les hoirs Françoys Bourgeoys ont donné (dénombrement) pour troy(s) livres.

                 iii l.

---

1. Les sept derniers mots ajoutés.
2. Pimont, commune de Boyer, canton de Sennecey-le-Grand.
3. Les quatre derniers mots ajoutés.
4. Nom disparu, commune de Vérizet, canton de Lugny.

Mᵉ Claude Demochanyn a donné dénombrement pour quarante-une livres dix solz.

            XLI l. X s.

Claude Burnet, dict *La Vallée*, pour Blaise Perret, a donné pour dénombrement dix livres.

                x l.

Claude Geoffray a donné dénombrement pour cinq livres.

                v l.

Jacques Geoffray a donné dénombrement pour cinq livres.

                v l.

Pierre Geoffray a donné dénombrement pour deux livres.

                ii l.

Mᵉ Claude Daron a donné dénombrement (pour) douze livres

                XII l.

Phillibert de La Brosse et Pierre Conys ont donné dénombrement pour quinze livres.

                xv l.

Pierre Garnier, d'Ostung[1], (a donné) pour dénombrement d'ung pré situé au villaige de Rain[2] six livres.

                vi l.

Les héritiers Pierre Moyne ont donné dénombrement pour neufz livres.

                ix l.

Mᵉ Benold Cyberand a donné dénombrement pour neufz livres.

                ix l.

Claude et Benold Moyne ont donné dénombrement pour neuf(z) livres.

                ix l.

Jehan des Verchières a donné dénombrement pour neufz livres.

                ix l.

---

1. Autun, chef-lieu d'arrondissement.
2. Rains, commune de Joncy, canton de La Guiche.

Pierre et Thomas des Verchières ont donné pour dénombrement dix livres quinze deniers.

x l. xv d.

Damoyselle Philiberte de Loysy, Jehan et Guillaume Languet, héritier(s) de dame Florance de Loysy, vefve de feu Jehan Ragot, de Cuisery[1], ont donné par dénombrement deux livres dix deniers.

ii l. x d.

Estiennette Charvet, de Perray-le-Monial[2], a donné pour dénombrement de la seignorie de La Brosse[3] soixante-douze livres.

LXXII l.

Les hoirs Philibert Bollan ont donné pour dénombrement douze livres.

XII l.

Jehan de La Grange le jeune a donné pour dénombrement quatre livres sept solz six deniers tournoiz.

IIII l. VII s. VI d.

Jehan et Philibert Daron, d'Oyé[4], ont donné pour dénombrement six livres.

VI l.

Les habitants d'Oyé ont donné pour dénombrement troys livres.

III l.

M° Jacques Mercier a donné dénombrement pour treze livres.

XIII l.

M° Jehan Raquin, de Marcigny[5], a donné pour dénombrement dix livres.

x l.

Les hoirs Jehan Mercier ont donné dénombrement pour cinq livres.

V l.

---

1. Chef-lieu de canton.
2. Paray-le-Monial, id.
3. Commune de Saint-Yan, canton de Paray-le-Monial.
4. Canton de Semur-en-Brionnais.
5. Chef-lieu de canton.

Les hoirs Guyot de Loysy ont donné dénombrement pour dix livres.

x l.

Me Denys Aulmonnyer[1] a donné dénombrement pour dix-sept livres.

xvii l.

[2] Gilbert Rocherot, de Paray, pour ung dixesme d'aglan[3] en la parroisse d'Uny[4] a donné dénombrement (de) dix livres.

x l.

Guillaume Baudinot a donné dénombrement pour soixante livres.

lx l.

Damoyselle Denise Bédet a donné par dénombrement douze livres.

xii l.

Me Alexandre Fougerd a donné dénombrement pour cinquante-une livres.

li l.

Me Anthoine Paluz a donné par dénombre vent vingt solz quatre deniers.

xx s. iiii d.

Me Guillaume Chesnard, de Mascon, a donné dénombrement (pour) dix solz.

x s.

Jehan des Verchières, de Charlieu[5], a donné pour dénombrement sept livres.

vii l.

---

[6] Claude Dejoux tient par desnombrement (quatre livres).

iiii l.

---

1. Le reçu de 1569 (C. 347, n° 12 *bis*) le dit « presbtre ».
2. Cet article est rayé dans le rôle.
3. Glandage.
4. Sans doute Lugny-lès-Charolles, canton de Charolles.
5. Chef-lieu de canton (Loire).
6. Ce qui suit a été ajouté au bas des pages consacrées aux « Roturiers ».

Mᵉ Loys Delaforestz tient par desnombrement douze livres tournoiz.

xii l.

Mᵉ Claude Esloy tient par desnombrement treize livres tournoiz.

xiii l.

Gilbert Rocherot [1], de Paray [2], tient par desnombrement sept livres tournoiz.

vii l.

---

1. Le reçu de 1563 déjà cité (C. 547, n° 12 *bis*) nous fait connaître plusieurs autres possédant fiefs qui furent imposés, comme les précédents, à raison d'un sou par livre de revenu, mais dont les noms ne figurent ni dans le rôle (C. 547, n° 10) ni dans l'exploit (C. 547, n° 12). Ce sont : « Monsieur le juge du Boys-Saincte-Marie », qui paya ii l., i s., vi d. t. et « la vefve Maistre Philibert Dumont, de Sainct-Gengoul », qui paya v s. t. — Le Bois Sainte-Marie et Saint-Gengoux-le-National, chefs-lieux de cantons.
2. Paray-le-Monial, chef-lieu de canton.

CINQUIÈME PARTIE

INVENTAIRE DE PEINCEDE

Amanzé[1], **Saint-Embrun-la-Salle**[2], **Le Breuil**[3] et **Prizy**[4]. — Reprise de fief et dénombrement, du 19 juin 1715, de la terre et seigneurie d'Amanzé et dépendances, composées de quatre clochers qui sont Amanzé, Saint-Embrun-la-Salle, Le Breuil et Prizy, par Messire Gilbert de La Queuille, chevalier, seigneur marquis de Châteaugay[5], baron de Cébazat[6], vicomte de Beaune[7], seigneur de Vendat[8], Lourdy[9], Bourrassol[10], Ménétrol[11] et autres lieux, conseiller du Roi en tous ses conseils, premier lieutenant général pour Sa Majesté au gouvernement de Bourgogne, gouverneur des ville et château de Bourbon-Lancy[12], en qualité de mari de dame Marie-Josèphe d'Amanzé, à laquelle ladite terre d'Amanzé est échue par le décès de Madame la comtesse d'Amanzé, sa mère, et suivant la transaction passée entre elle et Madame de Gadagne, sa sœur, au sujet de ladite succession, devant Baudin et Masson, notaires à Paris, le 26 janvier 1713.

Liasse 5, cote 52.

---

1. Canton de La Clayette.
2. Commune de Saint-Germain-des-Bois, même canton.
3. Commune d'Oyé, canton de Semur-en-Brionnais.
4. Canton de Charolles.
5. Canton de Riom (Puy-de-Dôme).
6. Canton de Clermont-Ferrand (id).
7. Commune de Saint-Genès-Champanelle, même canton.
8. Canton d'Escurolles (Allier).
9. Commune de Vendat.
10. Commune de Ménétrol.
11. Canton de Riom.
12. Chef-lieu de canton.

Reprise de fief, du 12 juillet 1766, du comté d'Amanzé, par Jean-Claude-Marie, marquis de La Queuille et de Châteaugay, baron de Vendat, seigneur de Chitain [1], capitaine de cavalerie, comme fils aîné de feu Louis-Gilbert, comte de La Queuille, seigneur de Châteaugay, Vendat et autres lieux, brigadier des armées du Roi, lequel était fils unique de dame Marie-Josèphe d'Amanzé, comtesse dudit lieu (et) de Prizy, marquise de Châteaugay, veuve d'Anne-Gilbert de La Queuille, chevalier, marquis de Châteaugay, suivant la substitution apposée au contrat de mariage dudit feu Louis-Gilbert, comte de La Queuille, avec dame Louise-Jacqueline de Lastic de Saint-Jal, reçu Daoust, notaire à Paris, le 6 avril 1741.
Liasse 7, cote 8.

Ameugny [2], **Massilly** [3] et **Uxelles** [4]. — *Nota.* Au bailliage de Chalon est la reprise de fief faite, le 20 novembre 1766, de la terre d'Ameugny et partie de Massilly en Mâconnais, avec celle d'Uxelles en Chalonnais, par Jean-Gabriel Verne, écuyer, et Michel-Denis Péan de Saint-Gilles, acquéreur de Monsieur de Beringhen.
Liasse 7, entre les cotes 33 et 34.

Anglure [5], **Esserteaux** [6] et **Serrières** [7]. — Reprise de fief et dénombrement, du 26 juin 1703, de la seigneurie d'Anglure, par Messire Bernard de Noblet, chevalier, comte de Chenelette [8], seigneur de Montgesson [9], Esserteaux, Serrières et Milly [10], lieutenant de Messieurs les Maréchaux de France, en qualité de mari de dame Jeanne Donguy d'Origny, qui était donataire de Messire Jean Donguy, chevalier, vicomte de Mably [11], écuyer ordinaire du Roi, son père, par acte du 24 janvier 1698, reçu Henry, notaire à Roanne.
Liasse 5, cote 13.

---

1. Commune de Saint-Christophe, canton de La Palisse (Allier).
2. Canton de Saint-Gengoux-le-National.
3. Canton de Cluny.
4. Commune de Chapaize, canton de Saint-Gengoux-le-National.
5. Commune de Ma y-sous-Dun, canton de La Clayette.
6. Commune de Bussières, canton de Mâcon sud.
7. Canton de Tramayes.
8. Canton de La Mure (Rhône).
9. Commune de Varennes-sous-Dun, canton de La Clayette.
10. Canton de Mâcon nord.
11. Canton de Roanne (Loire).

Reprise de fief, du 13 juillet 1733, des seigneuries d'Anglure, Esserteaux et Serrières, par Alexandre-Marie de Noblet, fils aîné de Bernard de Noblet, seigneur de La Clayette et héritier de feu dame Jeanne Donguy d'Origny, sa mère, lesdites seigneuries à lui appartenant en suite du jugement rendu en dernier ressort, le 12 juillet 1731, par les commissaires nommés par Sa Majesté, par arrêt du Conseil des 24 juin 1730 et 17 février 1731, sur le compte tutélaire à lui rendu par ledit sieur Bernard de Noblet, son père.

Liasse 6, cote 38.

Reprise de fief, du 10 décembre 1764, des terres et seigneuries d'Anglure et Serrières, par Charles de Noblet, héritier universel testamentaire de Marie-Alexandre de Noblet, son père, suivant son testament olographe du 18 février 1756, contrôlé à Mâcon le 12 mars 1759.

Liasse 7, cote 4.

Dénombrement, du 18 mars 1779, des seigneuries d'Anglure et Serrières, par Charles-Etienne de Noblet, demeurant en son château dudit Anglure.

Nota. La reprise y est dite être du 28 décembre 1776, mais je n'en trouve pas à cette époque, je n'en trouve qu'une ci-devant du 10 décembre 1764; savoir si c'est celle-là.

Liasse 7, cote 40.

Angoin[1]. — Reprise de fief, du 16 février 1781, de la seigneurie et fief d'Angoin, situé au hameau dudit lieu, paroisse alternative de Besanceuil pour une année et de Salornay-sur-Guye pour deux autres années, par Pierre-Laure de Laurencin, demeurant à Cluny, comme acquéreur dudit fief, pour le prix de 400 livres, d'Antoine-Louis de Prisque, chevalier, seigneur de Besanceuil, lequel a retenu tous les droits utiles et hér... quelconques, au moyen de quoi la vente ne comprend que le simple fief avec la justice.

Nota. Le directeur du domaine dit qu'il consent ... e reprise, sous la réserve expresse de l'intégrité de ... ce et droits

---

1. Commune de Salornay-sur-Guye, canton de Cluny.

dépendant du domaine de Sa Majesté de Salornay-sur-Guye, comme aussi à la charge par le propriétaire des droits utiles, héritages et possession du fief d'Angoin, de les rapporter directement à Sa Majesté, sans pouvoir en faire aucune distraction ni aucun éclipsement de mouvance dans les foi et hommage et dénombrement, à peine de commise.

Liasse 7, cote 43.

Arcy[1], **Vindecy**[2] et **Avrilly**[3]. — *Reprise de fief, du 28 mars 1778, de la terre d'Arcy-sur-Loire, Vindecy et Avrilly, au bailliage de Semur-en-Brionnais, par François-Louis Larcher d'Arcy*[4].

Liasse 7, cote 69.

Audour[5], **Dompierre-les-Ormes**[6] et **Tramayes**[7]. — Reprise de fief, du 13 mars 1777, des terres et seigneuries d'Audour, Dompierre-lès-Audour ou les-Ormes et Tramayes, par Claude-Mathieu de Damas d'Audour, chevalier, demeurant audit Dompierre, à lui appartenant suivant son contrat de mariage avec dame Marie-Rosseline d'Arcy de La Varenne, son épouse, reçu Perrichon, notaire à Nandax en Beaujolais, le 21 juillet 1749, par lequel dame Claudine Barthelot de Rambuteau, sa mère, veuve et usufruitière testamentaire de Jean-Éléonor de Damas, chevalier, seigneur d'Audour, suivant son testament du 3 avril 1737, enregistré au bailliage de Mâcon le 18 décembre 1741, a laissé à sondit fils la jouissance desdites terres aux conditions y contenues.

Liasse 7, cote 35.

Reprise de fief et dénombrement des terres et seigneuries d'Audour, Dompierre, Tramayes et leurs dépendances, du 17 février 1789.

---

1. Commune de Vindecy.
2. Canton de Marcigny.
3. Canton du Donjon (Allier).
4. Les analyses en italique sont tirées de la *table* de l'inventaire de Peincedé à l'aide de laquelle nous avons complété et continué jusqu'à la Révolution cet *inventaire* même.
5. Commune de Dompierre-les-Ormes.
6. Canton de Matour.
7. Chef-lieu de canton.

par Claude-Mathieu de Damas d'Audour, chevalier, seigneur desdits lieux, au lieu de M. de Damas, son père.

Liasse 7, cote 67

Azolette[1]. — Reprise de fief, du 28 juillet 1774, et dénombrement de la terre, seigneurie et paroisse d'Azolette en toute justice par François-Marie de La Croix, notaire royal à Azolette, acquéreur en 1749 du chapitre de l'église collégiale et paroissiale de Notre-Dame-des-Marais de Villefranche, pour le prix de 5.000 livres, et dénombrement, du 31 juillet 1775, par acte reçu Barnoud, notaire à Villefranche, le 12 septembre 1749, et insinué à La Clayette le 4 décembre suivant.

Liasse 7, cote 32.

La Barnaudière[2]. — Reprise de fief, du 3 février 1769, du fief de la terre et seigneurie de La Barnaudière en toute justice, située en la paroisse de Fleury, par Louis-Henri de Montrichard, chevalier de Saint-Louis, seigneur de Marchangy[3] et La Brosse[4], en qualité de mari de dame Laurence-Marie Donguy, fille et héritière ab intestat de feu Jérôme-Joseph Donguy, écuyer, et de dame Renée Thévenard, suivant le certificat de notoriété délivré par le bailli-juge de la ville de Charlieu.

Liasse 7, cote 17.

Barnay[5] **et Vertpré**[6]. — Reprise de fief et dénombrement, des 27 juin et 13 juillet 1703, des seigneuries de Barnay et Vertpré, par Gilbert de Damas, écuyer, colonel d'infanterie, en qualité d'héritier testamentaire de feu Monsieur le comte de Damas, son père, dont la dame de Gambain, sa mère, a repris de fief, le 24 mars 1679, en qualité de sa tutrice et usufruitière desdites terres.

Nota. Est joint un certificat de Monsieur le comte de Médavy,

---

1. Canton de Monsols (Rhône).
2. Commune de Fleury-la-Montagne, canton de Semur-en-Brionnais.
3. Commune de Saint-Pierre-la-Noaille (Loire).
4. Commune de Saint-Igny-de-Vers, canton de Monsols (Rhône).
5. Commune de Saint-Martin-de-Lixy, même canton.
6. Commune de Tancon, id.

du 27 décembre 1702, comme (quoi) le comte de Damas commande sous ses ordres les troupes du Roi dans Cabriane.

Liasse 5, cote 14.

La Bâtie[1]. — Reprise de fief, du 5 août 1754, de la seigneurie de La Bâtie, par Louis-Gabriel Le Prestre de Vauban, chevalier de l'ordre royal et militaire de Saint-Louis, colonel d'infanterie, capitaine des grenadiers au régiment du Roi, gouverneur de Châtillon-les-Dombes, demeurant à Dijon, ladite seigneurie à lui appartenant en qualité d'héritier et légataire particulier de dame Anne-Henriette de Busseul, sa mère, veuve de Messire Antoine Le Prestre, comte de Vauban[2], suivant son testament olographe du 5 mai 1751, déposé et resté en minute ès mains de Dechagnie, notaire royal au bailliage du Mâconnais, contrôlé et insinué au bureau de La Clayette, le 3 avril 1752, en suite du procès-verbal d'ouverture de celui-ci fait le 27 mars audit an 1752, par acte reçu ledit notaire le 28 avril 1752, en conséquence dudit testament, entre ledit Louis-Gabriel Le Prestre en sa susdite qualité et Messire Jacques-Philippe-Sébastien Le Prestre, comte de Vauban, maréchal des camps et armées du Roi, son frère, en qualité d'héritier universel institué de leurdite mère.

Liasse 6, cote 60.

La Bazolle[3], **Vareilles**[4], **Baudemont**[5], **Fragne**[6], **Trélu**[7], **Le Bois-Sainte-Marie**[8], **Annay-la-Côte**[9], **Avallon**, **Le Côté**[10], **Colombier-en-Brionnais**[11], **Champerny**[12], **Écreux**[13], **Collonge-la-Madeleine**[14],

---

1. Commune de Charnay, canton de Mâcon sud.
2. Canton de La Clayette.
3. Commune de Curbigny, canton de La Clayette.
4. Même canton.
5. Id.
6. Commune de Colombier-en-Brionnais, id.
7. Commune de Saint-Christophe, canton de Semur-en-Brionnais.
8. Canton de La Clayette.
9. Canton d'Avallon (Yonne).
10. Commune de Gibles, canton de La Clayette.
11. Même canton.
12. Commune de Varennes-sous-Dun, id.
13. Commune de Fleury-la-Montagne, canton de Semur-en-Brionnais.
14. Canton d'Epinac.

La Vallée [1], La Farge [2], Le Banchet [3] et Château-Neuf. — Reprise de fief, du 4 mai 1623, des seigneuries de La Bazolle, Vareilles, Baudemont, Fragne, Trélu, ensemble de la châtellenie du Bois-Sainte-Marie, provenant du domaine du Roi au bailliage de Mâcon, de la viguerie d'Annay-la-Côte et de la prévôté d'Avallon au bailliage d'Auxois, provenant aussi du domaine du Roi, par Messire Léonard de La Madeleine, chevalier des ordres du Roi, marquis de Ragny, lieutenant pour Sa Majesté aux gouvernements de Bresse et Charolais, en qualité d'héritier testamentaire et donataire universel de défunte dame Anne de La Madeleine, dame de La Ferté [4] et de La Bazolle, suivant son testament publié au bailliage de Mâcon, le 24 février 1623.

Liasse 2, cote 1 bis.

Dénombrement succinct, du 26 juin 1646, des seigneuries de La Bazolle, Baudemont, Vareilles, Trélu, Le Côté, Colombier, Champerny, Ecreux et la châtellenie du Bois-Sainte-Marie en Mâconnais, et des seigneuries de Collonge et La Madeleine en Charolais, et de celle de La Vallée près de Semur-en-Brionnais, par François de Bonne de Créquy d'Agoult de Vese de Montlaur de Montauban, duc de Lesdiguières, pair de France, gouverneur et lieutenant général pour le Roi en Dauphiné, comme mari de dame Anne de La Madeleine de Ragny, son épouse.

Nota. La reprise est de 1638.

Liasse 2, cote 9.

Dénombrement, du 15 janvier 1660, des terres et seigneuries de La Bazolle, Baudemont, Vareilles, Trélu, Le Bois-Sainte-Marie, Le Côté, Colombier, Ecreux et Champerny en Mâconnais, et de Collonge et La Madeleine en Charolais, et de celle de La Vallée près Semur-en-Brionnais, par François de Bonne de Créquy d'Agoult de Vese de Montlaur et de Montauban, duc de Lesdiguières, pair de France, gouverneur du Dauphiné, en qualité de père et administrateur de Charles-Nicolas de Bonne

---

1. Commune de Semur-en-Brionnais, chef-lieu de canton.
2. Commune de Propières, canton de Monsols (Rhône).
3. Commune de Château-Neuf, canton de Chauffailles.
4. La Ferté-Loupière, canton de Charny (Yonne).

de Créquy, héritier de dame Anne de La Madeleine de Ragny, son épouse.

Liasse 2, cote 50.

Dénombrement, du 8 mai 1681, des seigneuries de La Bazolle, Baudemont, Trélu, Le Côté, Colombier, Champerny, Ecreux et de la châtellenie du Bois-Sainte-Marie, le tout situé en Mâconnais, plus des fiefs et seigneuries de Collonge et La Madeleine en Charolais, par Messire François-Emmanuel de Bonne de Créquy, duc de Lesdiguières, pair de France, gouverneur et lieutenant général pour le Roi en Dauphiné.

Liasse 3, cote 66.

Reprise de fief, du 19 décembre 1704, des terres et seigneuries de La Bazolle, La Farge et Le Banchet, et des châtellenies domaniales du Bois-Sainte-Marie et de Château-Neuf et leurs dépendances, situées dans le comté de Mâconnais et partie dans le Lyonnais et Beaujolais, par Messire Louis de Lorraine, comte d'Armagnac, Charny[1], Brionne[2] et autres lieux, chevalier des ordres du Roi, pair et grand écuyer de France, grand sénéchal héréditaire de Bourgogne, gouverneur pour Sa Majesté du pays d'Anjou, ville et château d'Angers et du Pont-de-Cé[3], et Madame Catherine de Neuville, son épouse, en qualité d'héritière en partie sous bénéfice d'inventaire et étant au lieu de feu Jean-François-Paul de Bonne de Créquy, duc de Lesdiguières, pair de France, et en vertu de la transaction passée entre lesdits comte et comtesse d'Armagnac, d'une part, et Madame Paule-Françoise-Marguerite de Gondy de Retz, duchesse douairière de Lesdiguières, d'autre part, par-devant Lange, notaire au Châtelet de Paris, le 10 juillet 1704.

Nota. Est jointe la procuration narrative aussi de ce que dessus.

Liasse 5, cote 21.

Reprise de fief, du 20 décembre 1728, des seigneuries de La Bazolle et Le Banchet et des châtellenies du Bois-Sainte-Marie

---

1. Canton de Vitteaux (Côte-d'Or).
2. Chef-lieu de canton (Eure).
3. Les Ponts-de-Cé, chef-lieu de canton (Maine-et-Loire).

et de Château-Neuf, par Mademoiselle Charlotte de Lorraine, princesse d'Armagnac, dame de La Farge en Beaujolais, lesdites terres à elle échues par le testament de dame Catherine de Neuville, comtesse d'Armagnac, sa mère, épouse de Messire Louis de Lorraine, comte d'Armagnac, reçu Brière et Charpentier, notaires au Châtelet de Paris, le 25 décembre 1707.

Liasse 6, cote 26.

Beaulieu[1]. — Reprise de fief et dénombrement, du 19 novembre 1672, de la seigneurie de Beaulieu, par Jacques Ray, enquêteur commissaire examinateur et procureur au bailliage de Mâcon. *Nota* Ladite seigneurie consiste en la maison de Beaulieu, entourée de fossés, pont-levis et dépendances, enclos consistant en 36 meiterées ou environ, tant en prés, terres, que vignes, cette maison étant construite au milieu dudit enclos, un ruisseau appelé *de Grosne* y joignant, le tout en toute justice, haute, moyenne et basse, lequel ruisseau dépend de la même justice.

Liasse 3, cote 17.

Berzé-le-Châtel[2], Saint-Sorlin[3], Berzé-la-Ville[4], Vaux-Verzé[5], Sologny[6], Sainte-Cécile[7], Bourgvilain[8], Molinot[9], Lye[10], Aubigny-la-Ronce[11], Santosse[12], Rochetaillée[13], Chameroy[14], Crenay[15], Dealze[16] et Paris-l'Hôpital[17]. — Dénombrement, du 12 février 1627, du comté, terre et seigneurie de Berzé-le-Châtel et Saint-Sorlin, par Messire Antoine d'Aumont de

---

1. Commune de Varennes-lès-Mâcon, canton de Mâcon sud.
2. Canton de Cluny.
3. Canton de Mâcon nord.
4. Id.
5. Commune de Verzé, id.
6. Même canton.
7. Canton de Cluny.
8. Canton de Tramayes.
9. Canton de Nolay (Côte-d'Or).
10. Commune de Chissey-lès-Mâcon, canton de Saint-Gengoux-le-National.
11. Canton de Nolay.
12. Id.
13. Canton d'Auberive (Haute-Marne).
14. Id.
15. Crenay-sur-Suize, canton de Chaumont (id.)
16. Canton de Couches-les-Mines.
17. Id.

Rochebaron, baron de Joncy[1], en qualité d'héritier testamentaire et universel de Messire René de Rochebaron et de feu dame Françoise d'Aumont, sa veuve.

Nota. Ledit Berzé consiste au château dudit Berzé-le-Châtel, etc. Item dépend de ladite comté de Berzé « Le Vernay, Les Chardigny, Les Narbes, Les Fortunes », situés dans la paroisse de Berzé-la-Ville, Vaux-Verzé, en partie Sologny, « La Roche, Le Sigault, Les Bois Tornier, Les Voisins du Vacher, Tavent », en la paroisse de Sainte-Cécile et Les Purlanges[2], et partie des « Voisines des Feuillans, Montangerand et de Beauplain », en la paroisse de Bourgvilain[3], tous lesquels villages sont en la totale justice, haute, moyenne et basse, dudit comté de Berzé, dans le ressort du bailliage de Mâconnais.

Et ladite seigneurie de Saint-Sorlin consiste en une terre et châtel tout en ruine, et en toute justice, etc., le tout succinctement détaillé.

Liasse 2, cote 4 *bis.*

Reprise de fief, du 11 mai 1705, du comté de Berzé, situé au bailliage de Mâcon, de la baronnie de Molinot, située au bailliage d'Autun, et des seigneuries de Lys en Mâconnais, Aubigny-la-Ronce, Santosse, Rochetaillée, Chameroy et Crenay au bailliage de [Châtillon-sur-Seine], et de celle de Dezize et Paris-l'Hôpital au bailliage de Beaune, par Messire Louis d'Aumont de Rochebaron, duc d'Aumont[4], pair de France, premier gentilhomme de la chambre du Roi, gouverneur de Boulogne et pays Boulonnais, donataire et légataire substitué de Messire Pierre d'Aumont, baron d'Etrabonne[5], etc., de Messire René de Rochebaron, comte de Berzé et autres lieux, et de Madame Françoise d'Aumont, son épouse, et de Messire Antoine d'Aumont, duc, pair et maréchal de France, héritier

---

1. Canton de La Guiche.
2. Commune de Sainte-Cécile, canton de Cluny.
3. M. Chavot, *Le Mâconnais, géographie historique* (Paris et Mâcon, 1884, in-8°), dit (v° *Berzé-le-Châtel*), et d'après Peincedé : « 1627. Dépendaient de cette seigneurie le Vernay, les Chardigny, les Furtins (paroisse de Berzé-la-Ville), Vaux-Verzé, Sologny (en partie), la Roche, les Segauds, le Bois-Tournier (par. de Sologny), Purlanges (par. de Sainte-Cécile), et dans celle de Bourgvilain, Montangerand et Beauplain ».
4. Canton de Hornoy (Somme).
5. Canton d'Audeux (Doubs).

par bénéfice d'inventaire de Messire Louis d'Aumont de Rochebaron, duc d'Aumont, pair de France, chevalier des ordres du Roi, aussi premier gentilhomme de sa chambre, gouverneur dudit Boulogne et dudit pays Boulonnais, son père, qui était donataire dudit Messire Antoine d'Aumont, duc, pair et maréchal de France, aux conditions de substitution.

Liasse 5, cote 22.

Reprise de fief et dénombrement, des 28 juillet 1713 et 20 février 1714, de la seigneurie et comté de Berzé-le-Châtel et du fief de Saint-Sorlin y réuni, par Messire Antoine-Alexandre Michon, chevalier, seigneur de Pierreclos[1], Bussy[2], Bussières[3] et La Varenne[4], baron de Cenves[5] en Beaujolais, conseiller du Roi, trésorier de France en la généralité de Lyon, comme acquéreur dudit comté de Madame Olympe de Brouilly de Piennes, épouse séparée quant aux biens de M. le duc d'Aumont, par contrat reçu Billon et Belot, notaires au Châtelet de Paris, le 1er juin 1713, pour le prix de 96.000 livres.

Nota. Ledit Michon demande et proteste dans sa requête que si les religieux de Cluny venaient à faire déclarer ledit comté de leur mouvance, on lui rembourse les frais de la présente reprise.

Il dit que ladite seigneurie de Berzé-le-Châtel est la première et la plus ancienne baronnie du Mâconnais, dont le seigneur est toujours appelé le premier aux assemblées des États particuliers dudit Mâconnais; elle a été depuis érigée en comté par le roi Henri IV.

Liasse 5, cote 47.

Besanceuil[6], **La Tour-Serville**[7], **La Tour-de-Vers**[8] et **Angoin**[9]. — Reprise de fief et dénombrement, des 4 mai 1730 et 8 jan-

---

1. Canton de Tramayes.
2. Nom disparu.
3. Canton de Mâcon sud.
4. Commune de Pierreclos.
5. Canton de Monsols (Rhône).
6. Commune de Bonnay, canton de Saint-Gengoux-le-National.
7. Commune de Saint-Christophe-en-Bresse, canton de Saint-Germain-du-Plain.
8. Commune de Sennecey-le-Grand, chef-lieu de canton.
9. Commune de Salornay-sur-Guye, canton de Cluny.

vier 1731, de la seigneurie de Besanceuil, par Louis-Marie de Prisque, chevalier, seigneur de La Tour-Serville, Angoin et autres lieux, en qualité d'héritier de Messire Armand de Prisque, chevalier, seigneur de La Tour-de-Vers [et] Besanceuil, son père, et de dame Marie de Parthenay, sa mère, suivant le testament de sondit père, du 25 avril 1703, reçu Dubost, notaire à Cluny.

Liasse 6, cote 33.

Reprise de fief et dénombrement, des 31 mai 1769 et 28 juillet 1770, de la terre et seigneurie de Besanceuil et dépendances, qui sont La Tour-Serville, La Tour-de-Vers et Angoin, par Antoine-Louis de Prisque de Besanceuil, comme héritier de Louis-Marie de Prisque et de dame Huguette de Thy, ses père et mère, et par vertu de la déclaration d'Étienne de Prisque, son frère, capitaine de dragons, qui s'en est tenu à sa légitime, par acte reçu Guyonnet, notaire à Salornay, le 14 avril 1768.

Nota. Ladite terre en toute justice consiste au château et maison forte de Besanceuil, situé en la paroisse dudit Besanceuil, annexe de Saint-Ythaire[1], entouré de murailles et de fausses braies, une tour à chaque coin, etc. Tous les habitants de la justice de ladite seigneurie sont tenus au guet et garde dudit château. La rivière de Guye, selon les confins y relatés, appartient par moitié audit seigneur avec le Roi à cause de sa châtellenie de Cortevaix[2].

Liasse 7, cote 21.

Beugne[3], **Villerest**[4] et **Vitry-lès-Cluny**[5]. — *Reprise de fief, du..., de la terre de Beugne, Villerest et partie de Vitry au bailliage de Mâcon.*

Liasse 6, cote 66.

Le Bief[6]. — Reprise de fief et dénombrement, des 22 novembre 1680 et 20 novembre 1683, du fief du Bief, par Chris-

---

1. Canton de Saint-Gengoux-le-National.
2. Id.
3. Commune de La Vineuse, canton de Cluny.
4. Id.
5. Même canton.
6. Commune de Chassigny-sous-Dun, canton de Chauffailles.

tophe de Molins, avocat, comme acquéreur, par acte de délivrance y joint, du 7 janvier 1679, fait par le lieutenant général du bailliage de Mâcon, dudit fief du Bief, vendu par autorité de justice sur feu Antoine Aulas et demoiselle Claudine Gobier, sa femme, pour le prix de 5.000 livres.

Nota. Dans ladite délivrance il est dit que les criées ont été continuées sur Jacques de Molins, frère dudit Christophe, et nouveau tuteur décerné aux enfants mineurs du sieur Louis Aulas, qui avaient pour oncle François Aulas, seigneur de Poluzot [1].

Ledit fief consiste en un tènement consistant en maison, grange nouvellement construite, jardin, chènevières, prés, pâquier, étangs, terres et bois, avec les chemins, aisances et dépendances, situés en la paroisse de Chassigny en Mâconnais, appelés *du Bief*, contenant environ 40 bichetées, tenant d'orient approchant septentrion aux terres et pré de Combassot [2] dépendant de ladite seigneurie du Bief, de la mouvance de Château-Neuf [3], de midi et d'occident à autres terres, prés et bois de ladite seigneurie du Bief, aussi de ladite mouvance de Château-Neuf, et de septentrion au chemin dudit Château-Neuf au Vernay [4] et à La Clayette; plus un autre pré, contenant environ 10 soitures, audit finage du Bief, appelé *pré Rongy* [5], tenant d'orient au pré des du Villard [6], de midi à la rivière de Mussy [7], de bise et d'occident au chemin dudit Villard à Molleron [8], le tout en la totale justice dudit sieur de Molins.

Liasse 3, cote 65.

Reprise de fief et dénombrement, du 11 mai 1710, du fief du Bief en la paroisse de Chassigny, par Claude Boisseaud, notaire royal de Saint-Maurice [9], juge du comté de Chauffailles, comme acquéreur de Clodion de Molins, écuyer, conseiller secrétaire

---

1. Commune de Saint-Laurent-d'Andenay, canton de Buxy.
2. Aujourd'hui *La Combe Bassot*.
3. Canton de Chauffailles.
4. Commune de La Chapelle-sous-Dun, canton de La Clayette.
5. Aujourd'hui *Pré du Ruingt*.
6. Commune de Chassigny-sous-Dun.
7. Mussy-sous-Dun, canton de Chauffailles.
8. Commune de Chassigny-sous-Dun.
9. Saint-Maurice-lès-Château-Neuf, canton de Chauffailles.

du Roi, seigneur de La Vallée[1] près Semur-en-Brionnais, par contrat reçu Musset, notaire royal, le 30 janvier 1710, pour le prix de 9.100 livres, y compris les biens de roture.

Liasse 5, cote 32.

Reprise de fief, du 26 mai 1739, du fief du Bief en la paroisse de Chassigny-sous-Dun, par Claude Boisseaud, bourgeois audit Chassigny, à lui appartenant par la remise que lui en a faite Anne de La Coste, sa mère, par acte reçu Ponchon, notaire à Roanne, le 29 juillet 1738, laquelle Anne de La Coste avait ledit fief comme héritière universelle instituée par le testament de Claude Boisseaud, sieur dudit Bief, notaire royal audit Chassigny, son mari, par acte du 20 mars 1738, reçu Verchère, notaire à Mâcon.

Liasse 6, cote 47.

Bissy[2], **Fley**[3] **et Champagne**[4]. — Reprise de fief et dénombrement, des 27 juin 1705 et 4 août 1728, de la seigneurie de Bissy, par Messire Jacques de Thiard, chevalier, marquis de Bissy, baron d'Authumes[5] et seigneur de Fretterans[6], lieutenant général des armées du Roi, commandant pour son service dans les duchés de Mantoue [et] Guastalla et principauté de Castiglione, et Messire Claude de Thiard, chevalier, comte de Bissy, maître de camp de cavalerie, tous deux en qualité de fils et héritiers de Messire Claude de Thiard, chevalier, commandeur des ordres du Roi, lieutenant général de ses armées et commandant dans les Trois-Évêchés.

Nota. La reprise de fief est aussi pour les seigneuries de Pierre[7], Vaulvry[8] et Charnay[9], au bailliage de Chalon.

Liasse 5, cote 24.

---

1. Commune de Semur-en-Brionnais, chef-lieu de canton.
2. Bissy-sur-Fley, canton de Buxy.
3. Même canton.
4. Commune de Culles, id.
5. Canton de Pierre-en-Bresse.
6. Id.
7. Pierre-en-Bresse.
8. Commune de Ciel, canton de Verdun-sur-le-Doubs.
9. Charnay-lès-Chalon, id.

Dénombrement, du 12 juillet 1746, des seigneuries de Bissy, Fley et Champagne, par Anne-Claude de Thiard, chevalier, seigneur de Faulquemont[1], Charnay et Haraucourt[2], lieutenant général des armées du Roi, gouverneur des ville et château d'Auxonne, ci-devant ministre plénipotentiaire de France près le roi des Deux-Siciles et élu de la noblesse des États de Bourgogne, ayant repris de fief le 19 janvier 1745.

Liasse 6, cote 54.

Reprise de fief, du 4 janvier 1771, des terres et seigneuries de Bissy, Fley et Champagne, ses dépendances, par Monsieur Claude de Thiard de Bissy.

Nota. L'acte de cette reprise est au bailliage de Chalon avec celle de la seigneurie d'Authumes.

Liasse 7, cote 26.

Les Blancs[3]. — Reprise de fief, du 2 décembre 1727, du fief des Blancs en la paroisse de Colombier, par Jean-Antoine Guillin, docteur en théologie, prêtre, chanoine et doyen de l'église collégiale de Sainte-Marie-Madeleine d'Aigueperse[4], seigneur dudit lieu, chevalier de l'ordre royal et militaire de Saint-Lazare, comme acquéreur dudit fief de Messire Henri Denis, avocat au Parlement, résidant en ladite paroisse de Colombier, et de Claudine Janin, sa femme, par contrat reçu Thévenet, notaire aux Blancs, le 3 décembre 1726, contrôlé et insinué à Matour le 9 dudit mois, pour le prix de 5.000 livres.

Liasse 6, cote 19.

Le Bois-Sainte-Marie[5], **Baudemont**[6], **La Bazolle**[7], **Vertpré**[8], **Barnay**[9], **Vanoise ou Saint-Martin-de-Lixy**[10], **Château-Neuf**[11], **Le**

---

1. Chef-lieu de canton (Moselle).
2. Canton de Saint-Nicolas-du-Port (Meurthe-et-Moselle).
3. Commune de Colombier-en-Brionnais, canton de La Clayette.
4. Canton de Monsols (Rhône).
5. Canton de La Clayette.
6. Id.
7. Commune de Curbigny, id.
8. Commune de Tancon, canton de Chauffailles.
9. Commune de Saint-Martin-de-Lixy, id.
10. Id.
11. Canton de Chauffailles.

Banchet[1] et Moulin-le-Bost[2]. — Reprise de fief, du 9 janvier 1758, des terres, seigneuries et châtellenie du Bois-Sainte-Marie, Baudemont, La Bazolle, Vertpré, Barnay, Vanoise ou Saint-Martin-de-Lixy, Château-Neuf, Le Banchet et Moulin-le-Bost, par Gilbert de Drée, lieutenant aux gardes françaises et chevalier de Saint-Louis, à lui constituées en dot en son contrat de mariage de 1755, le 8 juillet, reçu Bronod, notaire à Paris, avec demoiselle Valentine-Adrienne-Elisabeth de Neuville, par Etienne, comte de Drée, son père.

Nota. Il y est dit qu'il est propriétaire de la châtellenie du Bois-Sainte-Marie par contrat d'engagement du 14 juillet 1722, à la charge et moyennant la rente de 56 livres au principal de 1.680 livres, et déclaré que lesdites terres de Château-Neuf, Le Banchet et Moulin-le-Bost sont situées partie en Mâconnais et partie en Lyonnais.

Liasse 7, cote 1.

Le Bourguichard[3]. — Reprise de fief et dénombrement, des 26 novembre 1677 et 14 décembre 1678, du fief appelé *du Bourguichard*, situé proche la ville de Saint-Gengoux, par François Mercier, bourgeois audit lieu.

Nota. Il consiste en un enclos d'environ 10 ouvrées de vignes tenant de matin les jardins de plusieurs particuliers, de bise les fossés de ladite ville, un grand chemin entre deux, de soir l'enclos des religieuses ursulines dudit lieu, et de midi la vigne de Messire Philibert Désir, juge audit lieu.

Liasse 3, cote 46.

Boyer[4] et Les Sertines[5]. — Reprise de fief et dénombrement, du 30 avril 1720, de la seigneurie de Boyer, et reprise de fief seulement de celle des Sertines, par Messire Antoine Le Prestre de Vauban, lieutenant général des armées du Roi, grand'croix de l'ordre royal et militaire de Saint-Louis, ingénieur général

---

1. Commune de Château-Neuf.
2. Nom disparu, commune de Saint-Maurice-lès-Château-Neuf, canton de Chauffailles.
3. Nom disparu.
4. Commune de Saint-Maurice-lès-Château-Neuf, canton de Chauffailles.
5. Commune de Briant, canton de Semur-en-Brionnais.

et directeur des fortifications et places de la province d'Artois, gouverneur du château de Béthune, seigneur de Busseul[1], Moulin-de-l'Arconce[2] et Saint-Sernin[3], et dame Anne-Henriette de Busseul, son épouse, comme acquéreurs de Messire Henri de Saint-Germain d'Apchon, chevalier, seigneur de La Motte-Charmet, par contrat reçu Rodet, notaire à Mâcon, le 3 mars 1717, et de Messire Georges-Melchior de Champier, comte de Chigy[4], par contrat du 4 mars 1720, reçu Margot, notaire audit Chigy.

Liasse 5, cote 61.

Brancion[5], **Lessard-en-Bresse**[6] **et Lugny**[7]. — Reprise de fief, du 28 avril 1673, des terres et seigneuries de Brancion et Lessard au bailliage de Chalon, et de celle de Lugny au bailliage de Mâcon, par dame Claire-Françoise de Saulx-Tavannes, veuve de Messire Charles-François de La Baume, chevalier, marquis de Saint-Martin[8], en qualité de fille et héritière universelle de Messire Charles de Saulx, chevalier, baron de Tavannes[9], Lugny, Montpont[10], Lessard, et comte de Brancion, et de dame Philiberte d'Occors de La Tour et de Messire Claude de Saulx, vicomte de Tavannes, son frère.

Nota. Dans la requête, on avait donné la qualité de comté à la seigneurie de Brancion, et les qualités de baronnies à celles de Lessard et Lugny, mais ces qualités sont rayées, sur les conclusions du procureur général.

Liasse 3, cote 35.

La Bruyère[11]. — Reprise de fief et dénombrement, des 8 février et 21 novembre 1647, de la seigneurie de La Bruyère, consistant en une maison et dépendances, avec toute justice et un

---

1. Commune de Poisson, canton de Paray-le-Monial.
2. Id.
3. Aujourd'hui Vauban, canton de La Clayette.
4. Le Gros-Chigy, commune de Saint-André-le-Désert, canton de Cluny.
5. Commune de Martailly-lès-Brancion, canton de Tournus.
6. Canton de Saint-Germain-du-Plain.
7. Chef-lieu de canton.
8. Saint-Martin-en-Bresse, chef-lieu de canton.
9. Commune d'Arc-sur-Tille, canton de Dijon (Côte-d'Or).
10. Chef-lieu de canton.
11. Commune d'Igé, canton de Cluny.

terrier, le tout non autrement détaillé, par Jean-Jacques de Foudras, seigneur de Courcenay, paroisse de Mardore[1] en Beaujolais, guidon de la compagnie des gens d'armes de Monsieur le maréchal de Villeroy.

Liasse 2, cote 40.

Reprise de fief, du 16 janvier 1690, de la seigneurie de La Bruyère, par Messire Camille-Joseph de Foudras, chevalier, seigneur comte de Courcenay, Mardore, La Chapelle[2], La Gresle[3], La Place[4] et autres lieux, en qualité de fils et héritier testamentaire de Messire Jean-Jacques de Foudras, seigneur comte desdits lieux.

Nota. Est joint l'extrait mortuaire dudit Jean-Jacques de Foudras, décédé en son château de La Place, paroisse de La Gresle, le 6 mars 1682, et inhumé le 8 dans l'église de Mardore, dans l'ancien tombeau de ses prédécesseurs, ainsi qu'il l'avait ordonné par son testament, ledit extrait signé du curé dudit Mardore.

Plus est joint une expédition de sondit testament, passé au château de La Place le 23 février 1682, scellé à Thizy le 4 mars, par lequel il fait des legs de certaines sommes à demoiselles Françoise, Lucrèce et Henriette de Foudras, ses filles, et de feu dame Isabeau de La Poype, décédée ab intestat, plus à Marie et Marguerite de Foudras, ses autres filles, religieuses, et à Jean-Jacques, fils de Laurent de Foudras, seigneur de Beaulieu[5], son filleul, et fait son héritier universel ledit Camille-Joseph de Foudras, son fils, marié à dame Lucrèce de Revol.

Liasse 4, cote 21.

Reprise de fief et dénombrement, du 28 avril 1700, de la seigneurie de La Bruyère, paroisse de Dommange, par Messire Jean Dumoulin, *alias* Dumolin, Du Molin et Du Moulin, bourgeois de Cluny, comme acquéreur de Messire Camille-Joseph de Foudras, seigneur de Courcenay, La Place, La

---

1. Canton de Thizy (Rhône).
2. La Chapelle-de-Mardore, même canton.
3. Canton de Belmont (Loire).
4. Commune de La Gresle.
5. Commune de Morancé, canton d'Anse (Rhône).

Chapelle et autres lieux, par contrat du 28 mars 1700, reçu Chevillard, notaire à Mâcon, pour le prix de 14.300 livres.

Liasse 5, cote 3.

Reprise de fief et dénombrement, des 27 février 1722 et 2 mai 1729, de la seigneurie de La Bruyère, paroisse d'Igé, par Jacques Dumoulin, comme héritier de Jean Dumoulin, son père, décédé le 16 décembre 1705.

Nota. Il dit être imposé pour ladite seigneurie au rôle de la capitation de la noblesse du Mâconnais pour l'année 1722.

Liasse 6, cote 3.

Reprise de fief et dénombrement, des 13 août 1767 et 13 août 1768, du fief de La Bruyère, paroisse de Dommange, par Benoît Dumoulin, docteur en médecine, dame Jeanne Blanchard, veuve de Louis Dumoulin, avocat, Jacques Dumoulin, bourgeois, Etiennette Dumoulin, veuve Machoud et femme du sieur Nicolas Rozet, garde-du-corps de Sa Majesté, Joseph Dumoulin, ancien capitaine au bataillon de Chalon, et dame Marguerite Dumoulin, femme de Me Emiland Perrier, avocat, ancien élu en l'élection de Mâcon, tous six en qualité d'enfants et héritiers de Jacques Dumoulin, bourgeois de Cluny[1], y décédé le 17 juillet 1767, dont le père acheta ledit fief en 1701.

Nota. Il y est dit qu'il y a un petit château, flanqué de deux tours; qu'à l'égard des lods, suivant l'usage et conformément aux terriers des seigneurs voisins, ils sont levés à la tierce partie pour ce qui concerne la justice haute, moyenne et basse.

Nota. Est jointe une autre reprise de fief, du 29 avril 1773, d'une sixième portion dudit fief de La Bruyère, par le susdit Joseph Dumoulin, colonel, seul héritier dudit Jacques Dumoulin, son frère, suivant son testament reçu d'Animé, notaire à Cluny, le 21 septembre 1773.

Liasse 7, cote 11.

Burzy[2] et Malfontaine[3]. — Reprise de fief et dénombrement, des 10 novembre 1648 et 29 novembre 1649, de la seigneurie de

---

1. Chef-lieu de canton.
2. Canton de Saint-Gengoux-le-National.
3. Commune de Burzy.

Fiefs du Mâconnais

Burzy près de Saint-Huruge[1], par Gabriel de Thibaut, écuyer, seigneur de Saint-Simon[2], à lui remise, par acte du 28 mai précédent, par François de Thibaut, son frère, seigneur de Saint-Huruge, maréchal des camps et armées du Roi, qui avait acquis ladite seigneurie de Burzy : savoir, la moitié de François du Rousset, écuyer, sieur de Malfontaine, et de dame Anne de Chandon, sa femme, pour le prix de 4.000 livres, par acte du 22 mars précédent, et l'autre moitié des demoiselles Adrienne et Françoise du Rousset, sœurs dudit François du Rousset, par acte du 28 mai suivant, tous lesdits actes y joints et reçus Moïse de Rymon, notaire à Saint-Gengoux-le-Royal, auxquels du Rousset ladite seigneurie appartenait suivant testament de François du Rousset, écuyer, sieur dudit Burzy et Malfontaine, reçu Chapuis, notaire, le 1ᵉʳ mars 1641.

Liasse 2, cote 43.

Reprise de fief et dénombrement, des 19 février et 16 juin 1673, de la seigneurie de Burzy, par dame Philiberte de Marcilly-Cipierre, en qualité de veuve et usufruitière de Messire François de Thibaut, chevalier, seigneur dudit Burzy, baron de Saint-Huruge-sur-Guye, seigneur de Sainte-Hélène[3], Bragny[4], Bissy[5] et autres lieux, maréchal des camps et armées du Roi et son conseiller en tous conseils, gouverneur de Stenay[6], lequel était héritier universel de Gabriel de Thibaut, seigneur de Saint-Simon, son frère, seigneur dudit Burzy et Malfontaine.

Nota. La présente reprise est aussi pour la seigneurie dudit Malfontaine.

Liasse 3, cote 19.

La Bussière[7] **et La Garde**[8]. — Reprise de fief et dénombrement, du 16 juillet 1647, des seigneuries de La Bussière et La Garde,

---

1. Canton de Saint-Gengoux-le-National.
2. En Gascogne. Voir Archives départementales, B. 1344.
3. Canton de Buxy.
4. Bragny-sur-Saône, canton de Verdun-sur-le-Doubs.
5. Bissy-sur-Fley, canton de Buxy.
6. Chef-lieu de canton (Meuse).
7. Commune de Saint-Léger-sous-la-Bussière, canton de Tramayes.
8. Id.

situées en la paroisse de Saint-Léger, par Jean de Laurencin, à lui échues par le décès de Philippe de Laurencin, son père.

Liasse 2, cote 38.

Reprise de fief et dénombrement, des 13 août et 20 novembre 1675, de la seigneurie de La Bussière et de la maison de La Garde, situées en la paroisse de Saint-Léger, par Pierre de Laurencin, écuyer, en qualité de fils et héritier universel de Jean de Laurencin.

Nota. Est joint un extrait du testament dudit Jean de Laurencin, du 13 août 1661, reçu Dufour, notaire à Matour [1], par lequel il fait ledit Pierre son héritier, donne 800 livres à Claude, son donné, délaisse à François de Laurencin, chevalier, son fils et de feu dame Marguerite de Mellier, sa femme, les terre, seigneurie et château de Chanzé [2] en Lyonnais (témoins, Messire Laurent de L'Aube, chevalier, baron de Corcelles [3], Messire Raimond de Laurencin, chevalier, seigneur du Péage [4], Le Sauzey [5] et autres lieux, Jean de Laurencin et Antoine de Laurencin, ses fils, chevaliers, résidant audit Sauzey, paroisse d'Avenas).

Liasse 3, cote 36.

Reprise de fief et dénombrement, des 14 juillet 1696 et 5 janvier 1699, de la seigneurie de La Bussière en la paroisse de Saint-Léger, par Jean de Laurencin de Paffy, seigneur du Péage, d'Avenas, du Sauzey et autres lieux, et dame Marie-Arténice de Laurencin, sa femme, à laquelle ladite seigneurie a été donnée par Jean-Alexandre de Laurencin, son frère, par acte du 10 juillet 1693, et par Pierre de Laurencin, son père, par acte reçu Dumont, notaire.

Liasse 4, cote 35.

Reprise de fief et dénombrement, du 15 décembre 1699, de la seigneurie de La Bussière, par Messire Louis de Foudras,

---

1. Chef-lieu de canton.
2. Commune de Dareizé, canton de Tarare (Rhône).
3. Commune de Bourgvilain, canton de Tramayes.
4. Commune d'Irigny, canton de Saint-Genis-Laval (Rhône).
5. Commune d'Avenas, canton de Beaujeu (Rhône).

seigneur comte de Château-Thiers[1], comme acquéreur de La Bussière par adjudication du 13 juin précédent.

Liasse 4, cote 59.

La Cailloterie[2]. — Reprise de fief, du 26 avril 1738, du fief de La Cailloterie, situé en la paroisse de La Vineuse, près Cluny, consistant en cens, lods et justice, par Pierre-Salomon Desbois, grand bailli du Mâconnais, l'un des mousquetaires de la première compagnie de la garde ordinaire du Roi, en qualité de donataire de Pierre Desbois, son oncle, chanoine et archidiacre de Mâcon, par acte du 18 avril audit an 1738, sous la réserve de l'usufruit.

Nota. Est jointe sa procuration pour Messire Antoine Desbois, chevalier, seigneur de Choiseau[3], ancien bailli du Mâconnais, son père.

Liasse 6, cote 43.

Cerney, Fangey et Baugey[4]. — Reprise de fief, du 19 avril 1601, de la seigneurie de Cerney, Fangey et Baugey, par noble Guillaume de La Colonge, seigneur de la La Motte-sur-Dheune[5], Moux[6], Aubigny-la-Ronce[7] et Marcy-sur-Tille[8], comme acquéreur de noble Jean Poullet, sieur de Blaizy[9], et de demoiselle Philiberte de Digoine, sa femme, auxquels ladite seigneurie appartenait à cause de feu noble Jean de Digoine, père de ladite demoiselle, partant ladite seigneurie avec les sieur et dame de Saint-Léger-sur-Dheune[10], et consistant en toute justice. (Ladite seigneurie est située en la paroisse de Notre-Dame de Morey, au bailliage de Montcenis).

Nota. Est jointe la procuration.

Liasse 1, cote 41 *bis*.

---

1. Commune de Matour, chef-lieu de canton.
2. Commune de La Vineuse, canton de Cluny.
3. Commune de Saint-Albain, canton de Lugny.
4. Commune de Morey, canton de Givry.
5. Commune de Saint-Bernin-sur-Dheune, id.
6. Canton de Montsauche (Nièvre).
7. Canton de Nolay (Côte-d'Or).
8. Canton de Selongey (id.)
9. Commune de Saint-Mard-de-Vaux, canton de Givry.
10. Canton de Chagny.

Chabotte[1], **Igé**, **Azé**[2], **Jalogny**[3], **Grevilly**[4] et **Ozenay**[5]. — Reprise de fief, du 25 mai 1647, et dénombrement double, du 29 mai 1648, de la seigneurie de Chabotte en Mâconnais, par Isaïe de Chandieu, écuyer, demeurant alors en son château de L'Isle, au bailliage de Morges, canton de Berne[6], en Suisse, ledit dénombrement affirmé par Albert et Daniel de Chandieu, ses fils, seigneurs dudit L'Isle, à cause du décès de leurdit père, arrivé le 22 avril 1667.

Ladite seigneurie consiste en : une maison et un petit terrier au village de Dommange et Igé, paroisse dans laquelle ladite maison est située, lequel terrier n'est qu'en directe, fors seulement deux moulins, écluses, eaux et cours d'eau, prés joignants, l'un appelé *La Grande Teppe*, de la contenue de deux chars de foin; item, un autre moulin, situé en la paroisse d'Azé, appelé *Le Moulin de Morestin*, aussi en justice, n'y ayant pour le seigneur de Chabotte qu'un quarteron d'avoine et une poule, le surplus de la rente dudit moulin, qu'est quatorze quarterons froment, mesure de Cluny[7], ayant été donné au sieur curé d'Igé par dame Marguerite de Champrond, dame dudit Chabotte, à condition que ledit sieur curé dira tous les vendredis de chaque semaine une messe en la chapelle de Chabotte fondée en l'église dudit Dommange; item, un bois situé audit Dommange, appelé *La Condemine dudit Chabotte*, de contenue d'environ 40 poses de terre; item, un petit terrier dépendant dudit Chabotte, qui n'est qu'en directe seulement et de peu de rente, au village de Vaux-sous-Mazille[8]; item, un autre petit terrier, dépendant dudit Chabotte, aux villages de Grevilly et Ozenay, comme aussi une portion de la dîme dudit Grevilly partagée pour le surplus avec le sieur curé dudit Grevilly pour un cinquième et avec Messieurs du chapitre de Saint-Philibert de Tournus[9] pour deux autres cinquièmes, et sur les deux

---

1. Nom disparu, commune d'Igé, canton de Cluny.
2. Canton de Lugny.
3. Canton de Cluny.
4. Canton de Lugny.
5. Canton de Tournus.
6. Depuis la Révolution Morges est du canton de Vaud.
7. Chef-lieu de canton.
8. Commune de Jalogny.
9. Chef-lieu de canton.

cinquièmes restant pour ledit seigneur de Chabotte, Madame la baronne de Tavannes, dame de Lugny[1], prend un bichet et demi de froment, deux bichets d'orge, le tout mesuré de Tournus, plus le douzième du surplus, de sorte qu'il reste fort peu de chose pour la portion dudit seigneur de Chabotte.

Liasse 2, cote 41 *bis*.

Chaintré[2] et Saint-Amour[3]. — Reprise de fief, du 4 juillet 1647, de la seigneurie de Chaintré, par Jean de Nanton, chevalier de l'ordre du Roi, gentilhomme ordinaire de sa chambre, aide de ses camps et armées, seigneur de Marzé[4] en Beaujolais, ledit Chaintré à lui appartenant à cause de dame Anne de Chaintré de Beauvoir, son épouse.

Nota. Il y déclare que le village de Saint-Romain[5] ne lui appartient pas, mais à l'abbé de Tournus.

Liasse 2, cote 37.

Reprise de fief et dénombrement, des 13 janvier 1668 et 25 juin 1671, de la seigneurie de Chaintré et de partie de celle de Saint-Amour en dépendant, par Pierre Particelli, conseiller du Roi, trésorier général de France en la généralité de Lyon, comme acquéreur de Messire Jean de Nanton, chevalier de l'ordre du Roi, seigneur de Marzé, et de Pierre de Nanton, son fils, par contrat reçu Prost, notaire à Lyon, le 20 août 1661, pour le prix de 85.000 livres.

Nota. Est jointe la procuration narrative de ce que dessus.

Liasse 3, cote 8.

Reprise de fief et dénombrement, du 14 décembre 1684, de la seigneurie de Chaintré, par André Bernard, écuyer, demeurant à Dijon, fils de feu Jean-Christophe Bernard, seigneur de Chaintré, conseiller maître en la chambre des comptes de Dijon, et de dame Madeleine Maire, lequel a donné ladite seigneurie audit

---

1. Chef-lieu de canton.
2. Canton de La Chapelle-de-Guinchay.
3. Id.
4. Commune de Saint-Georges-de-Reneins, canton de Belleville-sur-Saône (Rhône).
5. Saint-Romain-des-Iles, canton de La Chapelle-de-Guinchay.

André, son fils, par contrat de son mariage avec dame Marguerite Fournerat, reçu Carré, notaire à Dijon, le 18 mars 1683, dont est joint un extrait *parte in qua*, ladite seigneurie acquise du sieur Particelli par ledit feu Bernard.

Liasse 4, cote 4.

Reprise de fief et dénombrement, des 6 mars 1713 et 24 mars 1714, de partie de la seigneurie de Chaintré, par François Joly, conseiller maître en la chambre des comptes de Dijon, comme acquéreur de la totalité de ladite seigneurie de Monsieur Bernard de Chaintré, conseiller au parlement de Bourgogne, pour le prix de 118.000 livres, par contrat reçu Chavoisier et Vaudremont, notaires à Dijon, le 10 février 1713.

Nota. Il dit que l'autre partie de ladite seigneurie de Chaintré relève de l'abbaye de Tournus.

Liasse 5, cote 45.

Reprise de fief, du 7 janvier 1728, de la seigneurie de Chaintré, par Jean-François Joly, conseiller au parlement de Dijon, à lui donnée par François Joly, son père, seigneur de Bévy[1], maître des comptes honoraire, par contrat de mariage reçu Martine, notaire à Bâgé en Bresse[2], le 9 janvier 1724.

Nota. Est joint copie collationnée de l'extrait *parte in qua* dudit contrat de mariage du susdit Joly, fils de dame Philiberte du Rey, avec Marie-Henriette de Loriol de Boissière, fille de feu Messire Georges de Loriol de Boissière, seigneur d'Asnières[3], et de dame Marie-Françoise Frère de Chamburcy.

Liasse 6, cote 20.

Reprise de fief, du 4 mai 1786, de la seigneurie de Chaintré, circonstances et dépendances, par Antoine-Augustin Palerne, trésorier de France honoraire en la généralité de Lyon.

Liasse 7, cote 58.

---

1. Canton de Gevrey-Chambertin (Côte-d'Or).
2. Bâgé-le-Châtel, chef-lieu de canton (Ain).
3. Commune de Confrançon, canton de Montrevel (Ain).

Champ-Rond[1], L'Etang[2] et Villeret[3]. — Reprise de fief et dénombrement, du 10 mai 1673, des comté de Champ-Rond et seigneuries de L'Etang et Villeret, en ce qui est situé en Bourgogne, le surplus situé en Lyonnais, par Messire Gilbert de Vichy, comte dudit Champ-Rond, à lui donnés par donation entre vifs à cause de mariage par défunts Messire Gaspard de Vichy et dame Hilaire d'Albon, ses père et mère.

Nota. Le château dudit Champ-Rond est situé en la paroisse de Ligny en Mâconnais, et ceux de L'Etang et de Villeret sont situés en la paroisse de Saint-Julien-de-Cray[4].

Ladite reprise est faite par François-Hilaire de Nazarier, écuyer, sieur de La Fayolle[5], procureur spécial dudit de Vichy.

Liasse 3, cote 26.

Reprise de fief et dénombrement, des 13 avril 1690 et 27 février 1704, des comté de Champ-Rond et seigneuries de Villeret et L'Etang, par Messire Gaspard de Vichy, comte de Champ-Rond, guidon des gendarmes écossais de Sa Majesté, auquel Messire Gilbert de Vichy et dame Madeleine d'Amanzé, ses père et mère, ont donné ledit comté avec les seigneuries de Cheveniset[6] en Charolais, Estieugue[7] en Beaujolais et Boischevenoux[8], en son contrat de mariage y joint par extrait *parte in qua*, reçu Jarry, notaire à Dijon, le 19 février 1690, avec demoiselle Anne Brulart, fille de Messire Nicolas Brulart, premier président au parlement de Dijon, marquis de La Borde[9], baron de Sombernon[10], et de dame Marie de Bouthillier.

Liasse 4, cote 22.

Reprise de fief, du 10 juillet 1737, du comté de Champ-Rond, par Gaspard de Vichy, chevalier, comte de Champ-Rond, bri-

---

1. Commune de Ligny, canton de Semur-en-Brionnais.
2. Commune de Saint-Julien-de-Jonzy, id.
3. Id.
4. Nom ancien de Saint-Julien-de-Jonzy.
5. Commune de Saint-Martin-d'Estreaux, canton de La Pacaudière (Loire).
6. Commune de Nochize, canton de Paray-le-Monial.
7. Commune de Cours, canton de Thizy (Rhône).
8. Nom disparu, commune de Saint-Julien-de-Jonzy. V. Courtépée.
9. Commune de Mursanges, canton de Beaune (Côte-d'Or).
10. Chef-lieu de canton (id.)

gadier des armées du Roi, chef d'une brigade de carabiniers, chevalier de l'ordre royal et militaire de Saint-Louis, en qualité d'héritier par bénéfice d'inventaire du sieur Gaspard de Vichy, chevalier, marquis de Champ-Rond, son père, suivant son testament olographe du 1er août 1728, souscrit le même jour et déposé à Le Chanteur, notaire, le 10 décembre 1736, et les lettres dudit bénéfice d'inventaire obtenues par lui en la chancellerie du Palais à Paris, le 3 avril 1737, entérinées le 5.

Nota. Il est mort audit Champ-Rond, le 16 juin 1781, à l'âge de 82 ans.

Liasse 6, cote 41.

Chandée en Bresse[1], **Pierreclos**[2], **Bussy**[3], **Bussières**[4] et **La Mouge**[5] (péage). — *Reprise de fief, du 2 mars 1652, de la seigneurie de Chandée en Bresse et de celles de Pierreclos, Bussy, Bussières et le péage de la Mouge en Mâconnais, par dame Isabeau d'Albon, veuve et héritière de Hugues de Rougemont, seigneur desdites terres.*

Liasse 2, cote 47 ter.

La Chapelle-de-Bragny[6]. — *Reprise, du 26 janvier 1787, de la seigneurie de Bragny, par Jeanne de Raffin, veuve et héritière testamentaire d'Antoine-Palatin de Beugre, ancien capitaine d'infanterie au régiment de Thianges, en son vivant seigneur de ladite terre.*

Liasse 7, cote 59.

Charbonnières[7]. — *Procuration, du 20 mars 1601, donnée par Charles Descrivieux, docteur ès droits, écuyer, seigneur de Charbonnières, pour reprendre de fief trois feux au village dudit Charbonnières qu'il a acquis de Sa Majesté.*

Liasse 1, cote 40.

---

1. Commune de Vandeins, canton de Châtillon-les-Dombes (Ain).
2. Canton de Tramayes.
3. Nom disparu, commune de Bussières.
4. Canton de Mâcon sud.
5. Affluent de la rive droite de la Saône.
6. Canton de Sennecey-le-Grand.
7. Canton de Mâcon nord.

Reprise de fief et dénombrement, du 22 juin 1647, de la seigneurie de Charbonnières, par Placidas Descrivieux, avocat à Mâcon.

Nota. Certaines portions ont été acquises tant par Claude Descrivieux, son père, en l'an 1633, que par Charles Descrivieux en 1575.

Liasse 2, cote 34.

Reprise de fief et dénombrement, du 21 juillet 1674, de la seigneurie de Charbonnières, par demoiselle Françoise Descrivieux, fille et unique héritière testamentaire de Placidas Descrivieux, avocat, suivant son testament olographe, du 24 novembre 1668, reconnu par-devant Delafond, notaire à Mâcon, le 21 janvier 1669.

Liasse 3, cote 33.

Chasselas[1] **et Fouchy**[2]. — Reprise de fief et dénombrement, des 21 mai et 21 juin 1647, de la seigneurie de Chasselas, par Claude de Bellecombe, écuyer, comme héritier de Jacques de Bellecombe, son père, écuyer, demeurant audit Chasselas.

Nota. Elle consiste en un château et toute justice, le tout peu détaillé.

Liasse 2, cote 29.

Reprise de fief et dénombrement, du 29 janvier 1677, de la seigneurie de Chasselas, par Jean de Bellecombe, bailli du Mâconnais, capitaine et gouverneur de Pont-de-Veyle[3].

Liasse 3, cote 40.

Reprise de fief et dénombrement, du 12 août 1710, de la seigneurie de Chasselas, par Thomas Paisseaud, écuyer, comme acquéreur par contrat reçu Quiclet, notaire à Mâcon, le 16 juin 1706, pour le prix de 28.000 livres, à condition de la faire passer à un décret volontaire, et les sommes payées aux créanciers de la succession du sieur de Bellecombe, seigneur dudit Chasselas.

Liasse 5, cote 35.

---

1. Canton de La Chapelle-de-Guinchay.
2. Nom disparu.
3. Chef-lieu de canton (Ain).

Reprise de fief, du 12 décembre 1768, de la terre et seigneurie de Chasselas et du fief de Fouchy y annexé, par Laurent de La Fond de La Rolle, écuyer, acquéreur, en 1756, conjointement avec dame Françoise Barjaud, son épouse, de dame Anne-Gabrielle Berger, femme séparée quant aux biens de Laurent Fayard de Champagneux, écuyer, seigneur de Bourdeille [1], pour le prix de 70.000 livres, par acte de vente reçu Leclerc, notaire à Tramayes en Mâconnais, le 28 mai 1756, contrôlé à Matour [2] le 31.

Liasse 7, cote 14.

Reprise de fief, du 9 février 1775, de la terre et seigneurie de Chasselas et du fief de Fouchy y joint, par Etienne Cellard d'Estours, seigneur de Montaclard [3], écuyer, secrétaire du Roi près la chambre des comptes de Dauphiné, demeurant ordinairement en sa maison forte des Rosières, paroisse de Saint-Romain-d'Albon [4], susdite province, acquéreur de ladite terre de Chasselas, par acte reçu Grandjean, notaire à Mâcon, le 28 février 1774, de Laurent de La Fond de La Rolle et de la dame son épouse, pour le prix de 138.000 livres pour toutes choses, y compris les biens de roture.

Liasse 7, cote 23.

Chassignole [5], **Aynard** [6] et **Vitry-lès-Cluny** [7]. — Reprise de fief, du 27 juin 1584, de la seigneurie de Chassignole, par demoiselle Claude de Serre, veuve de François Dormy, président au parlement de Paris, et Pierre Dormy, son fils, écuyer, à eux échue par le décès dudit président Dormy.

Liasse 1, cote 37.

Reprise de fief, du 24 avril 1673, de la seigneurie de Chassignole, par Claude de Belleperche, seigneur dudit Chassignole, ladite

---

1. Commune de Vignoux-sur-Barangeon, canton de Vierzon (Cher).
2. Chef-lieu de canton.
3. Le Grand-Montaclard, commune de Saint-Uze, canton de Saint-Vallier (Drôme).
4. Commune d'Albon, même canton.
5. Commune de Bonnay, canton de Saint-Gengoux-le-National.
6. Id.
7. Canton de Cluny.

seigneurie ayant été acquise par Robert de Belleperche, son trisaïeul, de noble Pierre Dormy, écuyer, seigneur de Vinzelles[1] et de demoiselle Claude de Seyssel, son épouse, par contrat du 24 janvier 1592, reçu Jean Tournus, notaire royal.

Liasse 3, cote 24.

Reprise de fief, du 11 janvier 1697, de la seigneurie de Chassignole, par Jean de Gaspard, seigneur du Sou[2], Lacenas, Le Breuil[3], Fontcrenne[4], Saint-Aubin[5], La Fougère[6] et autres lieux, en qualité de curateur des enfants et héritiers de Claude de Belleperche et de dame Madeleine de Chardonnet, son épouse, seigneurs dudit Chassignole, qui sont Françoise, Humbert, Isabelle, Louise et Nicolas de Belleperche.

Liasse 4, cote 46.

Reprise de fief et dénombrement, des 22 mars 1702 et 20 février 1704, de la seigneurie de Chassignole, par Jean de Gaspard, chevalier, seigneur du Sou, Le Breuil, Fontcrenne, Saint-Aubin, La Fougère, et baron de Châtillon[7], en qualité de tuteur et curateur du seul fils et héritier de Claude de Belleperche et de dame Madeleine de Chardonnet, ainsi qu'il a apparu par l'inventaire fait à Cluny par-devant le maire et juge audit lieu les 15 et 20 septembre 1695.

Liasse 5, cote 8.

Reprise de fief et dénombrement, des 29 avril 1777 et 14 août 1779, des terres et seigneuries de Chassignole, Aynard et Vitry en partie, par Louis-Hugues de La Porte, chevalier de Saint-Louis, ancien capitaine commandant le régiment de dragons de la Reine, seigneur de Saint-Nizier-d'Azergues[8] en Beaujolais, demeurant ordinairement en son château de La Porte, paroisse dudit Saint-Nizier, lesdites terres et seigneuries à lui appar-

---

1. Canton de Mâcon sud.
2. Commune de Lacenas, canton de Villefranche-sur-Saône (Rhône).
3. Canton du Bois-d'Oingt (id.)
4. Commune de Villié-Morgon, canton de Beaujeu (id.)
5. Commune de Bussières, canton de Néronde (Loire).
6. Commune de Saint-Martin-Lestra, canton de Feurs (id.)
7. Châtillon-d'Azergues, canton du Bois-d'Oingt (Rhône).
8. Canton de La Mure (id.)

tenant suivant le testament de dame Marie-Jeanne de Martigny, sa tante, douairière de Nicolas de Belleperche, écuyer, seigneur de Chassignole, Aynard, Beugne [1], Villerest [2], Vitry en partie et autres lieux, reçu Gormand, notaire, le 2 octobre 1771, contrôlé et insinué au bureau de Cormatin [3], le 19 octobre 1772.

Nota. Il y est dit que la terre de Chassignole seulement est chargée de substitution, et que ladite testatrice a légué les autres terres, qui sont Beugne et Villerest, à l'hôpital des malades de la ville de Cluny.

Liasse 7, cote 36.

Chassigny-sous-Dun [4]. — Reprise de fief et dénombrement, des 6 août 1679 et 10 janvier 1680, de la seigneurie de Chassigny-sous-Dun-le-Roi, par Antoine de Montchanin, seigneur de La Garde-Marzac, au nom et comme mari de dame Madeleine-Laurence de La Salle-Pélussieux, à laquelle elle a été constituée par ses père et mère en son contrat de mariage du 3 mars 1674, reçu Besson, notaire.

Liasse 3, cote 64.

Reprise de fief, du 20 décembre 1728, de la seigneurie de Chassigny-sous-Dun, par dame Éléonore de Fay-Maubourg, en qualité de veuve et héritière fidéi-commise de Monsieur Antoine de Montchanin, comte de La Garde-Marzac, et mère et tutrice de demoiselle Françoise-Éléonore de Montchanin, leur fille unique.

Nota. Est joint un extrait du testament olographe, du 20 mai 1710, dudit Antoine de Montchanin de Marzac, chevalier, fils de défunt Messire Claude de Montchanin-Marzac, aussi chevalier, et de dame Anne de Foudras, par lequel il choisit sa sépulture en la chapelle de La Garde, en l'église paroissiale de Saint-Igny [5], tombeau de ses prédécesseurs; il dispose de 4.000 livres, qu'il a reçues de Messire Jean de Mesgrigny, ci-devant gou-

---

1. Commune de La Vineuse, canton de Cluny.
2. Id.
3. Canton de Saint-Gengoux-le-National.
4. Canton de Chauffailles.
5. Saint-Igny-de-Vers, canton de Monsols (Rhône).

verneur de la citadelle de Tournai, qu'il avait données par contrat de mariage à Antoinette de Mesgrigny, seconde femme dudit testateur; fait son héritière particulière leurdite fille, et son héritier universel, le posthume dont sadite femme peut être enceinte, substitue ses terres de La Garde et Collange [1] à Louis de Foudras, comte de Château-Thiers, son cousin germain; fait une pension à ses sœurs et à François de Montchanin, son frère; ledit testament insinué à Matour, le 1er août 1710, et à Mâcon.

Liasse 6, cote 25.

Reprise de fief et dénombrement, des 4 mai 1735 et 6 juin 1738, de la seigneurie de Chassigny-sous-Dun-le-Roi, par Claude de Saint-Georges, marquis de Saint-André-en-Forez [2], y demeurant, capitaine au régiment du Roi, en qualité de mari de dame Françoise-Éléonore de Montchanin de Marzac, qui était seule fille et héritière de feu Antoine de Montchanin de Marzac, son père, seigneur dudit Chassigny, ainsi qu'il a apparu par une attestation du lieutenant général du bailliage de Roanne, du 6 avril 1735.

Liasse 6, cote 39.

Château-Thiers [3], **Matour**, **Thélay** [4], **Saint-Pierre-le-Vieux** [5], **Nay** [6], **Nagu** [7], **Présentin** [8], **La Bussière** [9] et **Ouilly** [10]. — Reprise de fief et dénombrement, du 31 janvier 1609, de la seigneurie de Château-Thiers et Matour, sise pour un quart de revenu en Mâconnais, et pour le surplus en Beaujolais, par dame Lucrèce de Sève, veuve de Roland de Foudras, écuyer, comme mère et tutrice de quatorze de leurs enfants.

Nota. Elle consiste en la maison dudit Château-Thiers située en la paroisse de Matour, avec un pré d'environ 30 charretées,

---

1. Commune de Saint-Racho, canton de La Clayette.
2. Saint-André-d'Apchon, canton de Saint-Haon-le-Châtel (Loire).
3. Commune de Matour, chef-lieu de canton.
4. Commune de Saint-Bonnet-des-Bruyères, canton de Monsols (Rhône).
5. Canton de Tramayes.
6. Commune de Tramayes.
7. Commune d'Ouroux, canton de Monsols (Rhône).
8. Anciennement Montprésentin, commune de Trambly, canton de Matour.
9. Commune de Saint-Léger-sous-la-Bussière, canton de Tramayes.
10. Commune de Montagny-sur-Grosne, canton de Matour.

un petit étang, la dîme « d'Authiard et Préluaux » en ladite paroisse, et la portion congrue de la dîme appartenant aux chanoines d'Aigueperse[1] en la même paroisse, 30 justiciables en la paroisse et lieux voisins, la justice haute, moyenne et basse dudit Matour et Château-Thiers, les cens et servis y relatés en gros, 3 foires et un petit servis et directe au village de Thelay valant 6 livres.

Liasse 1, cote 50 bis.

Reprise de fief et dénombrement, du 1er juin 1682, du comté de Château-Thiers pour ce qui est situé en Mâconnais, le surplus étant en Beaujolais, par Messire Roland de Foudras, seigneur du Pont-à-Mailly[2], qui a obtenu l'érection des terres de Château-Thiers, Matour et dépendances, en comté, sous le nom dudit *Château-Thiers*, par lettres patentes du mois de juin 1680.

Liasse 3, cote 70.

Reprise de fief et dénombrement, des 7 décembre 1694 et 2 mai 1695, du comté de Château-Thiers, pour ce qui est situé en Bourgogne, par Louis de Foudras, chevalier, comte de Château-Thiers, capitaine aux gardes françaises, en qualité d'héritier universel de Roland de Foudras, son père.

Liasse 4, cote 28.

Reprise de fief, du 16 février 1769, de la terre et seigneurie de Château-Thiers, située en la paroisse de Matour, anciennement érigée en comté, et dépendances, qui sont la paroisse de Matour, Thelay en la paroisse de Saint-Bonnet-des-Bruyères et Saint-Pierre-le-Vieux, ensemble les seigneuries de Nay, Nagu, Présentin, La Bussière, les terre et maison d'Ouilly, par Esprit-François-Henri de Castellane[3], marquis de Castellanne, baron de Conflans-Sainte-Honorine[4], seigneur de Neuville-sur-Oise[5] et autres lieux, capitaine lieutenant des

---

1. Canton de Monsols (Rhône).
2. Commune de Varenne-Reuillon, canton de Digoin.
3. Chef-lieu d'arrondissement (Basses-Alpes). Suivant l'usage le nom de la famille s'écrit avec un seul n, celui de la ville avec deux.
4. Canton de Poissy (Seine-et-Oise).
5. Canton de Pontoise (id.)

gens d'armes anglais, acquéreur en 1765, conjointement avec dame Louise Charron de Ménars, son épouse, de dame Marie-Louise-Alexandrine de Foudras, veuve de Hugues-François de Lezay, marquis ⸺nan¹, dame de Pont-à-Mailly, et de ⸺emoiselle Madeleine-⸺ rriette-Françoise de Foudras, sa ⸺ur, moyennant le prix ⸺e 520.000 livres en principal et ⸺ 000 livres de pot-de-vin ⸺ar acte reçu De La Rue, notaire à ⸺aris, le 22 novembre 17⸺

Nota. Ledit seigneur décl⸺ en cette reprise que la seigneurie ⸺ Pierre-le-V⸺, pour ce qui est seigneurial, relève de Monse⸺ ⸺ ⸺c d'Orléans, comme baron du Beaujolais, et ce qui est en roture, avec partie de celle de La Bussière, relève de la rente noble du doyenné d'Ecussolles² réuni à l'abbaye de Cluny, qu'une autre partie desdites seigneuries de Château-Thiers et de La Bussière, avec celles de Nagu, Nay et Présentin, meut de M. Damas d'Audour, et que la seigneurie d'Ouilly relève de la rente noble de Montagny appartenant aux religieux de Cluny.

Liasse 7, cote 18.

Reprise de fief, du 7 janvier 1789, de la terre et seigneurie de Château-Thiers, en la paroisse de Matour, et dépendances, en ce qui est situé en Mâconnais, par Boniface-Louis-André de Castellane, colonel en second du régiment de Ségur-dragons.

Liasse 7, cote 64.

Châtenay³. — Reprise de fief et dénombrement, du 21 mars 1603, du fief de Châtenay, *alias* de Veyle, en la paroisse de Sancé, et en toute justice, par demoiselle Françoise Prisque.

Liasse 1, cote 47.

Dénombrement, du 11 janvier 1647, du fief et seigneurie de Châtenay, autrement de Veyle, en toute justice, par le tuteur de Jean Bernard, fils et héritier testamentaire de défunt Maître Nicolas Bernard, avocat en Parlement, sieur dudit Châtenay,

---

1. Chef-lieu de canton (Vienne).
2. Commune de Saint-Pierre-le-Vieux.
3. Commune de Sancé, canton de Mâcon nord.

ledit dénombrement conforme à celui donné par demoiselle Françoise Prisque, aïeule paternelle dudit mineur.

Nota. Est jointe la procuration.

Liasse 2, cote 22.

Reprise de fief et dénombrement, du 17 décembre 1666, de la seigneurie de Châtenay, consistant en plusieurs héritages y confinés, situés au finage de Sancé, par Thomas Dubois, prévôt des maréchaux au bailliage de Mâcon, en qualité de tuteur de Joseph-Thomas Bernard, fils et héritier universel de feu Maître Jean Bernard, avocat, et de demoiselle Ariane Dubois, sa femme, fille dudit Thomas Dubois, lequel Jean Bernard était héritier de Nicolas Bernard, aussi avocat, sieur dudit Châtenay.

Liasse 3, cote 5.

Reprise de fief et dénombrement, des 12 août et 18 novembre 1701, de la seigneurie de Châtenay, par Jean Bernard, écuyer, seigneur des Ecuyers[1], prévôt d'Uchizy, conseiller du Roi au bailliage de Mâcon, et dame Philiberte Morel, son épouse, comme acquéreurs par délivrance qui leur en a été faite le 21 juin aux requêtes de l'Hôtel à Paris.

Liasse 5, cote 7.

Reprise de fief et dénombrement, du 13 août 1708, de la seigneurie de Châtenay, par Jean-Baptiste Bernard, écuyer, chanoine et archidiacre en l'église de Mâcon, en qualité d'héritier particulier de Jean Bernard, écuyer, seigneur de Châtenay, conseiller au bailliage de Mâcon, son père, suivant son testament olographe du 20 avril 1706.

Liasse 5, cote 28.

Reprise de fief et dénombrement double, des 18 novembre 1739 et 12 mai 1740, de la seigneurie de Châtenay, par Françoise de La Porte, comme tutrice de ses enfants, et veuve et héritière testamentaire de Jean-Baptiste Bernard, écuyer, seigneur dudit Châtenay, demeurant à Mâcon, suivant son testament olographe du 15 juin 1737, relaté dans la mainlevée et envoi

---

1. Commune d'Uchizy, canton de Tournus.

Fiefs du Mâconnais

en possession au profit de ladite dame par le lieutenant général au bailliage de Mâcon, le 6 novembre 1738.

Liasse 6, cote 48.

Châtillon[1] **et La Douze**[2]. — Reprise de fief et dénombrement, des 28 mars et 27 mai 1569, de la seigneurie de Châtillon, située en la paroisse de Viré, châtellenie de Vérizet[3], par Pierre de Meaux, bourgeois de Mâcon, comme acquéreur d'Antoine de Rougemont, sieur de Pierreclos[4].

Nota. Elle consiste en une maison, quelques pièces de terre et prés, succinctement détaillés, et quelques cens portant lods, non détaillés.

Liasse 1, cote 29.

Dénombrement succinct, du 7 janvier 1585, du fief de Châtillon à Viré, par Jacques de Meaux, à lui échu par le décès de Pierre de Meaux, son père.

Liasse 1, cote 38.

Reprise de fief et dénombrement, du 11 janvier 1647, de la seigneurie de Châtillon, située en la paroisse de Viré, châtellenie de Vérizet, par Aimé de Meaux, chanoine et archidiacre de l'église de Mâcon, en qualité de tuteur de Hugues de Meaux, fils et héritier de feu Jacques de Meaux, lieutenant criminel au bailliage de Mâcon, seigneur dudit Châtillon et en partie de La Douze.

Nota. Est joint la procuration où il est dit que le dénombrement en a été donné par défunt Jacques de Meaux, aïeul dudit mineur.

Nota. Ledit Châtillon consiste en toute justice, plusieurs héritages y détaillés et des cens non détaillés.

Liasse 2, cote 24.

Reprise de fief et dénombrement, des 30 décembre 1677 et 20 novembre 1678, de la seigneurie de Châtillon, située à Viré, châtellenie de Vérizet, et de la moitié du fief de La Douze, par

---

1. Nom disparu, commune de Viré, canton de Lugny.
2. Nom disparu, communes de Lugny et de Montbellet, même canton.
3. Même canton.
4. Canton de Tramayes.

dame Antoinette Mathoud, veuve de Maître Hugues de Meaux, seigneur dudit Châtillon, président au présidial de Mâcon, en qualité de mère et tutrice de leurs enfants.

Liasse 3, cote 50.

Reprise de fief, du 23 janvier 1704, du fief de Châtillon et de la moitié de celui de La Douze, par Etienne de Meaux, conseiller du Roi, premier président au présidial de Mâcon, en qualité de fils et unique héritier de Hugues de Meaux, aussi président audit présidial.

Liasse 5, cote 16.

Reprise de fief, du 10 mai 1775, du fief de Châtillon en la paroisse de Viré et de moitié de celui dit *de La Douze*, situé dans les paroisses de Lugny et de Montbellet, par Mathieu Aymard de Montval, seigneur de Montval[1], écuyer, chevalier de Saint-Louis, demeurant à Mâcon, en qualité de mari de dame Marie-Thérèse de Meaux, laquelle avec dame Marie-Elisabeth de Meaux, sa sœur, épouse de Jacques-Marie Chossat de Montburon, écuyer, seigneur de Montburon[2], demeurant à Bourg, était unique héritière de Jean-Etienne de Meaux, président honoraire au parlement de Dombes et président au présidial de Mâcon, mort ab intestat, son père, ainsi qu'il a apparu par le certificat de notoriété reçu Mathey, notaire à Dijon, le 9 mai 1775.

Nota. Il a signé *Aymard de Montval*.

Liasse 7, cote 34.

Chauffailles[3]. — Reprise de fief et dénombrement, du 24 mars 1679, de la seigneurie de Chauffailles, par Messire Jacques d'Amanzé.

Nota. Le procureur général, dans ses conclusions, dit : « Sans approuver la qualité de baronnie donnée audit Chauffailles ».

Liasse 3, cote 61.

---

1. Commune de Montceaux, canton de Thoissey (Ain).
2. Commune de Confrançon, canton de Montrevel (Ain).
3. Chef-lieu de canton.

Reprise de fief et dénombrement, du 2 juin 1681, de la terre et seigneurie de Chauffailles, par dame Marie-Anne Rolin, veuve de Messire Jacques d'Amanzé, en qualité de mère et tutrice d'Antoine d'Amanzé, leur fils aîné.

Liasse 3, cote 68.

Reprise de fief, du 18 janvier 1769, de la terre et seigneurie de Chauffailles, par Claude-Marie de Saint-Georges, chevalier de Saint-Louis, et dame Marie-Cécile d'Amanzé, son épouse, en vertu du partage des successions des feus sieur Antoine d'Amanzé, comte de Chauffailles, et dame Cécile de Falconis, son épouse, père et mère de la susdite dame Marie-Cécile, ledit partage fait avec Antoine d'Amanzé, seigneur d'Auvillers [1], son frère, reçu Brochant, notaire à Paris, le 23 janvier 1744.

Liasse 7, cote 16.

Chavanne [2]. — Reprise de fief et dénombrement, du 20 décembre 1677, de la seigneurie de Chavanne, paroisse de Dun-le-Roi, par Laurent de L'Aube, seigneur de Corcelles [3], ladite terre de Chavanne à lui appartenant comme donataire par mariage de feu Antoine de Sermaut, écuyer, seigneur dudit Chavanne, son frère utérin, et de dame Barbe de Lestouf, sa femme, par contrat du 26 novembre 1639, reçu Grandjean, notaire.

Nota. Il dit avoir repris de fief et donné dénombrement dudit Corcelles le 20 novembre 1646.

Liasse 3, cote 49.

Reprise de fief, du 14 mai 1727, de la seigneurie de Chavanne en la paroisse de Dun-le-Roi, par Claude de Brosses, seigneur d'Escrots [4] et de Malval [5], chevalier des ordres militaires du Roi, comme acquéreur de Philibert-Hubert de L'Aube, baron de Corcelles, tant en son nom qu'en qualité de mari de dame Marie Fleutelot, et d'André-Emmanuel de L'Aube, baron de

---

1. Commune de Neuilly-sous-Clermont, canton de Mouy (Oise).
2. Commune de Saint-Racho, canton de La Clayette.
3. Commune de Bourgvilain, canton de Tramayes.
4. Commune de Beaujeu, chef-lieu de canton (Rhône).
5. Id.

Corcelles, par contrat reçu Perrier, notaire à La Clayette, le 7 février 1714, pour le prix de 20.000 livres.

Liasse 6, cote 16.

Chavannes[1]. — Reprise de fief et dénombrement, du 18 mai 1715, de la justice haute, moyenne et basse, dépendant du marquisat de Gorze, sur le meix et tènement du village de Chavannes, situé en la paroisse de Tramayes, et des cens et rentes nobles dus par les habitants dudit village de Chavannes, le tout non autrement détaillé, par Messire Claude-Hyacinthe de Berthet de Gorze, chevalier de l'ordre militaire de Saint-Louis, capitaine de dragons, les susdits objets par lui acquis au moyen de la remise qui lui en a été faite en paiement de partie de sa légitime paternelle, pour 1.000 livres, par Messire Jean-Joseph de Berthet, chevalier, marquis de Gorze, seigneur de La Salle[2], Sennecé-lès-Mâcon[3] et autres lieux, son frère, fils aîné et héritier universel de Messire Philibert de Berthet de Gorze, seigneur desdites terres, par contrat reçu Vaudremont, notaire à Dijon, le 17 mai 1715.

Liasse 5, cote 50.

Choiseau[4] **et La Cailloterie**[5]. — Reprise de fief et dénombrement, du 21 avril 1679, du fief de Choiseau, par Gabriel Desbois, écuyer, suivant le testament de feu Pierre Desbois, son père, aussi écuyer, conseiller et secrétaire du Roi, résidant à Mâcon, en date du 1er septembre 1671, signé par extrait *Dessaignes* et *Achaintre*, notaires audit Mâcon.

Nota. Ledit fief est dit consister en une maison seigneuriale, avec reconnaissances, au nombre de 20, de servis portant lods, passées en l'an 1561 au profit de dame Catherine de La Bassée, et de noble Claude Prisque, son fils.

Liasse 3, cote 62.

Reprise de fief et dénombrement, des 3 et 20 décembre 1696, du fief et seigneurie de Choiseau, par Antoine Desbois, écuyer,

---

1. Commune de Tramayes, chef-lieu de canton.
2. Commune de Lantignié, canton de Beaujeu (Rhône).
3. Canton de Mâcon nord.
4. Commune de Saint-Albain, canton de Lugny.
5. Commune de La Vineuse, canton de Cluny.

grand bailli d'épée du Mâconnais et capitaine du vieux château de Mâcon, en qualité de donataire, par son contrat de mariage du 24 novembre 1696, reçu Aujas, notaire à Mâcon, de dame Marie de Pise, sa mère, instituée héritière de feu Gabriel Desbois, son mari, décédé il y avait plus de dix ans.

Liasse 4, cote 39.

Reprise de fief, du 14 décembre 1768, du fief de Choiseau en la paroisse de Saint-Albain, par Marguerite Fabry, veuve et héritière universelle testamentaire de Pierre-Salomon Desbois, grand bailli d'épée du Mâconnais, suivant son testament olographe du 22 avril 1762, souscrit par Cellard, notaire à Mâcon, le 14 mai suivant, et homologué au bailliage ledit jour, qui a aussi conféré à ladite veuve la tutelle de Pierre-Salomon-Antoine Desbois, leur seul fils.

Liasse 7, cote 15.

Reprise de fief, du 9 avril 1772, des fiefs et seigneuries de Choiseau ou Chuseau en la paroisse de Saint-Albain et de La Cailloterie ou de Fougeret en la paroisse de La Vineuse, en toute justice, par Pierre-Salomon Desbois, grand bailli d'épée de la noblesse des États du Mâconnais, à lui constitués en dot par dame Marguerite Fabry, sa mère, veuve de Pierre-Salomon Desbois, aussi grand bailli de la noblesse du Mâconnais, en son contrat de mariage avec demoiselle Catherine Rousselot, fille de Maître Nicolas Rousselot, conseiller-maître des comptes à Dijon et l'un des secrétaires en chef des États de Bourgogne, et de dame Anne-Nicole Marillier d'Auxilly, par contrat reçu Bouché, notaire à Dijon, le 1er octobre 1770.

Liasse 7, cote 28.

Le Clairon [1]. — Reprise de fief et dénombrement, des 25 juin 1696 et 16 novembre 1698, du fief du Clairon ou du Renom, par dame Anne de Groslier, comme veuve et héritière de Jean de La Garde de Cadenet, seigneur dudit Clairon, lieutenant du Roi des ville et citadelle de Chalon.

Nota. Ledit fief est dit consister en la maison et tour forte du Renom, située en la paroisse de Germolles en Mâconnais, et

---

1. Commune de Germolles, canton de Tramayes.

dépendances d'icelle maison, avec environ 20 brouettes de foin et la semaille de 30 ânées de terre, valant environ 18 livres par an, en décharge toutefois d'icelle somme sur la cotisation de la terre et seigneurie de Nay [1], des dépendances de laquelle fut anciennement ladite maison et tour, plus une rente par ledit seigneur acquise du chapitre de Saint-Vincent de Mâcon, portant lods et justice, situées en la paroisse de Germolles et aux environs.

Liasse 4, cote 34.

La Clayette [2], **Varennes-sous-Dun** [3], **Vaux-sous-Suin** [4] **et Curbigny** [5]. — Reprise de fief et dénombrement, du 31 janvier 1625, de la baronnie de La Clayette, située en la paroisse de Varennes-sous-Dun-le-Roi, par dame Alice-Éléonore de Chantemerle de La Clayette, veuve de Messire Jacques de Brèche, seigneur dudit lieu [6] et du Montot [7], chevalier de l'ordre du Roi, maître de camp d'un régiment français de gens de pied entretenu pour Sa Majesté en Piémont, ladite baronnie à elle échue par droit de substitution des feus Messire Marc de Moles-Chantemerle-La Clayette, chevalier, seigneur et baron dudit lieu, Vougy [8], Nay [9], Nagu [10] et Présentin [11], et dame Claude de Damas, ses père et mère, à cause du décès de Messire Claude de Chantemerle de La Clayette, son frère, décédé sans hoirs de son corps.

Nota. Est dit que ladite baronnie consiste en le château de La Clayette et dépendances, dont est fait description, plusieurs étangs, bois, dîmes et divers droits y détaillés. Les retrayants dudit château sont tous les habitants du bourg de La Clayette, ensemble les villages justiciables et circonvoisins dudit lieu, comme aussi les habitants des villages de Varennes, Cham-

---

1. Commune de Tramayes.
2. Chef-lieu de canton.
3. Canton de La Clayette.
4. Commune de Sivignon, canton de Saint-Bonnet-de-Joux.
5. Canton de La Clayette.
6. Commune de Saint-Symphorien-lès-Charolles, canton de Charolles.
7. Commune de Vaudebarrier, id.
8. Canton de Charlieu (Loire).
9. Commune de Tramayes, chef-lieu de canton.
10. Commune d'Ouroux, canton de Monsols (Rhône).
11. Anciennement Montprésentin, commune de Trambly, canton de Matour.

perny [1], La Chapelle-sous-Dun [2], Les Beluses [3], Saint-Laurent-en-Brionnais [4], Baudemont, Curbigny [5], Les Corneloup [6], Dun-le-Roi [7], Gibles [8] et autres circonvoisins.

Les fiefs mouvant de ladite baronnie sont : la seigneurie de Vaux-sous-Suin, en toute justice, dont la reprise de fief a été faite par Hugues du Cray, écuyer, sieur de Champvigy [9] et dudit Vaux, et demoiselle Catherine du Cray, sa sœur, le 2 août 1584, reçu Sarrien, notaire royal, et le dénombrement donné le 20 décembre suivant, reçu Desbois, notaire royal ; item, certains meix, maisons et héritages tenus par les Corneloup, de la paroisse de Dun-le-Roi, spécifiés en leur dénombrement donné à Messire Humbert de Chantemerle, grand-père de ladite dame, le 12 juin 1536, reçu Grandjean, notaire royal ; item, le fief de la moitié de la terre de Virey [10], près Chalon, comme il se voit par la reprise de fief en faite par Miles de Paillard, chevalier, seigneur de Meursault [11] et dudit Virey, le 19 juillet 1416, de Messire Philibert de Chantemerle, chevalier, seigneur et baron de La Clayette, et prédécesseur de ladite dame ; item, le fief sur les meix et héritages alors possédés par Perrot Faulx, Jean Roberget et Michel de Fautrières, habitants du lieu de Fautrières [12], paroisse de Génelard, lesquels meix sont taillables, mainmortables et de serve condition, à la justice totale de Pierre de Génelard, écuyer, qui en a fait foi et hommage à Messire Jean de Lespinasse, possesseur de ladite baronnie en l'an 1396 ; item, le fief sur plusieurs héritages situés en la paroisse de Cuinzier [13], dont Pierre de Baleine, écuyer, était possesseur et en fit les foi et hommage à feu Messire Hugues de Chantemerle, chevalier, seigneur et baron de La Clayette, le 27 avril 1481 ; item, le

---

1. Commune de Varennes-sous-Dun.
2. Canton de La Clayette.
3. Commune de Baudemont, même canton.
4. Même canton.
5. Id.
6. Commune de Saint-Racho, id.
7. Même commune.
8. Même canton.
9. Commune de Saint-Bonnet-de-Vieille-Vigne, canton de Palinges.
10. Canton de Chalon nord.
11. Canton de Beaune (Côte-d'Or).
12. Commune de Palinges, chef-lieu de canton.
13. Canton de Belmont (Loire).

fief reconnu au profit de Philibert de Lespinasse, dernier possesseur de ce nom de ladite baronnie, par Messire Guy de Mars, chevalier, affecté sur sa maison de La Guiche [1], comme il paraît à la reconnaissance dudit fief faite par ledit sieur de Mars en l'an 1348.

Liasse 2, cote 2.

Dénombrement, du 25 mai 1633, de la baronnie de La Clayette, par Paul de Damas, chevalier, baron de Clessy [2] et Bennes [3], en qualité d'héritier institué de dame Alice-Éléonore de Chantemerle, décédée le 11 juillet 1632, suivant ses testament et codicille des 27 juillet 1628 et 7 juillet 1632, reçus Perrin, notaire à ladite Clayette, publiés au bailliage de Mâcon le 19 juillet 1632.

Nota. Ce dénombrement est semblable à celui ci-devant analysé sous la cote 2.

Liasse 2, cote 6.

Dénombrement, du 17 novembre 1638, de la baronnie de La Clayette, par Jean-Léonard de Damas, chevalier, baron de Clessy et Bennes, en qualité d'héritier institué de Paul de Damas, son père, suivant son testament du 6 août 1635, reçu Perrin, notaire à ladite Clayette, et publié au bailliage de Mâcon le 10 décembre 1635.

Nota. Ce dénombrement est semblable à celui ci-devant analysé sous la cote 2.

Liasse 2, cote 11.

Reprise de fief et dénombrement, des 3 et 7 juillet 1665, de la baronnie de La Clayette, par Antoine de Damas, chevalier, en qualité d'héritier de Jean-Léonard de Damas, son frère, qui en avait hérité de Messire Paul de Damas, leur père.

Nota. Ce dénombrement est semblable à celui de l'an 1625 ci-devant analysé.

Liasse 2, cote 54.

Reprise de fief et dénombrement, des 21 janvier 1700 et 12 juin 1703, de la seigneurie de La Clayette, par Messire Noël-

---

1. Chef-lieu de canton.
2. Canton de Gueugnon.
3. Commune de Montbouy, canton de Châtillon-sur-Loing (Loiret).

Eléonor Palatin de Dyo, chevalier, marquis de Montperroux, Claude-Antoine Palatin de Dyo, chevalier, comte de Montmort, Henri Palatin de Dyo, chevalier, comte de Bresse, et Jacques de Fay, chevalier, comte de La Tour-Maubourg, comme mari de dame Eléonore de Dyo, son épouse, tous en qualité d'héritiers substitués de Jean-Léonard de Damas, seigneur dudit lieu, par son testament reçu Perrin, notaire, et publié au bailliage de Mâcon, et encore ledit seigneur comte de Montmort comme héritier à bénéfice d'inventaire de feu Antoine de Damas, seigneur dudit La Clayette, donataire du susdit, et suivant l'acte de mainlevée de ladite hoirie, du 15 avril 1699, à lui faite par le lieutenant général de Mâcon.

Liasse 5, cote 2.

Reprise de fief et dénombrement, du 12 décembre 1712, des baronnie de La Clayette et fief de Trémont [1], situé en la paroisse de Varennes-sous-Dun-le-Roi, par Messire Jean-Hector de Fay, chevalier, marquis de La Tour-Maubourg, colonel du régiment de Ponthieu, comme acquéreur de Messire Antoine Palatin de Dyo, chevalier, comte de Montmort, par contrat reçu Freycenet, notaire à Monistrol [2], le 13 juillet 1712.

Nota. Il dit que dans ladite acquisition les trois quarts d'icelle sont substitués.

Liasse 5, cote 44.

Reprise de fief et dénombrement, des 17 et 18 février 1719, de la terre et seigneurie de La Clayette et des terriers de Trémont et des Moquets [3] y annexés, par Messire Pierre Larcher, chevalier, conseiller du Roi en ses conseils, président en la chambre des comptes de Paris, comme acquéreur de Messire Jean-Hector de Fay, chevalier, marquis de La Tour-Maubourg, inspecteur général de l'infanterie de France, et de dame Marie-Suzanne Bazin de Bezons, son épouse, par contrat reçu Touvenot et Gaillardie, notaires à Paris, le 17 janvier 1719, pour le prix de 165.000 livres.

Liasse 5, cote 56.

---

1. Commune de Varennes-sous-Dun.
2. Monistrol-sur-Loire, chef-lieu de canton (Haute-Loire).
3. Commune de La Chapelle-sous-Dun, canton de La Clayette.

Reprise de fief et dénombrement, du 17 juillet 1720, des seigneurie de La Clayette et fief de Trémont situé en la paroisse de Varennes-sous-Dun-le-Roi, par Messire Joachim de Fayn de Rochepierre, chevalier non profès de l'ordre de Saint-Jean-de-Jérusalem, seigneur de Châteldon [1], Gueyze [2], Saint-Julien [3] et autres lieux, comme acquéreur de Messire Pierre Larcher, président en la chambre des comptes de Paris et grand bailli d'épée de Vermandois, par contrat reçu Chèvre, notaire à Paris, le 4 juin 1720, pour le prix de 510.000 livres.

Liasse 5, cote 62.

Reprise de fief et dénombrement, du 19 novembre 1722, de la seigneurie de La Clayette et Trémont, par Bernard de Noblet, chevalier, marquis de Noblet, comte de Chénelette, seigneur d'Esserteaux [4], Serrières [5], Vergisson [6], La Bussières [7], Boisset [8] et autres lieux, lieutenant des maréchaux de France au département du Mâconnais, comme acquéreur de Messire Joachim de Fayn de Rochepierre, chevalier non profès de l'ordre de Saint-Jean-de-Jérusalem, seigneur de Ferrières [9] et Châteldon, de Messire Charles-François de Fayn, chevalier, seigneur de Rochepierre [10], et de demoiselle Thérèse-Gabrielle de Fayn de Rochepierre, leur sœur, par contrat reçu Vernon, notaire à Lyon, le 4 novembre 1722, insinué le 19 novembre 1722 au bureau de La Clayette, ladite vente faite pour le prix de 105.000 livres et 1.800 livres de pot-de-vin.

Liasse 6, cote 10.

Reprise de fief et dénombrement, des 20 mars 1755 et 9 août 1765, de la seigneurie de La Clayette et dépendances, qui sont La Clayette, Champerny, Trémont et Montgesson en la paroisse de Varennes-sous-Dun-le-Roi, par Claude-Alexis de Noblet,

---

1. Chef-lieu de canton (Puy-de-Dôme).
2. Commune de Feugarolles, canton de Lavardac (Lot-et-Garonne).
3. Commune d'Espiens, canton de Nérac (id.).
4. Commune de Bussières, canton de Mâcon sud.
5. Canton de Tramayes.
6. Canton de Mâcon sud.
7. Commune de Notre-Dame-de-Boisset, canton de Perreux (Loire).
8. Même commune.
9. Ferrières-sur-Sichon, canton de Mayet-de-Montagne (Allier).
10. Commune de Sanilhac, canton de Largentière (Ardèche).

ancien lieutenant-colonel du régiment de Piémont, chevalier de l'ordre royal et militaire de Saint-Louis, en qualité de fils et héritier universel de Bernard de Noblet de Chénelette, chevalier, marquis de Noblet, suivant son testament du 1er octobre 1749, reçu Charvet, notaire à Mâcon, et contrôlé audit lieu le 30 avril 1754, et l'envoi en possession à son profit par sentence du lieutenant général au bailliage de Mâcon du 3 décembre 1754.

Nota. Ledit dénombrement est assez bien détaillé, et la minute est restée aux mains de Côme Dechagnie, notaire à La Clayette, qui l'a reçue.

Il y est dit qu'il lui appartient la coseigneurie, par moitié avec le seigneur de La Bazolle [1], de l'église et clocher de Curbigny au diocèse d'Autun.

Plus lui appartient, à cause de sadite terre de La Clayette, le fief mouvant des Corneloup situé en la paroisse de Dun-le-Roi, composé de différentes maisons, bâtiments et héritages, spécifiés au dénombrement donné et reprise de fief faite au seigneur de La Clayette par les tenanciers dudit fief le 27 août 1734, devant Périer, notaire royal.

Liasse 6, cote 63.

La Combe [2], **Florette** [3] et **Escole** [4]. — *Reprise de fief, du 13 août 1785, des terres de La Combe, Florette et Escole, circonstances et dépendances, par Brice Barjot de La Combe, écuyer.*

Liasse 7, cote 53.

Corcelles [5], **Bourgvilain**, **Pierreclos** [6] et **Chavanne** [7]. — Dénombrement, du 21 novembre 1640, de la seigneurie de Corcelles, par Laurent de L'Aube, écuyer, seigneur de Corcelles, Bourgvilain et en partie de Pierreclos, comme acquéreur de Messire Marc-Antoine de Busseul, seigneur de Saint-Sernin [8], et de

---

1. Commune de Curbigny.
2. Commune de Prissé, canton de Mâcon sud.
3. Nom disparu, communes de Charnay-lès-Mâcon et de Vergisson, canton de Mâcon sud.
4. Commune de Vérzé, canton de Mâcon nord.
5. Commune de Bourgvilain, canton de Tramayes.
6. Même canton.
7. Commune de Saint-Racho, canton de La Clayette.
8. Saint-Sernin-en-Brionnais, aujourd'hui Vauban, même canton.

dame Gabrielle des Serpents, sa femme, par contrat reçu Bayard, notaire à Mâcon, le dernier janvier 1641.

Nota. Elle consiste en toute justice, une maison seigneuriale et quatre hameaux en dépendant, qui sont : Bourgvilain, Les Meuriers[1], Montval[2] et Montangerand[3], et une rente située à Pierreclos.

Liasse 2, cote 19.

Reprise de fief et dénombrement, des 22 juin et 8 août 1684, de la baronnie de Corcelles (dont dépendent les villages, hameaux et seigneuries des Meuriers, Bourgvilain, Montval et Montangerand), plus de la seigneurie de Chavanne en la paroisse de Dun-le-Roi, et de partie de la seigneurie de Pierreclos, par Philibert-Hubert de L'Aube, écuyer, lesdites seigneuries et baronnies à lui données en faveur de mariage par Laurent de L'Aube, écuyer, et dame Claude de Naturel, ses père et mère, par contrat du 13 juin 1682, reçu Tristan, notaire à Dijon, et dûment insinué.

Liasse 3, cote 73.

Reprise de fief et dénombrement, des 2 août 1718 et 12 juin 1728, de la baronnie de Corcelles et dépendances, qui sont Corcelles, Les Meuriers, Bourgvilain, Montval et Montangerand, par Messire André-Emmanuel de L'Aube, chevalier, seigneur de Bron[4] en Dauphiné, y demeurant ordinairement, en qualité de donataire universel à certaines conditions de Philibert-Hubert de L'Aube et dame Marie Fleutelot, ses père et mère, par contrat reçu Dubois, notaire à Saint-Savin[5] en Dauphiné, le 28 juin 1711.

Liasse 5, cote 54.

Le Côté[6], **Colombier**[7], **Ecroux**[8] et **Crary**[9]. — Reprise de fief, du 10 avril 1720, des fiefs et seigneuries du Côté et de Colombier

---

1. Commune de Bourgvilain.
2. Id.
3. Id.
4. Canton de Villeurbanne (Rhône).
5. Canton de Bourgoin (Isère).
6. Commune de Gibles, canton de La Clayette.
7. Colombier-en-Brionnais, même canton.
8. Commune de Fleury-la-Montagne, canton de Semur-en-Brionnais.
9. Commune d'Ozolles, canton de Charolles.

et de celle d'Ecreux, située partie en Mâconnais et partie en Lyonnais, par Messire Louis de Foudras, chevalier, comte de Château-Thiers [1], demeurant à Paris, au Palais-Royal, comme acquéreur de Messire François de Neuville, duc de Villeroy [2], gouverneur de Lyon, etc., par contrat reçu Chèvre, notaire à Paris, le 4 juin 1719, pour le prix de 90.000 livres.

Liasse 5, cote 59.

Reprise de fief, du 31 mai 1771, des fiefs et seigneuries de Crary, Le Côté et Colombier, par Pierre-Emmanuel Dumyrat, seigneur de La Malinière [3], Fossés-Vieux [4], Vertpré [5], La Chambre [6] et autres lieux, acquéreur le 15 avril précédent de Madeleine-Henriette-Françoise de Foudras, demoiselle majeure, moyennant 250.000 livres, par acte reçu Trutat, notaire à Paris.

Liasse 7, cote 27.

Crêches [7], Les Tours [8], Chânes [9], Chaintré [10], Loché [11], Pruzilly [12], Saint-Amour [13], Leynes [14], Chasselas [15], La Chapelle-de-Guinchay, Dracé-les-Ollières [16], Varennes [17], Romanèche [18], Saint-Symphorien-d'Ancelles [19], Vinzelles [20], Fleurie [21], Lancié [22] et Saint-Romain-des-Iles [23]. — Reprise de fief, du 15 mai 1601, de portion de la châtellenie de Crêches et Chânes, par Messire

---

1. Commune de Matour, chef-lieu de canton.
2. Canton de Claye (Seine-et-Marne).
3. Commune de Roanne, chef-lieu de canton (Loire).
4. Nom disparu.
5. Commune de Roanne.
6. Commune de Saint-Haon-le-Châtel, chef-lieu de canton (Loire).
7. Canton de La Chapelle-de-Guinchay.
8. Commune de Crêches.
9. Canton de La Chapelle-de-Guinchay.
10. Id.
11. Canton de Mâcon sud.
12. Canton de La Chapelle-de-Guinchay.
13. Id.
14. Id.
15. Id.
16. Commune de Crêches.
17. Varennes-lès-Mâcon, canton de Mâcon sud.
18. Canton de La Chapelle-de-Guinchay.
19. Id.
20. Canton de Mâcon sud.
21. Canton de Beaujeu (Rhône).
22. Canton de Belleville (id.).
23. Canton de La Chapelle-de-Guinchay.

Jean de La Chambre, comte de Savigny[1] et Montfort[2], seigneur et baron de Ruffey[3], Branges[4], Les Tours, Nobles[5], etc., et dame Claude de Nanton, sa femme, acquéreurs des commissaires du Roi par contrat vérifié à la chambre.

Nota. Est jointe leur procuration.

Liasse 1, cote 42.

Reprise de fief, du 21 juin 1607, de portion de la châtellenie de Crêches, par noble Philibert Barjot, sieur de Leynes[6], La Salle[7] et La Vernette[8], lieutenant général au bailliage de Mâcon, et demoiselle Claude de Lugny, veuve de noble Louis de Franc, sieur d'Esserteaux[9], Manziat[10] et Loize[11], tant en son nom que comme tutrice de ses enfants, comme acquéreurs conjointement avec Messire Jean de La Chambre, comte de Savigny et Montfort, et dame Claude de Nanton, sa femme, dame des Tours et de La Bâtie-de-Vers[12], de Jean de Chandon, premier président en la cour des aides de Paris, par contrat y joint, du 9 octobre 1596, lequel Jean de Chandon était lui-même acquéreur de ladite châtellenie de Crêches des commissaires de Sa Majesté.

Ledit contrat de vente contient ce qui suit, savoir que ledit de Chandon cède audit Barjot ce qui dépend de ladite châtellenie ès villages et paroisses de Chaintré, Loché, Pruzilly, Saint-Amour, Leynes et Chasselas en toute justice, auxdits sieur et dame d'Esserteaux ce qui dépend de ladite châtellenie en toute justice en toute la paroisse de La Chapelle-de-Guinchay, fors et réservé le moix et hameau des Nuguets[13] et la justice sur les domaines et fonds étant et appartenant et qui sont de la directe et censive desdits châteaux des Tours et de

---

1. Savigny-en-Revermont, canton de Beaurepaire.
2. Commune de Cuisiat, canton de Treffort (Ain).
3. Commune de Sennecey-le-Grand, chef-lieu de canton.
4. Canton de Louhans.
5. Commune de La Chapelle-sous-Brancion, canton de Tournus.
6. Canton de La Chapelle-de-Guinchay.
7. Commune de Lantignié, canton de Beaujeu (Rhône).
8. Commune de Leynes.
9. Commune de Bussières, canton de Mâcon sud.
10. Canton de Bâgé-le-Châtel (Ain).
11. Commune de La Chapelle-de-Guinchay.
12. Id.
13. Id.

La Bâtie-de-Vers en ladite paroisse de La Chapelle-de-Guinchay, qui demeurent auxdits sieurs mariés de Montfort, comme au semblable demeurera auxdits sieurs mariés en toute justice au meix et hameau appelé de Massonnay [1] tous les fonds étant du domaine des Tours et de La Bâtie-de-Vers, ensemble tous les fonds et héritages étant au-dedans dud't hameau de Massonnay, ésquels lesdits sieurs mariés de Montfort ont servis et droit de directe pour les tenir par eux en justice et annexer à leursdites maisons par le moyen de la présente acquisition; et par même moyen aurait ledit sieur de Chandon remis auxdits sieurs mariés d'Esserteaux la justice haute, moyenne et basse, en tout le domaine à eux appartenant dans ledit hameau de Massonnay à cause de leur château de Loize, et encore sur tous les fonds, maisons et héritages étant audit hameau ésquels ils ont droit de cens, servis et directe, pour l'annexer semblablement par eux à leurdite maison de Loize, et pour le surplus dudit hameau de Massonnay auquel l'un et l'autre desdits sieurs mariés de Montfort et d'Esserteaux n'a domaine ni directe étant de ladite châtellenie et justice du Roi, soit hommes, maisons, domaines, justices et tous autres droits, se partagera entre lesdits sieurs mariés de Montfort et d'Esserteaux par l'avis dudit sieur lieutenant général accommodant lesdites maisons de La Bâtie et de Loize et par moitié et égale portion selon les accords et conventions qu'ils en ont fait et font par la présente pour obvier à tous procès à l'avenir; et pour le reste et résidu de ladite châtellenie de Crêches, consistant en hommes, sujets, cens, servis, domaines, justice haute, moyenne et basse, et seigneurie quelle qu'elle puisse être dépendant de ladite châtellenie à raison d'icelle és villages de Crêches, Chânes, Dracé-les-Ollières, Varennes, Romanèche, Saint-Symphorien-d'Ancelles et autres villages dépendant et de l'étendue d'icelle châtellenie, droits et devoirs quelconques, icelui seigneur de Chandon l'a cédé, transporté et remis comme par la teneur des présentes il cède, transporte et remet auxdits sieurs mariés de Montfort et à leurs successeurs, ainsi et à la même forme que Sadite Majesté en a ci-devant joui et usé, non compris toutefois en ladite paroisse de Chânes deux

---

[1]. Commune de La Chapelle-de-Guinchay.

hommes justiciables de ladite châtellenie demeurant audit village de Chânes, savoir Benoît Buland et Claude Trouilloux, lesquels demeurent du consentement desdits sieur et dame de Montfort audit sieur Barjot, ensemble la justice sur leurs maisons; lesquels susdits cession, transport et remise ont été faits auxdits sieurs acquéreurs par ledit sieur de Chandon à la seule réserve du droit d'une maille d'or due à cause d'icelle châtellenie sur le château de Vinzelles, et moyennant le remboursement du prix de la première aliénation faite audit de Chandon par les commissaires de Sa Majesté.

Liasse 1, cote 50.

Dénombrement, du 6 février 1616, de partie de la châtellenie de Crèches, par le curateur administrant les biens de demoiselle Claude de La Chambre, fille et héritière sous bénéfice d'inventaire de Messire Jean de La Chambre, comte de Savigny et Montfort.

Nota. Il est dit que ladite partie consiste en la moitié et un huitième de ladite châtellenie, qui a son étendue ès villages de Romanèche, Fleurie, Lancié, Saint-Symphorien, Saint-Romain et Dracé-les-Ollières, dont quelques cens seulement relatés en gros; plus dix livres dues par l'abbé de Tournus à cause de sa terre de Saint-Romain chacun an, duquel devoir, bien que la reconnaissance soit faite au terrier de ladite châtellenie, néanmoins il ne s'en est payé dès longtemps aucune chose; plus la justice haute, moyenne et basse, rière l'étendue de ladite châtellenie, sur laquelle les seigneurs voisins ont tellement empiété qu'il n'y reste à présent le quart de ce qui soulait être de l'ancienne étendue; plus le tiers de l'herbe de trois parcelles de pré contenant dix brouettes, assises tant à Romanèche qu'à Crèches, et la justice sur les héritages mouvant de la rente de l'obédience de Chânes et Crèches appartenant à Messieurs les doyen, chanoines et chapitre de Saint-Vincent de Mâcon, et autres héritages mouvant d'autres petites chapelles comme de Saint-Martin, Saint-Georges et autres.

Liasse 1, cote 54.

Reprise de fief, du 22 juin 1673, de la châtellenie de Crèches en Mâconnais, par les prieur, religieux et couvent de la chartreuse du Lys du Saint-Esprit de la ville de Lyon, comme acquéreurs de ladite châtellenie avec la baronnie de Loize[1], de Messire Jean de Franc, seigneur d'Anglure[2], et de dame Gabrielle de Rougemont, son épouse, par contrat du 3 août 1656, reçu Beneyton, notaire à Lyon.

Nota. Il y est dit que les lettres d'amortissement de ladite baronnie de Loize sont enregistrées à la chambre des comptes.

Liasse 3, cote 27.

Reprise de fief, du 28 février 1674, de la châtellenie de Crêches, autrement appelée *des Tours*, par Claude-Léonard de Damas, chevalier, marquis de Thianges[3], palatin de Dyo[4], comte de Chalancey[5], seigneur du Deffend[6], Les Tours et autres lieux, maître de camp de cavalerie, protestant que ladite reprise ne lui puisse nuire ni préjudicier, attendu qu'il l'a déjà faite par acte du dernier mars 1666 et donné le dénombrement, le 1er février 1671, sous le nom dudit *Les Tours*, ne faisant à présent ladite reprise que pour satisfaire à l'arrêt de la chambre du 7 décembre dernier.

Liasse 3, cote 31.

Crepigny[7], **Vaux-sur-Aisne**[8], **Montchanin**[9] et **Saint-Ardain**[10]. — Reprise de fief, du 10 mai 1650, de la moitié de la seigneurie de Crepigny, par Marguerite-Minerve d'Arcy, veuve de Claude de Foudras, seigneur de Saint-Étienne[11] et de Crepigny, mère et tutrice de demoiselle Emmanuelle de Foudras, leur fille.

Liasse 2, cote 47 *bis*.

Reprise de fief et dénombrement, des 7 mars 1697 et 28 avril 1698, des fiefs et seigneuries de Crepigny, Vaux, Montchanin et Saint-Ardain, joints et unis, situés en la paroisse d'Azé,

---

1. Commune de La Chapelle-de-Guinchay, chef-lieu de canton.
2. Anglure-sous-Dun, canton de Chauffailles.
3. Canton de Decize (Nièvre).
4. Canton de La Cloyette.
5. Canton de Prauthoy (Haute-Marne).
6. Commune de Saints-en-Puisaye, canton de Saint-Sauveur (Yonne).
7. Lieudit, commune d'Azé, canton de Lugny.
8. Même commune.
9. Id.
10. Nom disparu, id.
11. Id., id. Voir Archives départementales, B. 1368, f° 194 v°.

par Messire Jean-Rodolphe de Chauvestein, baron de Herenfels, seigneur de Reichenau et autres lieux, comme acquéreur par décret à la conservation de Lyon sur Monsieur de Particelli, au mois de septembre 1692.

Liasse 4, cote 48.

Cruzille[1]. — Dénombrement, du 8 août 1673, du comté de Cruzille, par dame Claire-Françoise de Saulx-Tavannes, veuve de Messire Charles-François de La Baume-Montrevel, lieutenant général pour le Roi és provinces de Bresse, Bugey et Charollais.

Nota. La reprise est dite du 19 juin 1656.

Liasse 3, cote 28.

Davayé[2], Solutré[3], Vergisson[4], Charnay-lès-Mâcon[5], Saint-Léger[6] et Joux[7]. — Procuration, du 21 mars 1601, donnée par Thomas de Chandon, écuyer, seigneur de Champseau[8], pour reprendre de fief et faire enregistrer le contrat d'aliénation à lui faite de la châtellenie de Davayé.

Liasse 1, cote 40 *bis*.

Reprise de fief et dénombrement, des 11 avril 1601 et 7 mai 1616, de la châtellenie de Davayé, par Thomas de Chandon, lieutenant criminel au bailliage de Mâcon, comme ayant droit par transport de Jean de Chandon, son oncle, qui en était engagiste par contrat du 2 juin 1596.

Nota. Est joint ledit contrat d'engagement, avec la quittance du rachat de ladite châtellenie fait en l'année 1624.

Lequel dénombrement ne consiste qu'en ce qui suit :

Ledit de Chandon dit qu'incontinent après son acquisition il aurait cédé et remis aux sieurs d'Esserteaux[9] le village de Vergisson et tout ce qui en dépend, soit justice ou autres

---

1. Canton de Lugny.
2. Canton de Mâcon sud.
3. Id.
4. Id.
5. Id.
6. Commune de Charnay-lès-Mâcon.
7. Commune de Saint-Laurent-en-Brionnais, canton de La Clayette.
8. Commune de Saint-Martin-du-Lac, canton de Marcigny.
9. Commune de Bussières, canton de Mâcon sud.

devoirs à cause de ladite châtellenie dans les limites de ladite paroisse, comme aussi au sieur François Gratier partie du village et paroisse de Charnay ès hameaux de Condemine[1], Les Proux[2] et partie de Lally[3] avec ce qui dépend desdits hameaux à cause de ladite justice, et finalement ce qui est en la paroisse de Saint-Léger à Jean Siraudin, coseigneur dudit lieu, suivant les contrats passés avec eux, ne restant de ladite justice, terre et seigneurie, qu'une partie du village de Charnay, la paroisse et village de Davayé et celle de Solutré.

Il fait exercer la justice haute, moyenne et basse, au-dedans des limites de ce qui lui est resté audit Charnay, où il ne se paie aucunes rentes, si aucunes sont dues, faute de documents, comme aussi il jouit de pareille justice aux villages de Davayé et Solutré sur tous les sujets et justiciables du Roi autres que ceux qui sont reconnus être de la justice de Monsieur l'abbé de Cluny, desquels il est en possession, comme aussi de la justice de sa maison et autres héritages de sa directe qui excèdent en quantité et valeur ceux de la justice du Roi.

A bien ouï dire que ledit sieur abbé devait annuellement, à cause de son doyenné de Chevignes[4], à ladite châtellenie quinze coupes de froment et trente d'avoine pour droit de garde royale, mais n'en ayant pu avoir aucune reconnaissance n'en a pu faire aucune recette ou en être payé, quoiqu'il en ait fait instance contre ledit feu sieur abbé de Cluny.

Déclare ledit de Chandon que hors ladite justice il n'a trouvé aucun domaine, prés, terres ni autres héritages, et encore qu'il soit dû quelques rentes, cens et servis de peu de valeur, néanmoins faute de terrier il n'en a reçu aucun paiement, estimant que tout ce qu'il en a pu reconnaître de directe et censive peut valoir par commune année, quand ils seront reconnus et exigibles, la somme de 8 ou 10 livres.

Bien est vrai que dans ladite justice, en l'enclos de ladite châtellenie et au village de Davayé, est compris le fief ancien dudit de Chandon appelé de *Rossan*[5], qui consiste en maison,

---

1. Commune de Charnay-lès-Mâcon.
2. Id.
3. Id.
4. Communes de Davayé et c° Prissé, canton de Mâcon sud.
5. Nom disparu.

grange, verger, prés, terres, vignes, rentes, censives et moulins, le tout d'environ 4 à 500 livres de revenu. Est encore en ladite châtellenie le fief de Verneuil[1], domaine et rentes en dépendant, qui n'est que fief d'honneur et non de profit, ainsi que les fiefs de Champgrenon[2] et La Villière[3] dépendant de sadite acquisition et néanmoins non ici estimés parce qu'ils ne doivent aucune redevance à ladite châtellenie, mais en ont fait fief d'honneur par-devant les officiers du bailliage de Mâcon à cause de ladite châtellenie.

Nota. Est dit qu'il n'y a aucun bois ni droits d'usage en dépendant, quoiqu'il en ait été fait mention au contrat d'engagement.

Liasse 1, cote 41.

Dénombrement succinct, donné le 9 août 1624, de la châtellenie de Davayé, par Thomas de Chandon, ci-devant lieutenant criminel au bailliage de Mâcon, comme acquéreur de ladite châtellenie des commissaires du Roi en l'an 1595 et par revente en l'an 1624.

Nota. Il dit que ladite châtellenie s'étend sur cinq paroisses, desquelles, la première, savoir Charnay, est tenue et possédée par Messieurs de Saint-Pierre de Mâcon, la seconde est tenue par Monsieur d'Esserteaux et s'appelle *Vergisson*, la troisième est possédée par le sieur de Saint-Léger, les quatrième et cinquième sont possédées par le sieur de Chandon et s'appellent *Davayé* et *Solutré*. Dans lesquelles le sieur abbé de Cluny tient la plus grande partie des sujets, cens et servis, à cause de son doyenné de Chevignes, et prétend avoir la totale justice sur les fonds à lui reconnus en directe, n'en restant qu'un bien petit nombre à Sa Majesté, et bien peu de servis, encore mal reconnus; il y a plus de 200 ans que l'on ne peut les vérifier.

Se trouve bien écrit que ledit sieur abbé doit à Sa Majesté 15 coupes de froment et 30 coupes d'avoine *pro garda regia*, mais n'en a ledit sieur de Chandon pu recevoir ni recouvrer aucune chose, non plus que de ce qui est de la directe, qui à

---

1. Commune de Charnay-lès-Mâcon.
2. Id.
3. Id.

peine peut valoir 15 ou 18 livres; aussi avait-elle été vendue sur le pied de 20 livres à la première aliénation.

Bien est vrai qu'au-dedans des limites d'icelle châtellenie ledit sieur de Chandon a possédé de tout temps un petit fief, situé en la paroisse de Davayé et dit *En Rossan*, consistant en une maison, cour, vignes, prés, terres et rentes, de valeur de 4 à 500 livres, qui l'a obligé de se le conserver en la justice de ladite châtellenie.

Tel est tout le contenu dudit dénombrement.

Liasse 2, cote 1 quater.

Reprise de fief et dénombrement double, du 19 décembre 1646, de la châtellenie de Davayé et du fief ancien appelé *de Rossan*, par Jean de Macet, écuyer, comme acquéreur par décret fait de l'autorité du bailli de Mâcon par ledit de Macet sur les héritiers bénéficiaires de défunt Nicolas de Chandon, doyen de l'église dudit Mâcon.

Liasse 2, cote 23.

Reprise de fief et dénombrement, des 22 avril 1673 et 26 juillet 1675, de la seigneurie et châtellenie de Davayé, par Henri de Macet, chevalier, maréchal de bataille et capitaine de cavalerie, ladite châtellenie à lui donnée en faveur de mariage par Jean de Macet, chevalier, seigneur de Davayé, Pouilly[1] et Solutré en Mâconnais, et dame Marthe Perrachon, ses père et mère, par contrat reçu Guyot, notaire à Lyon, le 14 avril 1662.

Liasse 3, cote 23.

Reprise de fief, du 24 juillet 1722, des seigneurie de Davayé et fief de Rossan, par Pierre Desvignes, conseiller du Roi, maire perpétuel de la ville de Mâcon, comme acquéreur de Jean-Pierre de Macet, écuyer, par traité sous seing-privé y joint en copie collationnée, du 9 février 1713, contrôlé et insinué à Mâcon le 2 janvier 1714, pour le prix de 51.500 livres.

Liasse 6, cote 8.

Reprise de fief et dénombrement, des 12 mars et 11 juillet 1729, des seigneuries de Davayé et Rossan et de la châtellenie

---

1. Communes de Fuissé et de Solutré, canton de Mâcon sud.

royale dudit Davayé, comme aussi de la seigneurie du Vigneau dite *de Joux* en la paroisse de Saint-Laurent-en-Brionnais, par Claude-François-Joseph Desvignes de La Cerve, écuyer, à lui appartenant, savoir ledit Davayé comme donataire de feu Pierre Desvignes, écuyer, son père, suivant son contrat de mariage, reçu Rodet, notaire à Mâcon, le 4 avril 1722, et ladite seigneurie du Vigneau en qualité de mari de dame Marie-Suzanne Bernard, son épouse.

Nota. Est joint un supplément de dénombrement pour ledit Davayé.

Liasse 6, cote 28.

Dinechin[1]. — Reprise de fief et dénombrement, du 15 mai 1677, de la seigneurie de Dinechin située en la paroisse de Fleury en Mâconnais, par Gaspard Dupont, conseiller du Roi, lieutenant en l'élection de Roanne, comme acquéreur de Jean-Marie Donguy, écuyer, seigneur d'Origny[2], par contrat du 30 mars 1665, reçu Forest, notaire.

Nota. Elle ne consiste qu'en une maison forte et jardin d'environ deux journaux et une rente noble d'environ 25 livres, le reste en roture, le tout non autrement détaillé.

Liasse 3, cote 41.

Reprise de fief et dénombrement, du 4 août 1701, du fief de Dinechin, par dame Françoise-Christine du Ryer, comme veuve et héritière bénéficiaire de Gaspard Dupont, seigneur de Dinechin, conseiller du Roi, lieutenant général en l'élection de Roanne.

Nota. Ledit fief ne consiste qu'en une maison forte, jardin et dépendances d'environ deux journaux à la mesure du lieu de Fleury, et une rente noble d'environ 26 livres par an et rien de plus.

Liasse 5, cote 6.

Reprise de fief, du 18 février 1786, de la terre de Dinechin, membres et dépendances, par Marie-Rose du Ryer, veuve et

---

1. Commune de Fleury-la-Montagne, canton de Semur-en-Brionnais.
2. Origny-le-Château, commune d'Ouches, canton de Roanne (Loire).

donataire quant au mobilier du sieur Jacques Dupont de Dinechin et en qualité de mère et tutrice de leurs enfants mineurs.

Liasse 7, cote 55.

Dompierre-les-Ormes [1], **Audour** [2] **et Tramayes** [3]. — Reprise de fief et dénombrement, des 5 août 1722 et 16 mai 1729, des seigneuries de Dompierre, Audour et Tramayes, par Jean-Éléonor de Damas, chevalier, suivant son contrat de mariage y joint du 13 février 1705, reçu Quiclet, notaire à Mâcon, par lequel Messire Claude-Hippolyte de Damas, chevalier, seigneur dudit Dompierre, demeurant à Cluny, paroisse de Saint-Mayeul, son père, veuf d'Etiennette de Bergier, sa mère, lui constitue en faveur de sondit mariage avec demoiselle Claudine Barthelot de Rambuteau, fille de feu Messire Philibert Barthelot d'Ozenay, chevalier, seigneur de Rambuteau [4], Ecusses [5], Quierre [6] et Chassagne [7], lieutenant du Roi au département du Mâconnais, et de dame Marie de Rymon, son épouse, savoir les seigneuries dudit Dompierre, d'Audour, Frouges [8], La Motte [9] et le vignoble d'Emeringes [10], aux conditions et charges portées par le testament mutuel dudit sieur de Dompierre et de ladite feu dame de Bergier, son épouse, reçu de Pâris, notaire royal audit Dompierre, le 8 juillet 1700, plus ladite terre et seigneurie de Tramayes, réservé l'usufruit audit sieur de Dompierre père.

Liasse 6, cote 9.

La Douze [11]. — Reprise de fief et dénombrement, du 12 janvier 1647, de la seigneurie de La Douze, par Aimé de Meaux, comme tuteur de Hugues de Meaux, et dame Jeanne Chambre, veuve et héritière testamentaire de défunt Nicolas Larme, pro-

---

1. Canton de Matour.
2. Commune de Dompierre-les-Ormes.
3. Chef-lieu de canton.
4. Commune d'Oxolles, canton de Charolles.
5. Nom disparu, même commune.
6. Commune de Beaubery, canton de Saint-Bonnet-de-Joux.
7. Commune d'Ouroux-sous-le-Bois-Sainte-Marie, canton de La Clayette.
8. Commune de Dompierre-les-Ormes.
9. Nom disparu, commune de Tramayes, chef-lieu de canton.
10. Canton de Beaujeu (Rhône).
11. Nom disparu, commune de Lugny, chef-lieu de canton.

cureur au bailliage de Mâcon et coseigneur de La Douze, qui consiste en un pré où soulait être une tour ruinée au temps des troubles, et de laquelle ne reste que les vestiges des fossés, appelée *la Tour de La Douze*, autrement *de La Maigrette*, située en la paroisse de Lugny, deux autres prés, un moulin, un bois et quelques cens.

Liasse 2, cote 25.

Reprise de fief, du 1er décembre 1670, de portion de la seigneurie de La Douze, par Nicolas Larme, avocat à Mâcon.

Liasse 3, cote 12.

Reprise de fief et dénombrement, du 14 août 1683, de portion du fief de La Douze, châtellenie de Vérizet[1], par demoiselle Humberte Paisseaud, veuve de Messire Nicolas Larme, avocat à Mâcon, en qualité d'héritière bénéficiaire de sondit mari et de tutrice de ses enfants.

Nota. Ledit fief consiste en un pré où soulait être autrefois une tour ruinée pendant le temps des troubles et de laquelle il ne reste que les vestiges, appelée *la Tour de La Douze*, alias *de La Maigrette*, située en la paroisse de Lugny, ledit pré appelé *de Sorbier*, d'environ six moyaux de foin; item un moulin appelé *de La Maigrette*, situé à Burgy[2]; item un autre pré appelé *des Courbes*, d'environ quatre moyaux de foin; item un petit terrier de servis; item un bois appelé *Le Tremblereau* et un autre appelé *La Douze*, le tout non autrement détaillé.

Liasse 3, cote 74.

Reprise de fief, du 2 août 1694, du fief de La Douze, par Antoine Paisseaud, ancien conseiller au bailliage de Mâcon, comme acquéreur des sieurs Larme par transaction du 3 avril précédent reçue Roux, notaire à Mâcon.

Liasse 4, cote 27.

Reprise de fief et dénombrement, du 29 mai 1704, de la moitié du fief de La Douze, par Thomas Paisseaud, écuyer, en qualité

---

1. Canton de Lugny.
2. Id.

d'héritier d'Antoine Paisseaud, aussi écuyer, son père, suivant son testament du 12 janvier 1699.

Liasse 5, cote 18.

Dulphey[1] **et Vers**[2]. — Reprise de fief, du 29 novembre 1730, des seigneuries de Dulphey et Vers, par Charles-Marie de Naturel, écuyer, capitaine dans le régiment de Médoc, comme donataire à cause de mort de Claude de Naturel, écuyer, aussi capitaine audit régiment, son oncle, par acte reçu Bonne, notaire à Nanton, le 5 novembre 1729, dûment contrôlé et insinué le 1er octobre 1730.

Liasse 6, cote 40.

Ecœux[3], **Fleury-la-Montagne, Beaulieu**[4] **et Florette**[5]. — *Reprise de fief, du 4 février 1784, des terres et seigneuries d'Ecœux, Fleury, Beaulieu et Florette avec leurs dépendances, par Christophe Jacquet du Chaillou, ancien capitaine au régiment de Beauce.*

Liasse 7, cote 46.

Escole[6], **Curtin**[7] **et La Tour de Mailly**[8]. — Reprise de fief et dénombrement, des 28 novembre 1646 et 23 février 1649, de la seigneurie d'Escole en la paroisse de Verzé, par Abraham Vallier, ancien conseiller au présidial de Lyon et parlement de Dombes, sieur de Baleine[9] et Le Ménillet[10], ladite seigneurie d'Escole à lui adjugée dès longtemps par décret fait sur feu Laurent de Busseul, dont les héritiers ont encore les papiers. *Nota.* Elle consiste en toute justice, un château, plusieurs cens et héritages non détaillés et droit d'usage en la forêt de Malessard[11] appartenant au Roi.

Liasse 2, cote 21.

---

1. Commune de Mancey, canton de Sennecey-le-Grand.
2. Même canton.
3. Commune de Fleury-la-Montagne, canton de Semur-en-Brionnais.
4. Nom disparu, même commune.
5. Id., id. (?)
6. Commune de Verzé, canton de Mâcon nord.
7. Nom disparu, id.
8. Nom disparu, commune d'Igé, canton de Cluny.
9. Commune de Villeneuve-sur-Allier, canton de Moulins (Allier).
10. Nom disparu.
11. Commune de Verzé.

Reprise de fief, du 17 mars 1673, de la seigneurie d'Escole, par Abraham-Thomas Vallier, résidant à Mâcon, comme héritier de feu Abraham Vallier, son père, conseiller au présidial de Lyon et parlement de Dombes, ainsi qu'il est dit en la procuration y jointe.

Liasse 3, cote 20.

Reprise de fief et dénombrement, des 17 novembre 1677 et 3 février 1678, de la seigneurie d'Escole et domaine de Curtin en dépendant, sis en la paroisse de Verzé, par dame Anne Chesnard, veuve et héritière fiduciaire d'Abraham-Thomas Vallier, seigneur d'Escole, conseiller honoraire au bailliage de Mâcon.

Liasse 3, cote 44.

Reprise de fief et dénombrement, des 14 et 20 novembre 1696, de la seigneurie d'Escole et domaine de Curtin en dépendant, sis en la paroisse de Verzé, plus de La Tour de Mailly, située en la paroisse d'Igé, contenant 6 à 7 coupées de terre et une rente non détaillée, par Pierre Vallier, conseiller honoraire au bailliage de Mâcon, qui en a repris ci-devant, le 14 juillet 1678, par dame Anne Chesnard, sa mère et tutrice, veuve et héritière fiduciaire d'Abraham-Thomas Vallier, ensuite de son testament du 31 mai 1690 et de la mainlevée d'hoirie du 9 novembre 1674.

Liasse 4, cote 37.

Reprise de fief et dénombrement, du 18 juillet 1722, des seigneurie d'Escole et fief de Curtin en la paroisse de Verzé, par Avoie Desbois, en qualité de veuve et héritière de Pierre Vallier, conseiller honoraire au bailliage de Mâcon, suivant son testament reçu Rodet, notaire audit lieu, le 21 novembre 1706, et suivant l'acte du 4 juin 1708, par lequel ladite dame fut élue tutrice de ses enfants et envoyée en possession des biens de sondit feu mari.

Liasse 6, cote 7.

Reprise de fief, du 4 mai 1748, d'une portion des seigneuries d'Escole et de La Tour de Mailly, par Louis-François de Lamartine, chevalier de l'ordre militaire de Saint-Louis, demeurant à Mâcon, comme acquéreur de Jean-Baptiste de Lamartine, écuyer, seigneur d'Hurigny [1], par acte reçu Béguillet, notaire à Dijon, le 3 mai 1748, pour le prix de 800 livres.

Liasse 6, cote 55.

Esserteaux [2], **Anglure-sous-Dun** [3], **Vergisson** [4] **et Mussy-sous-Dun** [5]. — Reprise de fief et dénombrement double, des 18 juin 1648 et 30 avril 1649, des seigneuries d'Esserteaux et Anglure, par Jean de Franc, écuyer.

Nota. Le procureur général dans ses conclusions dit n'empêcher l'acceptation desdits dénombrements, à la réserve de la terre de Vergisson, comprise au dénombrement de la terre d'Esserteaux comme dépendance d'icelle, laquelle seigneurie est distincte et séparée et fief dominant, comme aussi de la terre de Mussy, qui n'est arrière-fief de la seigneurie d'Anglure.

Et ont été rayées les qualités de baronnies données auxdites seigneuries d'Esserteaux et Anglure.

Liasse 2, cote 45.

Reprise de fief et dénombrement, du 12 décembre 1678, des seigneuries d'Esserteaux et Anglure, par Messire Jean Donguy, vicomte de Mably [6], seigneur d'Origny [7], Bussières et Les Champs [8], écuyer ordinaire du Roi, lesdites seigneuries à lui données en faveur de mariage par Messire Jean Donguy, vicomte de Mably, son père.

Liasse 3, cote 57.

Reprise de fief et dénombrement, des 10 décembre 1764 et 6 avril 1770, de la terre et seigneurie d'Esserteaux, par François-Louis de Dizimieu, seigneur de Saint-Julien en Dauphiné [9], comme mari de dame Catherine-Jacqueline de Noblet, héritière légataire de Marie-Alexandre de Noblet, son père, suivant son testament du 18 février 1756 relaté d'autre part.

---

1. Canton de Mâcon nord.
2. Commune de Bussières, canton de Mâcon sud.
3. Canton de Chauffailles.
4. Canton de Mâcon sud.
5. Canton de Chauffailles.
6. Canton de Roanne (Loire).
7. Origny-le-Château, commune d'Ouches, même canton.
8. Commune de Bussières.
9. Siccieu-Saint-Julien, canton de Crémieu (Isère).

Nota. Ladite terre d'Esserteaux située en la paroisse de Bussières consiste en un château et en toute justice.

Nota. Il a repris aussi en 1775 pour le joyeux avènement et encore donné son dénombrement qui est ci-joint.

Liasse 7, cote 5.

L'Etang[1]. — Dénombrement, du 27 novembre 1646, de la seigneurie de L'Etang, en la paroisse de Saint-Julien-de-Cray, et la plus grande partie en Lyonnais, par Gaspard de Vichy, comte de Champ-Rond[2], comme acquéreur de Louis de Bongars, écuyer.

Liasse 2, cote 20.

L'Etoile[3]. — Reprise de fief et dénombrement double, des 7 janvier 1637 et 10 janvier 1639, de la seigneurie de L'Etoile en toute justice, paroisse de Ligny en Mâconnais, par Jacques du Clos, écuyer, sieur de Fontnoble[4], capitaine d'une compagnie au régiment des gens de pied du seigneur de Chamblet, et demoiselle Marguerite de Saint-Georges, sa femme, à laquelle ladite seigneurie de L'Etoile est échue comme fille et héritière seule et universelle de feu Claude de Saint-Georges, écuyer.

Liasse 2, cote 8.

Reprise de fief et dénombrement, des 7 février 1679 et 20 décembre 1683, de la seigneurie de L'Etoile, en la paroisse de Ligny, par demoiselle Marie de Belrain, veuve d'Aimé du Clos, seigneur de L'Etoile, lieutenant-colonel du régiment Lyonnais et commandant pour le Roi à Maubeuge en Flandre, en qualité de mère et tutrice de leurs enfants.

Nota. Est joint l'extrait de l'acte de tutelle fait par-devant le lieutenant général au bailliage de Mâcon, le 23 septembre 1677, pour lesdits enfants au nombre de trois, savoir : Camille du Clos, âgé de 8 ans, Catherine, âgée de 6 ans, et une autre fille non baptisée, âgée de 4 ans, et ce en présence d'Armand du

---

1. Commune de Saint-Julien-de-Jonay, nom actuel de Saint Julien-de-Cray, canton de Semur-en-Brionnais.
2. Commune de Ligny-en-Brionnais, même canton.
3. Id., Id.
4. Commune de Biozat, canton de Gannat (Allier).

Clos de L'Etoile, seigneur de Villotte[1] en partie et de la terre de Montceaux[2], capitaine de chevau-légers en Sicile, oncle paternel desdits mineurs, à la suite de laquelle tutelle est le testament dudit Aimé du Clos, décédé le 5 mai 1677, dans la ville d'Aire en Flandre, après y avoir fait sondit testament, étant alors blessé, le 1er dudit mois de mai par-devant Caulier et Leliborel, notaires, lequel testament fut envoyé en original à ladite de Belrain, sa veuve, et par lequel il fait son héritier universel ledit Camille du Clos, son fils unique.

Liasse 3, cote 59.

Reprise de fief, du 7 avril 1710, de la seigneurie de L'Etoile, par Camille du Clos.

Nota. Est jointe sa procuration où il dit que reprise en a été faite ci-devant, le 7 février 1679, par dame Marie de Belrain sa mère, veuve de Messire Aimé du Clos, seigneur de L'Etoile, lieutenant-colonel du régiment Lyonnais, commandant pour le Roi à Maubeuge, en qualité de tutrice de ses enfants.

Liasse 5, cote 31.

Flacé-lès-Mâcon[3]. — Reprise de fief et dénombrement, des 30 août et 19 novembre 1603, de la seigneurie de Flacé en Mâconnais en toute justice, consistant en une petite maison appelée *La Tour*[4] et quelques héritages y détaillés, par Antoine de Pise, conseiller du Roi, président en l'élection de Mâcon, acquéreur de noble Timoléon de Maugiron.

Liasse 1, cote 49.

Reprise de fief et dénombrement, du 7 mai 1696, de la seigneurie de Flacé, par Antoinette de Pise, veuve de Messire Emilien Tupinier, conseiller du Roi, ancien lieutenant criminel au bailliage de Mâcon, et comme l'une des héritières et plus proches et habiles à succéder de feu sieur Claude de Bullion, seigneur de Tramayes[5] et de Flacé, selon transaction reçue

---

1. Villotte-devant-Saint-Mihiel, canton de Pierrefitte (Meuse).
2. Montceaux-l'Etoile, canton de Marcigny.
3. Canton de Mâcon nord.
4. Nom disparu.
5. Chef-lieu de canton.

Rodet, notaire à Mâcon, le 24 décembre 1687, et le partage fait en conséquence entre M° Aimé Seyvert, secrétaire du Roi et ancien avocat au parlement de Paris, M° Antoine-François Seyvert, avocat en ladite cour, et ladite dame Tupinier, tous cohéritiers dudit feu sieur de Bullion, le 19 avril 1688, par-devant ledit Rodet, notaire.

Liasse 4, cote 30.

Reprise de fief et dénombrement, du 6 juillet 1722, de la seigneurie de Flacé, par Marie Vallier, veuve de Joseph Paisseaud, avocat, demeurant à Mâcon, à elle donnée en faveur de mariage, réservé l'usufruit, par dame Antoinette de Pise, veuve d'Emilien Tupinier, lieutenant criminel au bailliage de Mâcon, son aïeule maternelle, par contrat du 7 septembre 1691, reçu Poncet, notaire à Mâcon.

Nota. Est jointe la procuration pour Thomas Paisseaud, receveur du Mâconnais.

Liasse 6, cote 5.

Reprise de fief, du 10 mai 1783, de la terre de Flacé, par Jean-Eustache-Marie-Alexandre d'Escorailles, en qualité de mari de demoiselle Marie-Antoinette de Royer de Saint-Micault, formant sa constitution dotale.

Liasse 7, cote 45.

Fley[1], **Le Petit-Bragny**[2] **et Rimond**[3]. — Reprise de fief, du 15 novembre 1527, de 20 livres de rente assises sur les finages tant de Fley et du Petit-Bragny au bailliage de Mâcon que de Rimond au bailliage de Chalon, par noble homme François Bourgeois, comme acquéreur puis naguère de nobles hommes Robert et François du Tartre, père et fils, et de demoiselle Isabeau de Vichy, femme dudit François, seigneur du Thil[4].

Liasse 1, cote 18.

Florette[5]. — Reprise de fief, du 12 février 1697, du fief de Florette, par Claude Burnot de La Boulaye, résidant à Culles.

Liasse 4, cote 47.

---

1. Canton de Buxy.
2. Nom disparu.
3. Commune de Fley.
4. Commune de Chenôves, canton de Buxy.
5. Nom disparu, commune de Culles, même canton.

Reprise de fief, du 18 juin 1729, du fief de Florette, situé à Culles, par Pierre Chuffin, bourgeois, demeurant audit Culles, comme acquéreur d'Antoine Bauderon de Sennecé, écuyer, seigneur de Condemine[1], par acte reçu Roux, notaire à Mâcon, le 5 avril 1702.

Liasse 6, cote 30.

Fortunet[2] **et Santilly.** — Reprise de fief et dénombrement, des 22 novembre 1696 et 4 février 1697, du fief de Fortunet, par Benoît et Hilaire de Rains, communs en biens, comme acquéreurs du sieur de La Bergerie, citoyen de la ville de Genève, le 30 juillet 1693, suivant qu'il a apparu par le jugement de Messieurs les élus généraux de la province de Bourgogne, du 7 août 1694, qui décharge lesdits de Rains de la taxe de franc-fief, quoiqu'il ne soit pas venu à leur connaissance si ledit domaine de Fortunet est un fief, qui consiste en une maison et dépendances, avec terres et prés, le tout en un enclos, contenant en terres environ 45 bichets, mesure de Saint-Gengoux[3], et en prés 34 soitures, joignant de midi le chemin de Saint-Gengoux au moulin de Messeau[4], de matin la rivière de Grosne, de bise les terres de M. Viard, de Mâcon, et autres, et de soir le grand chemin de Saint-Gengoux à Chalon, plus quelques autres héritages y détaillés, situés au finage de Santilly, pêche en la rivière de Grosne et limites y relatées, et portion d'une petite dîme avec un petit terrier non détaillé.

Liasse 4, cote 38.

Reprise de fief et dénombrement, du 16 juin 1711, du fief de Fortunet, par Jacques Revillon, greffier en la maréchaussée du comté de Mâconnais, comme mari de Philiberte de Rains, cohéritière de Benoît et Hilaire de Rains, ses frères, décédés ab intestat, et donataire de Pierre de Rains, son autre frère.

Liasse 5, cote 37.

Reprise de fief et dénombrement, des 24 et 29 mai 1714, du fief de Fortunet, paroisse de Santilly, par Pierre de Rains, âgé de

---

1. Commune de Charnay-lès-Mâcon, canton de Mâcon sud.
2. Commune de Santilly, canton de Buxy.
3. Saint-Gengoux-le-National, chef-lieu de canton.
4. Commune de Saint-Gengoux.

75 ans, et Philiberte de Rains, sa sœur, communs en biens, en qualité d'héritiers ab intestat de Benoît et Hilaire de Rains, leur frère.

Liasse 5, cote 48.

Reprise de fief, du 27 avril 1733, du fief de Fortunet en la paroisse de Santilly, par Antoine-Marie du Crest, écuyer, seigneur de Montigny[1] et du Montceau[2], demeurant à Saint-Gengoux, comme acquéreur par acte reçu Febvre, notaire audit Saint-Gengoux, le 10 janvier 1732, de Benoît et Jeanne Juillet, frère et sœur, en qualité d'héritiers de Philiberte de Rains, moyennant le prix de 12.000 livres et à condition de n'entrer en jouissance dudit fief qu'après le jugement des contestations issues au sujet dudit fief.

Liasse 6, cote 37.

Reprise de fief et dénombrement, des 6 février et 27 mai 1739, du fief de Fortunet en la paroisse de Santilly, par Louis Désir, écuyer, demeurant à Chalon-sur-Saône, comme acquéreur par acte reçu Dombey, notaire audit Chalon, le 28 septembre 1738, contrôlé et insinué à Saint-Gengoux le 3 octobre suivant, ledit acquêt fait pour le prix de 18.000 livres, les deux tiers dudit fief appartenant à Antoine-Marie du Crest de Montigny, seigneur de Montceau, et l'autre tiers aux sieurs et demoiselles Desmurs, demeurant à Paris et à Versailles, héritiers de dame Philiberte de Rains, et encore de Benoît Juillet et Benoît Bertoux, laboureurs à Lanzy[3], qualité d'héritiers de Jeanne Juillet, suivant les procurations qui ont été relatées audit acquêt.

Nota. Ce dénombrement est bien détaillé au moyen d'une addition sur papier qui contient le détail des cens.

Liasse 6, cote 45.

Reprise de fief et dénombrement, des 23 mars et 28 juillet 1770, du fief de Fortunet situé en la paroisse de Santilly, consistant en terres, prés, vignes, cens, rivière (il n'est pas fait mention

---

1. Commune d'Uxeau, canton de Gueugnon.
2. Commune de Saint-Aubin-en-Charollais, canton de Palinges.
3. Commune de Marcilly-lès-Buxy, canton de Buxy.

de justice), par Bénigne Désir, écuyer, comme fils et héritier testamentaire de Louis Désir, écuyer, suivant son testament du 14 juillet 1765, reçu Girard, notaire à Chalon-sur-Saône (son décès est du 24 juillet 1769).

Liasse 7, cote 25.

Reprise de fief, du 13 août 1784, de la seigneurie et fief de Fortunet, par Bénigne Désir, écuyer.

Liasse 7, cote 47.

Fougère[1]. — Reprise de fief et dénombrement, des 15 et 17 mars 1625, de la seigneurie de Fougère, consistant en un château et quelques héritages y confinés, par Laurent de Tenay, écuyer, seigneur de Saint-Christophe, baron de Montanay[2], comme acquéreur de dame Diane d'Amanzé, femme du sieur de Saint-Sernin[3], pour le prix de 22.120 livres, par décret délivré au bailliage de Mâcon le 23 novembre 1624.

Liasse 2, cote 3.

Reprise de fief, du 4 mai 1751, du fief de Fougère en la paroisse de Saint-Christophe en Mâconnais, par Camille-Joseph de Baronnat, écuyer, seigneur de Theillères[4], demeurant à Dondin[5], paroisse de Pressy en Mâconnais, comme acquéreur pour le prix de 500 livres de Marc-Hilaire de Tenay, comte dudit Saint-Christophe, par contrat reçu de Lagrange, notaire à Saint-Laurent-en-Brionnais[6], le 22 avril 1751, contrôlé et insinué à La Clayette.

Liasse 6, cote 57.

France[7]. — Reprise de fief, du 9 août 1737, du fief de la maison de France en la paroisse de Vergisson, châtellenie de Davayé[8], par François Lemoine, bourgeois de Mâcon, comme acquéreur de Messire Aimé-Jean-Jacques Seyvert, conseiller au parle-

---

1. Commune de Saint-Christophe-en-Brionnais, canton de Semur-en-Brionnais.
2. Canton de Trévoux (Ain).
3. Saint-Sernin-en-Brionnais, aujourd'hui Vauban, canton de La Clayette.
4. Commune de Dore-l'Eglise, canton d'Arlanc (Puy-de-Dôme).
5. Commune de Pressy-sous-Dondin, canton de Saint-Bonnet-de-Joux.
6. Canton de La Clayette.
7. Commune de Vergisson, canton de Mâcon sud.
8. Même canton.

ment de Paris, par contrat reçu Tessier, notaire à Paris, le 5 novembre 1725.

Nota. Il y est dit que reprise a été faite dudit fief, le dernier janvier 1647, par Philibert de Bullion, seigneur de Serrières [1].

Liasse 6, cote 42.

Fuissé [2] **et Saint-Léger** [3]. — Reprise de fief et dénombrement, du 22 juin 1647, de la seigneurie de Fuissé, par Claude de Meaux, écuyer, lieutenant pour le Roi au gouvernement de la ville de Mâcon.

Nota. Il dit que ladite seigneurie de Fuissé est partie de la baronnie de Vinzelles [4] et a été aliénée en l'an 1551, par Jacques de Bellecombe, seigneur et baron de Vinzelles, au profit d'Antoine des Fossés pour le prix de 1.000 livres, consistant seulement en la justice haute, moyenne et basse, en toute l'étendue de ladite paroisse de Fuissé, plus quelques servis portant lods suivant le terrier. Tel est tout le détail.

Nota. La reprise est aussi pour la seigneurie de Saint-Léger, et il est dit dans les requête et procuration que pour ce qui concerne la maison de Marbé [5] que ce n'est pas un fief, mais seulement une maison qui est en la totale justice de la prévôté royale de Mâcon, pourquoi il a été renvoyé de l'assignation.

Liasse 2, cote 27.

Givry [6]. — Reprise de fief et dénombrement succint, des 5 février 1697 et 14 novembre 1698, du fief de Givry en Mâconnais, par Philibert de Chambes, écuyer.

Nota. Ledit fief, situé en la paroisse de Laizé, consiste en un château et maison noble et dépendances, et des cens et servis non détaillés. Il déclare n'avoir aucuns titres ni enseignements pour prétendre aucun droit de justice en ladite maison et seigneurie, et qu'elle est censée et réputée être de la totale justice des moines (de Cluny).

Liasse 4, cote 45.

---

1. Canton de Tramayes.
2. Canton de Mâcon sud.
3. Commune de Charnay-lès-Mâcon, même canton.
4. Même canton.
5. Commune de Mâcon.
6. Commune de Laizé, canton de Mâcon nord.

Gorze[1]. — Reprise de fief, enregistrement des lettres d'érection en marquisat et dénombrement, du 11 mai 1707, du marquisat de Berthet de Gorze, par Jean-Joseph de Berthet, seigneur de Gorze et autres lieux, chevalier de l'ordre royal et militaire de Saint-Lazare-de-Jérusalem, gentilhomme ordinaire de S. A. S. Monseigneur le prince de Condé, et élu de la noblesse des Etats du Mâconnais.

Nota. Est joint un extrait desdites lettres patentes d'érection, en date du mois de mars 1707, par lesquelles Sa Majesté érige en marquisat en faveur dudit de Berthet la seigneurie de Gorze, sous le nom de *Berthet de Gorze*, avec l'union des seigneuries et fiefs de Nagu[2], La Combe[3], Germolles et partie de Nay[4], dont la plus grande partie est située en Beaujolais, dans lesquelles lettres est fait mention des services dudit de Berthet, de ceux de Philibert de Berthet, seigneur de Gorze, son père, qui a servi depuis 1631 jusqu'en 1667, en qualité de capitaine de cent hommes d'armes, de Hugues de Berthet, seigneur de Gorze, son aïeul, capitaine au régiment de La Grange, et d'Antoine de Berthet, seigneur de Gorze, son bisaïeul, qui a même eu l'honneur de commander les troupes dans le château de Beaujeu[5], et d'autres de leurs prédécesseurs qui sont morts au service après y avoir rempli des postes considérables et s'y être distingués, et que ledit Jean-Joseph de Berthet a encore un frère qui est capitaine de dragons.

Nota. Ledit dénombrement ne contient que ce qui suit : ledit marquisat en toute justice, avec cens et rentes, guet et garde, et contribution d'arrière-ban qui est due par le sieur du Clairon[6], un château à la moderne y décrit, 200 coupées de terre, 100 coupées de pré et 100 coupées de bois, qui est tout ce qui est situé en Mâconnais.

Liasse 5, cote 26.

Reprise de fief, du 1er juin 1769, de la terre et seigneurie de Gorze, érigée en marquisat en 1707 sous le nom de feu Jean-

---

1. Commune de Germolles, canton de Tramayes.
2. Commune d'Ouroux, canton de Monsols (Rhône).
3. Commune de Germolles.
4. Commune de Tramayes.
5. Chef-lieu de canton (Rhône).
6. Commune de Germolles.

Joseph de Berthet, dont une partie est située en Beaujolais, et l'autre partie en Mâconnais, savoir partie de la paroisse de Germolles, du diocèse de Mâcon, et le château de Gorze, qui sont rière le Mâconnais, par Louise-Victoire de Berthet de Gorze, veuve de Claude-Nicolas de Galand de Chavannes, en vertu de la donation entre vifs faite à ladite dame de ladite seigneurie par Constance-Louis-Claude-Joseph-Benoît de Berthet, son neveu, seigneur et marquis de Gorze, par acte reçu Guyot, notaire à Lyon, le 25 juillet 1768.

Liasse 7, cote 22.

Le Gros-Chigy [1], ou **Chigy-l'Aubépin** [2], **Saint-André-le-Désert** et **Moroges** [3]. — Reprise de fief et dénombrement, du 29 janvier 1649, de la seigneurie de Chigy et de partie de la prévôté royale de Saint-André-le-Désert, par dame Perrone des Marins, veuve de Hugues de Rabutin qui, conjointement avec elle, par acte reçu Tupinier, notaire, aurait acquis ladite seigneurie chargée de fief par l'acte envers le seigneur de Brancion de Louis des Marins, sieur de Villeneuve [4], et auraient en conséquence repris de fief par-devant le châtelain de Brancion [5], le 10 mars 1617.

Nota. Pour ce qui concerne la seigneurie dudit Chigy est bien détaillé, mais quant à la prévôté dudit Saint-André, elle dit n'avoir aucun renseignement.

Liasse 2, cote 44.

Reprise de fief, du 15 avril 1666, de la seigneurie de Chigy et de la prévôté de Saint-André-le-Désert, par Messire Charles de Champier, comte de Juis [6], seigneur de Chigy, bailli de Beaujolais, gentilhomme ordinaire de la chambre du Roi, au nom et comme mari de dame Paule-Antoinette-Louise de Rabutin, à cause de la succession de Hugues de Rabutin, seigneur de Champvigy [7] et Chigy, et dame Perrone des Marins, sa femme.

Liasse 3, cote 2.

---

1. Commune de Saint-André-le-Désert, canton de Cluny.
2. Nom disparu.
3. Canton de Buxy.
4. Et de « Montgenoux ». Voir Archives départementales, B. 1012.
5. Commune de La Chapelle-sous-Brancion, canton de Tournus.
6. Commune de Savigneux, canton de Saint-Trivier-sur-Moignans (Ain).
7. Commune de Saint-Bonnet-de-Vieille-Vigne, canton de Palinges.

Reprise de fief, du 16 décembre 1684, des terres et seigneuries de Chigy-l'Aubépin en Mâconnais et de celle de Moroges en Chalonnais, par dame Antoinette-Louise de Rabutin, veuve de Messire Philippe-Charles de Champier, chevalier, comte de Chigy-l'Aubépin, Moroges et autres lieux, gentilhomme ordinaire de la chambre du Roi, bailli de Beaujolais, en qualité de tutrice des enfants de feu Messire Jean-Philippe de Champier, aussi chevalier, seigneur et comte desdits Chigy et Moroges, bailli de Beaujolais, son fils, et de dame Jeanne Maire, lesquels enfants sont Louise de Champier, âgée de cinq ans, Antoinette-Marie de Champier, âgée de trois ans, et Georges-Melchior de Champier, âgé d'environ dix mois, tous enfants et héritiers dudit Jean-Philippe décédé le 26 juin 1684.

Liasse 4, cote 5.

Reprise de fief et dénombrement, du 6 août 1699, de la seigneurie de Chigy-l'Aubépin et de partie de la prévôté de Saint-André-le-Désert au bailliage de Mâcon, plus de la seigneurie de Moroges au bailliage de Chalon, par Georges-Melchior de Champier, en qualité de seul fils des feus Messire Jean-Philippe de Champier, bailli de Beaujolais, et dame Jeanne de Gaspard, et par la substitution faite par leur contrat de mariage du 2 juin 1677.

Liasse 4, cote 57.

Nota. Au bailliage de Chalon sont les reprise de fief et dénombrement, des 8 mars 1768 et 3 avril 1770, de la terre et seigneurie de Chigy-l'Aubépin et de la justice et prévôté de Saint-André-le-Désert, par Michel Ducrest, officier aux gardes françaises, acquéreur de M. de Valadoux.

Liasse 7, entre les cotes 33 et 34.

La Guiche[1]. — Reprise de fief et dénombrement, des 18 juin 1601 et 14 mars 1602, de la seigneurie de La Guiche en Mâconnais, par Messire Philibert de La Guiche, chevalier des deux ordres du Roi, capitaine de cent hommes d'armes de ses ordonnances, gouverneur et lieutenant général pour Sa Majesté en la ville de Lyon et pays de Lyonnais, Forez et Beaujolais,

---

1. Chef-lieu de canton.

seigneur de La Guiche, Chaumont[1], Magnac[2] et Montaigu[3]; la présente reprise de fief de La Guiche par lui faite au Roi comme à son souverain et seigneur immédiat ensuite du traité passé entre lui et Messire Théophile de Damas, seigneur et baron de Digoine[4], le 21 juin 1600, par-devant Maître Pierre Desbois, notaire à Charolles, portant extinction du droit de fief et hommage que prétendait sur la maison forte de La Guiche ledit sieur baron de Digoine, à cause dudit Digoine, ledit traité enregistré au registre des fiefs de la châtellenie.

Nota. Ladite terre de La Guiche consiste en un château; droit de ventes des foires; lods et retenues sur tous les héritages mouvant de ladite terre à raison de 3 sous 4 deniers pour livre; les sujets de ladite terre, tous corvéables, taillables et partie mainmortables; le château en ruines de Champvenot[5], les fossés à l'entour, etc.; la tour de La Bussière[6]; quant aux cens et aux terres labourables, ils ne sont pas détaillés.

Liasse 1, cote 43.

Hénin[7]. — Reprise de fief, du 15 juin 1740, du comté d'Hénin, par dame Marie-Elisabeth d'Anglebermer, comtesse de Lagny[8], veuve de Messire Jean-Louis d'Hénin-Liétard, lieutenant au régiment du Roi infanterie, en qualité de mère et tutrice d'Antoine-Denis d'Alsace d'Hénin-Liétard.

Liasse 6, cote 49.

Reprise de fief, du 15 juillet 1743, du comté d'Hénin, par Antoine-Denis d'Alsace d'Hénin-Liétard, chevalier, comte d'Hénin, lequel dit : que par testament olographe de dame Marie d'Hénin-Liétard, veuve de Messire Claude de La Toison, baron de

---

1. Commune de Saint-Bonnet-de-Joux, chef-lieu de canton.
2. Magnac-Bourg, canton de Saint-Germain-les-Belles-Filles (Haute-Vienne).
3. Montaigu-le-Blin, canton de Varennes-sur-Allier (Allier).
4. Commune de Palinges, chef-lieu de canton.
5. Nom disparu, commune de La Guiche.
6. Commune de Saint-Marcelin-de-Cray, canton de La Guiche.
7. Nom d'un bourg d'Artois (canton de Carvin, département du Pas-de-Calais), sous lequel les terres de La Rochette (commune de Saint-Maurice-des-Champs, canton de Buxy), de Saint-Maurice-des-Champs, de Saint-Martin-du-Tartre (même canton) et de Saules (id.) furent unies et érigées en comté par lettres patentes du mois de septembre 1730.
8. Canton de Lassigny (Oise).

Bussy [1], conseiller au parlement de Bourgogne, du 6 août 1726, dont la suscription a été mise par Masson, notaire à Dijon, en présence de témoins, le 9 dudit mois, dûment contrôlé le 26 octobre 1729, elle a institué son héritier Messire Jean-Louis d'Hénin-Liétard, marquis de Saint-Phal [2], son petit-neveu, fils aîné de Messire Jacques d'Hénin-Liétard, marquis de Balincourt [3], et à défaut dudit sieur, Jean-Louis d'Hénin-Liétard, l'aîné de ses enfants mâles, et à défaut d'enfants mâles dudit sieur Jean-Louis d'Hénin-Liétard, marquis de Saint-Phal, elle a institué dans ses biens l'un des autres fils mâles dudit sieur Jacques d'Hénin-Liétard, marquis de Balincourt, à commencer toujours par l'aîné de ceux qui seront mariés ou qui se marieront, dans lesquels biens les terres de La Rochette et Saules ont été comprises et érigées en comté sous le nom d'*Hénin* par lettres patentes du mois de septembre 1730. Au mois de juin 1740, dame Marie-Elisabeth d'Anglebermer, veuve de Messire Jean-Louis d'Alsace d'Hénin-Liétard, chevalier, comte d'Hénin, mère et tutrice de Messire Antoine-Denis d'Alsace d'Hénin-Liétard, héritier substitué par ledit testament, a repris de fief en sadite qualité dudit comté d'Hénin. Le décès de ce dernier étant arrivé, le suppliant, fils aîné dudit sieur Jacques d'Hénin-Liétard, marquis de Balincourt, s'est pourvu par-devant Messieurs du bailliage de Vermandois où est intervenue sentence, le 2 juillet 1742, confirmée par arrêt du parlement de Paris, du 17 mai 1743, qui envoie le suppliant (Antoine-Denis d'Alsace d'Hénin-Liénard) en possession et jouissance des terres de La Rochette et Saules érigées en comté sous le nom d'*Hénin*.

Liasse 6, cote 51.

Hurigny [4], **Laizé** [5] et **Le Verne** [6]. — Dénombrement, du 11 mai 1610, de la châtellenie royale d'Hurigny, dépendant du domaine du Roi, par demoiselle Antoinette de Malorge, dame de

---

1. Bussy-la-Pesle, canton de Sombernon (Côte-d'Or).
2. Canton d'Ervy (Aube).
3. Commune d'Arronville, canton de Marines (Seine-et-Oise).
4. Canton de Mâcon nord.
5. Id.
6. Nom disparu, commune de Cluny, chef-lieu de canton.

Senouches[1] et La Verpillère[2], ayant la garde noble de Jean d'Hurigny, son fils, et de feu noble Enemond d'Hurigny, seigneur dudit lieu.

Lequel dénombrement contient ce qui suit :

Premièrement déclare icelle demoiselle qu'il n'y a aucun domaine, fonds ou héritages, dont elle ait aucune connaissance, ladite châtellenie consistant seulement en la justice haute, moyenne et basse, sur six hameaux en dépendant, savoir sur le hameau de L'Eglise[3], celui de Chazoux[4], celui des Souchons[5], celui de Blany[6], celui des Miolands[7] et celui de Vers la Fontaine des Garbillats[8], lesquels hameaux sont de peu de sujets.

De plus, déclare ladite demoiselle qu'elle a découvert une vieille recette signée *Dumoulin* de ce qu'en l'année 1572 icelui Dumoulin, fermier de ladite châtellenie, avait reçu des rentes dues à cause d'icelle châtellenie, revenant en argent à 10 sous, 6 deniers tournois, 13 quartes, 4 pots et un chavelot[9] de vin, et 11 coupes, tiers et douzième de vin.

Desquels cens et rentes ne se reçoit aucune chose tant à cause de l'ancienneté de ladite recette que aussi parce que ladite demoiselle n'en a aucuns terriers ni enseignements et qu'en ladite recette n'y a aucuns confins d'héritages.

Liasse 1, cote 52.

Reprise de fief et dénombrement, du 11 mai 1647, de la seigneurie d'Hurigny, par Jean d'Hurigny, écuyer, selon les lettres d'érection en fief et inféodation de ladite seigneurie en toute justice par lettres patentes du mois de juin 1510 vérifiées à la chambre des comptes le 11 juillet suivant.

Liasse 2, cote 28.

---

1. Commune de Saint-Romain-la-Motte, canton de Saint-Haon-le-Châtel (Loire).
2. Commune de Saint-Symphorien-de-Lay, chef-lieu de canton (id.).
3. Commune d'Hurigny.
4. Id.
5. Id.
6. Commune de Laizé.
7. Commune d'Hurigny.
8. Id.
9. Ancienne mesure.

Reprise de fief et dénombrement, du 18 décembre 1665, de la seigneurie d'Hurigny, par Messire Jacques-François de Lestouf de Pradines, baron de Pradines [1] et Sirot [2], seigneur de Valorges [3], La Crote [4] et Monvoisin [5], et dame Charlotte de Lestouf de Pradines, sa femme, en qualité d'héritiers testamentaires de Jean de La Vernée, écuyer, seigneur d'Hurigny, ledit Hurigny consistant en un château, toute justice, des servis portant lods non détaillés et quelques pièces d'héritages y confinées.

Nota. Est joint une copie simple du testament dudit Jean de La Vernée, fils de feu noble Enemond d'Hurigny et de demoiselle Antoinette de Malorge, passé au château d'Hurigny le 17 décembre 1656, par-devant Achaintre, notaire, par lequel il veut être inhumé en l'église paroissiale d'Hurigny au tombeau de ses prédécesseurs, ratifie la donation qu'il a ci-devant faite à noble Jean-François de Chambes-Vilhonneur, son neveu, en faveur de son contrat de mariage avec demoiselle de La Salle, fait légataire particulier Claude de La Vernée, écuyer, seigneur dudit lieu [6], René-Emmanuel de Chambes, écuyer, seigneur de Givry [7], et Jean de Chambes, et fait ses héritiers universels le susdit de Pradines et sadite femme.

Liasse 2, cote 59.

Reprise de fief et dénombrement, du 29 novembre 1672, de la seigneurie d'Hurigny, par Philippe-Etienne de Lamartine, écuyer, selon l'inféodation faite de ladite seigneurie, en l'an 1510, en faveur de Philippe Margot, conseiller maître des comptes à Dijon.

Liasse 3, cote 18.

Reprise de fief et dénombrement, des 29 mai 1696 et 18 novembre 1698, de la seigneurie d'Hurigny, par Philippe de Lamartine, écuyer, à cause du décès de Philippe-Etienne de Lamartine, écuyer, son père.

---

1. Canton de Saint-Symphorien-de-Lay (Loire).
2. Commune de Flagy, canton de Cluny.
3. Commune de Saint-Cyr-de-Valorges, canton de Néronde (Loire).
4. Commune de Saint-Symphorien-de-Marmagne, canton de Montcenis.
5. Commune de Collonge-en-Charollais, canton de La Guiche.
6. Commune de Péronnas, canton de Bourg (Ain).
7. Commune de Laizé, canton de Mâcon nord.

Nota. Il y est dit par une note que Monsieur de Lamartine, par son testament, donne à Jean-Baptiste, son fils, le fief du Verne proche Cluny et la terre du « Foitain » sise audit Cluny.

Liasse 4, cote 29.

Reprise de fief, du 4 mai 1748, de la seigneurie d'Hurigny, par Jean-Baptiste de Lamartine, écuyer, demeurant à Mâcon, en qualité d'héritier universel institué de Philippe de Lamartine, son oncle, suivant son testament du 27 juillet 1743, contrôlé et insinué à Mâcon le 18 janvier 1748.

Liasse 6, cote 56.

Igé[1], **Dommange**[2], **Azé**[3], **Verzé**[4] et **Satonnay**[5]. — Reprise de fief et dénombrement, du 8 mars 1689, de la seigneurie d'Igé, tant ce qui est domanial que ce qui est patrimonial, de laquelle dépendent les villages de Dommange, Azé et Verzé, par Louis de La Bletonnière, avocat en parlement, comme acquéreur de Louis Droyn, écuyer, sieur des Landes[6], et de dame Philiberte de Lamartine, son épouse, par transaction et contrat du 28 mars 1688, reçu Samaize, notaire à Cluny.

Nota. Est jointe la procuration.

Liasse 4, cote 17.

Reprise de fief et dénombrement, des 14 et 18 janvier 1704, de la seigneurie d'Igé, par Abel de La Bletonnière, conseiller secrétaire du Roi, maison, couronne de France, près le parlement de Paris, en qualité d'héritier universel de Louis de La Bletonnière, conseiller d'honneur au présidial de Mâcon, suivant son testament du 31 août 1693 et l'acte de mainlevée d'hoirie faite après son décès le 24 mai 1698.

Liasse 5, cote 15.

Reprise de fief, du 13 août 1785, des terres d'Igé et Satonnay et de la châtellenie d'Igé, par François-Charles-Albert de La Bletonnière.

Liasse 7, cote 54.

---

1. Canton de Cluny.
2. Commune d'Igé.
3. Canton de Lugny.
4. Canton de Mâcon nord.
5. Commune de Saint-Maurice-de-Satonnay, canton de Lugny.
6. Commune de Saint-Martin-de-Salencey, canton de La Guiche.

Joncy[1], Saint-Clément-sur-Guye[2], Burzy[3], Collonge-en-Charollais[4], Rains[5], Balay[6], Maronge[7], Parras[8], Laveau[9], Le Bois[10], Les Ances[11], Thomery[12], Les Garandeaux[13], Coussoles[14], La Valette[15], Marnant[16], Genouilly[17] et La Motte[18]. — Dénombrement, du 26 janvier 1627, de la baronnie de Joncy, par Messire Antoine de Rochebaron d'Aumont, comte de Berzé[19], baron de Joncy, Cenves[20], Rochetaillée[21], Lys[22], La Motte et autres lieux, en qualité d'héritier testamentaire et universel de feu Messire René de Rochebaron, chevalier des ordres du Roi, comte dudit Berzé et seigneur desdites baronnies dudit Joncy et autres lieux, et de dame Françoise d'Aumont, sa veuve.

Ladite baronnie consiste en un château et toute justice sur les églises et cimetières de Joncy, Saint-Clément, Burzy et Collonge.

Plus de ladite baronnie dépend le fief de Rains, et sur icelui a ledit baron de Joncy le droit de haute justice, duquel Rains dépend le fief de Balay en arrière-fief dudit Joncy.

Plus dépend de ladite baronnie la seigneurie dudit Joncy, celle de Maronge, le bourg dudit Joncy, les villages de Collonge en partie, Parras, Laveau, Le Bois, Les Ances, Thomery, Rains, Saint-Clément et Burzy en partie, Les Garandeaux, Coussoles, Balay, La Valette et Marnant et partie de Genouilly,

---

1. Canton de La Guiche.
2. Canton de Mont-Saint-Vincent.
3. Canton de Saint-Gengoux-le-National.
4. Canton de La Guiche.
5. Commune de Joncy.
6. Id.
7. Nom disparu, commune de Genouilly, canton de Mont-Saint-Vincent.
8. Commune de Collonge-en-Charollais.
9. Id.
10. Commune de Burzy.
11. Commune de Collonge-en-Charollais.
12. Id.
13. Commune de Joncy.
14. Id.
15. Id.
16. Id.
17. Canton de Mont-Saint-Vincent.
18. Nom disparu, commune de Sigy-le-Châtel, canton de Saint-Gengoux-le-National.
19. Berzé-le-Châtel, canton de Cluny.
20. Canton de Monsols (Rhône).
21. Canton d'Auberive (Haute-Marne).
22. Commune de Chissey-lès-Mâcon, canton de Saint-Gengoux-le-National.

comme aussi la seigneurie de La Motte, le tout en toute justice, haute, moyenne et basse, et dans les ressorts des bailliages de Mâconnais, Charollais et Chalonnais.

Tout le reste est succinctement dénommé et détaillé. Et est dit que les habitants dudit Joncy jouissent, en payant les droits, des communautés qui sont les bois de Poil-Vilain, La Menoue, Chaleutre, Les Ruaux et Brosse-de-Mont, qui contiennent 2 300 bichets ou environ.

Liasse 2, cote 4.

Joux[1] et Le Vigneau[2]. — Reprise de fief et dénombrement, des 13 août 1697 et 4 mars 1698, des fiefs de Joux et du Vigneau en la paroisse de Saint-Laurent-en-Brionnais, par Claude Bernard, avocat à Mâcon.

Lequel dénombrement est tel : « La seigneurie prétendue de Joux et du Vigneau ne consiste purement et simplement qu'en la contenue de 8 à 10 mesures de terre en toute justice, dans l'étendue de laquelle il y avait autrefois une tour, qui à présent n'est que mur et masure, n'y restant plus qu'une chambre basse, grange et étable couverte à paille, sur laquelle est aujourd'hui la seigneurie et fief du Vigneau, à laquelle est joint un petit terrier en toute justice composé de 22 ou 23 reconnaissances passées au profit des seigneurs du Vigneau et non de Joux, attendu qu'il n'y a jamais eu aucune seigneurie à Joux, les autres fonds étant en roture ».

Liasse 4, cote 53.

Reprise de fief, du 6 mars 1786, des terres de Joux et Le Vigneau, situées en la paroisse de Saint-Laurent rière le Mâconnais, par Christophe Perrin de Daron, acquéreur d'icelles.

Liasse 7, cote 57.

Lavau[3]. — Reprise de fief, du 9 juillet 1709, du fief de Lavau en la paroisse de Gibles, par Jean-Claude de La Salle, écuyer, sieur de Vigousset[4], comme acquéreur dudit fief de Gilbert du

---

1. Commune de Saint-Laurent-en-Brionnais, canton de La Clayette.
2. Id. — Il ne s'agit pas ici du Vigneau de la commune de Varennes-sous-Dun, canton de La Clayette. Voir plus haut, page 119.
3. Commune de Gibles, canton de La Clayette.
4. Commune de Montmelard, canton de Matour.

Crozet, écuyer, seigneur de La Maison-Neuve[1], par contrat reçu Grandjean, notaire royal, le 15 janvier 1709, pour le prix de 900 livres seulement.

Nota. Est joint un certificat des élus de la noblesse du Mâconnais comme quoi ledit fief est bien noble et relevant du Roi.

Liasse 5, cote 29.

Reprise de fief et dénombrement, du 14 juillet 1727, de la seigneurie de Lavau, paroisse de Gibles, par Claudine Loreton, veuve de Gilbert du Crozet, écuyer, seigneur de La Maison-Neuve et Lavau, demeurant à Paray[2], en qualité de donataire universel dudit feu sieur son mari, suivant leur contrat de mariage du 8 février 1724, reçu Perrier, notaire à La Clayette, insinué audit lieu le 17 dudit mois, publié et enregistré au bailliage de Mâcon, en celui de Beaujolais et en la chancellerie et prévôté du Bois-Sainte-Marie, les 3 juin 1724, 18 mars et 3 avril 1727.

Nota. Ladite seigneurie est dite ne consister qu'en servis en toute justice non détaillés.

Liasse 6, cote 18.

Layé[3], **Loché**[4], **Vinzelles** et **Véré**[5]. — Dénombrement, du 5 juin 1551, de la seigneurie de Layé en Mâconnais, par Claude Bullion, bourgeois de Mâcon, en son nom et comme mari de Claudine Vincent, sa femme, comme acquéreurs sous grâce de rachat de feu Edouard de L'Aubépin, seigneur du Gros-Sigy[6], et ensuite de noble Jean de L'Aubépin, son fils.

Ladite seigneurie consiste en une maison noble toute en ruine, et dépendances, le pré de Layé, le droit de justice et de pêche en la rivière de Saône le long du pré de Layé, tel et semblable droit en la moitié de la rivière de Grosne le long dudit pré commençant au pont appelé *le Pont au Curé* en toute justice, et ce ès villages de Vinzelles et Loché, et en ce qui

---

1. Commune de Saint-Jacques-des-Arrêts, canton de Monsols (Rhône).
2. Paray-le-Monial, chef-lieu de canton.
3. Nom disparu, commune de Vinzelles, canton de Mâcon sud.
4. Même canton.
5. Nom disparu, commune de Fuissé, même canton de Mâcon.
6. Commune de Saint-André-le-Désert, canton de Cluny.

est mouvant de la directe dudit Layé, aussi le droit de toute justice esdits villages sur ce qui est mouvant de Monsieur l'abbé de Cluny, des prieur et couvent de Saint-Pierre de Mâcon, du sieur de Saint-Sernin[1] à cause de Véré et du sieur de Saint-Léger[2], et encore le droit de lever les lods appelés *Vinzelois* des héritages étant de la directe dudit Layé.

Nota. Quant au reste des revenus dudit Layé, il n'est relaté qu'en gros.

Liasse 1, cote 26.

Reprise de fief et dénombrement, des 12 et 25 mai 1584, de la seigneurie de Layé en Mâconnais, par demoiselle Claudine Vincent, veuve de noble Claude Bullion, et femme de noble Antoine de Pise l'ancien.

Nota. Ledit dénombrement détaillé comme à la cote 26 ci-devant.

Liasse 1, cote 36.

Reprise de fief et dénombrement, des 10 juin et 28 juillet 1603, de la seigneurie de Layé par noble Claude Bullion comme héritier de demoiselle Claudine Vincent, sa mère.

Liasse 1, cote 48.

Reprise de fief et dénombrement double, du 26 juin 1647, de la seigneurie de Layé en Mâconnais, par Messire Jean-Léonard de Rochechouart de Mortemart, chevalier, marquis de Montpipeau[3], seigneur de Saint-Ay-sur-Loire[4] et autres lieux, gentilhomme ordinaire de la chambre du Roi, et dame Louise de Bullion, son épouse, faisant leur demeure ordinaire au château dudit Montpipeau près Orléans, ladite seigneurie de Layé échue à ladite dame comme fille unique et seule héritière de Pierre de Bullion, seigneur dudit Layé et de Réclainville[5], conseiller en la grande chambre du parlement de Paris, qui était héritier de Claude de Bullion et de dame Claudine Vincent, ses père et mère, qui en l'an 1551 donnèrent dénombrement de ladite terre de Layé.

Liasse 2, cote 35.

---

1. Saint-Sernin-en-Brionnais, aujourd'hui Vauban, canton de La Clayette.
2. Commune de Charnay-lès-Mâcon, canton de Mâcon sud.
3. Commune de Huisseau-sur-Mauves, canton de Meung-sur-Loire (Loiret).
4. Même canton.
5. Commune de Civry, canton de Châteaudun (Eure-et-Loir).

Reprise de fief, du 23 juillet 1655, de la seigneurie de Layé mouvant du Roi à cause de son duché de Bourgogne, par Charles de La Tournelle, seigneur dudit lieu [1], Maison-Comte [2] et Beauregard [3], comme acquéreur de Théophile Gravier et de demoiselle Marie de Saumaise, sa femme, par contrat reçu Michel, notaire, le 20 juillet 1655, pour le prix de 30.000 livres.

Liasse 2, cote 47 *quater*.

Reprise de fief et dénombrement, du 10 février 1684, de la seigneurie de Layé en Mâconnais, par Messire Charles de Rochechouart, chevalier, marquis de Montpipeau, enseigne des gardes du corps du Roi, en qualité d'héritier par bénéfice d'inventaire de Jean-Léonard de Rochechouart, chevalier, marquis de Montpipeau, et de dame Louise de Bullion, ses père et mère.

Liasse 4, cote 2.

Reprise de fief et dénombrement, des 11 décembre 1688 et 25 février 1689, des seigneuries de Layé, Loché et Véré, par noble Emmanuel Chesnard, conseiller du Roi, demeurant à Mâcon, et dame Marie-Anne Albert, son épouse, comme acquéreurs à charge de décret, par contrat passé à Paris, le 23 juin 1688, de Monsieur le marquis de Montpipeau se faisant fort de dame Michelle Aubry, son épouse, et de demoiselle Marguerite de Rochechouart, fille, sa sœur, comme son tuteur élu audit contrat de vente.

Liasse 4, cote 16.

Reprise de fief, du 4 août 1769, des terres et seigneuries de Layé, Loché et Vinzelles, par Pierre-Anne Chesnard de Layé, en qualité d'héritier universel testamentaire d'Abel-Michel Chesnard de Layé, son père, suivant son testament daté de Mâcon, du 3 décembre 1746, contrôlé le 11 avril 1753 et publié au bailliage de Mâcon le 6 avril 1753.

Liasse 7, cote 24.

Lessard [4]. — Dénombrement, du 20 décembre 1677, de la sei-

---

1. Commune d'Arleuf, canton de Château-Chinon (Nièvre).
2. Commune de Corancy, même canton.
3. Commune d'Arleuf.
4. Nom disparu, commune de Trivy, canton de Matour.

gneurie de Lessard en la paroisse de Trivy, par Maître Archambaud Monnier, avocat, à lui donnée en faveur de mariage par Maître Jean Monnier, aussi avocat, son père, et demoiselle Angélique Aumônier, sa mère, par contrat reçu Martin, notaire à Mâcon, le 1er août 1676.

Nota. Elle consiste en toute justice, des bâtiments où est le métayer dont le domaine est en roture, et un petit terrier portant lods, et rien de plus.

Liasse 3, cote 48.

Reprise de fief, du 20 décembre 1728, du fief de Lessard, paroisse de Trivy, par Jeanne-Louise-Monnier, veuve du sieur Jean Lardy, demeurant à Matour, en qualité de fille et héritière bénéficiaire de feu Maître Archambaud-Louis Monnier, seigneur de Lessard, curé de Bussières[1].

Nota. Est joint l'extrait du testament olographe dudit Archambaud-Louis Monnier, prêtre, curé de Dompierre-les-Ormes[2] et de Curtil-sous-Buffières[3], prieur de Dromvent[4], seigneur de Lessard, fils de feu Maître Jean Monnier de Boisfranc, enterré à Mâcon en l'église des Minimes, et mari de demoiselle Henriette Lamain. Il fait un legs à Philibert Monnier, son fils, fait son héritière universelle ladite Jeanne-Louise, sa fille aînée, et lui substitue Archambaud Lardy, son fils, ledit testament et codicile du 14 juillet 1709, contrôlé à Matour le 12 octobre 1725, enregistré et publié à Mâcon le 9 août 1726.

Liasse 6, cote 27.

Leynes[5] **et La Vernette**[6]. — Reprise de fief et dénombrement, des 10 juillet 1648 et 15 novembre 1649, de la seigneurie de Leynes et du fief de La Vernette, paroisse dudit Leynes, par dame Hippolyte Bourgeois de Molleron, femme de Jean-Marc de Priézac, écuyer, seigneur de L'Aumônerie[7], ladite seigneurie

---

1. Canton de Mâcon sud.
2. Canton de Matour.
3. Canton de Cluny.
4. Commune de Verosvres, canton de Saint-Bonnet-de-Joux.
5. Canton de La Chapelle-de-Guinchay.
6. Commune de Leynes.
7. Commune de Saint-Solve, canton de Juillac (Corrèze).

et ledit fief appartenant à ladite dame à cause de l'hoirie de Maître Philibert Barjot, son grand-père maternel, et d'Amaconnée Promaçon.

Nota. Le tout est en toute justice. Dans la procuration est dit ledit fief de La Vernette provenir de la châtellenie de Crêches [1].

Liasse 2, cote 42.

Reprise de fief et dénombrement succint, du 22 novembre 1667, des seigneuries de Leynes et La Vernette, par Claude de La Cour, écuyer, seigneur de Moulin [2], en qualité de mari de dame Claudine-Hippolyte de Gaspard de Marcilly, fille et cohéritière de dame Hippolyte Bourgeois de Molleron.

Nota. Il n'y est point parlé de justice.

Liasse 3, cote 7.

La Loge [3] **et La Franchise** [4]. — *Reprise de fief, du 13 avril 1785, de la terre de La Loge et La Franchise au bailliage de Semur-en-Brionnais, par Claude du Ryer.*

Liasse 7, cote 68.

Loize [5]. — Dénombrement, du 29 juillet 1648, de la terre et seigneurie de Loize en Mâconnais, par Hector de Franc, écuyer, gentilhomme ordinaire de la chambre du Roi, qui en a repris de fief le 12 juillet 1647.

Nota. Tous les héritages sont assez bien détaillés et confinés, les cens non.

Liasse 2, cote 42 bis.

Lugny [6]. — Reprise de fief, du 12 mars 1774, de la terre et seigneurie de Lugny en Mâconnais, par Monsieur de La Baume, comte de Montrevel [7].

Nota. L'acte de reprise est avec celle du comté de Montrevel au bailliage de Bresse.

Liasse 7, cote 30.

---

1. Canton de La Chapelle-de-Guinchay.
2. Moulin-Lacour, commune de Marcilly-la-Gueurce, canton de Charolles.
3. Commune de Versaugues, canton de Paray-le-Monial.
4. Commune de Saint-Didier-en-Brionnais, canton de Semur-en-Brionnais.
5. Commune de La Chapelle-de-Guinchay, chef-lieu de canton.
6. Chef-lieu de canton.
7. Chef-lieu de canton (Ain).

Lys[1]. — Reprise de fief et dénombrement, des 20 décembre 1728 et 17 mars 1730, de la seigneurie de Lys, par Georges Giraud, écuyer, baron de Montbellet[2], conseiller du Roi en la cour des monnaies, sénéchaussée et présidial de Lyon, comme acquéreur de Madame la duchesse d'Aumont, par contrat reçu Belot, notaire à Paris, le 22 avril 1717, pour le prix de 20.000 livres.

Nota. Est jointe sa procuration à Jean Giraud, sieur de Saint-Trys[3], écuyer, son frère.

Liasse 6, cote 24.

Mâcon (évêché). — Serment de fidélité, du 12 avril 1510 avant Pâques, à cause de la temporalité de l'évêché de Mâcon, par Claude de Longvy, évêque.

Liasse 1, cote 13.

Serment de fidélité, du 6 août 1624, pour l'évêché de Mâcon, par Louis Dinet, évêque de ladite ville.

Liasse 2, cote 1 *ter*.

Mâcon (recette). — Vidimus des lettres patentes du duc Charles de Bourgogne, datées de Dijon, du 27 janvier 1473, portant reprise de fief sur Girard de Busseul, écuyer, seigneur du Parc[4], de 28 livres 10 sous tournois de rente qu'il prend sur la recette dudit duc au Mâconnais, ledit vidimus daté du 13 février 1475 ; témoins noble Jean de Biolay et Philibert de Léanges, écuyers, demeurant à Mâcon.

Liasse 1, cote 3.

Reprise de fief, du 26 octobre 1498, de 200 livres de rente à prendre sur la recette ordinaire de Mâcon, par Pontus de Saint-Amour, dit *de Genost*, écuyer, seigneur de Fontcrenne[5] en Beaujolais.

Liasse 1, cote 11.

Reprise de fief, du 13 juillet 1515, de la rente de 200 livres à prendre sur la recette ordinaire de Mâcon, par Pontus de

---

1. Commune de Chissey-lès-Mâcon, canton de Saint-Gengoux-le-National.
2. Canton de Lugny.
3. Commune d'Anse, chef-lieu de canton (Rhône).
4. Commune de Sancé, canton de Mâcon nord.
5. Commune de Villié-Morgon, canton de Beaujeu (Rhône).

Saint-Amour, dit *de Genost*, écuyer, seigneur de Fontcrenne en Beaujolais.

Liasse 1, cote 16.

Reprise de fief, du 17 juillet 1525, de la rente de 200 livres à prendre sur le Roi en la recette ordinaire de Mâcon, par Charles de Saint-Amour, écuyer, sieur de Fontcrenne en Beaujolais, ladite rente à lui échue par le décès de Pontus de Saint-Amour, son père.

Liasse 1, cote 17 *bis*.

Reprise de fief et dénombrement, des 10 juillet 1531 et 20 octobre 1535, de la rente de 200 livres à prendre sur la recette ordinaire de Mâcon, par Guillaume Barjot, écuyer, seigneur de La Pallud[1] et Avenas[2] en Beaujolais, comme acquéreur puis naguères de noble homme Charles de Genost, dit *de Saint-Amour*, écuyer, fils et héritier universel testamentaire de feu Pontus de Genost, dit *de Saint-Amour*, son père, en son vivant seigneur de Fontcrenne, successeur de Messire Pierre de Genost, chevalier, seigneur de La Mothe-d'Agen[3].

Liasse 1, cote 19.

Reprise de fief et dénombrement, des 31 mai et 2 juin 1663, de la rente de 200 livres sur la recette du domaine du Roi à Mâcon, par noble Abraham-Thomas Vallier, seigneur d'Escole[4], fils mineur de défunt Maître Abraham Vallier, vivant conseiller en la sénéchaussée et présidial de Lyon, et de demoiselle Marthe de La Grange, ladite rente acquise par le tuteur dudit mineur de Jacques d'Alexandre, écuyer, sieur d'Andelot[5], et de demoiselle Isabeau de La Salle, sa femme, héritière de demoiselle Marie de Vichy et de Gilbert d'Alexandre, écuyer, sieur de Saint-Priest[6], par contrat du 20 janvier 1659, reçu Galleix, notaire royal en la sénéchaussée d'Auvergne.

Liasse 2, cote 53.

---

1. Commune de Quincié, canton de Beaujeu (Rhône).
2. Même canton.
3. Lamothe-Bézat (?), commune de Boé, canton d'Agen (Lot-et-Garonne).
4. Commune de Verzé, canton de Mâcon nord.
5. Commune de Saint-Priest-d'Andelot, canton de Gannat (Allier).
6. Id.

Mâcon (péage), Tallant[1], **La Saugerée**[2], **Sully**[3], **Corlay**[4] et **Buxy**[5]. — Vidimus des lettres patentes du duc Charles de Bourgogne, datées de Dijon, du 28 janvier 1473, portant reprise de fief à lui faite par son amé et féal écuyer Louis Chevriers de ce qui suit, savoir : « Six-vingt dix livres de rente qui lui sont dues chacun an sur le péage de la ville de Mâcon, et à défaut de la valeur dudit péage, sur la prévôté dudit lieu, et la treizième partie dudit péage accoutumé de lever par terre et par eau, avec huit deniers parisis qu'il prend pour chacune charge passant par ladite ville de Mâcon par terre et par eau, et sur l'arrivage dudit Mâcon, les deux parties de deux sous parisis, et aussi de soixante-dix sous parisis qu'il prend d'autre part sur le péage appartenant audit duc audit lieu, tant par les mains de son receveur du domaine de son comté de Mâcon que par le péage dudit lieu », lesdites lettres patentes présentées en l'auditoire du bailliage de Mâcon par Louis Chevriers (*Caprarii*), écuyer, seigneur de Saint-Maurice-des-Prés[6], le 23 janvier 1474.

Liasse 1, cote 2.

Dénombrement double, du 8 novembre 1477, donné par Louis Chevriers, écuyer, seigneur de Saint-Maurice-des-Prés, de ce qu'il tient sur le péage de Mâcon de tailles, comme ci-devant à la cote —, le présent dénombrement présenté par-devant les officiers du bailliage de Mâcon.

Liasse 1, cote 6.

Reprise de fief, du 13 janvier 1484, par Louis Chevriers, écuyer, de ce qu'il tient en fief du Roi au bailliage de Mâcon.

Liasse 1, cote 9.

Reprise de fief et dénombrement, des 4 et 28 août 1498, par Philibert et Philippe Chevriers, écuyers, frères, de ce qu'ils tiennent sur le péage de Mâcon, détaillé comme ci-devant à la

---

1. Commune d'Étrigny, canton de Sennecey-le-Grand.
2. Id.
3. Commune de Nanton, même canton.
4. Id.
5. Chef-lieu de canton.
6. Aujourd'hui Saint-Maurice-de-Satonnay, canton de Lugny.

cote 2 et à eux appartenant par indivis par donation entre vifs à eux faite par Louis Chevriers, leur feu père, seigneur de Saint-Maurice, plus de ce qu'ils ont au village et en la seigneurie de Tallant, à cause de la succession de Claudine de Mincé, leur mère, relevant du Roi à cause du château de Brancion[1] et détaillé ainsi qu'il s'en suit : une maison, grange et curtil, située audit Tallant, devant la fontaine dudit lieu; item audit village de Tallant, neuf soitures de pré, avec la place d'un moulin, assis sur la rivière de Grison, appelé *de Ratccan*, avec environ 15 journaux de terre assis audit lieu de Tallant et 18 ouvrées de vignes; item quelques rentes non détaillées dues tant audit lieu de Tallant, Sully, Corlay, que autres lieux circonvoisins, par plusieurs ténementiers; item audit lieu de Tallant, la tierce partie des dîmes de Tallant, tant vin que blé, partant par indivis avec Monsieur l'abbé de Cluny pour le tiers et le sieur de Sercy[2] pour l'autre tiers; item le droit qui appartient auxdits frères, de la foire qui est au lieu de Buxy le jour de saint Jacques et saint Philippe, à cause des ventes de la foire dudit lieu, tant le jour que la veille et les autres jours suivants de ladite foire.

Liasse 1, cote 10.

Reprise de fief et dénombrement, des 18 avril et 14 mai 1525, de partie des droits et péages de Mâcon et de ce qu'il possède à Tallant, le tout détaillé comme à la cote 10 ci-devant, par Philippe de Chevriers, seigneur de Saint-Maurice-des-Prés, tant en son nom pour une moitié que comme héritier pour l'autre moitié de Philibert de Chevriers, son frère.

Liasse 1, cote 17.

Reprise de fief, du 12 mars 1543, des objets relatés ci-devant, cote 10, par Philibert de Chevriers, écuyer.

Liasse 1, cote 21.

Reprise de fief, du 20 mai 1547, des mêmes objets, par Philibert de Chevriers, écuyer.

Liasse 1, cote 22.

---

1. Commune de Martailly-lès-Brancion, canton de Tournus.
2. Canton de Buxy.

Reprise de fief, du 3 juillet 1548, de 28 livres 10 sous de rente sur le péage de Mâcon, par Messire Jacques de Mareschal, chevalier, seigneur du Parc[1] et Senozan[2].
Nota. Est jointe sa procuration.

                                                 Liasse 1, cote 24.

Reprise de fief, du 22 août 1550, de la rente de 28 livres 10 sous sur le péage de Mâcon, par Messire Jean de Miolans, chevalier, seigneur de Chevrières[3], enseigne de cent gentilshommes de la maison du Roi, sous la charge du sieur de Boissy, grand écuyer de France, au nom et comme mari de Françoise de Mareschal, fille et héritière de feu Messire Jacques de Mareschal, chevalier, seigneur du Parc.

                                                 Liasse 1, cote 25.

Reprise de fief, du 16 janvier 1559, et dénombrement, du 17 novembre 1561, de 130 livres de rente sur le péage de Mâcon, à prendre en la manière y spécifiée, plus de quelques droits et revenus au village de Tallant, et de la maison appelée *La Saugerée* en la paroisse d'Etrigny, par Philibert de Chevriers, écuyer, seigneur de Saint-Maurice et de Marmont[4].

                                                 Liasse 1, cote 27.

Procuration, du 30 mai 1582, donnée par demoiselle Anne de Senneton, veuve de noble Guillaume Barjot, écuyer, seigneur de La Pallud[5], conseiller et maître-d'hôtel ordinaire du feu roi Charles IX, comme mère et tutrice de nobles Jean et Jacques Barjot, écuyers, enfants et héritiers dudit défunt, pour reprendre de fief de la rente de 66 écus 2/3 assignée sur le péage de Mâcon pour récompense de la terre de La Mothed'Agen sise au pays de Provence[6] jusqu'à ce que Sa Majesté lui ait baillé terre en fief noble de semblable valeur, suivant les contrat d'échange et convention faits par défunt le roi Philippe III

---

1. Commune de Sancé, canton de Mâcon nord.
2. Même canton.
3. Canton de Saint-Galmier (Loire).
4. Commune de Curciat-Dongalon, canton de Saint-Trivier-de-Courtes (Ain).
5. Commune de Quincié, canton de Beaujeu (Rhône).
6. Lamothe-Bézat (?), commune de Boé, canton d'Agen (Lot-et-Garonne).

et Messire Pierre de Genost, en son vivant seigneur de ladite Mothe-d'Agen.

Liasse 1, cote 33.

Reprise de fief, du 12 mai 1609, de 65 livres de rente, faisant moitié de celle de 130 livres, sur le péage de Mâcon, par Jean-Louis de Seyturier, sieur de Beauregard[1], comme mari de demoiselle Philiberte de Chevriers, fille et héritière universelle de Claude de Chevriers, sieur de Marmont en Bresse, et suivant le testament de Philibert de Chevriers, père dudit Claude, reçu Jean Thibod, notaire ducal, le 19 août 1559.

Nota. Est jointe la procuration et l'arrêt de la chambre du 18 dudit mois de mai pour la reprise.

Liasse 1, cote 50 *ter*.

Reprise de fief et dénombrement, du 22 juin 1666, du droit appelé vulgairement *le péage de Branges*, à lever sur le péage de Mâcon, par demoiselle Aimée Mothion, veuve et héritière de Maître François Pelleterat, élu en l'élection de Mâcon, qui avait acquis ledit droit de René d'Amoncourt, chevalier de l'ordre du Roi, gentilhomme ordinaire de sa chambre, seigneur de Montigny-sur-Aube[2], baron de Ruffey[3] et dudit Branges[4], et de dame Pierrette-Enemonde de La Chambre, sa femme, par contrat du 9 mars 1617, reçu Bayard, notaire, lequel droit est un denier parisis pour chaque grosse charge et une obole parisis pour chaque petite charge de denrées et marchandises qui passent et se conduisent tant par eau que par terre en ladite ville de Mâcon et sur la rivière de Saône.

Liasse 3, cote 3.

Reprise de fief et dénombrement, des 23 mars et 2 décembre 1672, de partie du péage de Mâcon, par Messire Claude-Joseph de Chevriers, chevalier, vicomte du Thil[5], seigneur d'Eme-

---

1. Communes de Lescheroux ou de Servignat, canton de Saint-Trivier-de-Courtes (Ain).
2. Chef-lieu de canton (Aube).
3. Commune de Sennecey-le-Grand, chef-lieu de canton.
4. Canton de Louhans.
5. Commune de Vauxrenard, canton de Beaujeu (Rhône).

ringes¹ et de Salagny², ladite partie de péage à lui appartenant par le décès de Messire Honoré de Chevriers, son père.

Liasse 3, cote 15.

Reprise de fief et dénombrement, du 9 juillet 1702, du péage de Mâcon, par dame Marguerite Grollier du Soleil, comme mère et tutrice de Claude-François-Joseph de Chevriers, chevalier, page du Roi, seigneur de Saint-Maurice, vicomte du Thil, seigneur d'Emeringes et Vauxrenard, en qualité de fils et héritier testamentaire de Messire Claude-Joseph de Chevriers, seigneur dudit Saint-Maurice, suivant l'acte du 24 mars 1702 contenant l'ouverture de son testament.

Liasse 5, cote 9.

Reprise de fief et dénombrement, des 7 avril et 11 août 1729, de portion du péage de Mâcon, par Léonard-François de Chevriers, chevalier, libre seigneur de Saint-Maurice, par Philibert-Alexandre de Chevriers de Saint-Maurice, chanoine et trésorier du chapitre de Saint-Pierre de Mâcon, son grand-oncle et tuteur.

Nota. Est joint l'extrait baptistaire dûment légalisé dudit Léonard-François, baptisé en l'église paroissiale de Saint-Pierre de Mâcon le 20 mars 1715 et né le 17, fils de Messire Claude-Joseph-François de Chevriers, chevalier, libre seigneur de Saint-Maurice, comte du Thil, seigneur d'Emeringes, Salagny, Les Chézeaux³ et Le Soleil⁴, et de dame Madeleine-Elisabeth de L'Hôpital, son épouse.

Liasse 6, cote 29.

Reprise de fief, du 10 juin 1763, de 75 livres de rente sur le péage de Mâcon, provenant du seigneur de Branges et fixées par arrêt du conseil du 24 septembre 1760, par Marguerite Pelleterat de Borde, fille majeure, demeurant à Mâcon, comme héritière universelle de Simon Pelleterat de Borde, son père, suivant son testament du 3 mai 1758, paraphé par le sieur de

---

1. Canton de Beaujeu (Rhône).
2. Commune de Vauxrenard.
3. Id.
4. Commune de Beynost, canton de Montluel (Ain).

Namps, lieutenant particulier au bailliage de Mâcon, le 31 janvier 1763.

Liasse 7, cote 3.

Reprise de fief et dénombrement, des 31 mai et 5 août 1768, de partie de la rente de 200 livres assignée sur le péage de Mâcon, par dame Avoie Vallier d'Escole, veuve de Melchior Cochet, écuyer, demeurant à Mâcon, ayant droit par acquisition de défunt Antoine Vallier d'Escole, son frère, conseiller honoraire au bailliage de Mâcon, qui était héritier de demoiselle Marie Vallier d'Escole, leur sœur commune, suivant le contrat reçu Aucaigne, notaire à Mâcon, le 3 juin 1765.

Nota. Sont transcrites dans ce dénombrement les lettres de concession et confirmation anciennes de ladite rente, qui était payée par les propriétaires dudit péage et qui est employée depuis l'année 1689 dans l'état des domaines du Roi de la généralité de Bourgogne, savoir :

1° Lettres du roi Philippe, du 8 octobre 1342, qui assigne lesdites 200 livres de rente sur la recette de Mâcon à Pierre de Genost, écuyer, son maréchal en Languedoc, outre la cession moyennant 7,000 écus d'or des terre et château appelés *La Mothe-d'Agen*[1], confisqués pour forfaiture et attrahière sur Guillaume de Carsaigne, damoiseau, d'Agen, que ledit de Genost avait soumis par force ainsi que ses adhérents, laquelle terre d'Agen est située en Languedoc (*in Lingua Occitana*). C'est en Provence.

2° Lettres de confirmation du roi Charles, du 4 août 1374, en faveur dudit Pierre de Genost, chevalier, pour le récompenser de ses services.

3° Autres lettres patentes, du 17 mars 1483, de confirmation en faveur de Claude de Genost, dit *de Saint-Amour*, écuyer, seigneur de (Fontcrenne[2]) en Beaujolais.

4° Autres, du 11 avril 1543, en faveur de Guillaume Barjot, écuyer, seigneur de La Pallud[3].

---

1. Lamothe-Bézat (?), commune de Boé, canton d'Agen (Lot-et-Garonne).
2. Commune de Villié-Morgon, canton de Beaujeu (Rhône). — Le nom est en blanc dans Peincedé.
3. Commune de Quincié, même canton.

5° Autres, du 10 août 1548, en faveur du même, et du 10 février 1563.

6° Autres, des 1er février 1582 et 23 septembre 1595, en faveur d'Anne de Senneton, veuve de Guillaume Barjot, seigneur de La Pallud, en son vivant maître-d'hôtel du roi Charles IX, comme tutrice de ses enfants non dénommés.

7° Sentence d'emploi des trésoriers, du 14 août 1694, en faveur de Salomon Chesnard, seigneur de Saint-Léger[1] et de Fuissé[2], lieutenant général au bailliage de Mâcon, comme tuteur des enfants mineurs d'Abraham-Thomas Vallier, seigneur d'Escole[3], et de dame Anne Chesnard, ayant droit des demoiselles de Vichy.

Liasse 7, cote 12.

Reprise de fief, du 7 août 1781, d'une partie de la rente de 200 livres, réduite à 180 livres, sur le péage de Mâcon, par Brice-Alexis Barjot de La Combe et par Claude Quarré du Plessis, lieutenant général à Autun, tant en son nom qu'en qualité de mari de dame Avoie Barjot de La Combe.

Liasse 7, cote 44 bis.

Reprise de fief, du 18 janvier 1785, d'une rente noble de 28 livres 10 sous sur le péage de Mâcon, par Joseph-Archambaud de Talleyrand-Périgord, tant pour lui que comme mari de Madeleine-Henriette-Sabine Olivier de Senozan de Viriville.

Liasse 7, cote 49.

Reprise de fief, du 11 août 1787, et déclaration jointe qui tient lieu au vassal de dénombrement, d'une rente assignée sur le péage de Mâcon, de 75 livres, par Louis-Gérard Pelleterat de Borde, à lui appartenant par constitution dotale à lui faite par Mme Marguerite-Gasparde Pelleterat de Borde, sa tante, dame du Soulier[4], en faveur de son mariage.

Liasse 7, cote 61.

---

1. Commune de Charnay-lès-Mâcon, canton de Mâcon sud.
2. Même canton.
3. Commune de Verzé, canton de Mâcon nord.
4. Commune de Bâgé-la-Ville, canton de Bâgé-le-Châtel (Ain).

Reprise de fief, du 29 février 1788, de trois parties de droits et trois parties de rentes fixes, à prendre sur le péage de Mâcon, des mains des Etats du Mâconnais, et d'une autre partie de 130 livres, réduite à 117 livres, employée dans les Etats du domaine du Roi de la généralité de Bourgogne comme charge locale assignée sur ledit péage au titre des fiefs et aumônes, par Mesdames Gabrielle de Musy de Romanèche, douairière de Vallin, et Gabrielle-Marguerite de Vallin de La Poype, épouse de Messire Louis-Claude, marquis de La Poype [1].

Liasse 7, cote 63.

Reprise de fief, du 7 mars 1788, et déclaration jointe qui tient lieu de dénombrement, de différentes parties de droits et rentes à prendre sur le péage de Mâcon et autres rentes assignées sur ledit péage au titre des fiefs et aumônes, par dame Gabrielle de Musy, comtesse de Vallin [2], et dame Gabrielle-Marguerite de Vallin, marquise de La Poype.

Liasse 7, cote 62.

Mâcon (rêve [3]). — Reprise de fief, du 31 mai 1547, de la rente de 300 livres à prendre sur le droit de rêve de Mâcon, par Claude de Vergy, chevalier.

Liasse 1, cote 23.

Mâcon (langues bovines). — Reprise de fief et dénombrement, des 27 novembre et 5 décembre 1665, des droits des langues bovines qui se lèvent en la ville de Mâcon, par Brice Bauderon, seigneur de Sennecé [4], lieutenant général du bailliage de Mâcon, Emmanuel Bernard, conseiller audit siège, Jeanne de Pise, Esther Desvignes, Thomas Dubois, prévôt des maréchaux au pays de Mâconnais, comme tuteur de Joseph-Thomas Bernard, neveu dudit Emmanuel, et fils de feu Jean Bernard, avocat en Parlement, Philippe Villod, chanoine en l'église Saint-Vincent de Mâcon, tant pour eux que pour Messire Claude-Léonard de Damas, marquis de Thianges [5], seigneur

---

1. Commune de Trept, canton de Crémieu (Isère).
2. Commune de Saint-Victor-de-Cessieu, canton de La Tour-du-Pin (Id).
3. Droit d'entrée ou de sortie sur les marchandises qu'on transporte.
4. Sennecé-lès-Mâcon, canton de Mâcon nord.
5. Canton de Decize (Nièvre).

des Tours[1], Messire Jean-Léonard de Rochechouart de Montpipeau, seigneur de Layé[2], Messire Jacques-François de Lestouf, seigneur d'Hurigny[3], Louis de Genetoux, seigneur de Vallière[4], Maître Claude de Rymon, seigneur de Champgrenon[5], lieutenant particulier au bailliage de Mâcon, tous propriétaires des droits des langues des bêtes bovines qui se tuent en ladite ville de Mâcon pour les portions y relatées.

Liasse 2, cote 57.

Mâcon (moulin). — Reprise de fief et dénombrement, des 12 décembre 1665 et 23 février 1666, d'un moulin à pile, situé sur la rivière de Saône, à la septième arcade du pont de Mâcon, du côté de bise, par Antoinette Lardy, veuve de Benoît Dunoyer, qui avait acquis ledit moulin des nommés Burtin y dénommés.

Nota. Elle dit ledit moulin chargé de 7 ânées de froment envers l'hôpital de Mâcon, et qu'elle a payé les lods et les redevances dus sur ledit moulin.

Liasse 2, cote 58.

Mâcon (terrain). — Reprise de fief, du 26 novembre 1766, d'une portion de terrain près les murs de la ville de Mâcon, par Léonard-François de Chevriers, libre seigneur de Saint-Maurice[6], de Chevrières[7] et autres lieux, vicomte du Thil[8], chevalier de Saint-Louis, ledit terrain lui ayant servi pour construire une terrasse et à lui inféodé par Sa Majesté, par arrêt du conseil du 30 juillet 1765, dont copie est jointe à cette reprise, et à charge de payer la rente de 60 livres au Roi qui pourra rentrer dans ledit terrain si par la suite il en a besoin.

Liasse 7, cote 9.

Mailly (Tour de[9]). — Reprise de fief et dénombrement, des 5 août 1665 et 26 mai 1666, de la Tour de Mailly, par Maurice-

---

1. Commune de Crèches, canton de La Chapelle-de-Guinchay.
2. Nom disparu, commune de Vinzelles, canton de Mâcon sud.
3. Canton de Mâcon nord.
4. Commune de Neuvy, canton de Moulins (Allier).
5. Commune de Charnay-lès-Mâcon, canton de Mâcon sud.
6. Saint-Maurice-de-Satonnay, canton de Lugny.
7. Canton de Saint-Galmier (Loire).
8. Commune de Vauxrenard, canton de Beaujeu (Rhône).
9. Nom disparu, commune d'Igé, canton de Cluny.

François Vallier, sieur de Baleine[1], et Abraham-Thomas Vallier, son frère, seigneur d'Escole[2], fils et héritiers d'Abraham Vallier, conseiller en la sénéchaussée de Lyon, ladite Tour de Mailly acquise par le tuteur desdits frères, de demoiselle Pierrette Dynne, femme de Maître Jean Colin, bourgeois de Tournus, pour le prix de 2.100 livres, par contrat du 17 juin 1659 reçu Bureteau, notaire royal à Tournus, insinué et enregistré au greffe du bailliage de Mâcon le 26 juin 1660.

Nota. Ledit fief de la Tour de Mailly est dit se composer d'environ 5 à 6 coupées au long du chemin tendant d'Igé à Verzé de matin, le cimetière de l'église dudit Igé de soir, un chemin tendant à ladite église de vent, les maisons du sieur Janoire et Chènevière du nommé Chuffin de bise, plus de quelques cens portant lods, non détaillés, acquis de demoiselle Pierrette Desmye et de sieur Michel Sauvet, son mari, par contrat reçu Bourdon, notaire à Mâcon, le 27 juin 1659.

Liasse 2, cote 56.

Reprise de fief et dénombrement, du 21 juin 1697, du fief de la Tour de Mailly en la paroisse d'Igé, par Antoine Desbois, écuyer, grand bailli d'épée du Mâconnais et capitaine du vieux château de Mâcon, comme acquéreur de Pierre Vallier, seigneur d'Escole et Curtin[3], conseiller honoraire au bailliage de Mâcon, par contrat du 8 juin 1697, reçu Aujas, notaire à Mâcon, pour le prix de 1.000 livres.

Liasse 4, cote 51.

Malfontaine[4]. — Reprise de fief et dénombrement, du 27 juin 1647, du fief de Malfontaine en justice, situé en la paroisse de Burzy, par François du Rousset, écuyer.

Nota. Il est sans détail.

Liasse 2, cote 36.

Marfontaine[5]. — Reprise de fief, du 24 mai 1715, de la seigneu-

---

1. Commune de Villeneuve-sur-Allier, canton de Moulins (Allier).
2. Commune de Verzé, canton de Mâcon nord.
3. Nom disparu, id.
4. Commune de Burzy, canton de Saint-Gengoux-le-National.
5. Commune de Montbellet, canton de Lugny.

rie de Marfontaine au village de Montbellet, par François du Rousset, écuyer, en qualité de donataire universel de François du Rousset, écuyer, son père, suivant son contrat de mariage du 2 juin 1712, reçu Chappuis, notaire.

Liasse 5, cote 51.

Marigny[1] **et Vérizet.** — Dénombrement, du 16 juillet 1649, de la seigneurie de Marigny et de la prévôté de Vérizet, ledit Marigny situé en la paroisse dudit Vérizet, par Jean Vincent.

Liasse 2, cote 46.

Reprise de fief et dénombrement, des 4 janvier 1678 et 1er mars 1679, de la seigneurie de Marigny et prévôté de Vérizet, par Vincent Perrier, en qualité de fils et cohéritier de Maître Girard Perrier et de demoiselle Antoinette Bonnet, qui était héritière de Jean Vincent.

Nota. Ladite seigneurie de Marigny consiste en la maison de Fleurville, autrement dite *de Marigny*, paroisse de Vérizet, selon les transactions passées avec les évêques de Mâcon en 1452 et 1578, et quelques héritages y détaillés, la prévôté de Vérizet et le droit d'usage ès bois *de Lache* et *de Poiseul* contesté par l'évêque de Mâcon dès 1633.

Liasse 3, cote 51.

Reprise de fief et dénombrement, des 10 décembre 1686 et 22 mars 1687, de la moitié de la seigneurie de Marigny, autrement Fleurville, et de la prévôté de Vérizet, savoir un quart par demoiselle Hélène Perrier, femme de Maître Thomas Chanuet, conseiller du Roi, juge au bailliage de Mâcon, comme héritière pour un quart de Maître Vincent Perrier, son frère, suivant son testament du 23 février 1684, un quart par Maître Girard Perrier, conseiller du Roi, élu en l'élection de Mâcon, comme héritier aussi pour un quart de Vincent Perrier, et ledit Girard et ladite Hélène sont héritiers médiats pour un quart chacun en l'hoirie de Jean-Baptiste Perrier, leur neveu.

Liasse 4, cote 14.

---

1. Aujourd'hui Fleurville, commune de Vérizet, canton de Lugny.

Reprise de fief, du 26 avril 1785, des terres et seigneuries de Marigny et prévôté de Vérizet, par François-Charles-Marie Perrier de Marigny.

Liasse 7, cote 50.

Marmeaux[1] **et Montceaux**[2]. — Dénombrement, du 26 juin 1646, de la seigneurie de Marmeaux et Montceaux en Auxois, par Messire François de Bonne de Créquy d'Agoult, duc de Lesdiguières, comme mari de dame Anne de La Magdeleine de Ragny.

Liasse 2, cote 16.

Dénombrement, du 15 janvier 1660, de la seigneurie de Marmeaux en Auxois et Montceaux en dépendant, par Messire François de Bonne de Créquy d'Agoult, duc de Lesdiguières, au nom de son fils.

Liasse 2, cote 51.

La Matrouille[3]. — Reprise de fief, du 5 juillet 1697, du fief de La Matrouille en la paroisse de Saint-Maurice, par demoiselle Jeanne de Guillermain, fille unique de défunts Alexandre de Guillermain et Catherine Dibal.

Nota. Ledit fief est estimé 2.000 livres.

Liasse 4, cote 52.

Reprise de fief, du 10 décembre 1728, et dénombrement double non blâmé, du fief de La Matrouille en toute justice en la paroisse de Saint-Maurice, par Pierre de Royers, écuyer, demeurant audit Saint-Maurice, en qualité de père et légitime administrateur des biens de ses enfants mineurs, héritiers ab intestat de dame Jeanne de Guillermain, leur mère.

Nota. Est joint un extrait du contrat de mariage de Pierre de Royers, seigneur de La Vafinière[4], fils de Paul de Royers, chevalier, seigneur dudit lieu, et de dame Marianne de Grosbois, d'une part, et demoiselle Jeanne de Guillermain, dame

---

1. Canton de Guillon (Yonne).
2. Commune de Talcy, canton de L'Isle-sur-Serein (id.)
3. Commune de Saint-Maurice-lès-Château-Neuf, canton de Chauffailles.
4. Nom disparu, probablement en Provence. Voir *Armorial général du Lyonnais, Forez et Beaujolais*, Lyon, 1860, in-4°, v° Royers.

de La Matrouille, fille de défunt Alexandre de Guillermain, écuyer, seigneur dudit lieu de La Matrouille, d'autre part, et de demoiselle Catherine Dibal, ladite demoiselle procédant de l'autorité d'Antoine-Hilaire de La Porte, chevalier, seigneur de La Forêt [1] et de Chavanne [2], son curateur, du conseil et de l'avis de noble Jean Vaginay, seigneur de Montpinay [3] et L'Héronde [4], conseiller et procureur du Roi en la sénéchaussée de Lyon, son oncle, ledit contrat passé à Chavanne, paroisse de Saint-Nizier-d'Azergues [5], maison dudit sieur de La Porte, le 1er octobre 1699, et reçu Poyet, notaire, présents François de Guillermain, chevalier, seigneur de La Nuzière [6], Jean-Baptiste de Guillermain, aussi chevalier, capitaine au régiment d'Argenson, et Joseph-Alexandre de La Porte, chevalier, sieur de La Pallud [7].

Liasse 6, cote 23.

Reprise de fief, du 14 décembre 1740, du fief de La Matrouille, par Alphonse de Royers, écuyer, en qualité d'héritier universel de Pierre de Royers, chevalier, seigneur de La Matrouille, son père, suivant son testament du 4 mars 1729, reçu Boyer, notaire royal.

Liasse 6, cote 50.

Messey-sur-Grosne [8]. — Reprise de fief et dénombrement, des 12 septembre et 17 octobre 1480, de ce qui est ci-après détaillé, par Pierre de Messey, écuyer, tant en son nom qu'à celui de Jean de Messey, son fils, savoir le château et maison forte dudit Messey, la motte et les fossés dudit château, une petite rivière passant par lesdits fossés faisant limite et division du duché de Bourgogne et du comté du Mâconnais devers bise ; item, deux grands jardins et curtils sur lesdits fossés, contenant en tout environ 6 journaux de terre ; item, un grand champ joignant lesdits jardins, d'environ 8 journaux ;

---

1. Commune de Saint-Symphorien-de-Lay, canton de Roanne (Loire).
2. Nom disparu, commune de Saint-Nizier-d'Azergues, canton de La Mure (Rhône).
3. Commune de Ranchal, même canton.
4. Aujourd'hui Néronde, commune d'Odenas, canton de Belleville (Id.)
5. Canton de La Mure.
6. Commune de Cublize, canton de Villefranche (Rhône).
7. Commune de Quincié, canton de Beaujeu (Id.)
8. Canton de Buxy.

Fiefs du Mâconnais

item, en la prairie dudit Messey, près dudit château, sur la rivière de Grosne, 50 soitures de pré en plusieurs pièces; item, au village dudit Messey, 14 feux en toute justice; item, environ 15 livres de rente; item, environ 6 poulailles; item, environ 6 corvées dues par lesdits habitants de Messey; item, 12 bichets de blé, mesure de Saint-Gengoux, sur les moulins de Pacot[1] et de Taluchot[2]; item, la justice haute, moyenne et basse, audit village de Messey et au territoire dudit village, ainsi qu'elle s'étend sur les limites et confins des lettres sur ce faites; item, environ 20 journaux de terre arable en plusieurs pièces, le tout situé au bailliage de Mâcon.

Liasse 1, cote 8.

Le Molard[3]. — Dénombrement, du 24 juillet 1671, de la seigneurie du Molard, paroisse de Saint-Jean-sur-Veyle en Bresse, par Madame Philiberte de Tenay de Saint-Christophe, veuve de Claude de Passerelles de Marillat, seigneur dudit Marillat[4], ladite seigneurie à elle constituée par feu le seigneur de Saint-Christophe, son père, pour partie de sa constitution dotale.

Liasse 3, cote 14.

Le Môle[5] **et Le Clairon**[6]. — Reprise de fief et dénombrement succinct, des 21 mars et 13 août 1720, de la seigneurie du Môle et du fief du Clairon, par Jean-Joseph de Berthet, chevalier, marquis de Gorze[7], seigneur de Verrey[8], Sennecé-lès-Mâcon et autres lieux, chevalier de justice de l'ordre royal et militaire de Saint-Lazare-de-Jérusalem, gentilhomme ordinaire de Son Altesse Seigneuriale Monseigneur le Duc, comme acquéreur du sieur baron de Choin, gouverneur de Bourg-en-Bresse, par contrat reçu Duhamel, notaire à Paris, le 20 janvier 1720, pour le prix de 31,000 livres.

Liasse 5, cote 58.

Reprise de fief, du 2 mars 1769, des fiefs du Môle et du Clairon,

---

1. Commune de Messey-sur-Grosne.
2. Nom disparu, id.
3. Commune de Saint-Jean-sur-Veyle, canton de Pont-de-Veyle (Ain).
4. Commune de Viriat, canton de Bourg (id.)
5. Commune de Germolles, canton de Tramayes.
6. Id., id.
7. Id., id.
8. Commune de Sennecé-lès-Mâcon, canton de Mâcon sud.

situés en la paroisse de Germolles et dépendant du marquisat de Gorze, qui est mouvant du Beaujolais, par Louise-Victoire de Berthet de Gorze, veuve de Claude-Nicolas de Galland, seigneur de Chavannes[1], demeurant à Lyon, en vertu de la donation entre vifs faite à ladite dame par Constance-Louis-Claude-Joseph-Benoît de Berthet, marquis de Gorze, son neveu, par acte reçu Guyot, notaire à Lyon, le 25 juillet 1768.

Liasse 7, cote 19.

Molleron[2]. — Reprise de fief et dénombrement, des 25 novembre 1677 et 14 décembre 1678, du fief de Molleron situé en la paroisse de Saint-Clément-sur-Guye, proche Saint-Gengoux[3], par Maître Guillaume Aumônier, sieur de Chalenforge[4], résidant audit Saint-Gengoux, en qualité de mari de demoiselle Françoise de Thésut, fille de feu Philibert de Thésut, écuyer, seigneur des Puits[5], de Montmurger[6] et dudit Molleron.

Nota. Ledit fief ne consiste qu'en une maison et dépendances d'environ un demi journal de terre et deux ouvrées de vignes En-Robert-de-Vaux, et quelques cens non détaillés.

Liasse 3, cote 45.

Reprise de fief et dénombrement, du 7 juillet 1710, du fief de Molleron, situé en la paroisse de Saint-Clément-sur-Guye, par Henri de Rains, conseiller du Roi, receveur au grenier à sel de Saint-Gengoux, comme acquéreur, par contrat du 10 mars 1710, reçu Réty, notaire à Uchizy[7] en Mâconnais, des sieurs Gabriel et Louis Aumônier et demoiselles Madeleine, Angèle, Antoinette et Françoise Aumônier, leurs sœurs, seigneurs et dames de Chalenforge.

Nota. Ledit fief ne consiste qu'en une maison, un petit terrier et deux ouvrées de vignes, audit lieu de Saint-Clément, appelées *En-Robert-du-Vaux* (sic).

L... 3, cote 33.

---

1. Chavannes-sur-Reyssouze, canton de Pont-de-Vaux (Ain).
2. Nom disparu, commune de Saint-Clément-sur-Guye, canton de Mont-Saint-Vincent.
3. Saint-Gengoux-le-National, chef-lieu de canton.
4. Commune de Trivy, canton de Matour.
5. Commune de Gourdon, canton de Mont-Saint-Vincent.
6. Nom disparu, commune de Mary, même canton.
7. Canton de Tournus.

Mont-Saint-Vincent[1] **et Le Bois-Sainte-Marie**[2]. — Lettres patentes de Louis XI, roi de France, datées d'Arras, le 22 septembre 1477, portant reprise de fief à lui faite de la seigneurie de Mont-Saint Vincent au bailliage de Charollais et de la châtellenie du Bois-Sainte-Marie au bailliage du Mâconnais, par son conseiller et chambellan Hugues de Chantemerle, seigneur dudit lieu et de La Clayette[3], à la charge d'en donner dénombrement en la chambre des comptes.

Liasse 1, cote 5.

Montbellet[4], **Igé**[5], **La Tour de Mailly**[6] **et Lys**[7]. — Reprise de fief, du 8 février 1647, de la baronnie de Montbellet, de la seigneurie d'Igé et de La Tour de Mailly, par Messire Claude de Maugiron, comte de Montléans[8], maréchal des camps et armées du Roi et maître-de-camp du régiment de cavalerie de la Reine régente, lesdites seigneuries à lui appartenant, savoir Montbellet et Igé par la succession du feu sieur de Maugiron, son cousin, et ladite Tour de Mailly par acquisition qu'il en a faite du sieur Sauvet.

Liasse 2, cote 25 bis.

Dénombrement, du 3 mars 1660, de la baronnie de Montbellet, par Messire Jean-Baptiste-Gaston de Maugiron, comte de Montléans, seigneur d'Ampuis[9], Courquetaine[10], Châteaubourg[11], Beauvoir-de-Marc[12] et autres lieux, gouverneur de Vienne et pays Viennois.

Liasse 2, cote 52.

Reprise de fief et dénombrement, des 17 avril 1673 et 24 juillet 1679, de la baronnie de Montbellet, par dame Madeleine-Françoise de Choiseul, en qualité de veuve, donataire mutuelle, héritière instituée et légataire universelle de Messire Gaston-

---

1. Chef-lieu de canton.
2. Canton de La Clayette.
3. Chef-lieu de canton.
4. Canton de Lugny.
5. Canton de Cluny.
6. Commune d'Igé.
7. Commune de Chissey-lès-Mâcon, canton de Saint-Gengoux-le National.
8. Commune de Jardin, canton de Vienne (Isère).
9. Canton de Condrieu (Rhône).
10. Canton de Tournan (Seine-et-Marne).
11. Commune de Rives-sur-Fure, chef-lieu de canton (Isère).
12. Canton de Saint-Jean-de-Bournay (id.).

Jean-Baptiste de Maugiron, comte de Montléans, seigneur d'Ampuis, Beauvoir, Loire[1] et autres lieux, au sujet de laquelle baronnie ladite dame dit être en procès avec le sieur baron de Maugiron, qui est appelant d'une sentence des requêtes du palais à Paris, du 8 février 1672, qui porte qu'elle jouira par usufruit sa vie durant de tous les meubles et acquêts qui ne sont situés au pays de droit écrit, et qu'elle aura délivrance des biens qui lui ont appartenu audit pays de droit écrit.

Nota. Les arrière-fiefs non approuvés.

Liasse 3, cote 22.

Reprise de fief et dénombrement, du 26 mai 1685, de la baronnie de Montbellet, par Jean-Baptiste Giraud, écuyer, seigneur de Saint-Trys[2], comme acquéreur de dame Madeleine-Françoise de Choiseul, veuve de Messire-Jean-Baptiste-Gaston de Maugiron, par contrat du 11 mai 1684, reçu Rougeault, notaire à Lyon, pour le prix de 78.000 livres.

Nota. Il consiste en un château au lieu de Bussière[3], l'un des huit hameaux qui composent la paroisse dudit Montbellet et relèvent en fief dudit château, plus cinq fiefs, savoir Monsieur du Rousset pour sa maison de Marfontaine[4], Monsieur Bordet pour sa maison du Buisson[5], les héritiers du sieur Pierre Chesnard à cause de leur maison de Mercey[6], la demoiselle de Grenot à cause de son pré de Beaufort[7] et de sa maison de La Salle[8], et les habitants de Cray[9] à cause de leurs vignes de Feillens[10].

Nota. Ledit dénombrement reçu sans approuver lesdits arrière-fiefs dont il fera les preuves dans trois mois par titres authentiques.

Liasse 4, cote 8.

---

1. Canton de Condrieu (Rhône).
2. Commune d'Anse, chef-lieu de canton (Id.).
3. Commune de Montbellet.
4. Id.
5. Nom disparu, id.
6. Même commune.
7. Nom disparu.
8. Commune de Manziat, canton de Bâgé-le-Châtel (Ain).
9. Commune de C   é, canton de Lugny.
10. Canton de Bâgé-le-Châtel (Ain).

Reprise de fief et dénombrement, des 25 juin et 7 juillet 1704, de la baronnie de Montbellet, par Jean Giraud, écuyer, seigneur de Saint-Oyen[1], conseiller du Roi en la sénéchaussée de Lyon, en qualité d'héritier universel de feu Jean-Baptiste Giraud, écuyer, seigneur de Saint-Trys, baron de Montbellet, son oncle, suivant son testament du 21 décembre 1703, reçu Deforas, notaire à Lyon, et l'acceptation d'hoirie faite par ledit sieur de Saint-Oyen le 29 avril 1704 par-devant le lieutenant général de ladite ville.

Liasse 5, cote 19.

Reprise de fief et dénombrement, des 7 décembre 1728 et 21 avril 1731, de la baronnie de Montbellet, par Georges Giraud, écuyer, seigneur de Saint-Oyen, Saint-Trys, Le Chanay[2] et Lys, en qualité d'héritier universel de Jean Giraud, son père, aussi écuyer, ancien conseiller du Roi en la cour des monnaies, sénéchaussée et présidial de Lyon, suivant son testament du 21 mars 1715, reçu Durand, notaire audit Lyon.

Liasse 6, cote 22.

Reprise de fief, du 19 juin 1774, et dénombrement, du 13 février 1775, de la terre et baronnie de Montbellet et de la seigneurie de Lys, par Jean Giraud de Montbellet, chevalier d'honneur en la chambre des comptes de Dijon, en qualité de fils et héritier substitué de Georges Giraud, baron dudit Montbellet, conseiller honoraire en la cour des monnaies de Lyon, suivant son testament souscrit par Guyot, notaire à Lyon, le 16 juin 1750, et ses codiciles.

Nota. Montbellet est estimé 120.000 livres et Lys 12.000 livres.

Liasse 7, cote 31.

Montceaux-l'Etoile[3], **Le Verdet**[4], **Versaugues**[5] **et Le Lac**[6]. — Re-

---

1. Commune de Montbellet.
2. Commune de Demmartin, canton de Bâgé-le-Châtel (Ain).
3. Canton de Marcigny.
4. Nom disparu, commune de Montceaux-l'Etoile.
5. Canton de Paray-le-Monial.
6. Commune d'Anzy-le-Duc, canton de Marcigny.

prise de fief comme en main souveraine, du 8 janvier 1703, de la seigneurie de Montceaux et Versaugues, par Philibert Dupuis, écuyer, sieur des Falcons[1], receveur des deniers royaux au bailliage de Semur-en-Brionnais, comme acquéreur d'Antoine de Saint-Georges, par contrat reçu Thivert, notaire royal résidant à Cours[2], le 26 avril 1702, pour le prix de 50.000 livres, y compris l'arrière-fief du Lac relevant du prieuré et baronnie d'Anzy-le-Duc qui a été amodié 850 livres.

Nota. Il fait ladite reprise avec protestation qu'elle ne lui puisse nuire au cas que ladite seigneurie de Montceaux se trouve être en franc-alleu, ayant fait des perquisitions tant à la chambre qu'ailleurs sans avoir pu découvrir de qui elle relève.

Liasse 5, cote 40.

Reprise de fief et dénombrement, des 9 décembre 1712 et 10 août 1714, de la seigneurie de Montceaux et Versaugues, par Jean Perrin, seigneur de Daron[3], comme acquéreur de Philibert Dupuis, écuyer, par contrat reçu Bouthier, notaire à Semur-en-Brionnais, le 24 novembre 1712.

Nota. Est dit que les arrière-fiefs en dépendant relèvent du prieuré d'Anzy.

Liasse 5, cote 43.

Reprise de fief et dénombrement, des 10 décembre 1745 et 11 mai 1748, de la seigneurie de Montceaux et Versaugues, par Gilbert Perrin, écuyer, demeurant en la paroisse de Montceaux-l'Etoile, ladite seigneurie à lui appartenant par le partage fait par Jean Perrin, écuyer, conseiller secrétaire du Roi, maison, couronne de France, son père, de ses biens, contenu en son testament du 7 février 1735, reçu Grandjean, notaire à Gibles[4], contrôlé et insinué à Matour[5], le 11 juillet 1737.

Liasse 6, cote 53.

---

1. Commune d'Anzy-le-Duc, canton de Marcigny.
2. Canton de Thizy (Rhône).
3. Commune d'Oyé, canton de Semur-en-Brionnais.
4. Canton de La Clayette.
5. Chef-lieu de canton.

Reprise de fief, du 5 mars 1755, des seigneuries de Montceaux, Le Verdet et Versaugues, par Gaspard de Vichy, chevalier, comte de Champ-Rond [1], maréchal des camps et armées du Roi, comme acquéreur de Gilbert Perrin, écuyer, demeurant à Semur-en-Brionnais, par acte reçu Joly, notaire à Saint-Maurice-lès-Château-Neuf [2], le 14 janvier 1755.

Liasse 6, cote 62.

Montchanin [3] **et Montaigu** [4]. — Reprise de fief, du 10 décembre 1743, de la seigneurie de Montchanin et du domaine et fief appelé *de Montaigu* situé en la paroisse de Chauffailles, par Laurent Dubost de Tavannes, écuyer, seigneur de Petit-Bourg, La Goutelle et autres lieux, demeurant ordinairement à Lyon, comme acquéreur d'Alexandre-Marie de Noblet, chevalier, marquis de Noblet [5], seigneur d'Anglure [6], par contrat reçu Dechagnie, notaire à La Clayette, le 24 juillet 1743.

Nota. Ledit fief a été distrait du terrier d'Anglure.

Liasse 6, cote 52.

Montgesson [7], **La Borcelle** [8], **Avaise** [9], **Le Sorbier** [10], **Le Vigneau** [11], **Vaux** [12], **Marcelle** [13], **Gauchet** [14], **Grand-Vaux** [15], **Essertaux** [16], **Milly** [17] **et Serrières** [18]. — Reprise de fief et dénombrement succinct, des 25 mai et 20 juillet 1677, de la seigneurie de Montgesson consistant és villages de La Borcelle, d'Avaise,

---

1. Commune de Ligny, canton de Semur-en-Brionnais.
2. Canton de Chauffailles.
3. Nom disparu.
4. Commune de Chauffailles.
5. Nom sous lequel les terres d'Anglure, de Montchanin, etc., furent unies et érigées en marquisat, par lettres patentes du mois de mai 1715.
6. Anglure-sous-Dun, canton de Chauffailles.
7. Commune de Varennes-sous-Dun, canton de La Clayette.
8. Id.
9. Id.
10. Nom disparu, commune de La Chapelle-sous-Dun, même canton.
11. Commune de Varennes-sous-Dun.
12. Id.
13. Id.
14. Id.
15. Nom disparu, id.
16. Commune de Bussières, canton de Mâcon sud.
17. Canton de Mâcon nord.
18. Canton de Tramayes.

du Sorbier, du Vigneau, de Vaux, de Marcelle et Gauchet, plus de la seigneurie de Grand-Vaux en la paroisse de Varennes-sous-Dun, par Jean-Éléonor de Noblet, chevalier, seigneur de Chenelette [1], comme héritier de Claude de Noblet, son père.

Liasse 3, cote 42.

Reprise de fief et dénombrement, du 14 mai 1696, des seigneuries de Montgesson, Grand-Vaux et Avaise en la paroisse de Varennes-sous-Dun, de celle d'Esserteaux en la paroisse de Bussières, et de celle de Milly, par Bernard de Noblet de Chenelette, écuyer, lesdites terres de Montgesson, Grand-Vaux et Avaise à lui constituées en son contrat de mariage du 19 novembre 1695, par Jean-Éléonor de Noblet, écuyer, son père, et lesdites terres d'Esserteaux et Milly ayant été constituées par le même contrat à dame Jeanne Donguy d'Origny, épouse dudit Bernard de Noblet, par Jean Donguy d'Origny, son père, écuyer, qui lui aurait aussi constitué la seigneurie de Serrières, en s'en réservant l'usufruit et le retour au cas où ladite dame mourrait sans enfants avant ledit sieur son père.

Liasse 4, cote 31.

Mouge [2] (péage) et Mâcon (péage). — Lettres patentes du roi Louis XI, datées de Dijon le 1er octobre 1470, adressées aux gens des comptes dudit Dijon et autres officiers, portant reprise de fief par Messire Philibert de Rougemont, seigneur de Pierreclos [3], pour ses fiefs, cens et rentes qu'il tient en fief du Roi.

Nota. Est jointe la déclaration dudit Philibert de Rougemont, chevalier, seigneur de Pierreclos et de Bussy [4], du 9 octobre 1470, par laquelle il reconnaît tenir en fief du Roi, à cause de son comté de Mâcon, le péage appelé *de Mouge* situé au village de Mouge-sur-Saône [5], avec les droits qu'on a accoutumé lever et prendre tant par terre que par la rivière de Saône à cause dudit péage; item, quarante sous parisis de rente qu'il

---

1. Canton de La Mure (Rhône).
2. La Mouge, rivière.
3. Canton de Tramayes.
4. Nom disparu, commune de Bussières, canton de Mâcon sud.
5. Mouge, commune de La Salle, canton de Lugny.

prend sur le péage de Mâcon, le tout selon la forme que jadis noble Humbert de Bletterans l'a certifié tenir.

Plus est joint un acte dudit de Rougemont, du 8 octobre 1479, portant ratification de la susdite reprise de fief, témoins M⁰ Philippe de Franc, écuyer, seigneur d'Esserteaux[1], et M⁰ Charles d'Escrivieux, licencié ès-lois.

Liasse 1, cote 7.

Moulin-le-Bost[2]. — Reprise de fief et dénombrement, des 4 mai et 14 décembre 1679, de la seigneurie de Moulin-le-Bost en la paroisse de Saint-Maurice-lès-Château-Neuf en Mâconnais, par Jean-Baptiste du Saix, écuyer, seigneur de Chervé[3] en Beaujolais, ayant retiré par droit de retrait ladite seigneurie de Moulin-le-Bost qui avait été discutée par décret sur Marc-Antoine du Bost, écuyer, seigneur de Bois-Vert[4] en Forez, tuteur des enfants du second lit de Gaspard du Bost, ledit retrait lignager fait, dis-je, par ledit du Saix de Henri de Chavagnac, écuyer, seigneur de La Mollère[5], qui était adjudicataire de ladite terre du Moulin.

Ladite seigneurie en toute justice est chargée de redevances, savoir : 60 livres à Château-Neuf, 12 livres à l'abbaye de Saint-Rigaud[6], 6 livres au sieur commandeur d'Epinassy[7], et 65 livres de pension viagère à Madeleine du Bost, religieuse à Marcigny[8].

Liasse 3, cote 63.

Reprise de fief et dénombrement, des 26 février et 1ᵉʳ mars 1704, de la seigneurie de Moulin-le-Bost, paroisse de Saint-Maurice-lès-Château-Neuf, par René de Drée de La Serrée, écuyer, élu de la noblesse des Etats du Mâconnais, en qualité de mari de dame Jeanne de Damas, qui a acquis ladite seigneurie de Jean-

---

1. Commune de Bussières.
2. Aujourd'hui Bois-de-Moulin, commune de Saint-Maurice-lès-Château-Neuf, canton de Chauffailles.
3. Commune de Perreux, chef-lieu de canton (Loire).
4. Commune d'Epercieux-Saint-Paul, canton de Feurs (Id.)
5. Commune de Glaine-Montaigut, canton de Billom (Puy-de-Dôme).
6. Commune de Ligny, canton de Semur-en-Brionnais.
7. Commune de Changy, canton de Charolles.
8. Chef-lieu de canton.

Baptiste du Saix, écuyer, sieur de Chervé, par contrat du dernier mai 1699, reçu La Coste, notaire à Tancon [1].

Liasse 5, cote 17.

Le Mouton ou La Tour de Langes [2]. — Reprise de fief et dénombrement, des 25 février et 17 novembre 1678, du fief du Mouton, situé en la paroisse de Charnay, par dame Anne de Tenay de Saint-Christophe, veuve de Gaspard de Chevriers, seigneur de La Saugerée [3], ledit fief par elle acquis de Jean-Baptiste de Billy, écuyer, seigneur des Echelles [4], par contrat reçu Dumont, notaire à Mâcon, le 21 septembre 1663, pour le prix de 14.000 livres.

Nota. Ledit fief, relevant du Roi à cause de la châtellenie de Davayé [5], consiste en une tour et dépendances près le grand chemin tendant de l'église dudit Charnay à Salornay [6] de bise, autre chemin de ladite église au bois de Verneuil [7] de vent, et quelques autres héritages y confinés.

Liasse 3, cote 53.

Reprise de fief et dénombrement, du 29 décembre 1693, du fief du Mouton situé en la paroisse de Charnay, par Philibert-Alexandre de Chevriers de Changy, chanoine en l'église Saint-Pierre de Mâcon, et Alexandre de Chevriers de Saint-Maurice, son frère, chanoine et trésorier de ladite église, ledit fief à eux appartenant par droit de retrait lignager de l'acquisition qui en avait été faite par dame Anne de Tenay, veuve de Gaspard de Chevriers, chevalier, seigneur de La Saugerée, et en vertu de la sentence rendue au bailliage de Mâcon au profit desdits de Chevriers frères, le 18 avril 1693, contre François Bernard, seigneur de Châtenay [8], qui était acquéreur dudit fief de Monsieur le comte de Saint-Christophe, par contrat du 15 janvier 1692, reçu Achaintre, notaire à Mâcon, sur l'instance en retrait lignager que lesdits frères lui avaient intentée pour

---

1. Canton de Chauffailles.
2. Noms disparus, commune de Charnay-lès-Mâcon, canton de Mâcon sud.
3. Commune d'Etrigny, canton de Sennecey-le-Grand.
4. Commune d'Ambérieu, chef-lieu de canton (Ain).
5. Canton de Mâcon sud.
6. Commune d'Hurigny, canton de Mâcon nord.
7. Commune de Charnay-lès-Mâcon.
8. Commune de Sancé, canton de Mâcon nord.

relâcher ledit fief, ce qu'il aurait fait par acte reçu Quiclet, notaire à Mâcon, le 20 avril 1693, le tout ainsi qu'il est relaté en la procuration y jointe.

Liasse 4, cote 26.

Reprise de fief, du 16 décembre 1788, du fief du Mouton, autrement dit La Tour de Langes, et dépendances, situé en la paroisse de Charnay au comté de Mâconnais, par Philibert Dorin, négociant à Mâcon.

Liasse 7, cote 65.

Le Mouton[1]. — Reprise de fief et dénombrement, des 17 mai 1678 et 29 mai 1679, du fief du Mouton, situé en la paroisse de Saint-Martin-de-Senozan, par Jean de La Porte, avocat à Mâcon, en qualité d'héritier de feu dame Anne Renibert, sa mère, qui était veuve et héritière de François de La Porte, conseiller au bailliage de Mâcon.

Nota. Ledit fief ne consiste qu'en un petit terrier, une portion de dîme non détaillée et sans justice.

Liasse 3, cote 55.

Reprise de fief et dénombrement, des 10 décembre 1696 et 21 novembre 1698, du fief du Mouton, sans justice, situé en la paroisse de Saint-Martin-de-Senozan, par Jacques de La Porte, conseiller du Roi, élu assesseur en l'élection de Mâcon, à lui échu par le décès de Jean de La Porte, son frère, qui par son testament en avait donné l'usufruit à demoiselle Pâtissier, sa femme, avec laquelle ledit Jacques eut plusieurs contestations qui l'empêchèrent d'entrer en possession dudit fief.

Nota. Est jointe une lettre missive où il dit qu'il a présenté une requête à Messieurs les élus généraux à fin de décharge de la taxe de franc-fief, et que son père était conseiller au présidial de Mâcon.

Liasse 4, cote 40.

Murget ou La Grange-Murget[2]. — Reprise de fief et dénombrement, des 14 décembre 1696 et 16 février 1697, de la rente noble de La Grange de Murget par Maître Émilien Tupinier,

---

1. Commune de Saint Martin-de-Senozan, canton de Mâcon nord.
2. Commune de Solutré, canton de Mâcon sud.

conseiller du Roi, élu en l'élection de Mâcon, comme héritier de feu demoiselle Etiennette Desbois, sa mère, femme de Maître Claude Tupinier.

Nota. Est jointe la procuration.

Le procureur général, dans ses conclusions, s'oppose à ladite reprise de fief, parce que ledit domaine de Murget a été déclaré bien de roture par deux arrêts de la chambre des 13 août 1666 et 2 avril 1678, et que, quoique ledit Tupinier ait contribué à l'arrière-ban, ce n'est pas une raison pour déclarer ledit bien noble, attendu qu'il n'y a que le Roi qui peut anoblir les personnes et les biens. Cependant, malgré cette observation, la reprise est faite.

Nota. Ledit dénombrement ne contient que ce qui suit : « La rente noble de la Grange des Murgers en Mâconnais, consistant annuellement en deux feuillettes de vin, douze coupes d'avoine, dix coupes de froment et trois livres en argent ».

Liasse 4, cote 41.

Reprise de fief et dénombrement, des 4 février 1722 et 2 mai 1720, du fief de Murget, qui ne consiste qu'en une grange, deux feuillettes de vin, deux coupes d'avoine, dix coupes de froment et trois livres en argent, le tout non autrement détaillé, par Claude Tupinier, conseiller du Roi, élu en l'élection de Mâcon et juge-mage de Cluny, y demeurant, à lui appartenant suivant le testament d'Emilian Tupinier, son père, du 10 avril 1707, et son contrat de mariage, du 18 janvier 1711, avec la demoiselle Réty.

Nota. Est joint l'extrait mortuaire dûment légalisé Judit Emilian Tupinier, élu en l'élection de Mâcon, décédé à Cluny le 5 octobre 1709.

Liasse 6, cote 2.

Reprise de fief, du 25 juin 1767, du fief de Murget situé en la paroisse de Solutré, par Henri-Oswald-Gabriel Tupinier, ancien élu en l'élection de Mâcon, demeurant à Cluny, acquéreur, le 10 février 1765, par acte reçu Genelet, notaire à Mâcon, d'Abel-Louis de Laborier de Serrie et de dame Françoise Tupinier, son épouse, moyennant 3.000 livres.

Liasse 7, cote 10.

Reprise de fief, du 24 mai 1785, du fief de Murget en la paroisse de Solutré, par Henri-Oswald-Gabriel Tupinier, seigneur de Murget, avocat en Parlement.

Liasse 7, cote 51.

Les Myard[1], **Burnanceau**[2] **et Montillet**[3]. — Reprise de fief et dénombrement, du 28 novembre 1712, de la seigneurie des Myard et Burnanceau située en la paroisse de Brandon en Mâconnais, et en toute justice, par Philippe Bridet, écuyer, premier page de Son Altesse Sérénissime Monseigneur le duc de Bourbon, codonataire entre vifs de dame Madeleine Belouze, sa mère, par acte reçu Dufour, notaire audit Brandon, le 12 septembre 1712.

Liasse 5, cote 41.

Reprise de fief et dénombrement, des 2 décembre 1765 et 13 août 1768, des seigneuries et fiefs des Myard, Burnanceau et partie de celui de Montillet, situés en la paroisse de Brandon, et en toute justice, par Pierre Bridet des Myard, écuyer, élu de la noblesse des Etats du Mâconnais, en qualité d'héritier universel de Philippe Bridet, son père, capitaine de cavalerie, suivant son testament olographe souscrit devant Bruyn, notaire à Cluny, le 2 mai 1763, et contrôlé audit lieu le 2 juillet.

Nota. Le fief de Burnanceau a un château à quatre étages flanqué de deux tours.

Liasse 7, cote 6.

Nay[4], **Nagu**[5], **Présentin**[6] **et Saint-Léger-sous-la-Bussière**[7]. — Reprise de fief et dénombrement double, du 30 avril 1678, de portion de la seigneurie de Nay, par Messire Roland de Foudras, seigneur de Château-Thiers[8] et Matour, fils et héritier universel de Messire Roland de Foudras. Et dit qu'il a acquis ladite seigneurie de Nay, savoir un tiers par échange de la terre de Faulin[9], avec dame Marie-Isabeau de Colligny, femme

---

1. Commune de Brandon, canton de Matour.
2. Id.
3. Nom disparu, id.
4. Commune de Tramayes, chef-lieu de canton.
5. Commune d'Ouroux, canton de Monsols (Rhône).
6. Anciennement Montprésentin, commune de Trambly, canton de Matour.
7. Canton de Tramayes.
8. Commune de Matour.
9. Commune de Grury, canton d'Issy-l'Évêque.

de Messire Eléonor, palatin de Dyo, par contrat du 29 avril 1672, et les deux autres tiers par acquisition qu'il en a faite de Messire Claude de Lévis, baron de Lugny[1], par contrat du 1er août 1676, pour le prix de 18.000 livres, auxquels échange et acquisition sont comprises les seigneuries de Nagu en Beaujolais et Présentin dépendant de la baronnie de La Bussière[2], duquel fief de Nagu et d'une portion de ladite seigneurie de Nay il aurait fait la remise et rétrocession à Messire Philibert de Berthet, seigneur de Gorze[3] et La Salle[4], par contrat du 14 mars 1678.

Nota. Ladite portion de Nay ne consiste qu'en une petite maison, une métairie dite *de La Maison*[5] et une petite dîme en dépendant située en la paroisse de Tramayes, une autre métairie dite *de Chaux*[6] et le moulin dit *de Pontcharras*[7], situés en la paroisse de Saint-Léger-sous-la-Bussière, et les servis portant lods sur tous les héritages mouvant de ladite seigneurie de Nay en toute justice.

Liasse 3, cote 54.

Nobles[8]. — Dénombrement double, du 8 août 1673, de la terre et seigneurie de Nobles, par dame Claire-Françoise de Saulx de Tavannes, veuve de Messire Charles-François de La Baume de Montrevel, lieutenant général pour le Roi és provinces de Bresse, Bugey et Charollais.

Nota. La reprise est dite du 5 mars 1657.

Liasse 3, cote 29.

Ozenay[9], **Gratay**[10], **Rambuteau**[11], **La Chapelle-sous-Brancion**[12], **Collonge-la-Mâconnaise**[13], **Montcrain**[14] et **Verneuil**[15]. — Dénombre-

---

1. Lugny-lès-Charolles, canton de Charolles.
2. Commune de Saint-Léger-sous-la-Bussière.
3. Commune de Germolles, canton de Tramayes.
4. Commune de Lantignié, canton de Beaujeu (Rhône).
5. Nom disparu, commune de Tramayes.
6. Commune de Saint-Léger-sous-la-Bussière.
7. Id.
8. Commune de La Chapelle-sous-Brancion, canton de Tournus.
9. Même canton.
10. Commune d'Ozenay.
11. Commune d'Ozolles, canton de Charolles.
12. Canton de Tournus.
13. Commune de Cruzille, canton de Lugny.
14. Commune de Bray, canton de Cluny.
15. Commune de Charnay-lès-Mâcon, canton de Mâcon sud.

ment, du 19 février 1603, de partie des seigneuries d'Ozenay et de Gratay, distantes de cinq grandes lieues de Mâcon, par Claude Barthelot, contrôleur pour le Roi de ses aides et domaines au bailliage de Mâcon, à lui appartenant tant par droit successif des feus Maîtres Nicolas de Lyon, prévôt et juge royal de la ville de Mâcon, et Jean de Lyon, son fils, procureur du Roi audit bailliage, que par acquisition qu'il a depuis faite du sieur de Saint-Sernin [1], comme aussi par décret sur les veuve, enfants et héritiers de feu noble Georges de Chanay, coseigneur desdits Ozenay et Gratay, et encore de demoiselle Lazare de Ferrières, veuve dudit feu sieur de Chanay, et de Philiberte de Chanay, leur fille.

Nota. Il dit avoir perdu beaucoup de papiers à cause des guerres et pestes qui ont désolé le pays.

Liasse 1, cote 46.

Reprise de fief et dénombrement, du 26 juillet 1647, de la seigneurie d'Ozenay et Gratay en partie en toute justice, et de celle de Rambuteau, située en la paroisse d'Ozolles, par Henri Barthelot, conseiller maître des comptes à Dijon, comme héritier testamentaire de Philibert Barthelot, conseiller au présidial de Mâcon, et de demoiselle Marie de Bullion, ses père et mère.

Liasse 2, cote 39.

Reprise de fief et dénombrement, du 18 novembre 1670, des seigneuries d'Ozenay et Gratay, par Maître Jean Bernard, conseiller, et Claude Buchet, procureur du Roi au bailliage de Mâcon, en qualité de tuteurs des enfants et héritiers d'Henri Barthelot, écuyer, conseiller maître ordinaire en la chambre des comptes de Dijon et secrétaire du Roi, maison, couronne de France, et de ses finances.

Liasse 3, cote 11.

Reprise de fief et dénombrement, des 16 novembre 1688 et 5 janvier 1701, de plusieurs cens et rentes situés rière la seigneurie d'Ozenay, tant à La Chapelle-sous-Brancion, Collonge et Gratay, que lieux circonvoisins et amplement y confinés, par

---

1. Aujourd'hui Vauban, canton de La Clayette.

Messire Mathieu Barthelot, seigneur d'Ozenay, lieutenant du Roi des ville et citadelle de Chalon, comme acquéreur, pour le prix de 337 livres, de Françoise Boyaud, qui était veuve et donataire de Jean Pelletier, maître chirurgien à La Chapelle-sous-Brancion, par transaction du 23 avril 1688, reçue Bordet, notaire audit Chalon.

Liasse 4, cote 15.

Reprise de fief et dénombrement succinct, du 10 juillet 1722, de la seigneurie d'Ozenay, du fief de Gratay et de Montcrain, par François-Laurent Barthelot, écuyer, en qualité de fils et héritier universel de Mathieu Barthelot, écuyer, seigneur desdits lieux, lieutenant pour le Roi des ville et citadelle de Chalon-sur-Saône, suivant son testament olographe du 15 mars 1710 publié audit Chalon le 23 mai 1721.

Nota. Il dit avoir certaine directe acquise de Françoise Boyaud, veuve et donataire de Jean Pelletier.

Liasse 6, cote 6.

Reprise de fief, du 20 décembre 1777, des seigneuries d'Ozenay et Gratay et du fief de Verneuil situé en la paroisse de Charnay, par Philibert-Éléonor Barthelot d'Ozenay, écuyer, ancien officier de dragons, à lui appartenant, savoir lesdites seigneuries d'Ozenay et Gratay en qualité d'héritier seul et universel institué de feu François-Laurent Barthelot, son père, écuyer, suivant son testament olographe daté de Mâcon, du 2 mai 1754, contrôlé et insinué en la même ville le 27 mars 1756, et paraphé par le sieur lieutenant général du bailliage de ladite ville le 8 avril suivant, et ledit fief de Verneuil par lui acquis de Jacques-Marie Chossat de Montburon, seigneur du même lieu, par acte reçu Puthod, notaire audit Mâcon, le 5 juillet 1766, contrôlé le 7 du même mois, pour le prix de 40.000 livres.

Liasse 7, cote 37.

Le Palais[1] **et Mailly.** — Reprise de fief, du 14 juillet 1738, des seigneuries du Palais et Mailly, par dame Marie-Anne de Saulx de Tavannes, en qualité de veuve et héritière bénéficiaire de Claude-Joseph de Digoine, seigneur du Palais et Mailly en

---

1. Commune de Mailly, canton de Semur-en-Brionnais.

Mâconnais, et de Bonvert[1], Aiguilly[2] et Sarrancy[3] en Forez et en Beaujolais, demeurant en la ville de Marcigny, suivant la sentence de mainlevée rendue par le lieutenant général au bailliage de Mâcon le 9 mars 1728.

Liasse 6, cote 44.

Le Parc[4], Sancé, Saint-Martin-de-Senozan[5] et Mâcon (péage). — Dénombrement, donné le 13 août 1451, par Girard de Busseul, écuyer, seigneur du Parc, de ce qu'il tient en fief du duc de Bourgogne, consistant en ce qui suit, savoir : vingt livres parisis de rente assises sur la maison forte du Parc et sur l'étang et bois à côté de ladite maison forte, et sur une terre appelée *de Mars*, contenant environ trois meitérées de terre, comme elle s'étend sous le colombier et non dessus, et sur la verchère assise derrière ladite maison forte contenant quinze coupées de terre, et sur la vigne appelée *de Champcontaut*, et sur des servis et gardes à lui dus à Sancé par plusieurs ténementiers, lesquels servis et gardes peuvent valoir chacun an une ânée de vin et sept sous parisis ou environ, plus sur neuf ânées de vin, dix-huit coupes d'avoine et trente sous parisis dus chacun an pour la garde du prieuré et par le prieur de Sancé, et sur la juridiction basse et émoluments d'icelle du Parc et de Sancé ; Item un meix appelé *le mes ancien de Messire Gui Chevrier*, lequel tiennent des paroissiens de Saint-Martin-de-Senozan, qui peut valoir chacun an cent sous et quatre meitiers[6] de froment ou environ ; item la juridiction haute et basse de Saint-Martin-de-Senozan ; item trente livres de monnaie d'estévenants, lesquelles il a chacun an sur l'émolument du péage de Mâcon.

Liasse 1, cote 1.

Dénombrement, donné le 23 février 1475, par Girard de Busseul, écuyer, seigneur du Parc près Mâcon, savoir de 20 livres de rente sur la maison forte dudit Parc et autres objets détaillés

---

1. Nom disparu, commune de Mably, canton de Roanne (Loire).
2. Commune de Vougy, canton de Charlieu (id.).
3. Commune d'Igueronde, canton de Semur-en-Brionnais.
4. Commune de Sancé, canton de Mâcon nord.
5. Même canton.
6. Ancienne mesure.

comme ci-devant à la cote 1; item sur un meix appelé *le meix ancien*, qui fut de Messire Gui Chevrier, jadis chevalier et seigneur dudit Parc (témoins nobles hommes Simon Duverne, paroissien de Dennevy[1] près de Chalon, et Jean de Biolay, habitant de Mâcon, écuyers).

Liasse 1, cote 4.

Reprise de fief et dénombrement, des 3 avril 1499 et 2 avril 1500 après Pâques, de la seigneurie du Parc, détaillée comme à la cote 1 ci-devant, et de 28 livres 10 sous de rente à prendre sur la recette de Mâcon, par noble demoiselle Claude Baudet, veuve de noble Antoine de Busseul, seigneur du Parc, en qualité de tutrice de Louis de Busseul, leur fils, héritier de sondit père.

Liasse 1, cote 12.

Dénombrement, du 17 juin 1514, semblable à celui ci-devant rapporté sous la cote 12, pour la seigneurie du Parc, par Messire Jacques Mareschal, chevalier, seigneur du Parc, comme héritier universel de feu Claude Mareschal, son fils, qui était héritier de feu dame Claude de Busseul, sa mère, femme dudit Jacques et fille de noble demoiselle Claude Baudet, veuve d'Antoine de Busseul, seigneur du Parc.

Liasse 1, cote 14 *bis*.

Reprise de fief et dénombrement des mêmes objets, du 9 juin 1515, par ledit Jacques Mareschal, comme héritier de Claude, son fils.

Liasse 1, cote 15.

Dénombrement, du 5 décembre 1659, des terres et seigneuries du Parc, Saint-Martin[2] et Saint-Pierre de Senozan[3], par Messire Pierre Perrachon, comme acquéreur de Messire Jean-Armand de Saint-Chamond, baron de Miolan[4] et d'Anjou[5], premier baron de Savoie.

Liasse 2, cote 40.

---

1. Canton de Chagny. — Peincedé dit *Neufvi* (?)
2. Saint-Martin-de-Senozan, aujourd'hui Saint-Martin-Belle-Roche, canton de Mâcon nord.
3. Aujourd'hui Senozan, même canton.
4. Commune de Saint-Pierre-d'Albigny, chef-lieu de canton (Savoie).
5. Canton de Roussillon (Isère).

Pierreclos[1], **Bussy**[2], **Bussières**, **La Varenne**[3], **Milly**[1] et **Berzé-le-Châtel**[3]. — Reprise de fief et dénombrement, du 24 mars 1668, de la seigneurie de Pierreclos et de celles de Bussy et Bussières, par noble Jean Michon, comme acquéreur de dame Isabeau d'Albon, veuve et héritière testamentaire de Messire Hugues de Rougemont, par contrat reçu Rougnard, notaire à Lyon, le 28 janvier 1665, pour le prix de 100.000 livres.

Nota. Il dit que la propriété desdites terres lui était contestée au parlement de Paris.

Liasse 3, cote 9.

Reprise de fief et dénombrement succinct, des 3 décembre 1689 et 21 novembre 1698, de plusieurs cens et rentes situés ès paroisses de Pierreclos, Bussy et Bussières, par Jean-Baptiste Michon, écuyer, conseiller et procureur du Roi au bureau des finances de la généralité de Lyon, seigneur dudit Pierreclos, Bussy et Bussières, lesdits cens par lui acquis par cinq contrats, savoir : le 1ᵉʳ par échange fait avec les chapelains de la chapelle Saint-Martin fondée en l'église cathédrale de Mâcon, le 21 juillet 1687, reçu Quiclet, notaire à Mâcon ; le 2ᵉ aussi par échange avec les chapelains de la chapelle Saint-Georges fondée en ladite église, le 14 août 1684, reçu Chapuis, notaire à Mâcon ; le 3ᵉ par acquêt fait le 2 novembre 1668, reçu Bessard, notaire, du sieur Chesnard de Salornay ; le 4ᵉ par remise faite audit Michon par les doyen, chanoines et chapitre de Mâcon, le 29 décembre 1673, par-devant Chapuis, notaire ; le 5ᵉ par échange fait avec le seigneur d'Esserteaux[6], le 1ᵉʳ avril 1683, reçu Sanrey et Verset, notaires.

Liasse 4, cote 20.

Reprise de fief, du 15 mai 1724, des seigneuries de Pierreclos, Bussy, Bussières et La Varenne, par Alexandre Michon, écuyer, comte de Berzé, président trésorier général de France au bureau des finances de la généralité de Lyon, lesdites sei-

---

1. Canton de Tramayes.
2. Nom disparu, commune de Bussières, canton de Mâcon sud.
3. Commune de Pierreclos.
4. Canton de Mâcon nord.
5. Canton de Cluny.
6. Commune de Bussières.

gneuries à lui appartenant par son contrat de mariage, reçu Rossignol et Guyot, notaires à Lyon, le 26 novembre 1700, et dont la jouissance ne lui est échue, en vertu du testament de Jean-Baptiste Michon, écuyer, conseiller et procureur du Roi au bureau des finances de ladite généralité de Lyon, son père, du 11 avril 1711, contrôlé et insinué le 11 septembre 1717, que par son décès.

Plus ledit Alexandre Michon reprend de fief la seigneurie de Milly par lui acquise de Messire Bernard de Noblet, chevalier, marquis dudit lieu[1], par acte reçu Mioland, notaire à Mâcon, le 19 juin 1719, pour le prix de 6.000 livres.

Liasse 6, cote 14.

Reprise de fief, du 13 juillet 1785, des terres de Pierreclos, Berzé et Bussières, par Jean-Baptiste Michon, héritier de feu Aimé-Gabriel Michon, trésorier de France au bureau des finances de la généralité de Lyon.

Liasse 7, cote 52.

Pommier[2] **et La Combe**[3]. — Dénombrement, du 24 mai 1647, du fief de Pommier, par Philippe de Raffin, écuyer, comme mari de dame Claude de Chemilly, fille de feu Michel de Chemilly, écuyer, vivant seigneur dudit Pommier.

Nota. Ledit fief consiste en toute justice, une maison dite *de Pommier*, située en Mâconnais, en la paroisse d'Ameugny[4], environ 20 journaux de terre, 15 soitures de pré et deux petits bois contenant les deux 8 journaux, l'un appelé *de Souset* et l'autre *de La Motte*, le tout autour de ladite maison.

Tel est tout le contenu dudit dénombrement.

Liasse 2, cote 30.

Reprise de fief et dénombrement, du 10 juillet 1675, du fief et seigneurie de Pommier en la paroisse d'Ameugny, par Claude-François et Georges de Raffin, écuyers, savoir ledit Claude-François pour un tiers et ledit Georges pour les deux autres

---

1. Voir ci-dessus page 168, note 4.
2. Commune de Cortevaix, canton de Saint-Gengoux-le-National.
3. Commune de Prissé, canton de Mâcon sud.
4. Canton de Saint-Gengoux-le-National.

tiers, en qualité de fils et héritiers bénéficiaires de Philippe de Raffin, aussi écuyer.
            Liasse 3, cote 34.

Reprise de fief, du 22 mars 1710, des deux tiers de la seigneurie de Pommier, par François de Raffin, écuyer, fils et héritier de Georges de Raffin, aussi écuyer, seigneur de Pommier.
            Liasse 5, cote 30.

Reprise de fief, du 16 juillet 1729, des deux tiers de la seigneurie de Pommier, plus du fief de La Combe, par Jacques Barjot, écuyer, conseiller secrétaire du Roi, maison, couronne de France, et lieutenant particulier assesseur criminel au bailliage de Mâcon, à lui appartenant, savoir les deux tiers dudit Pommier comme acquéreur des sieur et dame de Raffin, par contrat reçu Martin, notaire à Cluny, le 22 juillet 1722, contrôlé et insinué audit lieu le 26, et ledit fief de La Combe à lui advenu par le décès de François Barjot, son père, écuyer, conseiller secrétaire du Roi près le parlement de Paris.
            Liasse 6, cote 31.

Pouilly[1]. — Reprise de fief et dénombrement, du 10 janvier 1679, de la maison de Pouilly en la paroisse de Solutré, par demoiselle Philippe Testenoire, veuve et héritière universelle de Maître Antoine Pollet, bourgeois de Mâcon, suivant son testament du 10 mai 1670, reçu Chapuis, notaire.

Nota. Ladite maison consiste en cour et jardin de six mettérées, vignes d'environ cent ouvrées et près de quatre chars de foin, le tout joint ensemble, plus un petit terrier de la valeur de dix livres par an, le tout non autrement détaillé.
            Liasse 3, cote 58.

Reprise de fief et dénombrement succinct, des 29 mai 1696 et 11 décembre 1698, du fief de Pouilly en la paroisse de Solutré, par Antoine Pollet, docteur en médecine à Mâcon, et demoiselle Philippe Pâtissier, sa femme, qui était héritière de demoiselle Philippe Testenoire, sa tante, qui était veuve de Maître

---

1. Commune de Solutré, canton de Mâcon sud.

Antoine Pollet, suivant le testament de ladite demoiselle Testenoire, du 29 septembre 1682.

Liasse 4, cote 33.

Reprise de fief, du 15 juillet 1728, de la seigneurie de Pouilly, par Claude Pollet, marchand à Lyon, à cause du décès d'Antoine Pollet, son père.

Liasse 6, cote 21.

Reprise de fief, du 19 juillet 1769, et dénombrement, du 18 mars 1779, du fief appelé *la Maison de Pouilly*, en la paroisse de Solutré, par Jeanne-Marie-Philippe Pollet, veuve de Hugues-Eustache Chanorier, écuyer, secrétaire du Roi, receveur général des finances de la généralité d'Auch, ledit fief à elle échu en nature de propre et séparé des biens de Jean Chanorier, son fils unique, comme seule et unique héritière de Maître Claude Pollet, son père, seigneur dudit Pouilly, suivant les actes reçus Quatremère, notaire à Paris, les 17 mars et 6 juillet 1769.

Liasse 7, cote 23.

Prissé[1], Collonge[2], Montceau[3], Mouhy[4] et Chevignes[5]. — Procuration pour reprendre de fief, du 31 août 1601, et dénombrement, du 18 février 1603, de la terre et châtellenie de Prissé, par honorable Guyot Fournier, marchand à Mâcon, comme acquéreur des commissaires de Sa Majesté députés à l'aliénation de son domaine.

Ledit dénombrement ne contient que le détail suivant, savoir que ladite châtellenie a de tout temps appartenu au Roi et au seigneur révérend évêque de Mâcon par indivis et à chacun d'eux par moitié et égale portion, en laquelle châtellenie il y a immémorialement un prévôt établi par le Roi et ledit seigneur évêque, lequel prévôt jouit de la tierce partie de tous les profits, revenus et émoluments de ladite châtellenie, et est ledit office de prévôt héréditaire. Ladite châtellenie consiste en le

---

1. Canton de Mâcon sud.
2. Commune de Prissé.
3. Id.
4. Id.
5. Id.

village et paroisse de Prissé, composés des hameaux de Collonge, Montceau, Mouhy et Chevignes en partie, èsquels lieux la totale justice appartient au Roi et audit seigneur évêque à chacun d'eux par moitié, et les rentes dépendant de ladite châtellenie sont divisibles par tiers, savoir un tiers à Sa Majesté, un tiers audit seigneur évêque et l'autre tiers audit prévôt, et ainsi de tout temps en ont joui les fermiers. Quant aux rentes, elles sont négligées, parce qu'on n'a qu'une copie d'ancien terrier qui a environ six à sept-vingts ans.

Liasse 1, cote 39.

Reprise de fief et dénombrement, du 17 juillet 1675, de la seigneurie et châtellenie de Prissé, par demoiselle Françoise Millot, veuve de Maître Pierre Fournier, bourgeois de Mâcon, héritier médiat de Guyot Fournier, Maître Girard Perrier, avocat au bailliage de Mâcon, aussi héritier médiat de Maître Edme Billion, et Maître Abel Albert, receveur des consignations audit bailliage, mari de demoiselle Françoise Moisson, cohéritière de Maître Nicolas Moisson, fils de Maître Humbert Moisson, associés par ledit Guyot Fournier en l'adjudication qui lui a été faite de ladite châtellenie, le 11 janvier 1586, par Messieurs les commissaires députés à la vente du domaine du Roi.

Nota. Ils disent que ladite châtellenie est au Roi pour une moitié et à l'évêque de Mâcon pour l'autre moitié, et que les rentes appartiennent, savoir : un tiers au Roi, un tiers audit évêque et l'autre tiers audit seigneur de Prissé, etc., et n'est pas fait détail de cens et rentes.

Liasse 3, cote 35.

Reprise de fief et dénombrement, des 4 janvier 1677 et 8 février 1679, du tiers de la châtellenie de Prissé consistant en servis non détaillés, par Girard Perrier, avocat à Mâcon, en qualité de fils et cohéritier de Girard Perrier, aussi avocat, qui a repris de fief dudit tiers le 27 juillet 1675 (les deux autres tiers appartenant à Maître Abel Albert, receveur des consignations, et à la veuve du sieur Pierre Fournier).

Liasse 3, cote 39.

Reprise de fief et dénombrement succinct, du 20 février 1685, du tiers de la châtellenie de Prissé, par demoiselle Jeanne Fournier, femme de Maître Louis Puthod, en qualité de fille et héritière universelle testamentaire de demoiselle Françoise Millot, veuve de Maître Pierre Fournier, notaire royal.

Nota. Est joint un extrait du testament de ladite Millot, reçu Jacques Guillet, notaire au bailliage de Mâconnais, résidant aux Sardys[1], et passé audit Prissé le 15 novembre 1682, par lequel elle institue sadite fille son héritière et fait un legs à Jeanne Fournier, sa petite-fille, délaissée à ce qu'elle a ouï dire, par défunt Maître Antoine Fournier, son fils, prétendu marié avec Marie Fougère, lequel mariage elle regarde comme nul et clandestin. Les deux autres tiers de ladite châtellenie sont possédés par Maître Abel Albert, secrétaire du Roi, maison et couronne de France, et Maître Girard Perrier, conseiller du Roi et élu en l'élection de Mâcon.

Liasse 4, cote 6.

Pruzilly[2]. — Reprise de fief et dénombrement double et succinct, des 27 mai et 21 juin 1647, de la seigneurie de Pruzilly, par Aimé de Salornay, écuyer, sieur de Champerny[3], à cause de la succession d'Antoine de Salornay, écuyer, son père, qui était héritier de Jacques de Salornay, écuyer, son aïeul, qui était acquéreur dudit Pruzilly de Jean de Nagu, chevalier de l'ordre du Roi, seigneur de Varennes[4] et baron de Lurcy[5].

Liasse 2, cote 32.

Reprise de fief et dénombrement succinct, des 11 août 1689 et 16 novembre 1698, de la seigneurie de Pruzilly, par Messire Aimé de Salornay de Champerny, chevalier, demeurant à Mâcon, ladite seigneurie à lui appartenant en suite du décès de dame Claude Duligier-Testenoire, sa mère, veuve de Messire Aimé de Salornay de Champerny, laquelle lui en avait fait

---

1. Commune de Bourgvilain, canton de Tramayes.
2. Canton de La Chapelle-de-Guinchay.
3. Commune de Varennes-sous-Dun, canton de La Clayette.
4. Commune de Quincié, canton de Beaujeu (Rhône).
5. Canton de Saint-Trivier-sur-Moignans (Ain).

donation en faveur de son contrat de mariage avec dame Marguerite de Vallin, son épouse.

Nota. Est jointe la procuration narrative de ce que dessus.

Liasse 4, cote 10.

Reprise de fief et dénombrement, du 11 août 1718, de la terre et seigneurie de Pruzilly, par Jacques de La Porte de Marnay, écuyer, conseiller secrétaire du Roi, maison, couronne de France, en la chancellerie près le parlement de Dijon, comme acquéreur du sieur Aimé de Salornay de Champerny, par contrat reçu Poncet, notaire à Mâcon, le 20 juillet 1718, pour le prix de 40.000 livres.

Nota. Il dit dans sa procuration demeurer à Mâcon, être âgé de 75 ans et être épuisé par un travail assidu de plus de 52 ans dans la profession d'avocat.

Liasse 5, cote 55.

Rains [1] et Saint-Germain-lès-Buxy [2]. — Reprise de fief et dénombrement, des 12 décembre 1721 et 2 mai 1729, de la seigneurie de Rains en ce qui est situé en Mâconnais, le surplus étant situé en Charollais, par Henri de Royer de Saint-Micault, major du régiment de cavalerie de Bourbon, en qualité de mari de demoiselle Jeanne-Marie-Louise Colin de Serre, à laquelle ladite seigneurie est échue suivant leur contrat de mariage du 11 mars 1719 et l'inventaire et partage du 20 avril 1719 des biens de la succession du sieur Bruno Colin de Serre, père de ladite demoiselle, sauf la jouissance réservée à dame Henriette Gauthier, mère de ladite dame de Serre.

Nota. Est joint le dénombrement dudit jour, 2 mai 1729, de la seigneurie de Saint-Germain-des-Bois [3] au bailliage de Chalon, par ledit Henri de Royer de Saint-Micault, chevalier de l'ordre militaire de Saint-Louis, à lui appartenant par un traité de partage fait avec Messire François de Royer, marquis de Saint-Micault [4], son frère, et provenant des biens de feu dame Françoise-Philippe Bataille, sa mère.

Liasse 6, cote 1.

---

1. Commune de Joncy, canton de La Guiche.
2. Canton de Buxy.
3. Aujourd'hui Saint-Germain-lès-Buxy.
4. Aujourd'hui Saint-Micaud, canton de Mont-Saint-Vincent.

Reprise de fief, du 27 janvier 1757, du fief et seigneurie de Rains en la paroisse de Joncy, par Henri-Bernard de Royer, seigneur de Saint-Micault, et son épouse, comme acquéreurs à titre d'échange de ladite seigneurie estimée 50,000 livres contre celle de La Charmée[1] estimée 35.000 livres, par acte du 18 mars 1756, reçu Clerc, notaire à Chalon-sur-Saône, de dame Jeanne-Marie-Louise Colin de Serre, mère de la susdite dame et veuve de Henri-Bernard de Royer, comte de Saint-Micault.

Nota. Est jointe la procuration.

Liasse 6, cote 65.

Rambuteau[2], Ecusses[3], Quierre[4] et Chassagne[5]. — Reprise de fief et dénombrement, des 7 mars et 29 juillet 1603, de la maison et meix des Rambuteau, par Henri Barthelot, juge royal en la châtellenie du Bois-Sainte-Marie[6], à lui appartenant tant par droit successif de ses feus père et mère que par acquisition que depuis en a faite.

Ledit fief consiste en une maison fermée de murailles, fossoyée en quelques endroits, autour de laquelle il y a cinq petites tours avec un pont-levis, plus quelques terres et prés, le tout en un clos et en pays de montagnes et sans cens.

Nota. Il dit avoir perdu de ses papiers et titres à cause des guerres et pestes qui ont régné.

Liasse 1, cote 47 *bis*.

Reprise de fief et dénombrement, des 8 février et 30 décembre 1681, de la seigneurie de Rambuteau située près Le Bois-Sainte-Marie et de celles d'Ecusses et Quierre en la paroisse d'Ozolles, par Philibert Barthelot d'Ozenay, écuyer, lieutenant général pour le Roi au gouvernement de Mâcon, en qualité de fils et cohéritier de Henri Barthelot, seigneur d'Ozenay[7] et Gratay[8], conseiller secrétaire du Roi, maison, couronne de

---

1. Canton de Chalon sud.
2. Commune d'Ozolles, canton de Charolles.
3. Nom disparu, id.
4. Commune de Beaubery, canton de Saint-Bonnet-de-Joux.
5. Commune d'Ouroux-sous-le-Bois-Sainte-Marie, canton de La Clayette.
6. Même canton.
7. Canton de Tournus.
8. Commune d'Ozenay.

France, et conseiller maître en la chambre des comptes de Dijon, suivant son testament et le partage de ses biens.

Nota. Ladite seigneurie d'Ecusses et Quierre en toute justice a été acquise par ses ancêtres des religieux de Cluny en l'an 1622.

Les servis sont presque tous non détaillés.

Liasse 3, cote 67.

Reprise de fief et dénombrement succinct, des 20 mars et 22 avril 1723, des seigneuries de Rambuteau, Ecusses et Chassagne, par Claude Barthelot, lieutenant de Roi au département du Mâconnais, chevalier de l'ordre royal et militaire de Saint-Louis, maître-de-camp de cavalerie et lieutenant-colonel au régiment de Villeroi, en qualité de fils et héritier de dame Marie de Rymon, veuve de Philibert Barthelot, seigneur dudit Rambuteau, lieutenant de Roi au département du Mâconnais, suivant son testament olographe du 14 août 1713, ainsi qu'il a apparu par copie signée *Le Mâle*, notaire à Paris, le 1er juin 1722.

Nota. Est joint un certificat de Monsieur de Saillans d'Estaing, lieutenant général, comme quoi ledit Barthelot est lieutenant-colonel du régiment de Villeroi.

Liasse 6, cote 11.

Reprise de fief, du 8 août 1781, des seigneuries de Rambuteau, Ecusses et Chassagne en toutes justices, par Claude de Barthelot, chevalier de l'ordre royal et militaire de Saint-Louis, ancien major au régiment de Conti cavalerie, seigneur de Vaubresson [1].

Nota. Est joint la minute d'un certificat de notoriété, du 26 juillet 1781, par lequel plusieurs personnes déclarent que le sieur de Rambuteau, brigadier des armées du Roi et la dame de Rotrou, père et mère du susdit, et décédés à Paris, les 28 février 1758 et 10 janvier 1775, n'ont laissé pour seuls enfants et uniques héritiers que le dessusdit et le sieur de Rambuteau, son frère, chevalier de Saint-Louis, ancien capitaine audit régiment de Conti, lequel est décédé en la ville de Mâcon

---

1. Commune de Gibles, canton de La Clayette.

le 27 novembre 1780, ab intestat, n'ayant laissé pour seul et unique héritier de droit que ledit Claude de Barthelot, son frère.

Liasse 7, cote 44.

La Rochette[1], Saint-Maurice-des-Champs, Saint-Martin-du-Tartre[2], Collongette[3] et Saules[4]. — Reprise de fief et dénombrement, des 9 décembre 1678 et 9 décembre 1681, de la seigneurie de La Rochette et de celles de Saint-Maurice, Saint-Martin-du-Tartre et Collongette en toute justice, y limitées, avec les dîmes, etc., par dame Philiberte Girard, veuve de Messire Gabriel d'Hénin-Liétard, chevalier, comte de Roche, et femme en 1681 de Messire Antoine d'Hénin-Liétard, chevalier, baron de Haye, seigneur de Balincourt[5], y demeurant, en qualité de mère et tutrice de Jean-François-Gabriel d'Hénin-Liétard, comte de Roche, fils de sondit feu mari.

Nota. Sont jointes deux procurations.

Liasse 3, cote 56.

Reprise de fief et dénombrement, des 4 janvier et 12 février 1700, de la terre et seigneurie de La Rochette et dépendances, par Jean-François-Gabriel d'Hénin-Liétard, seigneur de Roche, La Rochette, Saules et autres lieux, en qualité d'héritier bénéficiaire de Gabriel d'Hénin-Liétard.

Liasse 5, cote 1.

Reprise de fief, du 10 décembre 1729, des terres et seigneuries de La Rochette et Saules, par Jean-Louis d'Hénin, marquis de Saint-Phal[6] en Champagne, seigneur de Balincourt et de Lagny[7] en Picardie, lesdites seigneuries de La Rochette et Saules à lui appartenant en qualité d'héritier de dame Marie d'Hénin-Liétard, veuve de Monsieur Claude de La Toison, baron de Bussy[8], conseiller au parlement de Bourgogne, sui-

---

1. Commune de Saint-Maurice-des-Champs, canton de Buxy.
2. Même canton.
3. Commune de Saint-Martin-du-Tartre.
4. Canton de Buxy.
5. Commune d'Arronville, canton de Marines (Seine-et-Oise).
6. Canton d'Ervy (Aube).
7. Canton de Lassigny (Oise).
8. Bussy-la-Pesle, canton de Sombernon (Côte-d'Or).

vant la sentence du lieutenant en la chancellerie de Dijon, du 27 octobre 1729, par laquelle il aurait été envoyé en possession des biens à lui donnés par ladite dame d'Hénin-Liétard, veuve de Bussy, par ses dispositions énoncées en ladite sentence des 6 août 1726, 12 mai et 16 décembre 1727 et 22 juin 1728.

Liasse 6, cote 32.

Romanèche[1] (**Tour de**). — Reprise de fief et dénombrement, du 14 décembre 1666, de la Tour de Romanèche proche Mâcon, par Messire Claude de Thibaut, baron des Prés[2], maréchal de bataille aux armées du Roi, seigneur des Ardillats, ladite seigneurie de la Tour de Romanèche à lui donnée en faveur de mariage, par Messire Philippe de Thibaut, seigneur de Thulon[3], et dame Elisabeth de Noblet, ses père et mère, par contrat du 26 juillet 1654, reçu Deschiseaux, notaire royal à Dompierre[4], bailliage de Mâcon.

Nota. Ladite Tour consiste en quelques héritages y dénommés, vingt justiciables et des servis non détaillés.

Liasse 3, cote 4.

Reprise de fief et dénombrement succinct, des 29 décembre 1696 et 8 février 1697, de la seigneurie de la Tour de Romanèche, par Philibert-Joseph de Thibaut de Noblet des Prés, seigneur du Terreau[5] et de Thulon, héritier substitué de Claude-Hyacinthe de Thibaut de Noblet des Prés, son frère, qui l'était de Claude de Thibaut de Noblet des Prés, leur père, ainsi qu'il est dit en la procuration y jointe.

Liasse 4, cote 49.

Reprise de fief en personne, du 12 juin 1700, de La Tour de Romanèche, par Philibert-Joseph de Thibaut de Noblet des Prés, qui en aurait ci-devant repris de fief par son procureur spécial le 29 décembre 1696.

Liasse 5, cote 4.

---

1. Canton de La Chapelle-de-Guinchay.
2. Commune des Ardillats, canton de Beaujeu (Rhône).
3. Commune de Lantignié, même canton.
4. Dompierre-les-Ormes, canton de Matour.
5. Aujourd'hui Les Terreaux, commune de Verosvres, canton de Saint-Bonnet-de-Joux.

Le Rousset[1]. — Reprise de fief, du 23 juillet 1715, de la seigneurie du Rousset (à la charge par le vassal de justifier dans trois mois de la qualité de baronnie), par Messire Claude-Elisabeth, marquis de La Guiche, chevalier, comte de Sivignon[2], seigneur de Chassy[3], comme acquéreur de ladite terre du Rousset (conjointement avec celle de Mary[4], Bourasse[5] et Cercy[6], relevant du comté de Charollais, et dont il a fait la reprise et donné le dénombrement aux comtes et comtesses dudit Charollais, les 31 mai et 7 juin 1715), de Messire Marie-Roger de Langeac, chevalier, seigneur dudit lieu[7], marquis de Coligny[8] et Roquefeuil[9], baron dudit Rousset, et de dame Marie-Jeanne-Baptiste Palatine de Dyo de Montperroux, son épouse, par contrat passé devant Bailly, notaire à Autun, le 7 mai 1715, pour le prix de 64.000 livres.

Liasse 5, cote 53.

Sailly[10], **La Motte**[11] **et Chérizet**[12]. — Reprise de fief, du 9 mars 1774, de la terre et seigneurie de Sailly appelée *La Tour de Drompvent*, située en la paroisse de Sailly, de la justice et des trois terriers de Sailly, La Motte et Chérizet, par François Bourgoin, négociant à Lyon, acquéreur, en 1772, de dame Catherine-Louise de Fautrières, veuve de Jean-Augustin de Sommièvre, capitaine de cavalerie, et héritière universelle de Michel, comte de Fautrières[13], son père, pour le prix de 92.000 livres, par acte reçu Baron, notaire à Lyon, le 5 juin 1772.

Liasse 7, cote 29.

Saint-André-le-Désert[14]. — *Nota*. A l'article de Chigy-l'Aubépin, au bailliage de Chalon, sont les reprise de fief et dénombre-

---

1. Canton de La Guiche.
2. Canton de Saint-Bonnet-de-Joux.
3. Canton de Gueugnon.
4. Canton de Mont-Saint-Vincent.
5. Nom disparu, commune de Mary.
6. Id.
7. Chef-lieu de canton (Haute-Loire).
8. Chef-lieu de canton (Ain).
9. Canton de Belcaire (Aude).
10. Canton de Saint-Gengoux-le-National.
11. Nom disparu, commune de Sigy-le-Châtel, même canton.
12. Canton de Cluny.
13. Commune de Palinges, chef-lieu de canton.
14. Canton de Cluny.

ment, des 8 mars 1768 et 3 avril 1770, de la prévôté de Saint-André-le-Désert, dont la justice et censive s'étendent sur une bonne partie de la paroisse dudit Saint-André, sur partie de celles de Salornay-sur-Guye [1], Buffières [2], Chidde [3], Clergue [4] et Bézornay [5], et qui est moitié domaniale et moitié patrimoniale, par Michel Ducrest, écuyer.

Liasse 7, entre les cotes 11 et 12.

Saint-Huruge [6], **Saint-Martin-la-Patrouille** [7], **Cray** [8], **La Chapelle-de-Bragny** [9], **Le Buet** [10], **Bissy** [11] et **Valécot** [12]. — Reprise de fief, du 18 mars 1769, des terres et seigneuries de Saint-Huruge-sur-Guye, anciennement baronnie, Saint-Martin-sur-Guye, partie de Cray-Saint-Paul, et fiefs en dépendant, qui sont Bragny, Le Buet, Bissy, Valécot et autres, par Victor-Amédée de La Fage, ancien officier de la maison du Roi, fils de Philibert de La Fage, baron de Saint-Huruge, et en qualité de seul et héritier universel institué de Victor-Amédée de La Fage, baron de Saint-Huruge, seigneur de Burzy [13], son aïeul, suivant son testament olographe du 2 septembre 1743, souscrit devant Pagny, notaire à Bragny, le même jour, et la publication d'icelui.

Liasse 7, cote 20.

Saint-Léger [14] et **Fuissé** [15]. — Dénombrement double, du 22 juin 1647, de la seigneurie de Saint-Léger, par Claude de Meaux, écuyer, lieutenant pour le Roi au gouvernement de la ville de Mâcon.

---

1. Canton de Cluny.
2. Id.
3. Canton de Saint-Bonnet-de-Joux.
4. Commune de Donzy-le-National, canton de Cluny.
5. Communes de Saint-Vincent-des-Prés et de Vitry-lès-Cluny, même canton.
6. Canton de Saint-Gengoux-le-National.
7. Canton de La Guiche.
8. Commune de Saint-Marcelin-de-Cray, même canton.
9. Canton de Sennecey-le-Grand.
10. Commune de Saint-Martin-la-Patrouille.
11. Id.
12. Id.
13. Canton de Saint-Gengoux-le-National.
14. Commune de Charnay-lès-Mâcon, canton de Mâcon sud.
15. Même canton.

Nota. Elle consiste en un château, des cens non détaillés, la justice haute, moyenne et basse, en l'étendue de la paroisse dudit Saint-Léger, en laquelle il ne réside que deux justiciables, et les deux tiers de la dîme, l'autre tiers étant au curé. Déclare qu'il ne jouit du péage de Montbellet [1] mentionné en un hommage fait au duc de Bourgogne en l'an 1428, ni des droits des langues bovines de la ville de Mâcon, ni de l'office de maréchal et sénéchal de l'abbaye de Tournus [2] tenu en fief de l'abbé, le tout déclaré en un dénombrement de 1539.

Liasse 2, cote 33.

Reprise de fief et dénombrement, des 17 novembre 1677 et 3 février 1678, de la seigneurie de Saint-Léger et du fief de Fuissé, par dame Anne Bernard, veuve et en qualité d'héritière testamentaire de Claude de Meaux, lieutenant pour le Roi au gouvernement de la ville de Mâcon, suivant son testament du dernier février 1672.

Liasse 3, cote 43.

Reprise de fief et dénombrement, du 31 janvier 1684, des seigneuries de Saint-Léger et Fuissé, par Salomon Chesnard, conseiller au bailliage de Mâcon, en qualité d'héritier universel, suivant un testament olographe du 24 mars 1682, de dame Anne Bernard, sa tante, veuve de Claude de Meaux de Marbé, lieutenant au gouvernement de la ville de Mâcon.

Liasse 4, cote 1.

Reprise de fief et dénombrement, du 5 août 1712, des seigneuries de Saint-Léger et Fuissé, par dame Antoinette Aujas, en qualité de veuve et héritière testamentaire de Salomon Chesnard, écuyer, conseiller secrétaire du Roi, maison, couronne de France, lieutenant général au bailliage de Mâcon, suivant son testament du 20 février 1704.

Liasse 5, cote 40.

Saint-Marcelin-de-Cray [3]. — Reprise de fief, du 17 février 1755, de la seigneurie de Saint-Marcelin, par Henri Masson, écuyer,

---

1. Canton de Lugny.
2. Chef-lieu de canton.
3. Canton de La Guiche.

en qualité d'héritier universel de Philibert-Marie Masson, son frère, aussi écuyer, ancien premier président au présidial de Chalon-sur-Saône, suivant son testament olographe du 2 août 1745, sous... le 5 du même mois par Jacques David, notaire audit Chalon, contrôlé le 15 octobre 1754.

Liasse 6, cote 61.

Reprise de fief, du 27 mai 1755, de la seigneurie de Saint-Marcelin, par Jean Pérard-Floriet, écuyer, demeurant à Chalon, et dame Eléonore-Françoise Masson de Gendrier, sa femme, comme acquéreurs à rente viagère d'Henri Masson, écuyer, demeurant audit Chalon, par acte reçu Demontherot, notaire audit Chalon, le 24 février 1755, lequel Henri Masson était propriétaire de ladite seigneurie en qualité d'héritier universel de Philippe-Marie Masson, son frère, tous deux oncles de ladite dame Pérard.

Liasse 6, cote 64.

Saint-Martin-de-Senozan[1] et **Le Parc**[2]. — Reprise de fief, du 12 mars 1680, de la seigneurie de Saint-Martin et du Parc, dépendant de Senozan[3], par Messire Gabriel, comte de Briord, chevalier, seigneur de La Sarra[4], premier écuyer de Son Altesse Sérénissime Monseigneur le prince de Condé, au nom et comme mari de dame Louise-Françoise Perrachon, à laquelle ladite seigneurie est advenue par partage fait au mois d'avril 1688, devant Lange, notaire à Paris, avec dame Gabrielle Perrachon, sa sœur, des biens de feu Marc-Antoine Perrachon, seigneur de Senozan, leur père, à elles appartenant par moitié comme héritières bénéficiaires.

Liasse 4, cote 18.

Saint-Oyen[5]. — Reprise de fief et déclaration du temporel du prieuré de Saint-Oyen, en la paroisse de Montbellet, par Claude-Philippe de Martel, prêtre, religieux profès de l'abbaye royale de Saint-Claude au comté de Bourgogne.

Liasse 3, cote 71.

---

1. Aujourd'hui Saint-Martin-Belle-Roche, canton de Mâcon nord.
2. Commune de Sancé, même canton.
3. Même canton.
4. Commune d'Oullins, canton de Saint-Genis-Laval (Rhône).
5. Commune de Montbellet, canton de Lugny.

Saint-Point[1]. — Reprise de fief et dénombrement, du 2 janvier 1683, de la seigneurie de Saint-Point, par dame Marie-Catherine Brulart de Sillery, veuve et héritière testamentaire de Messire Jean-Baptiste de Rochefort d'Ailly, chevalier, comte de Montferrand[2], seigneur de Saint-Point, Saint-Chély[3] et autres lieux.

Liasse 3, cote 72.

Reprise de fief et dénombrement, des 14 avril 1723 et 2 mars 1724, de la seigneurie de Saint-Point, par Jean-Amédée de Rochefort d'Ailly, chevalier, comte de Saint-Point et de Montferrand, baron du Gévaudan, baron et seigneur de Cénaret[4], de Laval[5], mandement de Pougnadoire[6], seigneur de Saint-Chély-du-Tarn et autres lieux, lieutenant des maréchaux de France du Gévaudan, député de la noblesse, commissaire des nobles du diocèse de Mende en Languedoc et pays dudit Gévaudan et commandant la ligne de la rivière du Tarn au gouvernement de la ville de Sainte-Enimie; ladite terre de Saint-Point à lui appartenant en qualité de fils et héritier de dame Catherine Brulart de Sillery, sa mère, veuve et héritière de Jean-Baptiste de Rochefort, chevalier, seigneur de Saint-Point.

Liasse 6, cote 12.

Reprise de fief, du 23 janvier 1781, de la seigneurie de Saint-Point, pour ce qui est en fief noble seulement, par Esprit-François-Henri de Castellane, marquis de Castellanne[7], baron de Conflans[8], maréchal des camps et armées du Roi, seigneur de Château-Thiers[9] et autres lieux, et dame Charlotte-Louise Charron de Ménars, son épouse, comme acquéreurs, pour le prix de 180.000 livres, par contrat reçu de La Rue, notaire au Châtelet de Paris, le 29 avril 1776, insinué à Matour et passé au greffe des hypothèques de Mâcon, les 19 juillet et 6 août

---

1. Canton de Tramayes.
2. Commune de Banassac, canton de La Canourgue (Lozère).
3. Saint-Chély-du-Tarn, canton de Sainte-Enimie (id.)
4. Commune de Borjac, canton de Chanac (id).
5. Laval-du-Tarn, canton de La Canourgue (id).
6. Commune de Saint-Chély-du-Tarn.
7. Voir page 95, note 3.
8. Conflans-Sainte-Honorine, canton de Poissy (Seine-et-Oise).
9. Commune de Matour, chef-lieu de canton.

suivant, de Charles-Louis Testu, comte de Balincourt [1], marquis de Nesle [2], maréchal des camps et armées du Roi, en qualité de légataire particulier de défunte dame Anne de Rochefort d'Ailly, son épouse, dame de Saint-Point, par son testament olographe du 30 mai 1771.

Liasse 7, cote 42.

Saint-Romain-des-Iles [3] et **Saint-Symphorien-d'Ancelles** [4]. — Reprise de fief, du 7 avril 1780, du fief dit *la prévôté de Saint-Romain*, qui est un arrière-fief de l'abbaye de Tournus et consiste en l'office de prépositure dite *de Saint-Romain* et en un terrier qui se prend rière Saint-Romain et Saint-Symphorien en Mâconnais et autres lieux, portant lods au quart denier, et dont le tiers appartient à ladite prévôté et les deux autres tiers au sieur abbé de l'abbaye de Tournus, par Edme-Jean-Nicolas Sevré, écuyer, trésorier receveur des Etats particuliers du pays et comté de Mâconnais, comme acquéreur de Jean-Baptiste Chevalier des Raviers, garde-du-corps de Sa Majesté, capitaine de cavalerie par brevet, et de son autorité dame Françoise-Antoinette Malard, son épouse, tant en leurs noms qu'en celui de dame Anne-Marie Gimaray, leur mère, veuve de Jacques Malard, écuyer, demeurant à Paray-le-Monial, par contrat reçu Lagrange, notaire à Mâcon, le 15 mars 1777, pour le prix de 24,500 livres, laquelle prévôté de Saint-Romain provient de l'ancienne inféodation qui en a été faite par lettres du 29 juillet 1495, par Jean de Toulongeon, abbé de ladite abbaye de Tournus, en faveur d'Antoine Bernard, citoyen de Mâcon, ensuite de l'acquisition que ledit sieur abbé en avait faite sur noble Claude de Cháintré, seigneur dudit Chaintré [5], par acte du 4 mai 1474, reçu Lorion, notaire audit Mâcon, ladite inféodation confirmée par bulle du pape, du 7 mai 1495.

La présente reprise de fief a été faite en la chambre des comptes, à cause de la démission de ladite abbaye de Tournus

---

1. Commune d'Arronville (Seine-et-Oise).
2. Chef-lieu de canton (Somme).
3. Canton de La Chapelle-de-Guinchay.
4. Id.
5. Id.

que le sieur du Coetlosquet, abbé de ladite abbaye, a faite entre les mains du Roi.

Nota. Ledit Sevré y justifie de sa qualité d'écuyer, et pour cela il produit les lettres d'honneur de l'office de trésorier de France au bureau des finances à Dijon, obtenues par le feu sieur Jean-Claude Sevré, son père, le 28 décembre 1746, auquel il avait été pourvu en l'année 1725, en suite de l'exercice d'un autre office de conseiller au conseil supérieur de Léogane à Saint-Domingue, et autres lettres d'honneur obtenues par le suppliant en l'année 1773 de l'office de conseiller du Roi greffier en chef triennal audit bureau des finances après un exercice de cet office pendant près de vingt ans, depuis l'année 1754, duquel il avait été pourvu au sortir du service militaire comme officier dans les régiments de Bassigny et de Béarn infanterie pendant l'espace de neuf années.

Liasse 7, cote 41.

Saint-Sernin-en-Brionnais[1], **La Bâtie**[2], **Véré**[3], **Fuissé et Boyer**[4]. — Reprise de fief et dénombrement, des 10 janvier 1697 et 20 mai 1698, de la seigneurie de Saint-Sernin et de celle de La Bâtie, paroisse de Charnay, et des fiefs de Véré et Fuissé en dépendant, par demoiselle Anne-Henriette de Busseul, de l'autorité de Pierre de Court, écuyer, sieur de Charbonnières[5], son curateur, en qualité de seule et unique héritière, par bénéfice d'inventaire, de François-Gabriel de Busseul, son père, seigneur dudit Saint-Sernin. Quant à ladite seigneurie de La Bâtie, elle est échue à ladite demoiselle par substitution jugée à son profit par arrêt contradictoire du parlement de Paris, du 23 juillet 1696.

Nota. Il est dit qu'il a apparu par l'acte de tutelle de ladite demoiselle fait après le décès dudit sieur de Busseul, son père, du 12 juin 1694, qu'elle est âgée d'environ vingt ans.

Liasse 4, cote 54.

---

1. Aujourd'hui Vauban, canton de La Clayette.
2. Commune de Charnay-lès-Mâcon, canton de Mâcon sud.
3. Nom disparu, commune de Fuissé, même canton.
4. Commune de Saint-Maurice-lès-Château-Neuf, canton de Chauffailles.
5. Commune des Salles, canton de Noirétable (Loire).

Reprise de fief, du 7 juillet 1727, de la dignité du comté de Vauban, à laquelle a été érigée la seigneurie de Saint-Sernin, avec celle de Boyer y réunie, en faveur de Messire Antoine Le Prestre de Vauban, lieutenant général des armées du Roi, grand'croix de l'ordre militaire de Saint-Louis, gouverneur des ville et château de Béthune[1], ingénieur général ayant la direction des places de la province d'Artois, lesdites lettres d'érection en date du mois d'août 1725.

Liasse 6, cote 17.

Reprise de fief, du 21 juin 1751, du comté de Vauban, par Jacques-Philippe-Sébastien Le Prestre, comte de Vauban, chevalier de l'ordre militaire de Saint-Louis, maréchal des camps et armées du Roi, à lui constitué par la dame de Busseul, sa mère, par son contrat de mariage du 17 mars 1733, reçu Dechagnie, notaire à La Clayette.

Liasse 6, cote 58.

La Salle[2], Le Parc[3], Saint-Martin-de-Senozan[4], Senozan[5] et Sancé[6]. — Reprise de fief, du 13 août 1647, de la terre et baronnie de La Salle, Le Parc, Saint-Martin, Saint-Pierre-de-Senozan et Sancé, par Messire Melchior Mitte de Chevrières, marquis de Saint-Chamond[6] et de Montpezat[7], chevalier des ordres du Roi, conseiller en ses conseils, ministre de son Etat et demeurant alors en son château de Piquecos[8] en Quercy.

Liasse 2, cote 39 bis.

Dénombrement double, du 5 décembre 1650, de la baronnie de La Salle, par Messire Pierre Perrachon, comte de Varax[9], seigneur de Saint-Maurice[10], Saint-Martin, Saint-Pierre-de-Senozan, Le Parc et autres lieux, conseiller du Roi en ses

---

1. Pas-de-Calais.
2. Canton de Lugny.
3. Commune de Sancé, canton de Mâcon nord.
4. Aujourd'hui Saint-Martin-Belle-Roche, même canton.
5. Même canton.
6. Chef-lieu de canton (Loire).
7. Montpezat-de-Quercy, chef-lieu de canton (Tarn-et-Garonne).
8. Canton de La Française (id.)
9. Commune de Saint-Paul-de-Varax, canton de Villars-les-Dombes (Ain).
10. Saint-Maurice-de-Reymont, canton d'Ambérieux (id.).

conseils, secrétaire de Sa Majesté et de ses finances, comme acquéreur de Messire Just-Henri Mitte de Chevrières, marquis de Saint-Chamond, et dont il a repris de fief le 14 décembre 1657.

Liasse 2, cote 48.

Salornay [1], Chevagny [2], Somméré [3], Montagny [4], Les Gandelins [5], Pierreclos [6], Hurigny et Montrouge [7]. — Reprise de fief, du 4 juillet 1616, de la terre et seigneurie de Salornay, par Claude Boton, conseiller et président en l'élection de Mâcon, et dénombrement, du 1er juin 1644, de ladite seigneurie de Salornay, par demoiselle Henriette Barthelot, veuve dudit Claude Boton.

Nota. Elle consiste en un château, quelques terres y dénommées, un pressoir banal, toute justice sur les habitants dudit lieu et des villages de Chevagny, Somméré, Montagny et Les Gandelins, une maison à Pierreclos et une à Hurigny aussi en toute justice, certaines rentes par feux y dénommés dues par les habitants desdits villages, et plusieurs terres incultes au lieu dit *Au Montrouge*.

Liasse 1, cote 55.

Reprise de fief et dénombrement, du 4 janvier 1667, de la seigneurie de Salornay, par Pierre Chesnard, grenetier au grenier à sel de Mâcon.

Nota. Elle consiste en un château avec toute justice sur les habitants dudit Salornay et des villages de Chevagny, Hurigny, Somméré, Montagny et Les Gandelins, etc.

Liasse 3, cote 6.

Reprise de fief et dénombrement, des 4 août et 28 novembre 1708, de la seigneurie de Salornay, par Etienne Chesnard, demeurant

---

1. Commune d'Hurigny, canton de Mâcon nord.
2. Chevagny-les-Chevrières, même canton.
3. Commune de Saint-Sorlin, même canton.
4. Commune de Chevagny-les-Chevrières.
5. Commune d'Hurigny.
6. Canton de Tramayes.
7. Commune d'Hurigny.

à Mâcon, en qualité d'héritier de Maître Philibert Chesnard, son père.

Nota. Est jointe la procuration narrative de ce que dessus.

Liasse 5, cotes 27 et 27 *bis*.

Sancenay[1]. — Dénombrement, du 28 juin 1638, de la seigneurie de Sancenay en la paroisse d'Oyé en Mâconnais, peu détaillée, et des rentes nobles en dépendant et non détaillées, appelées *des Rouis* et *de La Varenne*, situées au bailliage de Semur-en-Brionnais, par Laurent de Tenay, seigneur de Saint-Christophe[2], comme acquéreur de Maître Abraham Vallier, conseiller du Roi au siège présidial de Lyon, par contrat du 21 avril 1631, reçu Jacques Le Guay et Claude Perlin, notaires au Châtelet de Paris.

Liasse 2, cote 10.

Satonnay[3]. — Reprise de fief, du 11 avril 1674, de la seigneurie de Satonnay, par Philibert de Chambes, écuyer, seigneur de Satonnay et de Givry[4] en Mâconnais, fils et héritier universel d'Emmanuel de Chambes, aussi écuyer, seigneur desdits lieux, et de Jean-Baptiste de Chambes, son frère.

Liasse 3, cote 32.

Reprise de fief et dénombrement, du 21 février 1684, de la seigneurie de Satonnay, par dame Catherine de Fontanès, veuve de Messire Jean-Baptiste de Chambes, seigneur de Givry, à laquelle ladite seigneurie de Satonnay aurait été cédée par Philibert de Chambes, chevalier, seigneur de Satonnay et de Givry, par transaction reçue Chapuis, notaire à Mâcon, le 24 mai 1680.

Liasse 4, cote 3.

Reprise de fief et dénombrement, des 21 et 24 juillet 1700, de la seigneurie de Satonnay, par Messire Marc de Fontanès, chevalier, seigneur de La Valette[5] et de Chemé[6], capitaine au

---

1. Commune d'Oyé, canton de Semur-en-Brionnais.
2. Saint-Christophe-en-Brionnais, même canton.
3. Commune de Saint-Maurice-de-Satonnay, canton de Lugny.
4. Commune de Laizé, canton de Mâcon nord.
5. Commune de Pélussin, chef-lieu de canton (Loire).
6. Nom disparu.

régiment de dragons de Lautrec, en qualité d'héritier testamentaire de dame Catherine de Fontanès, sa tante.

Liasse 5, cote 5.

Reprise de fief et dénombrement, des 16 novembre 1714 et 9 février 1715, de la seigneurie de Satonnay, par Maître Eustache Chanorier, conseiller du Roi et lieutenant en l'élection du Mâconnais, comme acquéreur de Messire Marc de Fontanès, chevalier, seigneur de La Valette, par contrat reçu Thève, notaire à Lyon, le 28 avril 1714, pour le prix de 53.000 livres.

Liasse 5, cote 49.

La Saugerée [1], Montvéran [2], Culoz, Landaise [3] et Châtel [4]. — Reprise de fief et dénombrement, des 6 août et 18 décembre 1698, de la seigneurie de La Saugerée, paroisse d'Etrigny en Mâconnais, et de celle de Montvéran en Bugey, par dame Anne-Marianne de Moyria, en qualité d'héritière testamentaire de François-Anthelme d'Angeville, son mari, suivant son testament du 15 août 1688, reçu Vallod, notaire royal, et Joseph d'Angeville, écuyer, leur fils, substitué.

Ledit Montvéran est en toute justice, et rière ledit Montvéran sont les villages de Culoz, Landaise et Châtel, en laquelle juridiction sont enclos plusieurs biens appartenant au seigneur de Prangin [5], à forme des partages d'entre feu noble Pierre de Luyrieu, seigneur dudit Montvéran, trisaïeul dudit seigneur d'Angeville, et noble Charles de Luyrieu, sieur dudit Prangin.

Nota. Quant à ladite seigneurie de La Saugerée, il n'en est fait aucun détail; il est dit seulement qu'elle est de la totale justice du Roi, à cause de sa châtellenie de Brancion [6].

Liasse 4, cote 55.

---

1. Commune d'Etrigny, canton de Sennecey-le-Grand.
2. Commune de Culoz, canton de Seyssel (Ain).
3. Id.
4. Aujourd'hui Châtel-d'en-Haut, id.
5. Commune de Lochieu, canton de Champagne-en-Valromey (Id.)
6. Commune de Martailly-lès-Brancion, canton de Tournus.

Savigny-sur-Grosne [1]. — Reprise de fief, du 9 août 1669, de la seigneurie de Savigny au bailliage de Mâcon, par Messire Michel Le Tellier, marquis de Louvois [2] et de Courtanvaux [3], conseiller du Roi en son conseil, secrétaire d'Etat et de ses commandements.

Liasse 3, cote 10.

Selore [4], **Puthières** [5], **La Brosse** [6] et **Poisson** [7]. — Reprise de fief, du 12 mai 1705, des seigneuries de Selore, Puthières et La Brosse, par Messire Henri Lenet, abbé commendataire de l'abbaye de Notre-Dame de Châtillon-sur-Seine [8], en qualité de donataire de dame Marie Lenet, veuve de Benoît-Palamède Baudinot, conseiller au parlement de Dijon, par acte du 30 octobre 1702, pour en jouir après le décès de ladite dame, arrivé au mois d'octobre 1704.

Nota. Ladite reprise est faite pour n'avoir pu découvrir de quelle mouvance étaient lesdites seigneuries.

Liasse 5, cote 23.

Reprise de fief, du 20 novembre 1711, des seigneuries de Selore, Puthières, La Brosse et Poisson, par Messire Louis-Bernard Duprat, chevalier, comte de Formerie [9], colonel d'un régiment d'infanterie (âgé de 24 ans 8 mois), procédant de l'autorité de Messire Louis-Antoine Duprat, chevalier, marquis de Vitteaux [10], son père, et en qualité d'héritier de Messire Henri Lenet de Larrey, abbé de l'abbaye de Châtillon-sur-Seine, son oncle maternel, suivant son testament homologué au bailliage dudit Châtillon.

Nota. Est jointe la procuration narrative de ce que dessus.

Liasse 5, cote 38.

---

1. Canton de Saint-Gengoux-le-National.
2. Canton d'Ay (Marne).
3. Commune de Bessé-sur-Braye, chef-lieu de canton (Sarthe).
4. Communes de Poisson et de Saint-Yan, canton de Paray-le-Monial.
5. Commune de Saint-Yan.
6. Id.
7. Même canton.
8. Côte-d'Or.
9. Chef-lieu de canton (Oise).
10. Id. (Côte-d'Or).

Reprise de fief et dénombrement, des 31 janvier 1720 et 30 juillet 1727, de la seigneurie de Selore, Puthières et La Brosse, sise aux paroisses de Saint-Yan et Poisson, par Antoine-Ignace Lenet, demeurant à Paris, rue et hôtel Sainte-Marguerite, comme acquéreur de Jean-Antoine Lenet, conseiller au parlement de Dijon, par contrat reçu Andriot, notaire à Dijon, le 11 janvier 1720, pour le prix de 50.000 livres.

Liasse 5, cote 57.

Reprise de fief, du 7 juin 1754, des seigneuries de Selore, Puthières et La Brosse, par Philibert Verchère, seigneur d'Arcelot [1], conseiller au parlement de Dijon, comme acquéreur d'Antoine-Ignace Lenet de Selore, par acte reçu Bichot, notaire à Dijon, le 2 décembre 1752, insinué à Marcigny le 8, et ce pour le prix de 103.600 livres, avec réserve de l'usufruit audit vendeur.

Liasse 6, cote 59.

Reprise de fief, du 13 août 1778, des seigneuries de Selore, Puthières et La Brosse, par Joseph de Monteynard de Montfrin et de Souternon, grand sénéchal de Beaucaire et de Nîmes, en qualité d'acquéreur de dame Gabrielle Le Coq, douairière de Philibert Verchère, seigneur d'Arcelot, en qualité de tutrice de ses enfants mineurs, par acte reçu Bouché, notaire à Dijon, le 18 décembre 1777, contrôlé le 19 du même mois, pour le prix de 218.000 livres pour toutes choses, compris 6.000 livres pour les meubles et effets des château et bâtiments et 4.000 livres pour le bétail.

Liasse 7, cote 39.

Sennecé-lès-Mâcon [2], **Condemine** [3], **Verrey** [4], **Illiat** [5] et **Saint-Loup** [6]. — Reprise de fief et dénombrement, des 2 janvier et 13 avril 1601, de la seigneurie de Sennecé près Mâcon, par Brice Bauderon, docteur en médecine, de Mâcon, comme

---

1. Commune d'Arceau, canton de Mirebeau-sur-Bèze (Côte-d'Or).
2. Canton de Mâcon nord.
3. Commune de Charnay-lès-Mâcon, canton de Mâcon sud.
4. Commune de Sennecé-lès-Mâcon.
5. Canton de Thoissey (Ain).
6. Commune d'Illiat.

acquéreur de noble Claude Bullion, conseiller au parlement de Paris, par acte du 10 janvier 1601.

Nota. Elle consiste en une maison noble fort ruinée, une tour et dépendances, terres, prés, bois, qui furent acquis auparavant de feu noble Pontus de Thiard, seigneur de Bissy[1], avec d'autres droits pareillement acquis du chapitre et couvent de Saint-Vincent de Mâcon, 15 deniers dus par chaque feu dudit Sennecé pour l'usage au bois de Naisse, etc., le tout succinctement détaillé et en toute justice.

Liasse 1, cote 39 *bis*.

Reprise de fief et dénombrement, du 15 juillet 1647, de la seigneurie de Sennecé, par Maître Brice Bauderon, lieutenant général au bailliage de Mâcon.

Nota. Il déclare dans sa requête que, ayant été assigné pour reprendre de fief de Condemino, ce n'est pas un fief, mais un domaine, qui est de la justice de Davayé[2].

Liasse 2, cote 37 *bis*.

Reprise de fief et dénombrement, des 14 novembre et 10 décembre 1696, de la seigneurie de Sennecé, par Joseph Berthet, écuyer, capitaine au régiment de Piémont, sieur de Gorze[3], et Maître Pierre Desvignes, conseiller du Roi, maire perpétuel de la ville de Mâcon, en qualité de maris de dames Jeanne et Constance Bauderon de Sennecé, leurs femmes, qui étaient donataires universelles de Maître Brice Bauderon, sieur dudit Sennecé, ancien lieutenant général au bailliage de Mâcon.

Liasse 4, cote 36.

Reprise de fief et dénombrement, du 5 décembre 1712, de la seigneurie de Sennecé près Mâcon, par Jean-Joseph de Berthet, chevalier, marquis de Gorze, seigneur de La Salle[4] et autres lieux, chevalier de l'ordre royal et militaire de Saint-Lazare, gentilhomme ordinaire de Son Altesse Sérénissime Monseigneur le duc de Bourbon, en qualité d'héritier univer-

---

1. Bissy-sur-Fley, canton de Buxy.
2. Canton de Mâcon sud.
3. Commune de Germolles, canton de Tramayes.
4. Commune de Lantignié, canton de Beaujeu (Rhône).

sel de dame Constance Bauderon, sa femme, par testament mutuel du dernier octobre 1701, dont extrait a été signé *Chassipollet*.

Nota. Il y est fait mention d'une transaction pour un pré faite par Messire Brice Bauderon, seigneur dudit Sennecé, avec les chanoines de Saint-Pierre de Mâcon, du 17 septembre 1647, reçue Bayard, notaire à Mâcon.

Liasse 5, cote 42.

Reprise de fief des terres et seigneuries de Sennecé et Verrey, membres et dépendances, au comté de Mâconnais, et d'Illiat et Saint-Loup, au pays de Dombes, par Jean-Etienne-Claude Bernard de Sennecé, ancien officier au régiment des chasseurs à cheval, et dame Elisabeth Michet de Sanville, son épouse, du 21 janvier 1788.

Liasse 7, cote 66.

Senozan[1], **Saint-Martin-de-Senozan**[2], **La Salle**[3], **Le Parc**[4], **Givry**[5], **La Tour Perceval**[6], **Vaux-sur-Aisne**[7], **Crepigny**[8] et **Montchanin**[9]. — Reprise de fief, du 2 décembre 1676, des seigneuries de Senozan et La Salle, par Messire Gabriel de Briord, chevalier, seigneur de La Serra[10], La Cras[11] et autres lieux, maître de camp du régiment de cavalerie de Son Altesse Sérénissime Monseigneur le Prince et premier écuyer de Son Altesse Sérénissime Monseigneur le duc d'Enghien, au nom et comme mari de dame Louise-Françoise Perrachon, son épouse, à laquelle lesdites seigneuries ont été données en faveur de mariage, par Messire Marc-Antoine Perrachon, son père, par contrat du 27 octobre 1675.

Liasse 3, cote 38.

---

1. Canton de Mâcon nord.
2. Id.
3. Canton de Lugny.
4. Commune de Sancé, canton de Mâcon nord.
5. Commune de Laizé, même canton.
6. Nom disparu, même commune.
7. Commune d'Azé, canton de Lugny.
8. Lieudit, même commune.
9. Même commune.
10. Commune de Seillonnaz, canton de Lhuis (Ain).
11. Commune de Niévroz, canton de Montluel (id.)

Reprise de fief, du 28 juillet 1691, de la dignité du comté de Briord, nom sous lequel aurait été érigée la terre de Senozan, à laquelle ont été unies celles de Saint-Martin, La Salle et Le Parc, par lettres patentes du mois de septembre 1690, en faveur de Messire Gabriel de Briord.

Liasse 4, cote 23.

Reprise de fief et dénombrement, du 20 janvier 1711, du comté de Senozan, par David Olivier, écuyer, ancien échevin de la ville de Lyon, comme acquéreur de dame Louise-Françoise Perrachon, veuve de Gabriel, comte de Briord [1], pour le prix de 286.000 livres, par contrat reçu Rodet et Poncet, notaires à Lyon, le 20 juillet 1710, lequel Olivier a obtenu des lettres patentes de nouvelle érection de ladite terre de Senozan et dépendances en comté sous le nom dudit *Senozan*.

Liasse 5, cote 36.

Reprise de fief et dénombrement, du 24 mai 1723, du comté de Senozan et seigneuries de La Salle, Saint-Martin et Le Parc de Sancé, plus du fief de Givry et de la Tour Perceval, plus des fiefs de Vaux, Crepigny et Montchanin en la paroisse d'Azé, par François Olivier de Senozan, chevalier de l'ordre du Roi, comme héritier de noble David Olivier, son père, qui a acquis ledit fief de Givry et la Tour Perceval situés en la paroisse de Laizé, par contrat reçu Alabernarde, notaire à Clessé, le 27 septembre 1718, pour le prix de 62.500 livres, ledit fief en moyenne et basse justice, et lesdits fiefs de Vaux, Crepigny et Montchanin en toute justice, acquis par ledit feu sieur son père de Messire Jean-Rodolphe de Chauvestein, par contrat reçu Vernon, notaire à Lyon, le 12 avril 1720, pour le prix de 130.000 livres payables à Milan.

Liasse 6, cote 13.

Sercy [2], **Saint-Gengoux-le-Royal** [3] et **Thoisy-le-Désert** [4]. — Reprise de fief, du 29 novembre 1630, de la seigneurie de Sercy et de

---

1. Canton de Lhuis (Ain).
2. Canton de Buxy.
3. Aujourd'hui Saint-Gengoux-le-National, chef-lieu de canton.
4. Canton de Pouilly-en-Montagne (Côte-d'Or).

partie de celle de Saint-Gengoux-le-Royal, par dame Anne de Rochefort, veuve de Messire Léonard de Semur, chevalier des ordres du Roi, seigneur de Trémont [1], Sancenay [2], Maizeray [3], Saint-Hippolyte [4] et autres lieux, gouverneur du Mâconnais, ladite terre de Sercy et partie de celle de Saint-Gengoux à elle adjugées par décret aux requêtes du Palais à Paris, le 18 août 1629.

Et reprise de fief et dénombrement, du 3 janvier 1650, de ladite seigneurie de Sercy et de partie de celles de Thoisy-le-Désert et de Saint-Gengoux-le-Royal, par François de Rochefort, marquis de La Boulaye [5], abbé commendataire de l'abbaye de Vézelay [6], seigneur de Chailly [7], en qualité d'héritier ab intestat de dame Anne de Rochefort, sa tante, suivant la mise en possession par acte du bailliage de Mâcon du 7 juin 1649.

Nota. Dans ledit dénombrement il n'est pas fait mention dudit Saint-Gengoux.

Dénombrement, du 9 décembre 1630, de la seigneurie de Sercy et de la moitié de celle de Saint-Gengoux-le-Royal, par dame Anne de Rochefort, veuve de Messire Léonard de Semur, chevalier des ordres du Roi, seigneur dudit Sercy, de Trémont, Sancenay et Saint-Hippolyte, gouverneur de Mâcon, selon que ladite terre de Sercy et la moitié dudit Saint-Gengoux ont été délivrées à ladite dame par décret aux requêtes du Palais à Paris, le 18 août 1629.

Les habitants de Saint-Forgeuil [8], justiciables de ladite dame, prieure de Lancharre [9], doivent guet et sont retrayants au château dudit Sercy.

L'autre moitié dudit Saint-Gengoux appartient aux héritiers de Maître Claude Doret, ayant le droit du doyenné dépendant autrefois de l'abbaye de Cluny.

Liasse 2, cote 5.

---

1. Commune de Varennes-sous-Dun, canton de La Clayette.
2. Commune d'Oyé, canton de Semur-en-Brionnais.
3. Commune de Saint-Martin-du-Tartre, canton de Buxy.
4. Commune de Bonnay, canton de Saint-Gengoux-le-National.
5. Canton de Meavres.
6. Chef-lieu de canton (Yonne).
7. Canton de Pouilly-en-Montagne (Côte-d'Or).
8. Commune de Bresse-sur-Grosne, canton de Sennecey-le-Grand.
9. Commune de Chapaize, canton de Saint-Gengoux-le-National.

Reprise de fief et dénombrement, du 18 juillet 1672, de la seigneurie de Sercy comme aussi de celle de Saint-Gengoux, tant de ce qui soulait dépendre du domaine du Roi que de celui de l'abbé de Cluny à cause du doyenné dudit Saint-Gengoux, par dame Madeleine Fouquet, veuve de Messire François de Rochefort, chevalier, marquis de La Boulaye, seigneur de Châtillon-en-Bazois [1] et autres lieux, bailli et gouverneur d'Autun, lesdites terres adjugées à ladite dame au Châtelet de Paris, le 15 mars 1670, pour le prix de 44.800 livres, sur demoiselle Marie-Elisabeth de Rochefort, fille mineure et héritière par bénéfice d'inventaire dudit feu sieur marquis de La Boulaye, ladite adjudication confirmée par arrêt du parlement de Paris, du 1er avril 1672.

Liasse 3, cote 16.

Reprise de fief et dénombrement, du 8 août 1710, de la seigneurie de Sercy, tant de ce qui dépendait du domaine du Roi à cause de la châtellenie de Saint-Gengoux que de ce qui dépendait du doyenné ancien de l'abbaye de Cluny, par Messire Louis-Charles-Bernardin Gigault, chevalier, marquis de Bellefonds [2] et de La Boulaye, colonel d'un régiment de son nom, gouverneur et capitaine des chasses au gouvernement et capitainerie de Vincennes, en qualité de légataire universel de dame Madeleine Fouquet, veuve de Messire François de Rochefort, chevalier, marquis de La Boulaye, seigneur et baron de Châtillon-en-Bazois, suivant son testament olographe du 17 septembre 1707, reconnu par son codicile reçu Véragni et Delesney, notaires à Paris, le 26 janvier 1709, et insinué le 5 avril 1710 au greffe du Châtelet de Paris.

Nota. Est joint un extrait *parte in qua* desdits testament et codicile.

Liasse 5, cote 34.

Reprise de fief, du 4 juin 1787, de la terre de Sercy et des terres, seigneurie et doyenné de Saint-Gengoux, par Claude Perroy de La Forestille, conseiller du Roi, maître ordinaire en la chambre des comptes de Dijon.

Liasse 7, cote 60.

---

1. Chef-lieu de canton (Nièvre).
2. Commune de Montgivray, canton de La Ch**re (Indre).

La Serrée[1], **Curtil-sous-Burnand et Saint-Marcelin-de-Cray**[2]. — Reprise de fief et dénombrement, du 21 novembre 1646, de la seigneurie de La Serrée, paroisse de Curtil en Mâconnais, et de la sixième partie de celle de Saint-Marcelin en dépendant, par Salomon de Drée, écuyer.

Nota. Ledit La Serrée consiste en un château et en la justice moyenne en un lieu appelé *La Roche Dauphugny*, ès *Bois Guignot de Vaux*, contenant 50 journaux, à cause de quoi les sieurs de La Serrée, ses prédécesseurs, ont repris de fief du seigneur de Sigy-le-Châtel[3], auquel appartient la haute justice. Quant à Saint-Marcelin, il n'a que la sixième partie de la justice, les autres portions appartenant à Messieurs les religieux de Perrecy[4] et à Madame la comtesse d'Alais.

Nota. Dans sa requête il dit que la terre et seigneurie dudit Curtil appartient au Roi à cause de sa châtellenie de Saint-Gengoux, et qu'il ne possède audit lieu que sa maison de La Serrée et dépendances, sans aucun droit de justice, et que le 7 avril 1603 feu Guillaume de Drée, écuyer, son père, en reprit de fief, avec ladite portion de Saint-Marcelin, par-devant les officiers du bailliage de Mâcon.

Liasse 2, cote 18.

Reprise de fief et dénombrement, du 2 décembre 1676, de La seigneurie de La Serrée et de la sixième partie de celle de Saint-Marcelin (les autres portions appartenant à Messieurs les religieux de Perrecy et à Madame la duchesse d'Angoulême), par Charles de Drée, écuyer, à cause de la succession de Salomon de Drée, écuyer, son père.

Liasse 3, cote 37.

Reprise de fief, du 4 août 1699, des seigneuries de La Serrée et Saint-Marcelin, par Jacques de Mucie, seigneur d'Ecuelles[5] et Pondrevaux[6], conseiller au parlement de Bourgogne, et Phi-

---

1. Commune de Curtil-sous-Burnand, canton de Saint-Gengoux-le-National.
2. Canton de La Guiche.
3. Canton de Saint-Gengoux-le-National.
4. Canton de Toulon-sur-Arroux.
5. Canton de Verdun-sur-Saône.
6. Commune de Bragny, même canton.

lippe Masson, écuyer, premier président et lieutenant criminel au bailliage de Chalon, comme acquéreurs par acte reçu le 10 juin 1699, des directeurs des créanciers de Charles de Drée, écuyer, à charge d'homologation par lesdits créanciers et à leurs frais à la quatrième chambre des enquêtes du parlement de Paris dans le 20 juillet 1699, et dénombrement, du 8 mars 1701, de ladite seigneurie de La Serrée, par ledit Jacques de Mucie.

Liasse 4, cote 56.

Serrières [1], France [2], Vergisson, Charnay-lès-Mâcon [3] et Milly [4]. — Reprise de fief et dénombrement, des 31 janvier 1647 et 14 juillet 1665, de la seigneurie de Serrières en toute justice, avec château, et du fief de la maison de France et héritages en dépendant situés en la paroisse de Vergisson, tous les héritages (excepté les cens et servis) détaillés, par Philibert de Bullion, président en l'élection de Mâcon.

Liasse 2, cote 55.

Reprise de fief et dénombrement, du 7 décembre 1677, de la seigneurie de Serrières, par Maître Aimé Seyvert, avocat à Paris, à lui échue par le décès de Maître Philibert de Bullion, seigneur de Serrières, président en l'élection de Mâcon, son oncle.

Nota. Est jointe sa procuration à Maître Antoine-François Seyvert, avocat à Mâcon, son frère.

Liasse 3, cote 47.

Reprise de fief et dénombrement, des 3 février et 9 décembre 1678, d'une partie du fief de Serrières en toute justice, consistant en cens non détaillés, portant lods à raison de 15 sous pour livre, plus de la directe d'une partie du terrier appelé *Florette*, rière la paroisse de Vergisson et Charnay, à raison de 5 sous pour livre, le tout non détaillé, par François Laborier, écuyer, conseiller de Son Altesse Royale en son parle-

---

1. Canton de Tramayes.
2. Commune de Vergisson, canton de Mâcon sud.
3. Même canton.
4. Canton de Mâcon nord.

ment de Dombes séant à Lyon, en qualité d'héritier et donataire de Jean Laborier, bourgeois de Mâcon, son père.

Liasse 3, cote 52.

Reprise de fief et dénombrement, du 23 juillet 1685, des deux tiers de la seigneurie de Serrières et du fief de Milly, qui consiste en une maison et rente noble, par Messire Jean Donguy, vicomte de Mably [1], seigneur d'Origny [2], Anglure [3], Esserteaux [4], Bussières et Les Champs [5], comme acquéreur, savoir dudit fief de Milly, en toute justice, de Messire François de Chambes, seigneur de Vilhonneur [6], tant en son nom que pour et au nom de dame Claire de Roche, sa femme, par contrat du 29 janvier 1670, pour le prix de 2.400 livres, et des deux tiers de Serrières de Maître Edme Seyvert, avocat au parlement de Paris, et de demoiselle Jeanne Le Roux, sa femme, par contrat du 20 décembre 1679, pour le prix de 25.000 livres (l'autre tiers à lui appartenant, joint et incorporé ci-devant à la terre d'Esserteaux).

Liasse 4, cote 10.

Reprise de fief et dénombrement, du 11 août 1699, de la seigneurie de Serrières, par Messire Bernard de Noblet, chevalier, comte de Chenelette [7], seigneur d'Avaise [8], Montgesson [9], Grandvaux [10], Esserteaux et Milly, en qualité de mari de dame Jeanne Donguy d'Origny, son épouse, à laquelle ladite seigneurie a été constituée avec celles dessus dites, par Jean Donguy, vicomte de Mably, son père, seigneur d'Anglure, en leur contrat de mariage du 19 novembre 1693.

Nota. L'usufruit de ladite seigneurie de Serrières appartient audit vicomte de Mably qui se l'est réservé par ledit contrat.

Et les présents reprise et dénombrement ont été faits et

---

1. Canton de Roanne (Loire).
2. Origny-le-Château, commune d'Ouches, même canton.
3. Anglure-sous-Dun, canton de Chauffailles.
4. Commune de Bussières, canton de Mâcon sud.
5. Même commune.
6. Canton de La Rochefoucauld (Charente).
7. Canton de La Mure (Rhône).
8. Commune de Varennes-sous-Dun, canton de La Clayette.
9. Id.
10. Aujourd'hui Vaux, id.

donnés sur les conclusions du procureur général du Roi, qui soutient « que ladite reprise de fief était due pour plusieurs raisons, la 1re, que toute donation de fief en propriété est une mutation de fief certaine ; la 2e, que l'hommage étant un droit purement d'honneur, c'est à celui qui est en possession de la propriété de le rendre, l'usufruitier n'ayant qu'un droit utile et réel ; la 3e, que ce sentiment est celui de tous les auteurs qui ont traité des fiefs : il ne faut pas opposer que le suppliant ne possède pas incommutablement la propriété de la terre de Serrières, parce que s'il y a des cas où ce fief peut retourner au sieur de Mably, son beau-père, ce retour n'arriverait que par des conventions particulières, et ces conventions n'empêchent pas le suppliant de s'immiscer présentement en la possession et propriété dudit fief de Serrières ».

Liasse 4, cote 58.

Sivignon [1], **Les Murgers** [2], **La Vallée** [3], **Nanton** [4], **La Tour Saint-Didier** [5] et **Salornay-sur-Guye** [6]. — Reprise de fief, du 14 décembre 1640, des seigneuries de Sivignon, Les Murgers, La Vallée ou La Roche, au bailliage de Mâcon, et de celles de Nanton et La Tour Saint-Didier au bailliage de Chalon, par dame Dôle de Rye, veuve de Messire Philibert de La Guiche, au nom et comme mère et tutrice de Messire Henri-François de La Guiche, âgé de 12 ans, fils et héritier dudit feu seigneur de La Guiche, suivant son testament reçu Dessaignes, notaire à Mâcon, le 2 octobre 1636.

Nota. Est jointe la procuration narrative de tout ce que dessus.

Liasse 2, cote 13.

Dénombrement, du 7 mars 1667, des seigneuries de Sivignon, Les Murgers et La Vallée dite *La Roche*, par Henri-François de La Guiche.

---

1. Canton de Saint-Bonnet-de-Joux.
2. Commune de Donzy-le-National, canton de Cluny.
3. Commune de Buffières, même canton.
4. Canton de Sennecey-le-Grand.
5. Nom disparu, probablement commune de Nanton, à moins que ce ne soit aujourd'hui *La Tour Saint-Giraud*, commune de Champlieu, même canton.
6. Canton de Cluny.

Nota. Ledit Sivignon consiste en un château et toute justice, et un domaine en fief du Roi au village de Salornay-sur-Guye consistant en une maison, plusieurs héritages et servis, en la totale justice de Madame la duchesse d'Angoulême comme ayant droit de Sa Majesté de la prévôté de Saint-André-le-Désert [1].

La seigneurie des Murgers, annexée à celle dudit Sivignon, consiste en un vieux château réduit en masure, situé en la paroisse Donzy-le-Royal, avec toute justice ès paroisses de Donzy et Bussières à cause de ladite seigneurie des Murgers, qui lui appartient, savoir, les deux tiers par succession de ses prédécesseurs, et l'autre tiers par acquisition par eux faite des prédécesseurs de Sa Majesté à cause de la prévôté de Saint-André-le-Désert.

La seigneurie de La Vallée dite *La Roche* en toute justice en la paroisse de Bussières, jointe et contigue à ladite seigneurie des Murgers, consiste en une tour carrée, avec les ruines des murs, un domaine et servis portant lods à raison de 20 deniers pour livre, non détaillés, quelques bois y dénommés, plus une rente noble due par les habitants de Donzy-le-Royal et autres, procédant pour une moitié de ses prédécesseurs et pour l'autre moitié du Roi.

Liasse 3, cote 6 *bis*.

Le Thil [2] **et Les Filletières** [3]. — Reprise de fief, du 17 avril 1625, de la seigneurie du Thil, par Maître Jacques Verjus, greffier en chef au bailliage de Mâcon, et François de Royers, sieur de Saint-Micaud [4], à eux échue par le décès de noble Moïse de Rymon, sieur du Thil.

Nota. Ladite seigneurie, en ce qui est en fief du Roi, consiste en justice moyenne et basse auxdits lieux du Thil et des Filletières, territoire et finage desdits lieux, selon les bornes et limites y apposées, plus environ 20 livres de rente qui sont dues par plusieurs particuliers, la plupart assises au bailliage

---

1. Canton de Cluny.
2. Commune de Chenôves, canton de Buxy.
3. Id.
4. Canton de Mont-Saint-Vincent.

de Mâcon, proche du Thil, ainsi qu'il est dit en la procuration y jointe.

Liasse 2, cote 3 bis.

Thoiriat [1], Chânes [2] et Crêches. — Reprise de fief et dénombrement, du 5 mai 1671, de la seigneurie de Thoiriat en partie, située ès paroisses de Chânes et Crêches, l'autre partie relevant de l'abbé de Tournus [3], par Claude Janin, ancien secrétaire du Roi, maison et couronne de France (âgé de plus de 73 ans), comme acquéreur de Jean-Claude de Montferrand, écuyer, et de dame Marie Gonthier, sa femme, par contrat du 9 novembre 1665, reçu Janoire et Dumont l'aîné, notaires, pour le prix de 55.000 livres.

Liasse 3, cote 13.

Reprise de fief et dénombrement, des 29 mars et 29 avril 1697, de la seigneurie de Thoiriat dans les paroisses de Chânes et Crêches, par Antoine Lachard, fils unique de Claude Lachard, seigneur dudit Thoiriat, héritier de demoiselle Emiliane Lachard, dame dudit Thoiriat, par son testament reçu Cadot, notaire, le 17 septembre 1678, ainsi qu'il est dit en la procuration y jointe.

Liasse 4, cote 49.

Reprise de fief, du 8 mai 1730, de la seigneurie de Thoiriat, par Antoinette Cadot, veuve de Messire Antoine Lachard, écuyer, seigneur dudit Thoiriat, en qualité d'héritière substituée à Amédée-Victor Lachard de Thoiriat, son fils, suivant le testament olographe dudit sieur Antoine Lachard, son mari, du 6 février 1702, insinué et publié le 22 août 1722, leurdit fils étant mort au collège royal de Thoissey [4] en Dombes, le 12 avril 1729.

Liasse 6, cote 34.

Reprise de fief, du 3 mai 1778, de la seigneurie de Thoiriat, par Philibert-Joseph de Thy, fils aîné et en qualité de donataire

---

1. Commune de Crêches, canton de La Chapelle-de-Guinchay.
2. Même canton.
3. Chef-lieu de canton.
4. Chef-lieu de canton (Ain).

entre vifs d'Alexandre de Thy et de dame Christine de La Fage, par acte reçu Puthod, notaire à Mâcon, le 7 août 1756, contrôlé et insinué les 16 dudit mois d'août et 27 novembre suivant.

Liasse 7, cote 38.

Les Tours [1], Fuissé [2], Mâcon (langues bovines), Germolles [3], La Bâtie [4], Chaintré [5], Serrières [6] et Chânes [7]. — Reprise de fief et dénombrement double, des 5 mars et 1er septembre 1648, de la seigneurie des Tours en la paroisse de Crêches, par dame Jeanne de La Chambre, veuve de Messire Charles de Damas, chevalier des ordres du Roi, marquis de Thianges [8], comte de Dyo [9], lieutenant pour le Roi en ses pays de Bresse, Bugey et Charollais, ladite seigneurie provenant des anciens de ladite dame.

Nota. Elle consiste en un château et toute justice, et dépendances, non détaillées, ensemble les prés, terres, bois et buissons, même le bois *de Loys* et *des Buissonnées*, à présent presque entièrement converti en pré, joint aux prés *de Baisenans*, confinés par la rivière de Saône du côté du matin, et par deux ruisseaux tombant en ladite rivière, l'un du côté de bise, l'autre du côté de vent, et le chemin de soir.

Item, la pêche appelée *de Chambaud* en la rivière de Saône.

Item, un pré situé en la prairie de Crêches, appelé *Les Cinq Prés du Bois du Port*, auquel lieu est l'arrivage du port d'Arciat [10] pour passer la rivière de Saône, dépendant de ladite seigneurie des Tours.

Item, au village de Fuissé, et en la justice du seigneur dudit lieu, une rente de cens et servis portant lods et ventes.

Item, la tierce partie des langues des bêtes bovines que l'on tue en la boucherie de Mâcon.

---

1. Commune de Crêches, canton de La Chapelle-de-Guinchay.
2. Canton de Mâcon sud.
3. Nom disparu, commune de Crêches.
4. Commune de La Chapelle-de-Guinchay.
5. Canton de La Chapelle-de-Guinchay.
6. Canton de Tramayes.
7. Canton de La Chapelle-de-Guinchay.
8. Canton de Decize (Nièvre).
9. Canton de La Clayette.
10. Commune de Crêches.

Item, deux deniers parisis de servis sur la neuvième partie de la pêche *du Bleton*, à l'endroit de la maison de La Bâtie [1], joignant la pêche du sieur abbé de Tournus, qui sont dus par le sieur de Chaintré.

Plus confesse ladite dame tenir en fief du Roi, à cause de la baronnie de Beaujeu [2], la seigneurie de Germolles en toute justice, située audit lieu de Crêches, qui consiste en la place d'un ancien château et quelques prés et terres y dénommés, avec quelques servis non détaillés.

Plus confesse tenir en fief du Roi, à cause du comté du Mâconnais, la vieille poype de La Bâtie-de-Vers, assise en la paroisse de Guinchay [3], en la châtellenie de Crêches, avec un pré dans lequel est située ladite poype, joignant à la rivière de Saône et contenant environ la place à 20 voitures de foin.

Item, elle confesse tenir de fief, à cause de la baronnie de Beaujeu, selon les vieux fiefs faits par ses prédécesseurs, les choses qui s'ensuivent au ressort de la juridiction de Mâcon : sa maison de La Bâtie-de-Vers, ensemble les granges, terres, prés, vignes, avec les taillis et bois, en toute justice, haute, moyenne et basse, mère, mixte et impère, appartenant à ladite maison, lesquelles choses sont situées aux frontières du pays de Beaujolais, Dombes, et proche la rivière de Saône.

Item, elle tient en toute justice, haute, moyenne et basse, en la paroisse de Chaintré, un meix appelé *Le Clos Roussin* [4], où il y a quatre justiciables, et environ quatre-vingts ouvrées de vignes portant lods et ventes et autres droits seigneuriaux, à raison lesdits lods de 15 sous pour livre, et le quart des fruits, avec le servis de 19 quartes de vin pris à la tine.

Item, elle tient la moitié de la terre et seigneurie de Serrières, en toutes justices, haute, moyenne et basse, qui consiste en rentes, cens et servis portant lods à raison de 15 sous pour livre.

Ce sont tous les biens et droits dépendant de ladite seigneurie des Tours.

Liasse 2, cote 41.

---

1. Commune de La Chapelle-de-Guinchay.
2. Chef-lieu de canton (Rhône).
3. La Chapelle-de-Guinchay.
4. Nom disparu.

Reprise de fief et dénombrement, des 13 mars 1666 et 17 février 1671, de la seigneurie des Tours en la paroisse de Crêches, à une lieue de Mâcon, par Messire Claude-Léonard de Damas, marquis de Thianges, comte palatin de Dyo.
Liasse 3, cote 1.

Reprise de fief, du 8 mai 1713, de la seigneurie des Tours, par Louis Durret, ancien capitaine de cavalerie, demeurant ordinairement en la ville de Lyon, paroisse d'Ainay (et fort âgé), comme acquéreur de ladite seigneurie pour le prix de 87.500 livres de Messieurs les créanciers et directeurs des droits des autres créanciers des successions de Messire Claude-Eléonor de Damas, chevalier, marquis de Thianges, et de dame Gabrielle de Rochechouart, son épouse, ledit Claude-Eléonor de Damas ayant été héritier de dame Jeanne de La Chambre, veuve de Messire François de Damas, chevalier, marquis de Thianges, ses père et mère, à laquelle appartenait ladite seigneurie des Tours, suivant le contrat passé à ce sujet par lesdits sieurs créanciers et directeurs au profit dudit sieur Durret pardevant de Saint-Jean et Bridon, notaires au Châtelet de Paris, le 13 mars 1713.
Liasse 5, cote 46.

Reprise de fief, du 29 mars 1786, des terres des Tours, Chânes, Crêches et dépendances, par Louis Charrier de La Roche, prieur du Bois-de-la-Salle [1], *official métropolitain et vicaire général du diocèse de Lyon, et héritier par substitution de M. Louis Durret, son grand-oncle maternel.*
Liasse 7, cote 56.

Tramayes [2] **et Flacé-lès-Mâcon** [3]. — Reprise de fief et dénombrement, du 17 décembre 1602, de la seigneurie de Tramayes, par Mathurin Bullion, élu pour le Roi en Mâconnais, comme acquéreur de noble Jacques Lect, citoyen et conseiller de la ville de Genève, tant en son nom que comme père de Pierre Lect, son fils, et aussi comme tuteur d'Andrée Philippin, fille de feu noble Pierre Philippin, enfants de demoiselle Esther-

---

1. Commune de Juliénas, canton de Beaujeu (Rhône).
2. Chef-lieu de canton.
3. Canton de Mâcon nord.

Chrétienne Guillaud, jadis dame dudit Tramayes, qui était possédé auparavant par les sieurs de Chauffailles [1].

Nota. Ce dénombrement est succinct, et est le tout relaté en gros. Est jointe la procuration.

Liasse 1, cote 45 *bis*.

Reprise de fief et dénombrement, du 9 décembre 1673, des seigneuries de Tramayes et Flacé, par Claude Bullion, à lui données en faveur de mariage, par contrat du 20 avril 1659, signé par extrait *Dessaignes*, par Maître Thomas Bullion, son père, conseiller maître ordinaire en la chambre des comptes de Dijon, qui les avait par succession de Maître Mathurin Bullion, son père, élu pour le Roi en Mâconnais.

Nota. Il dit tenir ladite seigneurie de Tramayes, acquise de Messieurs d'Amanzé, possédée par Jean Bullion, sieur de Tramayes, remise à Mathurin Bullion, élu pour le Roi en Mâconnais, ensuite à Thomas Bullion, son fils, président au présidial de Mâcon, de laquelle seigneurie a joui dame Jeanne de Pise, sa veuve, depuis l'année 1640 jusqu'à l'année 1659, et ladite seigneurie de Flacé, acquise du sieur de Maugiron par Antoine de Pise, président en l'élection de Mâcon, de laquelle a joui ladite dame Jeanne de Pise jusqu'à ladite année 1659.

Nota. Sont joints les dénombrements sans date desdites seigneuries donnés par ledit Thomas Bullion.

Liasse 3, cote 30.

Reprise de fief et dénombrement, des 22 février 1685 et 5 janvier 1687, de la seigneurie de Tramayes, par Charles de Rymon, écuyer, sieur de La Moussière [2], en qualité d'héritier bénéficiaire de Claude Bullion, écuyer, sieur de Tramayes, à laquelle reprise il a été condamné par arrêt de la chambre du 10 janvier 1685. Et expose qu'il est en procès aux requêtes du Palais à Paris avec le sieur Seyvert, secrétaire du Roi, maison et couronne de France, qui prétend ladite seigneurie lui appartenir.

Liasse 4, cote 7.

---

1. Chef-lieu de canton.
2. Commune de Viry, canton de Charolles.

Reprise de fief et dénombrement, des 22 mai et 17 juillet 1696, de la seigneurie de Tramayes, par Aimé Seyvert, écuyer, conseiller du Roi, maison, couronne de France, l'un des quatre servants à la cour de parlement de Paris, seigneur du Pin [1], en qualité d'héritier de Claude Bullion, seigneur dudit Tramayes, dont la reprise aurait été faite pour ladite succession, le 17 avril 1686, par Charles de Rymon, sieur de La Moussière, lequel se prétendait héritier dudit sieur Bullion, et par sentence des requêtes du Palais à Paris ladite succession aurait été adjugée ab intestat audit Aimé Seyvert, de laquelle ledit sieur de La Moussière ayant interjeté appel au parlement de Paris, il s'en serait désisté par transaction du 24 octobre 1687, reçue Rodet, notaire, et confirmée par arrêt dudit parlement, le 16 février 1688.

Liasse 4, cote 32.

Reprise de fief et dénombrement double, du 27 novembre 1704, de la seigneurie de Tramayes, par Claude-Hippolyte de Damas, chevalier, seigneur de Dompierre [2] (âgé de plus de 87 ans), comme acquéreur d'Aimé Seyvert, écuyer, conseiller secrétaire du Roi, maison et couronne de France, par contrat reçu Cortambert, notaire au bailliage de Mâcon et audit Dompierre, le 12 septembre 1703, pour le prix de 62.000 livres.

Liasse 5, cote 20.

Trémont [3], **Vaux** [4] **et Champerny** [5]. — Reprise de fief, du 4 février 1622, de la seigneurie de Trémont, par Gérard de Jaquot, gentilhomme ordinaire de la chambre du Roi, seigneur de Magny [6], Les Laumes [7], Esbarres [8], Fangy [9], Maizeray [10], Gevrey [11] et autres lieux, comme dudit Trémont, en toute jus-

---

1. Nom disparu, commune de Morancé, canton d'Anse (Rhône).
2. Dompierre-les-Ormes, canton de Matour.
3. Commune de Varennes-sous-Dun, canton de La Clayette.
4. Id.
5. Id.
6. Magny-lès-Aubigny, canton de Saint-Jean-de-Losne (Côte-d'Or).
7. Commune de Venarey, canton de Flavigny (id.)
8. Canton de Saint-Jean-de-Losne.
9. Commune d'Esbarres.
10. Commune de Saint-Martin-du-Tartre, canton de Buxy.
11. Chef-lieu de canton (Côte-d'Or).

tice, avec château, par contrat d'échange du 30 août précédent reçu Geliot, notaire à Dijon.

Liasse 2, cote 1.

Reprise de fief et dénombrement, du 18 février 1645, de quelques cens succinctement détaillés, ensemble les droits de justice, le bois de Bretecet [1] et la dîme de Vaux dépendant de la seigneurie de Trémont, par Claude de Noblet, écuyer, seigneur de Chenelette [2], Avaise [3], Montgesson [4] et Grandvaux [5], comme acquéreur desdits cens, pour le prix de 4.008 livres, par contrat du 6 dudit mois de février 1645, reçu Perrier, notaire, de Jean-Léonard de Damas, baron de La Clayette, qui a acquis ladite seigneurie de Trémont de Messire Claude de Jaquot, baron d'Esbarres, pour le prix de 22.500 livres, par contrat reçu Parizot, notaire à Dijon, le 2 septembre 1644.

Liasse 2, cote 13 *bis*.

Reprise de fief et dénombrement succinct, du 9 mars 1645, de quelques cens, le quart de la dîme de Trémont et la rente due sur le moulin de Champerny, le tout dépendant de la seigneurie de Trémont située en la paroisse de Dun-le-Roi, proche La Clayette, par Antoine de Sermant, écuyer, sieur de Mornes [6] et Chavanne [7], et demoiselle Barbe de Lestouf, sa femme, demeurant audit Chavanne, paroisse de Dun-le-Roi, comme acquéreurs de Jean-Léonard de Damas et de dame Anne-Charlotte de Champlecy, sa femme, par contrat du 25 février 1645, reçu le susdit Perrier, notaire à La Clayette, lequel contrat sert dudit dénombrement.

Liasse 2, cote 14.

Reprise de fief et dénombrement succinct, du 17 novembre 1645, de partie de la seigneurie de Trémont, par Jean-Léonard de Damas, baron de La Clayette, comme acquéreur de Claude de

---

1. Commune de Varennes-sous-Dun.
2. Canton de La Mure (Rhône).
3. Commune de Varennes-sous-Dun.
4. Id.
5. Aujourd'hui Vaux.
6. Nom disparu.
7. Commune de Saint-Racho, canton de La Clayette.

Jaquot, seigneur d'Esbarres, par contrat reçu Claude Parizot, notaire à Dijon, le 2 septembre 1644, ayant ledit de Damas cédé les autres portions aux sieurs de Mornes et de Chenelette.

Nota. Ledit Trémont consiste en les masures du vieux château, le tout succinctement détaillé.

Liasse 2, cote 15.

Valécot[1], **Saint-Huruge**[2] **et Le Crouzot**[3]. — Reprise de fief ès mains de Monseigneur le Chancelier, du 17 mai 1510, par Girard de Balay, écuyer, seigneur de Valécot, de ce qui suit, savoir de la justice haute, moyenne et basse, au lieu susdit de Valécot, maison, cour, colombier, grange, jardin, vigne, pré, terre arable dudit lieu, et d'une autre terre appelée *la Petite Ronze*[4], tenant ensemble, d'un pré appelé *le Pré Cheval* et *le Pré du Cul-de-Changy*, tant deçà la rivière dudit Changy[5] que delà, contenant six soitures de pré ou environ, d'un autre pré appelé *Pré Bernadot*[6], contenant une demi soiture, et de la terre appelée *de la Colombe*, bois et buissons d'icelle joignant, ensemble aussi d'une autre terre située au finage de Saint-Huruge-sur-Guye, contenant la semence de trois bichets de blé ou environ, assise audit lieu, et semblablement d'une autre terre appelée *la Terre de la Ronze*, contenant la semence de quatorze bichets de blé ou environ, avec leurs dépendances, le tout situé au comté de Mâconnais.

Liasse 1, cote 13 *bis*.

Reprise de fief, du 12 mai 1566, des seigneuries de Valécot et du Crouzot, situées ès bailliages de Mâcon et Charolles, par Gabriel d'Edouard, écuyer, seigneur de Santenay[7], comme acquéreur puis naguère desdites seigneuries de religieuse personne Dom Jean de Luzy, docteur en décret, et de noble Jean de Bréchard, écuyer, seigneur de Confeix[8] et d'Oyé[9].

Liasse 1, cote 28.

---

1. Commune de Saint-Martin-la-Patrouille, canton de La Guiche.
2. Canton de Saint-Gengoux-le-National.
3. Commune de Joncy, canton de La Guiche.
4. Aujourd'hui *la Petite Ronce*.
5. Nom disparu.
6. Aujourd'hui *Pré Berlandot*.
7. Canton de Nolay (Côte-d'Or).
8. Commune de Montilly, canton de Moulins (Allier).
9. Canton de Semur-en-Brionnais.

Reprise de fief et dénombrement, du 14 août 1571, de la seigneurie de Valécot, par demoiselle Jaconne Jacquet, femme de noble Louis Boyer, capitaine du Sauvement [1], ladite seigneurie par elle acquise et consistant en une maison et ses dépendances en toute justice non confinées, et quelques pièces de terre et pré y confinées.

Liasse 1, cote 31.

Reprise de fief et dénombrement, des 17 mars 1580 et 9 février 1582, de la seigneurie de Valécot, détaillée comme à la cote précédente, par Théodore de Mandelot, écuyer, seigneur de Berthenay [2], comme acquéreur de Maître Louis Boyer, notaire royal à Martigny-le-Comte [3] en Charollais, tant en son nom qu'en celui de Hector et Philiberte Boyer, ses enfants, et de Guichard Boyer, par contrat du 8 février 1580, pour le prix de 1.040 écus.

Liasse 1, cote 32.

Reprise de fief et dénombrement, des 17 avril 1733 et 21 janvier 1734, de la seigneurie de Valécot, par Philibert-Joseph de La Fage, écuyer, en qualité de donataire de Victor-Amédée de La Fage, baron de Saint-Huruge, seigneur de Péronne [4], Saint-Martin [5], Burzy [6], Malfontaine [7] et autres lieux, son père, par acte reçu Vaudremont et du Fresneau, notaires à Dijon, le 14 avril 1733.

Liasse 6, cote 35.

La Varenne [8]. — Reprise de fief et dénombrement, du 18 novembre 1692, de la seigneurie de La Varenne située en la paroisse de Pierreclos, par Jean-Baptiste Michon, procureur du Roi au bureau des finances du Lyonnais, seigneur de Pierreclos, Buzzy [9] et Bussières, comme acquéreur du sieur

---

1. Commune de Ciry-le-Noble, canton de Toulon-sur-Arroux.
2. Canton de Tours (Indre-et-Loire).
3. Canton de Palinges.
4. Canton de Lugny.
5. Saint-Martin-la-Patrouille, canton de La Guiche.
6. Canton de Saint-Gengoux.
7. Commune de Burzy.
8. Commune de Pierreclos, canton de Tramayes.
9. Nom disparu, commune de Bussières, canton de Mâcon sud.

baron de Corcelles [1], par contrat du 23 mars 1692, reçu Clerget, notaire à Dijon.

Liasse 4, cote 24.

Varennes-lès-Mâcon [2] **et Beaulieu** [3]. — Dénombrement, du 28 mars 1647, de la seigneurie de Varennes près Mâcon, par Pierre de Bessac, chevalier, gouverneur pour le Roi de la ville et château de Pont-de-Veyle [4], bailli de Mâconnais.

Nota. Elle consiste en un château, toute justice, la pêche en la rivière de Saône et quelques héritages y détaillés, les cens non détaillés.

Liasse 2, cote 26.

Reprise de fief et dénombrement, du 14 novembre 1686, de la seigneurie de Varennes près Mâcon et du fief de Beaulieu, par Messire Claude de Bessac, chevalier, comte de Troja au royaume de Naples [5], à lui appartenant, savoir la seigneurie de Varennes par la donation et succession de Pierre de Bessac, seigneur dudit Varennes et La Grand'Maison [6], bailli du Mâconnais, en son contrat de mariage du 18 septembre 1676, et celle de Beaulieu pour l'avoir acquise de Maître Jacques Ray, procureur au bailliage de Mâcon, et de demoiselle Anne Cadot, sa femme, par contrat du 11 mai 1686, reçu Chapuis, notaire à Mâcon, pour le prix de 15.000 livres.

Nota. Le dénombrement dudit Varennes reçu sans approuver les droits de justice et de pêche prétendus dans les rivières de Saône et de Grosne, non plus que la propriété des îles de Lapron [7] et du Motteau [8], sauf à lui de justifier de titres valables pour lesdites choses.

Nota. Ledit Beaulieu consiste en la maison de Beaulieu, entourée de fossés, ponts-levis et enclos consistant en 36 moitérées ou environ, tant en prés, terres, que vignes. Au milieu dudit

---

1. Commune de Bourgvilain, canton de Tramayes.
2. Canton de Mâcon sud.
3. Commune de Varennes-lès-Mâcon.
4. Chef-lieu de canton (Ain).
5. Capitanate.
6. La Grand'Maison du bourg de Saint-Saviol, canton de Civray (Vienne).
7. Aujourd'hui « Ile d'Emprunt ».
8. Aujourd'hui disparue.

enclos est ladite maison, un ruisseau appelé *de Grosne* y joignant, le tout en toute justice, haute, moyenne et basse.

Est jointe la procuration.

Liasse 4, cote 13.

Reprise de fief et dénombrement, des 7 janvier et 7 février 1697, des seigneuries de Varennes et Beaulieu, par Messire Antoine-Balthazar de Longecombe, chevalier, seigneur de Thuys [1] et Pézieux [2], maréchal des camps et armées de Sa Majesté, suivant la donation que lui en a faite Messire Claude de Bessac, son oncle, chevalier, comte de Troja, par acte reçu Brethet, notaire à Chambéry, le 2 juin 1696, et insinué au bailliage de Mâcon, le 16 juin 1696.

Nota. Est jointe une copie collationnée et *parte in qua* de ladite donation entre vifs, réservé l'usufruit.

Liasse 4, cote 44.

Enregistrement, du 29 mars 1703, des lettres d'amortissement du 23 janvier 1703, et déclaration double des terres et seigneuries de Varennes et Beaulieu en Mâconnais, par le supérieur du couvent des Mathurins fondé au château royal de Fontainebleau [3], auquel lesdites seigneuries ont été données par le sieur Claude de Bessac, comte de Troja, par contrat reçu Baglan et Barbare, notaires au Châtelet de Paris, le 29 juin 1699.

Nota. Ladite déclaration des droits desdites seigneuries est donnée suivant la déclaration du Roi du 29 septembre 1674.

Liasse 5, cote 12.

Varennes-le-Grand [4], **Laives** [5] **et Cortelin** [6]. — Procuration du 7 août 1583 et requête en reprise de fief des seigneuries de Varennes-le-Grand en partie, Laives et Cortelin, au bailliage de Chalon, par Claude et Charles de Clugny, seigneurs d'Aisy [7],

---

1. Commune d'Arbignieu, canton de Belley (Ain).
2. Id.
3. Seine-et-Marne.
4. Canton de Chalon sud.
5. Canton de Sennecey-le-Grand.
6. Commune de Saint-Remy, canton de Chalon sud.
7. Canton de Précy-sous-Thil (Côte-d'Or).

Pont-d'Aisy [1], Dompierre [2] et Velogny [3], lesdites seigneuries à eux échues tant par la succession de Messire Barthélemy de Clugny, chevalier, seigneur desdits lieux, leur père, que par cession, transport et donation faits à leur profit par demoiselles Jeanne et Charlotte de Clugny, leurs sœurs, par contrats des 9 mars 1581 et 5 juillet 1583.

Liasse 1, cote 35.

Vaubresson [4], La Chassagne [5], Le Seuil [6] et Bœuf [7]. — Reprise de fief et dénombrement, des 5 février et 28 novembre 1686, de la seigneurie de Vaubresson, paroisse de Gibles en Mâconnais, par Guillaume Billet, docteur en médecine, demeurant à Paray-le-Monial, comme acquéreur par décret fait au parlement de Paris des biens du sieur Jean Mottin et de demoiselle Claire Dufournier, sa femme, à la poursuite de Madame de Meusinot, veuve de Monsieur Dufournier, lieutenant particulier au présidial de Montbrison en Forez, le 26 janvier 1685, et suivant l'arrêt dudit parlement de Paris du 11 octobre 1685.

Nota. Il dit ignorer de quelle mouvance est ladite seigneurie, parce qu'il ne s'est point trouvé de reprise de fief sur les registres de la chambre.

Liasse 4, cote 11.

Reprise de fief et dénombrement, des 26 avril 1697 et 5 mai 1698, du fief de Vaubresson, par Gérard Pézerat, écuyer, conseiller secrétaire du Roi, maison, couronne de France, en la chancellerie près le parlement de Dauphiné, demeurant à Charolles, comme acquéreur dudit fief de Guillaume Billet, docteur en médecine de la ville de Paray, par contrat reçu de Roche et Billet, notaires, le 20 septembre 1694, y compris le fief du Seuil et celui de Bœuf dont il a repris de fief du seigneur comte de Charollais.

Nota. Ledit Vaubresson ne consiste qu'en une maison, tenant de

---

1. Commune d'Aisy.
2. Dompierre-en-Morvan, canton de Précy-sous-Thil (Côte-d'Or).
3. Canton de Vitteaux (id.)
4. Commune de Gibles, canton de La Clayette.
5. Nom disparu, commune de Gibles.
6. Commune de Volesvres, canton de Paray-le-Monial.
7. Commune de Dyo, canton de La Clayette.

matin à la rue qui va de Rambuteau [1] à Montrouan [2], et quatre autres héritages y confinés.

Liasse 4, cote 50.

Reprise de fief, du 12 décembre 1768, du fief, terre et seigneurie de Vaubresson, y compris le domaine de La Chassagne, rière la paroisse de Gibles, par Claude de Barthelot de Rambuteau, écuyer, chevalier de Saint-Louis, seigneur de Rambuteau, acquéreur pour le prix de 40.602 livres, de Silvain-Alexis de La Saigne, comte de Saint-Georges, et de dame Madeleine de La Souche, son épouse, par acte reçu Puthod, notaire à Mâcon, le 17 novembre 1758.

Liasse 7, cote 13.

Vaux-sur-Aisne [3]. — Dénombrement sans détail, du 11 juillet 1583, de la maison noble, terre et seigneurie de Vaux-sur-Aisne en toute justice, terres, prés, bois, dîmes de blé et vin, etc., en la paroisse d'Azé, châtellenie d'Igé [4], par Maître Gilbert Regnaud, juge de Cluny.

Nota. Sont joints vidimus des deux contrats d'acquisition de ladite seigneurie de Vaux par ledit Regnaud, pour le prix de 4.000 livres en tout, savoir la moitié de ladite seigneurie de demoiselle Gabrielle de Cordebœuf, demeurant à Gannat [5], veuve de Charles de Neuville, écuyer, seigneur dudit lieu [6], par contrat reçu Gilbert Faulchier, notaire à Gannat en Bourbonnais, le 11 mai 1561, et l'autre moitié de Gilbert de Murat, comme procureur spécial de François de Murat, son père, seigneur d'Allagnat [7], par acte reçu Ogier, notaire à Cusset en Auvergne, le dernier novembre 1560.

Liasse 1, cote 34.

Vaux-sous-Targe [8]. — Reprise de fief et dénombrement, des 7 février et 12 juin 1706, du fief et seigneurie de Vaux-sous-Targe

---

1. Commune d'Ozolles, canton de Charolles.
2. Commune de Gibles.
3. Commune d'Azé, canton de Lugny.
4. Canton de Cluny.
5. Allier.
6. Commune de Teillet, canton de Montluçon (Allier).
7. Canton de Rochefort (Puy-de-Dôme).
8. Commune de Péronne, canton de Lugny.

en toute justice, paroisse de Péronne en Mâconnais, par Amédée de La Fage, écuyer, en qualité d'héritier de feu Louis de La Fage, son père, qui était donataire de Jacques de La Fage, père du feu sieur Louis de La Fage, lequel est décédé sans faire de testament.

Liasse 5, cote 25.

Le Verdier [1]. — Reprise de fief et dénombrement, des 15 avril 1720 et 10 février 1724, de la seigneurie du Verdier, par Lazare de Naturel, écuyer, seigneur de Valétine [2], en qualité de fils et héritier de Jacques de Naturel, ladite seigneurie ayant été acquise d'Etienne de Foudras, comte de Château-Thiers [3], le 7 septembre 1591.

Liasse 5, coté 60.

Reprise de fief, du 5 décembre 1760, de la terre et seigneurie du Verdier, par Pierre-Marie de Naturel, seigneur de Valétine, chevalier de Saint-Louis, lieutenant de Roi de la ville de Chalon, comme fils et héritier de Lazare de Naturel, seigneur des mêmes lieux, et encore comme donataire, par son contrat de mariage du 27 février 1749, reçu à Dijon, de Claude de Naturel, son frère, chanoine de l'église Saint-Pierre de Mâcon, seuls enfants dudit Lazare, ainsi qu'il a apparu par le certificat de notoriété du sieur Laborier, conseiller au bailliage de Mâcon.

Liasse 7, cote 2.

Vérizet [4], **Mâcon** (foires, prévôté, pré), **Montbellet** [5], **Viré** [6] et **Marigny** [7]. — Reprise de fief et dénombrement, des 20 juin 1601 et 19 janvier 1616, de la terre et châtellenie de Vérizet en Mâconnais, appartenant au Roi pour une moitié et à l'évêché de Mâcon pour l'autre moitié, par Zacharie Pelez, seigneur de Marigny, lieutenant en l'élection de Mâcon, comme acquéreur de Pierre Chesnard, grénetier au grenier à sel de Mâcon, qui était cessionnaire de feu Jean de Chandon, conseiller du Roi

---

1. Commune de Dompierre-les-Ormes, canton de Matour.
2. Commune de Colombier-en-Brionnais, canton de La Clayette.
3. Commune de Matour.
4. Canton de Lugny.
5. Id.
6. Id.
7. Aujourd'hui Fleurville, commune de Vérizet.

en ses conseils, qui était engagiste de ladite moitié de Vérizet par contrat du 1er juin 1596.

Nota. Est joint ledit contrat d'engagement, celui de remise par le sieur de Chandon audit Chesnard en 1597, et celui dudit Chesnard audit Pelez en 1598, plus le procès-verbal de mise en possession de 1599 et l'ordonnance et quittance de rachat de ladite moitié de la châtellenie de Vérizet de l'année 1623.

Liasse 1, cote 44.

Dénombrement, du 24 avril 1610, des foires de Mâcon, prévôté dudit lieu et châtellenie de Vérizet, par les pauvres de l'hôpital dudit Mâcon, comme ayant acquis lesdits droits, qui dépendent du domaine du Roi, de Maître Jean-Baptiste Chevillard, par contrat du 23 avril 1605, reçu Perrier, notaire à Mâcon.

Lequel dénombrement contient ce qui suit :

Premièrement le revenu desdites foires froides et chaudes [1] de Mâcon consiste seulement en amendes qui s'adjugent par les sieurs prévôt et garde juge royal de ladite ville et députés en l'exercice de la police d'icelles.

Est aussi dû, à cause de ladite châtellenie de Vérizet, quelques petites rentes desquelles l'on ne peut recevoir aucunes choses pour être en litige, y ayant procès intenté par ledit Chevillard à l'encontre des habitants de Montbellet, débiteurs de la plus grande partie d'icelles rentes, ledit procès de présent pendant en la cour de parlement de Paris, auquel Maître Zacharie Pelez, lieutenant en l'élection, est intervenu, prétendant lesdits droits lui appartenir comme acquéreur d'iceux.

De plus est annuellement dû, le jour de fête Saint-Michel, par les marchands forains vendant et achetant marchandises, un sou parisis par chacun d'eux, dont il ne se retire que fort peu, iceux droits étant du fief de Sa Majesté à cause dudit bailliage de Mâcon.

Lesquels revenus le plus souvent ne sont suffisants pour subvenir aux charges, qui sont telles que lorsqu'il y a quelques délinquants appelant des jugements desdits sieur prévôt et officiers de la police, lesdits pauvres sont tenus de les faire

---

1. C'est-à-dire d'hiver et d'été.

conduire à Paris et ramener de cette ville où ressortissent lesdites appellations, et ce aux propres frais desdits pauvres, ainsi que naguère ils ont été contraints de faire.

Encore est dû sur lesdits droits et revenus la somme de 9 livres 10 sous tournois à Maître Antoine Descrivieux, garde du scel royal établi ès bailliage et judicatures royaux du Mâconnais, savoir, sur les amendes de ladite prévôté, 7 livres 10 sous, 15 sous sur lesdites foires et 25 sous sur ladite châtellenie de Vérizet, ainsi qu'il appert par quittance dudit Descrivieux du 21 juillet dernier.

Liasse 1, cote 51.

Dénombrement, du 19 janvier 1616, de la moitié de la châtellenie de Vérizet, par Zacharie Pelez, sieur de Marigny, comme acquéreur de Pierre Chesnard, grenetier à Mâcon, qui était cessionnaire de Jean de Chandon.

Nota. Ce dénombrement est détaillé, comme celui ci-devant à la cote 44, et consiste en la moitié de ladite châtellenie, partant pour l'autre moitié avec l'évêque de Mâcon, la moitié des rentes y relatées en gros seulement, la moitié des héritages y confinés, savoir le pré du Breuil [1] d'environ 30 chars de foin, la moitié d'une vigne au village de Viré appelée *le Clos* d'environ 50 ouvrées, de certaines broussailles appelées *l'Ache* [2] de 20 meitérées, d'autres broussailles appelées *de Poiseul* de 15 meitérées, d'autres broussailles appelées *de Chaillionet* de 12 meitérées, le tiers des lods, amendes et épaves, et la moitié des corvées, la moitié du château dudit Vérizet, qui est démantelé et inhabité, non compris l'hôtel dudit sieur évêque qui est compris et enclos audit château.

Liasse 1, cote 53.

Reprise de fief et dénombrement, du 4 juillet 1686, de la moitié de la prévôté de Vérizet et du fief de Marigny situé en la paroisse dudit Vérizet, par demoiselle Jeanne de Pernaton, en qualité d'héritière substituée à Jean-Baptiste Perrier, son fils, par la raison que par testament du 29 février 1684, Vincent Perrier, avocat, demeurant à Tournus, aurait institué

---

1. Commune de Mâcon.
2. Voir page 159.

Jean-Baptiste Perrier, son fils unique, son héritier universel en tous ses biens, et substitué iceux, en cas qu'il vînt à mourir avant l'âge de puberté, savoir à ladite Pernaton, sa femme, la moitié, et l'autre moitié à ses frères et sœurs par égales portions.

Liasse 4, cote 12.

La Vernette [1], Le Villard [2], Cloudeau [3], Gorze [4], Le Môle [5], Germolles et Le Clairon [6]. — Reprise de fief et dénombrement, des 18 décembre 1696 et 13 juillet 1697, de la seigneurie de La Vernette, par Philibert Bernard, conseiller au bailliage de Mâcon.

Liasse 4, cote 42.

Reprise de fief et dénombrement, des 13 juin et 17 décembre 1722, des seigneuries et fiefs de La Vernette et Le Villard, par Philibert Bernard, écuyer, lesdites seigneuries à lui appartenant, savoir celle de La Vernette en qualité de fils unique et héritier universel de Philibert Bernard, aussi écuyer, seigneur dudit La Vernette, conseiller secrétaire du Roi et doyen du présidial de Mâcon, suivant son testament olographe du 10 avril 1718, contrôlé et insinué audit Mâcon le 26 août 1719, et celle dudit Villard à lui appartenant suivant la transaction passée entre lui et François-Laurent Barthelot, écuyer, seigneur d'Ozenay [7] et Gratay [8], demeurant à Chalon, par-devant Rodet, notaire à Mâcon, le 27 avril 1722.

Nota. Il déclare que la terre de Cloudeau énoncée en ladite transaction et de laquelle il a été repris de fief en cette chambre relève de Son Altesse Sérénisime Monseigneur le Duc, comme comte de Charollais, suivant deux actes de reprise de fief et un dénombrement fourni par dame Marguerite Chapuys, veuve d'Henri Barthelot, écuyer, seigneur d'Ozenay, son fils, lieu-

---

1. Commune de Leynes, canton de La Chapelle-de-Guinchay.
2. Commune de Montmelard, canton de Matour.
3. Commune d'Ozolles, canton de Charolles.
4. Commune de Germolles, canton de Tramayes.
5. Id.
6. Id.
7. Canton de Tournus.
8. Commune d'Ozenay.

tenant de Roi des ville et citadelle de Chalon-sur-Saône, des 10 et 15 juillet 1693 et 4 janvier 1702.

Liasse 6, cote 4.

Reprise de fief, du 27 juin 1766, des seigneuries et fiefs de La Vernette, Le Villard et Cloudeau, par Claude-Philibert Bernard de La Vernette, chevalier de Saint-Louis, lieutenant de Roi de la ville de Mâcon, en qualité de seul fils et unique héritier de Philibert Bernard de La Vernette, aussi lieutenant de Roi de ladite ville, suivant l'acte reçu Puthod, notaire à Mâcon, le 4 novembre 1741, servant de certificat de notoriété.

Liasse 7, cote 7.

Reprise de fief, du 8 janvier 1785, des terres de La Vernette, Le Villard et Cloudeau dans le Mâconnais, et de celles de Gorze, Le Môle, Germolles, Le Clairon et dépendances pour ce qui est du Mâconnais, le surplus étant du Beaujolais.

Liasse 7, cote 48.

Verneuil [1]. — Reprise de fief et dénombrement, du 29 mai 1647, du fief de Verneuil, paroisse de Charnay-lès-Mâcon, par Pierre Garnier, conseiller en la sénéchaussée de Lyon.

Nota. Il dit que ledit fief consiste en le châtel et maison noble dudit Verneuil et des cens mentionnés aux papiers terriers qui ont été remis par demoiselle Catherine de Garadeur, veuve d'Hector de Cheminant, sieur dudit Verneuil, lors de la vente de ladite maison à Philippe Garnier, son père, et qu'il n'a aucun droit de justice, qui est réputée être de la châtellenie de Davayé [2]. Tel est tout le détail dudit dénombrement.

Liasse 2, cote 31.

Reprise de fief et dénombrement succinct, des 18 décembre 1693 et 14 novembre 1698, du fief de Verneuil en la paroisse de Charnay-lès-Mâcon, par dame Marguerite de Damas, en qualité de veuve et héritière de Pierre Garnier, conseiller en la sénéchaussée de Lyon, suivant son testament du 31 mars 1692.

Liasse 4, cote 25.

---

1. Commune de Charnay-lès-Mâcon, canton de Mâcon sud.
2. Même canton.

Verny [1], Gouffier [2] et Pommier [3]. — Reprise de fief, du 4 février 1602, de la maison de Verny, de Gouffier et de la seigneurie de Pommier, par noble Guillaume de Sauvage, sieur de Saint-Jean-de-Gonville, en qualité de procureur spécial par acte y joint de Louis de Bourgeois dit *de Verny*, son beau-père.

Nota. Ces objets paraissent situés en Bresse ou Bugey.

Liasse 1, cote 45.

Verrey [4]. — Reprise de fief, du 27 avril 1733, du fief de Verrey, par Claude-Joseph de Berthet de Gorze, chevalier, capitaine de cavalerie, demeurant à Mâcon, à lui constitué en mariage par Jean-Joseph de Berthet de Gorze, chevalier, marquis dudit lieu [5], seigneur du Môle [6], du Clairon [7] et de Sennecé-lès-Mâcon, par acte reçu Galet, notaire à Lyon, le 3 août 1730.

Liasse 6 cote 36.

Vertpré [8], Barnay [9], Vanoise [10], Bois-de-Moulin [11] et Viry [12]. — Reprise de fief et dénombrement, du 24 mars 1679, de la seigneurie de Vertpré en la paroisse de Tancon et de celle de Barnay en la paroisse de Saint-Martin-de-Lixy, par dame Anne de Gambin, veuve de Messire Pierre de Damas, écuyer, en qualité de mère et tutrice de Gilbert de Damas, leur fils, héritier testamentaire de sondit feu père.

Liasse 3, cote 60.

Reprise de fief et dénombrement succinct, des 20 mars 1739 et 9 juillet 1740, des seigneuries de Vertpré, Barnay et fief de Vanoise, plus des fiefs de Moulin-le-Bost [13] et Viry en la paroisse de Saint-Maurice-lès-Château-Neuf, par Etienne de

---

1. Commune de Saint-Jean-de-Gonville, canton de Collonges (Ain).
2. Révérend du Mesnil (*Armorial de l'Ain*, Lyon, 1872, in-4°, p. 618) imprime *Gouffay*.
3. Commune de Saint-Etienne-du-Bois, canton de Treffort (Ain).
4. Commune de Sennecé-lès-Mâcon, canton de Mâcon nord.
5. Commune de Germolles, canton de Tramayes.
6. Id.
7. Id.
8. Commune de Tancon, canton de Chauffailles.
9. Commune de Saint-Martin-de-Lixy, id.
10. Id.
11. Commune de Saint-Maurice-lès-Château-Neuf, même canton.
12. Nom disparu, même commune.
13. Aujourd'hui Bois-de-Moulin.

Drée, écuyer, demeurant dans la paroisse de Tancon, en qualité de donataire universel de Messire Gilbert, comte de Damas, son oncle, chevalier, seigneur de Vertpré, paroisse dudit Tancon en Mâconnais, Barnay et Vanoise, maréchal des camps et armées du Roi, par son contrat de mariage du 18 juillet 1724, reçu de Brunet, notaire à Issy-l'Evêque, publié au présidial de Mâcon le 25 novembre 1724, et à la sénéchaussée de Lyon le 30 janvier 1725, et encore ledit Etienne de Drée comme donataire de dame Jeanne de Damas, sa mère, veuve de Messire René de Drée, chevalier, élu de la noblesse du Mâconnais, dame dudit Moulin-le-Bost et Viry, par acte du 20 mars 1734, reçu Boyer, notaire à Château-Neuf, insinué à Mâcon le 20 juin 1734, et publié à l'audience du présidial dudit Mâcon le 3 avril 1734.

Liasse 6, cote 46.

Veyle [1], **Châtenay** [2], **Mâcon** (langues bovines et cens). — Reprise de fief, du 22 juin 1538, de la tour et grange de Veyle et Châtenay, et des terres, prés, bois et juridiction appartenant, assis en la paroisse de Sancé, et aussi de la tierce partie et de la huitième partie des langues bovines vendues et tuées en la ville de Mâcon, et d'une obole parisis que l'on prend par chaque bête bovine, et de dix sous parisis qu'il prend en ladite ville de Mâcon appelés *les cens de Veyle* et de leurs appartenances, par Claude Bullion dit *le Bon*, demeurant à Mâcon, le tout à lui échu par le décès de son père.

Liasse 1, cote 20.

Le Vigneau [3] **et Verneuil** [4]. — Reprise de fief et dénombrement, du 27 mai 1712, du fief du Vigneau dit *de Joux* et de celui de Verneuil, par Claude Bernard de Châtenay, écuyer, conseiller du Roi, lieutenant particulier au bailliage et siège présidial de Mâcon, lesdits fiefs et seigneuries à lui appartenant, savoir ladite seigneurie du Vigneau dite *de Joux* en qualité d'héritier substitué de Claude Bernard, son oncle, et celle dudit Verneuil suivant la donation à lui faite par les sieurs et demoiselles

---

1. Nom disparu, commune de Sancé, canton de Mâcon nord.
2. Même commune.
3. Commune de Saint-Laurent-en-Brionnais, canton de La Clayette.
4. Commune de Charnay-lès-Mâcon, canton de Mâcon sud.

Garnier de Verneuil, par-devant Quiclet, notaire à Mâcon, le 16 février 1712.

Liasse 5, cote 39.

Le Villard [1]. — Reprise de fief et dénombrement succinct, du 19 janvier 1682, de la seigneurie du Villard et dépendances situées tant en Mâconnais qu'en Charollais, par dame Marguerite Chapuys, veuve d'Henri Barthelot, seigneur d'Ozenay [2], conseiller maître en la chambre des comptes de Dijon et secrétaire du Roi, maison, couronne de France, ladite seigneurie du Villard acquise par ladite dame par décret, au bailliage de Mâcon, le 27 mai 1675, sur demoiselle Huguette d'Alixan, veuve et héritière de Jacques de Lorme, écuyer, pour le prix de 23.500 livres.

Liasse 3, cote 69.

Vinzelles [3], **Chassignolle** [4], **Vérizet** [5], **Farges-lès-Chalon** [6], **La Roche de Solutré** [7], **Beugne** [8], **Banand** [9] et **Beauchamp** [10]. — Reprise de fief, du 13 août 1571, de la baronnie de Vinzelles et des seigneurie et châtellenie de la tour de Chassignolle et de la moitié de la seigneurie et châtellenie de Vérizet inféodées à la demoiselle qui fait la présente reprise et aux siens, et étant par indivis entre Monsieur l'évêque de Mâcon à cause de sa dignité épiscopale et elle, et pareillement des seigneuries de Farges et de La Roche de Solutré et Beugne, par demoiselle Claude de Serre, veuve de François Dormy, président ès enquêtes du parlement de Paris, tant en son nom que de ses enfants mineurs, lesdites seigneuries situées aux bailliages de Chalon et de Mâcon.

Liasse 1, cote 30.

Reprise de fief, du 27 juin 1584, de la baronnie de Vinzelles, par

---

1. Commune de Montmelard, canton de Matour.
2. Canton de Tournus.
3. Canton de Mâcon sud.
4. Commune de Bonnay, canton de Saint-Gengoux-le-National.
5. Canton de Lugny.
6. Canton de Chalon nord.
7. Commune de Solutré, canton de Mâcon sud.
8. Commune de La Vineuse, canton de Cluny.
9. Commune de Vinzelles.
10. Commune de Neuvy, canton de Gueugnon.

demoiselle Claude de Serre, veuve de François Dormy, président au parlement de Paris, et Pierre Dormy, écuyer, son fils, à eux échue par le décès dudit feu président, et dénombrement de ladite baronnie de Vinzelles, du 12 mai 1610, par noble Charles-François Dormy, conseiller du Roi, secrétaire de ses finances.

Nota. Ce dénombrement ne porte point de détail et dit que ladite terre consiste en un château fort, toute justice et dîme de blé et vin.

Liasse 1, cote 37 *bis*.

Dénombrement succinct, du 18 avril 1638, de la baronnie de Vinzelles, par Mario Dormy, conseiller du Roi et secrétaire de ses finances, baron de Vinzelles et de Beauchamp.

Liasse 2, cote 7.

Reprise de fief et dénombrement, du 23 mars 1673, de la baronnie de Vinzelles et du château vieux de Banand en dépendant, par Messire Charles-François Dormy, chevalier, seigneur de La Roche de Solutré.

Nota. La reprise est aussi pour la baronnie de Beauchamp située en la paroisse de Neuvy en Autunois.

Les qualités de baronnie sont reçues sur les conclusions du procureur général qui a vu les reprises des 6 décembre 1571, 16 novembre 1579 et 27 novembre 1637, où ces qualités ont été prises.

Liasse 3, cote 21.

Dénombrement, du 25 novembre 1685, de la baronnie de Vinzelles, par Messire François Dormy, baron de Vinzelles et de Beauchamp, en qualité de fils et héritier substitué de Messire Charles-François Dormy, baron desdites baronnies.

Liasse 4, cote 9.

Reprise de fief, du 10 janvier 1703, de la baronnie de Vinzelles en Mâconnais et de celle de Beauchamp en Autunois, par Jean-Charles Dormy, écuyer, gendarme ordinaire de la garde du Roi, à lui appartenant ensuite du testament de François Dormy, son frère, du 12 janvier 1700, qui l'institue son héritier universel, aux charges et conditions portées audit testament, pourquoi il s'est pourvu de lettres de bénéfice d'âge, le 22 mars 1702, entérinées le 30 dudit mois, pour pouvoir prendre possession desdits biens, et mainlevée de ladite hoirie lui a été accordée le 19 décembre 1702, par sentence du lieutenant général au bailliage de Mâcon.

Liasse 5, cote 11.

Viré[1]. — Reprise de fief, du 8 juillet 1507, de la seigneurie de Viré, par Philibert Trama, bourgeois de Mâcon.

Liasse 1, cote 14.

---

1. Canton de Lugny.

SIXIÈME PARTIE

ROLE DE LA NOBLESSE EN 1789

Pierre-Antoine-Salomon Desbois, grand bailli d'épée du Mâconnais, capitaine du château de Mâcon, seigneur de Choiseau [1], La Cailloterie [2] et autres places.

BANLIEUE DE MACON

Florent-Alexandre-Melchior de La Baume, comte de Montrevel [3], baron de Lugny, comte de Cruzille [4], fondé de pouvoir de :
Marie-Etienne-Charles-Louis, comte de La Rodde [5], seigneur de Cormon [6] et de Lissiat [7].
Pierre-Anne Chesnard de Layé.
De Saint-Point, seigneur dudit lieu [8], de Château-Thiers [9], Matour, La Bussière [10], etc., représenté par :
    Jean-Marie-Eustache-Alexandre, comte d'Escorailles [11], seigneur de Flacé [12].
De Senozan (Briord [13]), seigneur de Saint-Martin [14] et La Salle [15], représenté par :

---

1. Commune de Saint-Albain, canton de Lugny.
2. Commune de La Vineuse, canton de Cluny.
3. Chef-lieu de canton (Ain).
4. Canton de Lugny.
5. Larodde, canton de Tauves (Puy-de-Dôme).
6. Commune de Romenay, canton de Tournus.
7. Id.
8. Canton de Tramayes.
9. Commune de Matour, chef-lieu de canton.
10. Commune de Saint-Léger-sous-la-Bussière, canton de Tramayes.
11. Canton de Pléaux (Cantal).
12. Flacé-lès-Mâcon, canton de Mâcon nord.
13. Nom sous lequel la terre de Senozan et celles de Saint-Martin, La Salle et Le Parc (commune de Sancé, canton de Mâcon nord) avaient été unies et érigées en comté par lettres royaux du mois de septembre 1690.
14. Saint-Martin-de-Senozan, canton de Mâcon nord.
15. Canton de Lugny.

François-Charles-Marie Perrier de Marigny.
N. de Chevriers de Saint-Maurice (absent).
Le baron de Corcelles [1] (absent).
N. de Seyvert de Saint-Romain-du-Breuil (absent).
François-Charles-Albert de La Bletonnière, seigneur de Salornay [2], Chevagny [3], Satonnay [4] et Les Pierres [5].
Claude-Philibert-Marie Bernard de Sennecé de Châtenay, seigneur dudit lieu [6] et des Écuyers [7].
Jean-Etienne-Claude Bernard, chevalier, seigneur de Sennecé [8].
De Saint-Romain-sur-Saône (absent).

CHATELLENIE DE DAVAYÉ [9]

Pierre-Anne Chesnard de Layé, seigneur de Fuissé [10].
Jean-Baptiste-Marie Desvignes de Davayé, seigneur dudit lieu, représenté par :
    Marc-Antoine Pâtissier de La Forestille, ancien capitaine d'infanterie.
Dame Françoise Bellon, veuve de M. Jacques Ratton, secrétaire du Roi, dame de Saint-Léger [11], représenté par :
    Claude-Antoine Laborier père, écuyer.

CHATELLENIE DE CHANES [12] ET CRÊCHES [13]

Pierre-Elisabeth Chesnard de Layé, baron de Vinzelles [14].
Louis Charrier de La Roche, seigneur de Crêches, Chânes et dépendances, prevôt-curé d'Ainay de Lyon, représenté par :

---

1. Commune de Bourgvilain, canton de Tramayes.
2. Commune d'Hurigny, canton de Mâcon nord.
3. Chevagny-les-Chevrières, même canton.
4. Commune de Saint-Maurice-de-Satonnay, canton de Lugny.
5. Commune de Pierreclos, canton de Tramayes.
6. Commune de Sancé, canton de Mâcon nord.
7. Commune d'Uchisy, canton de Tournus.
8. Sennecé-lès-Mâcon, canton de Mâcon nord.
9. Canton de Mâcon sud.
10. Id.
11. Commune de Charnay-lès-Mâcon, même canton.
12. Canton de La Chapelle-de-Guinchay.
13. Id.
14. Canton de Mâcon sud.

Jean-Baptiste Michon de Pierreclos.
Jean-Marie Cellard, seigneur de Pruzilly [1] et Chasselas [2], représenté par :
    Etienne-Marie Cellard de Chasselas fils.
Pierre-Anne Chesnard de Layé, seigneur de la Tour de Romanèche [3].
Philibert-Joseph de Thy, seigneur de Thoiriat [4].
De Varennes (absent).
Claude-Philibert Bernard de La Vernette, seigneur dudit lieu [5], Saint-Maurice [6], La Rochette [7], Saint-Martin-du-Tartre [8], Saules [9], La Serrée [10] et Germolles [11], représenté par :
    Jacques-Antoine Bernard de La Vernette, seigneur du Villard [12] et Cloudeau [13].
Antoine-Marie-Augustin Palerne, seigneur de Chaintré [14].

CHATELLENIE DE VÉRIZET [15]

La Salle de Grenot (absent).
Marc-Antoine Pâtissier de La Forestille, pour son fief de Vaux-Verzé [16].
Philibert-Etienne Barthelot d'Ozenay, seigneur dudit lieu [17] et de Gratay [18], représenté par :
    Claude Barthelot de Rambuteau.
De Jubilé (absent).

---

1. Canton de La Chapelle-de-Guinchay.
2. Id.
3. Id.
4. Commune de Crêches.
5. Commune de Leynes, canton de La Chapelle-de-Guinchay.
6. Saint-Maurice-des-Champs, canton de Buxy.
7. Commune de Saint-Maurice-des-Champs.
8. Canton de Buxy.
9. Id.
10. Commune de Curtil-sous-Burnand, canton de Saint-Gengoux-le-National.
11. Canton de Tramayes.
12. Commune de Montmelard, canton de Matour.
13. Commune d'Ozolles, canton de Charolles.
14. Canton de La Chapelle-de-Guinchay.
15. Canton de Lugny.
16. Commune de Verzé, canton de Mâcon nord.
17. Canton de Tournus.
18. Commune d'Ozenay.

Georges-Marie Giraud, seigneur de Montbellet[1], Marfontaine[2] et Lys[3], représenté par :
   Pierre-Anne Chesnard de Layé.

François-Charles-Marie Perrier, seigneur de Marigny[4].

Pierre-Salomon-Antoine Desbois, seigneur de Choiseau[5], La Cailloterie[6] et Chabotte[7].

De Moiziat (absent).

Du Biolay (absent).

Amable-Charles de La Guiche, seigneur dudit lieu[8] et de la baronnie du Rousset[9], représenté par :
   Le comte d'Escorailles[10].

D'Effondré (absent).

Des Epaux (absent).

De Curtil de Milly.

De Sirot (absent).

CHATELLENIE DU BOIS-SAINTE-MARIE[11]

Dame Madeleine-Angélique de Gassion, comtesse palatine de Dyo[12], dame du Vau-de-Chizeuil[13], représentée par :
   Emmanuel-Aimé-Marie Chesnard de Montrouge.

N. de Noblet de La Clayette (absent).

De Gorze (Berthet), représenté par :
   Jacques-Antoine Bernard de La Vernette, seigneur du Villard[14].

D'Amanzé (absent).

De Champ-Rond (absent).

N. de Vichy, seigneur de L'Etoile[15] (absent).

---

1. Canton de Lugny.
2. Commune de Montbellet.
3. Commune de Chissey-lès-Mâcon, canton de Saint-Gengoux-le-National.
4. Aujourd'hui Fleurville, commune de Vérizet.
5. Commune de Saint-Albain, canton de Lugny.
6. Commune de La Vineuse, canton de Cluny.
7. Nom disparu, commune d'Igé, même canton.
8. Chef-lieu de canton.
9. Canton de La Guiche.
10. Canton de Pléaux (Cantal).
11. Canton de La Clayette.
12. Id.
13. Commune de Saint-Julien-de-Civry, canton de Charolles.
14. Commune de Montmelard, canton de Matour.
15. Commune de Ligny-en-Brionnais, canton de Semur-en-Brionnais.

Du Petit-Bois (absent).
D'Avaise (absent).
Jacques-Antoine Bernard, seigneur du Villard [1].
Perrault de Montrevost (absent).
Mathieu-Claude, comte de Damas, seigneur d'Audour [2], Tramayes [3], Dompierre [4] et La Motte [5], représenté par :
    N. Barthelot de Rambuteau.
De L'Etang.
De Chavannes (N. de Galland), représenté par :
    Antoine-Louis de Prisque de Besanceuil.
Claude-Barthélemy-Joseph, baron de Brosses, seigneur de Chavanne [6].
De Sermaise (absent).
Pierre-Emmanuel Dumyrat, seigneur de Crary [7], Le Côté [8], Gibles [9], Colombier [10] et partie de Saint-Jean-d'Ozolles, représenté par :
    N. de La Vernette du Villard.
N. de Montchanin, seigneur de Chassigny [11] et La Garde-Marzac [12] (absent).
De Vaux-sous-Suin (absent).
Claude-Marie-René-François Thibaut de La Roche-Thulon, seigneur du Terreau [13], La Roche [14] et Le Mont-de-France [15], représenté par :
    N. Bridet, baron des Myard [16].
Claude de Rambuteau de Chassagne.

---

1. Commune de Montmelard, canton de Matour.
2. Commune de Dompierre-les-Ormes, même canton.
3. Chef-lieu de canton.
4. Dompierre-les-Ormes.
5. Nom disparu, commune de Dompierre-les-Ormes.
6. Commune de Saint-Racho, canton de La Clayette.
7. Commune d'Ozolles, canton de Charolles.
8. Commune de Gibles.
9. Canton de La Clayette.
10. Colombier-en-Brionnais, même canton.
11. Chassigny-sous-Dun, canton de Chauffailles.
12. Commune de Saint-Igny-de-Vers, canton de Monsols (Rhône).
13. Aujourd'hui Les Terreaux, commune de Verosvres, canton de Saint-Bonnet-de-Joux.
14. La Roche-Thulon, commune de Lantignié, canton de Beaujeu (Rhône).
15. La Chapelle-du-Mont-de-France, canton de Matour.
16. Commune de Brandon, id.

Fiefs du Mâconnais

Pierre-Louis Bridet, chevalier, baron des Myard, seigneur dudit lieu [1], Burnanceau [2] et Montillet [3].
D'Ecreux (absent).
Ducerf (absent).
De La Fay (absent).
Du Bief (absent).
Gilbert, marquis de Drée, seigneur dudit lieu [4], Baudemont [5], Vareilles [6], Saint-Laurent [7], Mussy [8], Le Bois-Sainte-Marie [9] et La Matrouille [10], représenté par :
    Etienne, comte de Drée, son fils.

CHATELLENIE DE CHATEAU-NEUF [11]

Jacques-Anne-Joseph Le Prestre, comte de Vauban [12], représenté par :
    Antoine-Philibert Chapuys.
Etienne, comte de Drée [13], seigneur de Château-Neuf, Le Banchet [14], Vertpré [15] et Moulin [16].
N. de Saint-Georges de Chauffailles (absent).
N. de Digoine du Palais (absent).
De Morland (absent).
De La Tannière (absent).
De Ragny (de La Madeleine).
De Barnay (absent).
De Boyer (absent).
Dame Marie-Catherine-Françoise Charbonnier de Crangeat, dame de Saint-Christophe [17], représentée par :

---

1. Commune de Brandon, canton de Matour.
2. Id.
3. Nom disparu, même commune.
4. Canton de Sombernon (Côte-d'Or).
5. Canton de La Clayette.
6. Id.
7. Saint-Laurent-en-Brionnais, même canton.
8. Mussy-sous-Dun, canton de Chauffailles.
9. Canton de La Clayette.
10. Commune de Saint-Maurice-lès-Château-Neuf, canton de Chauffailles.
11. Même canton.
12. Canton de La Clayette.
13. Canton de Sombernon (Côte-d'Or).
14. Commune de Château-Neuf.
15. Commune de Tancon, canton de Chauffailles.
16. Bois-de-Moulin, commune de Saint-Maurice-lès-Château-Neuf.
17. Saint-Christophe-en-Brionnais, canton de Semur-en-Brionnais.

N. Chesnard de Layé.
De Fougère (absent).
De La Guillermière (absent).

CHATELLENIE DE MARCIGNY [1]

De La Brosse (absent).
De Puthières (absent).

CHATELLENIE DE PRISSÉ [2]

Jean-Baptiste Michon, seigneur de Pierreclos [3] et Berzé-le-Châtel [4].
Charles-Etienne de Noblet, marquis d'Anglure, seigneur dudit Anglure [5], Esserteaux [6], Serrières [7], Mussy [8] et Montchanin [9], engagiste de la châtellenie de Vergisson [10].
De Pierreclos (Michon), seigneur de Milly [11].
Pierre de Montherot, seigneur d'Hurigny [12].
Chambes de Givry.
De Mirabeau (absent).

CHATELLENIE D'IGÉ [13] ET DOMMANGE [14]

N. Dumoulin de La Bruyère (absent).
De Vaux-sur-Aisne.
De Varanges (absent).
De Mongin (absent).
Louis-François de La Martine ou Lamartine père.

---

1. Chef-lieu de canton.
2. Canton de Mâcon sud.
3. Canton de Tramayes.
4. Canton de Cluny.
5. Anglure-sous-Dun, canton de Chauffailles.
6. Commune de Bussières, canton de Mâcon sud.
7. Canton de Tramayes.
8. Mussy-sous-Dun, canton de Chauffailles.
9. Nom disparu, commune de Mussy-sous-Dun. Voir Archives départementales, B. 1324, f° 303 v°.
10. Canton de Mâcon sud.
11. Canton de Mâcon nord.
12. Id.
13. Canton de Cluny.
14. Commune d'Igé.

CHATELLENIE DE SAINT-GENGOUX [1]

De Saint-Gengoux (absent).
De Sercy (absent).
De Civry (absent).
De Savigny, représenté par :
    Florent-Alexandre-Melchior de La Baume, comte de Montrevel [2] et du Saint-Empire.
De Messey, représenté par :
    Etienne, comte de Drée.
N. de La Fage de Saint-Huruge (absent).
De La Serrée, représenté par :
    N. de La Vernette du Villard.
Pérard-Floriet, seigneur de Saint-Marcelin [3] (absent).
Jean-Elisabeth Barthelot de Bellefonds, seigneur du Murzeau [4], représenté par :
    Antoine Pelleterat de Borde, chevalier, capitaine au régiment des chasseurs de Bretagne.
D'Escole (de Lamartine, seigneur d'Escole [5]) (absent).
De La Chapelle-de-Bragny (Jeanne de Raffin, veuve du comte de Beugre), représentée par :
    Philippe Bridet des Myard.
Des Camps (absent).
De Thésut de Moroges (absent).
De Thésut (absent).
De La Rochette et Saint-Maurice, représenté par :
    N. de La Vernette du Villard.
N. de Thiard, seigneur de Bissy [6] et Fley [7] (absent).
De Marcilly (absent).
De Genouilly (absent).

---

1. Saint-Gengoux-le-National, chef-lieu de canton.
2. Chef-lieu de canton (Ain).
3. Saint-Marcelin-de-Cray, canton de La Guiche.
4. Commune de La Vineuse, canton de Cluny.
5. Commune de Verzé, canton de Mâcon nord.
6. Bissey-sur-Fley, canton de Buxy.
7. Même canton.

De Cutigny (absent).
Du Crest de Montigny (absent).

PRÉVOTÉ DE SAINT-ANDRÉ-LE-DÉSERT [1]

De La Guiche du Rousset, représenté par :
    Le comte d'Escorailles [2].
De Chigy (Ducrest).
De Valécot (absent).
Verne, seigneur de Cormatin [3] et d'Ameugny [4] (absent).
Antoine-Louis de Prisque, chevalier, seigneur de Besanceuil [5] et Angoin [6].
N. de La Fage de Péronne (absent).
Du Petit-Bissy (absent).
N. Bourgoin de Sailly (absent).
De Salornay-sur-Guye (absent).
De Massy-sous-La-Vineuse (absent).
Des Autels (absent).
Demoiselle de Simon de Raffin de Sermaise, dame en partie de Pommier [7], représentée par :
    Philippe Bridet des Myard.
De La Motte.
De Beugne (absent), représenté par :
    N. d'Audour.
N. de La Porte, seigneur de Chassignole [8] et Aynard [9] (absent).
François Pelleterat, seigneur de Borde [10], représenté par :
    Louis-Gérard Pelleterat de Borde, son fils aîné.

---

1. Canton de Cluny.
2. Canton de Pléaux (Cantal).
3. Canton de Saint-Gengoux-le-National.
4. Id.
5. Commune de Bonnay, même canton.
6. Commune de Salornay-sur-Guye, canton de Cluny.
7. Commune de Cortevaix, canton de Saint-Gengoux-le-National.
8. Commune de Bonnay, même canton.
9. Id.
10. Commune de Château, canton de Cluny.

TELS SONT LES NOMS DE TOUS LES FIEFS OU POSSESSEURS DE
FIEFS APPELÉS ET PORTÉS AU ROLE.

SE SONT PRÉSENTÉS ENSUITE :

Edme-Jean-Nicolas Sevré, écuyer, en son nom et comme fondé de pouvoir de :
Christophe Perrin de Daron, seigneur de Joux [1] et du Vigneau [2].
François Chevalier de Franclieu, seigneur dudit lieu [3].
Louis-Etienne de Prisque, chevalier, ancien major de dragons, chevalier de Saint-Louis.
Claude-Marie de Franc de La Salle.
Marc-Antoine de Franc de La Salle.
François-Philibert de La Balmondière.
Jacques-Constance de La Balmondière.
Joseph de La Balmondière, chevalier de Saint-Louis.
Emmanuel-Aimé-Marie Chesnard de Montrouge.
François-Louis de La Martine fils aîné.
Pierre de La Martine, capitaine de cavalerie.
Gilbert-Bruno Canat, seigneur de Corcelles [4].
Louis-Gérard Pelleterat de Borde.
Claude-Antoine Laborier père.
Philibert Laborier fils.
Claude Chevalier, seigneur de Montrouan [5], représenté par :
    Le marquis d'Anglure [6].
Abel-Michel Chesnard de Layé, chevalier de Saint-Louis.
Salomon Duvernay.

---

1. Commune de Saint-Laurent-en-Brionnais, canton de La Clayette.
2. Id.
3. Mgr Rameau a bien voulu nous signaler un document de 1784 (minute n° 2591 de l'étude de M° Gautheron, notaire à Mâcon) duquel il résulte qu'à cette époque le château de Franclieu était alternativement des paroisses du Bois-Sainte-Marie et de Colombier-en-Brionnais.
4. Commune d'Oxenay, canton de Tournus.
5. Commune de Gibles, canton de La Clayette.
6. Anglure-sous-Dun, canton de Chauffailles.

André Pâtissier de La Presle, chevalier de Saint-Louis, capitaine au régiment de Vintimille.
Marc-Antoine Pâtissier de La Forestille.
Antoine-Philibert Chapuys puîné.
Jean-Marie Cellard de Pruzilly.
Étienne-Marie Cellard de Chasselas.

ADDITIONS ET CORRECTIONS

Page 4, lignes 1 et 2. Au lieu de « Les Esserteaux » et « aux Esserteaux », lire « Esserteaux » et « à Esserteaux ».

— 5, ligne 16. Au lieu de « *Champcontaut* sur », lire « *Champcontaut*, sur ».

— 29, note 9. L'orthographe actuelle de *Rayns* est « Rains »

— 31, — 14. L'orthographe actuelle de *Monnay* est « Monnet ».

— 32, — 7. L'orthographe actuelle de *L'Estoille* est « L'Etoile ».

— 34, — 15. Au lieu de « La Palud », lire « La Pallud ».

— 35, — 1 et p. 256, col. 2, l. 21. Au lieu de « ou », lire « ou plutôt ».

— 39, — 8. Au lieu de « Nom disparu », lire « Probablement commune de Lantignié, canton de Beaujeu (Rhône) ».

— 40, — 7. Compléter ainsi : « Bourdeau, canton de La Motte-Servolex (Savoie) ».

— 43, — 7. Au lieu de « La Tour-de-Lange », lire « La Tour de Langes ».

— 45, — 3. Au lieu de « Marfontaine, commune de Montbellet, canton de Lugny », lire « Malfontaine, commune de Burzy, canton de Saint-Gengoux-le-National ».

— 45, — 6. Supprimer les mots « nom disparu ».

— 54, — 8. Au lieu de « La Chassagne », lire « Chassagne ».

— 58, — 4. Au lieu de « Nom disparu », lire « Aujourd'hui Fleurville ».

Page 61, lignes 7 et 8. M. l'abbé Mouterde, curé de Varennes-sous-Dun, a bien voulu nous communiquer les notes suivantes tirées d'un inventaire d'archives fait en 1692 et conservé au château de La Clayette : « 1333. Vente par Thomas d'Aillant (sic), écuyer, à Etienne Guichard, dit *Compain*, de la paroisse de Dung, et Huguenin de Poiseux, dudit lieu, de tout le dixme qu'il a en la paroisse de Dung et d'Aglant (sic), pour 14 ânées de blé. — 1560-67. Procès et transaction avec Denis Boucaud au sujet du dixme d'Aglant ».

— Il y a bien à Saint-Racho un *bois Galland* et à Varennes-sous-Dun un *bois de Dreuillien*, mais ces lieuxdits ne paraissent correspondre ni l'un ni l'autre à l'ancien *Aglant* dont le nom aurait donc disparu.

— 64, note 5. Au lieu de « Commune de Mussy-sous-Dun, canton de La Clayette », lire « Anglure-sous-Dun, canton de Chauffailles ».

— 67, ligne 26. Au lieu de « Gambain », lire « Gambin ».

— 67, note 5. Au lieu de « même canton », lire « canton de Chauffailles ».

— 69, ligne 8. Pour *Ragny*, intercaler la note suivante : « Commune de Savigny-en-Terre-Pleine, canton de Guillon (Yonne) ».

— 69, — 21. Pour *Lesdiguières*, intercaler la note suivante : « Commune du Glaisil, canton de Saint-Firmin (Hautes-Alpes) ».

— 78, note 2. Au lieu de « Nom disparu », lire « Aujourd'hui Bois-de-Moulin ».

— 95, ligne 29. Reporter le « 3 » après le mot « Castellane », à la ligne suivante.

— 107, — 13. Au lieu de « Chénelette », lire « Chenelette ».

— 108, — 3. Id.

— 127, — 20. Au lieu de « *Royer* », lire « *Royers* ».

— 129, — 22. Au lieu de « de Montceau », lire « du Montceau ».

— 131, — 23. Au lieu de « succint », lire « succinct ».

— 123, — 5. Au lieu de « Galand », lire « Galland »

ADDITIONS ET CORRECTIONS

Page 133, note 4. Compléter ainsi : « Villeneuve-sur-Bellot, canton de Rebais (Seine-et-Marne), et Montgenost, canton d'Esternay (Marne). Voir Archives départementales, B. 1338, f° 410 ».

— 142, ligne 24. Au lieu de « Gros-Sigy », lire « Gros-Chigy ».

— 145, — 11. Au lieu de « Jeanne-Louise-Monnier », lire « Jeanne-Louise Monnier ».

— 145, note 5. Au lieu de « La Chapelle-de-Guinchay », lire « La Chapelle-de-Guinchay ».

— 146, ligne 7. Au lieu de « succint », lire « succinct ».

— 151, — 30. Au lieu de « Philippe III », lire « Philippe VI ».

— 156, — 4. Au lieu de « *États* », lire « *états* ».

— 158, — 13. Au lieu de « Chénevière », lire « chénevière ».

— 160, — 29. Au lieu de « La Vafinière », lire « La Valfinière ».

— 161, — 2. Reporter « d'autre part » après le mot « Dibal », à la ligne suivante.

— 168, note 3. Compléter ainsi : « Commune de Mussy-sous-Dun, canton de La Clayette. Voir Archives départementales, B. 1324, f° 303 ».

— 168, — 15. Au lieu de « Nom disparu », lire « Aujourd'hui Vaux ».

— 175, ligne 1. Au lieu de « Eléonor, palatin de Dyo », lire « Eléonor Palatin de Dyo ».

— 186, lignes 19, 29 et 31. Au lieu de « Royer », lire « Royers ».

— 187, — 2 et 5. Id.

— 198, ligne 27. Au lieu de « 12 », lire « 10 ».

— 200, — 31. Au lieu de « Chemé », lire « Chervé ».

— 200, note 6. Au lieu de « Nom disparu », lire « Commune de Perreux, id. (id.) ».

— 209, ligne 22. Au lieu de « La », lire « la ».

— 211, — 22. Au lieu de « Grandvaux », lire « Grand-Vaux ».

— 220, — 8. Id.

— 234, lignes 15 et 18. Au lieu de « Chassignolle », lire « Chassignole ».

— 238, ligne 17. Au lieu de « représenté », lire « représentée ».

Page 240. Pour réparer une erreur du scribe, il faudrait reporter les lignes 9-15 à la fin de la prévôté de Saint-André-le-Désert, p. 245.

— 241, ligne 4. Nous proposerions volontiers, au lieu de « Perrault de Montrevost », de lire « N. de Montrouan », qu'on trouve dans les anciens rôles sous les formes « M. de Montvenoux » et « M. de Montrevaux ».

— 242, — 18. Au lieu de « De Morland », on trouve dans les anciens rôles « Du Moulin » et « De Mottin ».

— 244, — 3. « De Civry » fait évidemment double emploi avec « de Sercy », qui est écrit « De Cercy », puis de « Civry », dans les anciens rôles.

— 244, — 17. Il faut lire probablement « N. de Culles », qui est ce qu'on trouve dans les anciens rôles.

— 245, — 15. Dans les anciens rôles on trouve « Des Hostels ».

— 245, — 19. Dans les mêmes rôles on trouve généralement « La Motte-Camp ».

— 258, col. 1, ligne 29. Supprimer le renvoi à « 243 ».

— 260, — 1, — 26. Ajouter un renvoi à « 243 ».

— 271, — 1, — 58. Supprimer le renvoi à « 245 » et intercaler entre les lignes 57 et 58 : « Beugne (M. de), 245 ».

— 278, — 1, ligne 18. Supprimer la ligne.

— 281, — 1, — 51. Au lieu de « Montigny », lire « Mongin ».

— 287, — 1. Intercaler entre les lignes 8 et 9 : « Varanges (M. de), 243 ».

INDEX TOPONOMASTIQUE

A

Ache (Broussailles appelées *L'*), 229.
— Voir *Lache*.
Agen (Lot-et-Garonne), 154.
Aglant, 250.
Agrolois (*Les*). Voir *Grolais* (*La*).
Aiguilly (Loire), 178.
Aisy (Côte-d'Or), 224.
Allagnat (Puy-de-Dôme), 246.
Alta Ruppis. Voir *Haute Roche* (*En*).
Amanzé, 31, 37, 49, 52, 63, 64.
Ameugny, 64, 181, 245.
Amplepuis (Rhône), *Amplus Puteus*, 14.
Ampuis (Rhône), *Ampois*, *Ampuys*, 8, 164, 165.
Ances (Les), 140.
Andelot (Allier), 148.
Angers (Maine-et-Loire), 70.
Anglure-sous-Dun, *Angleure*, *Angleures*, 37, 51, 64, 65, 114, 124, 168, 211, 243, 246, 250.
Angoin, 65, 66, 73, 74, 245.
Anjou (Isère), 179.
Aunay-la-Côte (Yonne), 68, 69.
Annonay (Ardèche), *Anoniacum*, 8.
Antiqua Bastia. Voir *Vieille-Bâtie* (*La*).
Anzy-le-Duc, 167.
Arcelot (Côte-d'Or), 203.
Arclet, 215.
Arcy, Arcy-sur-Loire, 60.
Ardillats (Les) (Rhône), 100.
Aret (Terre d'), alias *de Monnet*, 24.
Asnières (Ain), 87.
Aubigny-la-Ronce (Côte-d'Or), 71, 72, 84.
Audour, 66, 120, 241.
Augière (Rivière d'), *Orise*, alias *Ozores*, 19.
Aula. Voir *Salle* (*La*).
Aumônerie (*L'*) (Corrèze), 145.
Aumont (Somme), 72, 73.
Authiard, 95.
Authumes, 76, 77.
Autun, *Ostung*, 59, 155, 208.
Auvillers (Oise), 100.
Avaise, *Aveysia*, 16, 168, 169, 211, 220.
Avaise (Bois d'), *Avoyse*, *Aveysia*, 10, 18.
Avaises (Les), 10.
Avallon (Yonne), 68, 69.
Avenas (Rhône), 83, 148.
Avrilly (Allier), 66.
Aynard, 91-93, 245.
Aynde. Voir *Indre*.
Azé, *Aziacum*, 6, 85, 139.
Azolette (Rhône), 67.

B

Baignes, Bagnes. Voir *Beugne*.
Baisenans (Pré de), 215.
Balay, 140.
Baleine (Allier), 122, 158.
Baleyse. Voir *Beluze* (*La*).
Ballancourt (Seine-et-Oise), 136, 189, 196.
Balosse (*En*), 7.
Banand, *Bennens*, 6, 234, 235.
Banchet (Le), 30, 36, 39, 69, 70, 77-8, 242.
Barnaudière (La), 67.
Barnay, Burnaye, *Bernays*, *Bernayes*, Bernois, 15, 30, 41, 67, 77, 78, 232, 233.
Barres du Pertuis Perron Buer (*A les*), 3.
Bassey (Terre de), *Bessey*, *Bessoy*, 24.
Bâtie (La), La Bastie, 42, 68, 197.
Bâtie-de-Vers (La), La Bâtie, 111, 112, 215, 216.
Baudemont, Bosdemont, 39, 68-70, 77, 78, 103, 242.

Baugey, 84.
Bazolle (La), La Bazole. Voir Drée.
Beauchamp, 234, 235.
Beaufort (Pré de), 165.
Beaujeu (Rhône), *Bellijocus*, 22, 132, 216.
Beaulieu (commune de Fleury-la-Montagne), 122.
Beaulieu (commune de Varennes-lès-Mâcon), 71, 223, 224.
Beaulieu (Rhône), 80.
Beaune (Puy-de-Dôme), 63.
Beauplain, 72.
Beauregard (Ain), 152.
Beauregard (Nièvre), 144.
Beauvoir-de-Marc (Isère), 164, 165.
Bellefonds (Indre), 208.
Bellijocus. Voir Beaujeu.
Belmont (Loire), *Bellusmons*, 12.
Beluses (Les), 104.
Beluze (La), *Baleyse*, 16.
Bennens. Voir Banand.
Bennes (Loiret), 105.
Béraudières (Les), 53.
Bernayes, Bernays, Bernois. Voir Barnay.
Berthenay (Indre-et-Loire), 222.
Berthet de Gorze. Voir Gorze.
Berzé-la-Ville, 71.
Berzé-le-Châtel, Berzé, Berzié, 30, 33, 39, 71-73, 140, 180, 181, 243.
Besanceuil, Besanceul, Bessansul, 29, 48, 65, 73, 74, 245.
Bessey, Bessoy. Voir Bassey.
Béthune (Pas-de-Calais), 197.
Beugne, Baignes, Bagnes, 49, 74, 93, 234.
Bévy (Côte-d'Or), 87.
Bézornay, 192.
Bief (Le), 74-76.
Bies du Chiervigne (Du), 3. — Voir Chiervigne.
Bigot (Terre appelée *de*), 24.
Bissy, 192.
Bissy-sur-Fley, Bissy, 29, 76, 77, 82, 204, 245.
Blaizy, 84.
Blancs (Les), 77.
Blany, Blayny, 46, 137.
Bleton (Pêche *du*) en la rivière de Saône, 216.
Bochier de Moge (Au), 3.
Bœuf, 225.
Boischevenoux, 88.
Bois-de-Moulin, anciennement Moulin-le-Bost, 78, 170, 232, 233, 242, 250.
Bois (Le), 140.

Bois du Port (Les Cinq Prés du), 215.
Bois-Sainte-Marie (Le), anciennement *Nostre-Dame-du-Bois*, 22, 36, 37, 49, 51, 62, 68-70, 77, 78, 164, 187, 240, 242.
Boisset (Loire), 107.
Bois Tornier (Les), Le Bois Tournier, 72.
Bois-Vert (Loire), 170.
Bonvert (Loire), 178.
Borcelle (La), 168.
Borde, 245.
Borde (La) (Côte-d'Or), 88.
Bordeaulx (Le). Voir Bourdeau.
Bosdemont. Voir Baudemont.
Boulaye (La), 207, 208.
Bourasse, 191.
Bourbon-Lancy, *Bourbon-Lancis*, 27, 63.
Bourdeau (Savoie), Le Bordeaulx, 40, 249.
Bourdeille (Cher), 91.
Bourg, Bourg-en-Bresse, 99, 162.
Bourguichard (Le), 78.
Bourgvilain, 71, 108, 109.
Bourrassol (Puy-de-Dôme), 63.
Boyer (canton de Sennecey-le-Grand), 38.
Boyer (commune de Saint-Maurice-lès-Château-Neuf), 47, 78, 107, 198.
Boyge (Étang dit *de la*), 22.
Boyvert, 55.
Bragny. Voir Chapelle-de-Bragny (La).
Bragny-sur-Saône, 82.
Brancion, 79, 133, 150, 201.
Branges, 111, 152, 153.
Brèche, 103.
Bresse-sur-Grosne, 106.
Bretocet (Bois de), 220.
Breuil (Le), 63.
Breuil (Pré du), 229.
Breuil (Le) (Rhône), 02.
Brialle, Brialles, 56.
Brionne (Eure), 70.
Briord (Ain), 206, 237.
Brolan, peut-être Morland (Loire), 59.
Bron (Rhône), 109.
Brosse (La), 60, 202, 203.
Brosse (La) (Rhône), 67.
Brosse-de-Mont (Bois de), 141.
Bruyère (La), La Bruyre, 30, 44, 46, 79-81.
Buet (Le), 192.
Buffière, 165.
Buffières, *Bufferiæ, Bufferes*, 23-25, 192, 213.

INDEX TOPONOMASTIQUE

Buisson (Le), Le Buysson, 46, 165.
Buissonnées (Bois *des*), 215.
Burgy, 121.
Burnanceau, 174, 242.
Burnand, 47.
Burzy, 81, 82, 140, 192, 222.
Busseul, Buxeul, 47, 79.
Bussière (La), La Buxière, *Buxeria*, 6, 37, 47, 82-84, 94-96, 135, 175, 237.
Bussières (La) (Loire), 107.
Bussières, 73, 80, 124, 145, 180, 181, 211, 222.
Bussy, *Buxi*, 13, 73, 89, 169, 180, 222.
Bussy-la-Pesle (Côte-d'Or), 136, 189.
Buxeul. Voir Busseul.
Buxière (La). Voir Bussière (La).
Buxy, 149, 150.

C

Cailloterie (La), *alias* Fougeret, 84, 101, 102, 237, 240.
Campus Rotundus. Voir Champ-Rond.
Cappella Montis Francie. Voir Chapelle-du-Mont-de-France (La).
Carré. Voir *Quarré.*
Caruslocus. Voir Charlieu.
Castellanne (Basses-Alpes), 95, 195.
Castrum de Sancto Bonito. Voir Saint-Bonnet-le-Château.
Castrum Novum. Voir Château-Neuf.
Cébazat (Puy-de-Dôme), 69.
Cénaret (Lozère), 195.
Cencenier. Voir Sancenay.
Cenves (Rhône), Cenve, 30, 73, 140.
Cercy, 191.
Cercy. Voir Sercy.
Cerney, 84.
Cervières (Loire), *Serveria*, 9.
Chabotte, Chaboutles, 56, 85, 86, 240.
Chacignolles, Chacignoles. Voir *Chassignoles.*
Chagnon (Loire), *Chaignon, Chagny,* 8.
Chaillionet (Broussailles appelées *de*), 229.
Chailly (Côte-d'Or), 207.
Chaintré, Chintrié, Chintrey, Chintré, 32, 35, 43, 86, 87, 110, 111, 196, 215, 216, 239.
Chalancey (Haute-Marne), 114.
Chalenforge, 163.
Chalautre (Bois de), 141.
Chalon-sur-Saône, 102, 128, 129, 177, 194, 227, 230, 231.

Chambaud (Pêche de) en la rivière de Saône, 215.
Chamblet, 125.
Chambre (La) (Loire), 110.
Chamelly. Voir Chemilly.
Chameroy (Haute-Marne), 71, 72.
Chamousset (Rhône), *Chamoset, Chamassen,* 8, 9.
Champagne, 76, 77.
Champcontaut (Vigne appelée *de*), 178. — Voir *Chancontart.*
Champerny, 68-70, 103-4, 107, 185, 219, 220.
Champgrenon, 117, 157.
Champ-Rond, Champron, *Campus Rotundus*, 15, 20, 38, 46, 88, 89, 125, 168.
Champs (Les), 124, 211.
Champseau, 115.
Champvenot, 135.
Champvigy, 104, 133.
Chanay (Le) (Ain), 166.
Chancontart (Vigne appelée *de*), alias de *Champcontaut*, 5.
Chandée en Bresse (Ain), 89.
Chandon (Loire), alias *Jandon,* 12.
Chânes, 110, 112, 113, 214, 215, 217, 238.
Changy (Rivière de), 221.
Chanze (Rhône), 83.
Chapelle-de-Bragny (La), La Chappelle-de-Braigny, La Chapelle-de-Braigny, Bragny, 29, 35, 55, 89, 192.
Chapelle-de-Guinchay (La), 110, 111, 251.
Chapelle-de-Mardore (La) (Rhône), 80, 81.
Chapelle-du-Mont-de-France (La), *Cappella Montis Francie*, 23, 24, 241. — Voir Mont-de-France (Le).
Chapelle-sous-Brancion (La), 175-177.
Chapelle-sous-Dun (La), 104.
Charbonnières, 89, 90.
Charbonnières (Loire), 107.
Chardigny (Les), 72.
Charlieu (Loire), *Chierlieu, Caruslocus,* 10, 12, 19, 20, 61.
Charmée (La), 187.
Charnay-lès-Chalon, 76, 77.
Charnay-lès-Mâcon, 115-117, 171, 210.
Charny (Côte-d'Or), 70.
Charolles, 225.
Charvigniacum. Voir *Chiervigne.*
Chassagne, Chassaignes, 54, 120, 187, 188, 249.
Chassagne (La), 225, 226, 249.

Chassaigne (La Saigne ?), 24.
Chassegny. Voir Chassigny-sous-Dun.
Chasselas, Chasselay, 45, 90, 91, 110, 111, 239.
Chassignole, Chassignoles, Chassignolle, Chassignolles, 36, 48, 91-93, 234, 245, 251.
Chassignoles (Garenne de), *Chacignolles, Chacignoles*, 16, 18.
Chassigny-sous-Dun, Chassegny, 51, 93, 94, 241.
Chassipol, 34.
Chassy, 191.
Châteaubourg (Isère), 164.
Châteaugay (Puy-de-Dôme), 63, 64.
Château-Neuf, Chastel-Neufz, *Castrum Novum*, 10, 11, 20, 38, 39, 41, 69-71, 75, 77, 78, 170, 242.
Châteauneuf (Loire), Chastel-Neufsoubz-Griez, *Castrum Novum super Gier*, 8.
Château-Thiers, Chasteau-Thiard, Chasteau-Tyard, 37, 46, 84, 94-96, 110, 174, 195, 227, 237.
Châtel-d'En-Haut (Ain), Châtel, 201.
Châteldon (Puy-de-Dôme), 107.
Châtenay, alias Veyle, 96, 97, 171, 233, 238.
Châtillon, 98, 99.
Châtillon (Meix appelé *Le Meix*), *Chasteillon, Chasteillion, Chastellion*, 23, 24.
Châtillon-d'Azergues (Rhône), 92.
Châtillon-en-Bazois (Nièvre), 208.
Châtillon-les-Dombes (Ain), 88.
Chauffailles, *Choffailles, Choffaillies*, 10, 31, 38, 49, 53, 99, 100, 218.
Chaumont, Chaulmont, 29, 195.
Chaux (Métairie dite *de*), 175.
Chavanne, Chavanes, 30, 34, 100, 108, 109, 220, 241.
Chavanne (Rhône), 161.
Chavonnes, 101.
Chavannes-sur-Reyssouze (Ain), 163.
Chazoux, 137.
Chemé. Voir Chervé.
Chemilly, Chamelly, 31.
Chenelette (Rhône), 64, 107, 169, 211, 220, 221, 250.
Chérizet, 191.
Chervé (Loire), 170, 171, 200, 251.
Chesalagon (Meix de), 18.
Chesaulx (Tènement de) (Loire), alias *Cheseaux*, 16.
Chevagny-les-Chevrières, 199, 238.
Chevanes. Voir Chavanne.
Chevenizet, 89.

Chevignes, 116, 117, 183, 184.
Chevrières (Loire), 151, 157.
Chézeaux (Les) (Rhône), 153.
Chidde, 192.
Chierlieu. Voir Charlieu.
Chiervigne (Bief *du*), de *Charvigniaco*, 4. — Voir *Biez*.
Chigie. Voir Gros-Chigy (Le).
Chigy-l'Aubépin. Voir Gros-Chigy (Le).
Chintré, Chintrey, Chintrié. Voir Chaintré.
Chisy (Le). Voir Gros-Chigy (Le).
Chitain (Allier), 64.
Chivacheloup. Voir *Guicheloup*.
Chivolière. Voir Scivolière.
Chize (La), *La Chise*, 25.
Choffailles, Choffaillies. Voir Chauffailles.
Choiseau, Chuseau, 84, 101, 102, 237, 240.
Clergue, 192.
Ciro. Voir Sirot.
Civignon. Voir Sivignon.
Clairon (Le), alias Le Renom, 102, 132, 162, 230-232.
Clayette (La), *La Cleette, Cleetta*, 21, 36, 41, 49, 51, 65, 75, 103-108, 164, 220, 250.
Clessy, 105.
Clos (Vigne appelée *Le*), 229.
Cloudeau, 230, 231, 239.
Cluny, 65, 80, 81, 93, 120, 173.
Coblant. Voir Coublanc.
Coligny (Ain), 191.
Collange, Colonges, 49, 51, 94.
Collonge, 183, 184.
Collonge-en-Charollais, 140.
Collonge-la-Mâconnaise, 175, 176.
Collonge-la-Madeleine, 68-70.
Collongette, 189.
Colombe (Terre appelée *de la*), 221.
Colombier-en-Brionnais, Le Colombier, 31, 68-70, 109, 110, 241.
Combassot, *Combe Bassot* (La), pré, 75.
Combe (La) (commune de Germolles), 132.
Combe (La) (commune de Prissé), 108, 181, 182.
Combelarete (Ruisseau de), 20.
Comblant. Voir Coublanc.
Condemine, 116, 128, 203, 204.
Condemine de Chabotte (La), bois, 85.
Confeix (Allier), 221.
Conflans-Sainte-Honorine (Seine-et-Oise), 95, 105.

INDEX TOPONOMASTIQUE

Corcelle (commune de Gibles), Corcelles, 22, 47.
Corcelles (commune de Bourgvilain), Corcelle, 42, 83, 100, 101, 108, 109, 222, 238.
Corcelles (commune d'Ozenay), 246.
Corlay, 149, 150.
Cormatin, Courmatain, 35, 55, 245.
Cormon, 237.
Corneloup (Les), 104, 108.
Corsant (Ain), 43.
Cortelin, 224.
Cortevaix, 74.
Côté (Le), *Le Costé, Le Coster,* La Coste, 22, 23, 51, 68-70, 109, 241.
Coublanc, *Comblant, Coblant,* 15, 18, 19.
Courbes (Pré des), 121.
Courcenay (Rhône), Corsenay, 54, 80.
Courmatain. Voir Cormatin.
Courquetaine (Seine-et-Marne), 164.
Courtanvaux (Sarthe), 202.
Coussoles, 140.
Crary, 109, 110, 241.
Cras (La) (Ain), 205.
Cray (commune de Clessé), 165.
Cray-Saint-Paul, Cray, 192.
Crèches, Criche, 34, 110-114, 146, 214-217, 238.
Crehues (En), 3.
Crenay (Haute-Marne), 71, 72.
Crepigny, 114, 205, 206.
Crote (La), La Crotte, 48, 138.
Crouzot (Le), Le Croset, 48, 221.
Cruzille, Crusille, Crusilles, 36, 55, 115, 237.
Cuinzier (Loire), 104.
Cuisery, 60.
Culles, 127, 128.
Culoz (Ain), 201.
Curbigny, 103, 104, 108.
Curtil-sous-Buffières, 145.
Curtil-sous-Burnand, 209.
Curtin, 122, 123, 158.

D

Dargoire (Loire), *Dargayre,* 8.
Daron, 167.
Davayé, *Daveyé,* 7, 115-119, 171, 204, 231, 238.
Deffend (Le) (Yonne), 114.
Dennevy (?), *Neufvi,* 179.
Desize, 71, 72.
Digoine, 135.
Dijon (Côte-d'Or), 68, 176.

Dinechin, 53, 119.
Dio. Voir Dyo.
Dommange, 2, 85, 139, 243.
Dompierre-en-Morvan (Côte-d'Or), 225.
Dompierre-les-Ormes, Dompierre-lès-Audour, 66, 120, 145, 219, 241.
Dondin, 130.
Donzy-le-National, anciennement Donzy-le-Royal, *Donziacum Regale,* 25, 213.
Douze (La), *alias* La Maigrette, 98, 99, 120, 121.
Douze (Bois appelé La), 121.
Dracé-les-Ollières, 110, 112, 113.
Drée, anciennement La Bazolle, La Bazole, *Barala, Basola,* 23, 31, 32, 38, 39, 68-70, 77, 78, 108.
Drée (Côte-d'Or), 242.
Dreuillien (Bois de), 250.
Dromvent, 145.
Drompvent. Voir *Tour de Drompvent* (La).
Dulphey, Dulphé, 31, 34, 45, 192.
Dun, Dun-le-Roi, Dung, *Dunum, Dunum Regis, Dunum Regium,* 16, 17, 21, 104, 250.
Dyo, *Dio,* 14, 32, 36, 40, 114, 215, 217, 240.

E

Echelles (Les) (Ain), 171.
Ecrenz, 68-70, 109, 110, 122.
Ecuelles, 269.
Ecussés, 120, 187, 188.
Ecuyers (Les), 31, 45, 97, 238.
Effondré (L'), 49.
Eglise (L'), 187.
Emeringes (Rhône), 120, 152, 153.
Epaux (Les), Les Espée(s), 49.
Epinassy, 170.
Esbarres (Côte-d'Or), 219-221.
Eschaufour (Bois dit de l'), *alias de l'Eschafour,* 15.
Escole, Escolle, *Escola,* 5, 42, 108, 122, 123, 148, 155, 158, 244.
Escorailles (Cantal), 237, 240, 245.
Escrots (Rhône), 100.
Esmurgier. Voir Murgers (Les).
Espée (Clos d'), 16.
Espée(s) (Les). Voir Epaux (Les).
Esserteaux, *Essaltaux,* Essertaulx, Les Sertaux, 4, 31, 44, 64, 65, 107, 111, 115, 117, 124, 125, 168-70, 180, 211, 243, 249.
Estiougue (Rhône), 68.
Estours. Voir Tours (Les).

Etang (L'), *L'Estain*, L'Estang, 20, 37, 88, 125.
Etoile (L'), *L'Estoile*, *L'Estoille*, *Estoile, Stella*, 14, 19, 32, 37, 54, 125, 126, 240, 249.
Etrabonne (Doubs), 72.

F

Falcons (Les), 167.
Fangey, 84.
Fangy (Côte-d'Or), 219.
Farge (La) (Rhône), 69-71.
Farges-lès-Chalon, 234.
Farges-lès-Mâcon, 49, 50.
Faulin, 174.
Faulquemont (Moselle), 77.
Fautrières, 104, 191.
Faverges, Faverge, Fauverge, 34, 45.
Faye (La), La Fuy, 53, 54.
Fayolle (La) (Loire), 88.
Feillens (Ain), 165.
Ferrières-sur-Sichon (Allier), 107.
Ferté-Loupière (La) (Yonne), La Ferté, 69.
Filletières (Les), 213.
Flacé-lès-Mâcon, 41, 126, 127, 217, 218, 237.
Fléchey (Bois de), d. *Flecheya*, 4.
Fleurie (Rhône), 110, 113.
Fleurville, anciennement Marigny, 58, 159, 160, 227, 240, 243, 249.
Fleury-la-Montagne, *Fluriacum*, 15, 119, 122.
Fley, 76, 77, 127, 244.
Florette (communes de Charnay-lès-Mâcon et de Vergisson), 108, 210.
Florette (commune de Culles), 127, 128.
Florette (commune de Fleury-la-Montagne?), 122.
Foitain (Terre du), 139.
Fontaine des Garbillats (Vers la), 137.
Fontainebleau (Seine-et-Marne), 224.
Fontcrenne (Rhône), 92, 147, 148, 154.
Fonteleins (Bois appelé de), *Fontalein*, 16, 17.
Fontnoble (Allier), 125.
Forêt (La) (Loire), 161.
Formerie (Oise), 202.
Fortunes (Les), ou Les Furtins, 72.
Fortunet, 48, 128-130.
Fossés-Vieux (Loire?), 110.
Fouchy, 90, 91.
Fougère, Fougières, 32, 37, 52, 130.
Fougère (La) (Loire), 92.

Fougères (Rhône), 37.
Fougeret. Voir Cailloterie (La).
Fragne, Fraigne, 41, 68, 69.
France (Maison de), 130, 210.
Franchise (La), 146.
Franclieu, 246.
Fretterans, 76.
Frouges, 50, 120.
Fuissé, *Fuissie*, 7, 131, 155, 192, 193, 197, 215, 238.
Furtins (Les), ou Les Fortunes, 72.

G

Galland (Bois), 250.
Gandelins (Les), 199.
Gannat (Allier), 226.
Garandeaux (Les), 140.
Garde (La), anciennement Souls la Buxière, 49, 50, 55, 82, 83.
Garde-Marzac (La) (Rhône), 93, 94, 241.
Garenne (Terre dite *de la*), alias *de la Garine*, 5.
Gauchet, 168, 169.
Gebliæ, Gebilæ. Voir Gibles.
Genève (Suisse), 128, 217.
Genosse. Voir Jarnosse.
Genouilly, 140.
Germolles (commune de Crèches), 215, 216.
Germolles (canton de Tramayes), 42, 103, 132, 133, 230, 231, 239.
Gernousse. Voir Jarnosse.
Gevrey (Côte-d'Or), 219.
Gibles, *Gebliæ, Gibliæ, Gebilæ*, 22, 23, 104, 241.
Gillette, *Gibletes*, 22.
Givry en Mâconnais, 32, 41, 44, 131, 138, 200, 205, 206.
Gondrais. Voir Moulin-Gondras (Le).
Gorze, 101, 132, 133, 162, 163, 175, 204, 230-232.
Gouffier, *alias* Gouffay (Ain?), 232.
Goutelle (La), 168.
Grande Teppe (La), pré, 85.
Grand'Maison (La) (Vienne), 223.
Grand-Montaclard (Le). Voir Montaclard.
Grand-Vaux. Voir Vaux.
Grange (La), 34.
Grange-Murget (La). Voir Murget.
Gratay, 175-177, 187, 230, 239.
Grenot, Grenoud, Grenoux, 31, 34, 41.
Gresle (La) (Loire), 80.
Grevilly, 85.

INDEX TOPONOMASTIQUE

Grison (Rivière de), 150.
Grolais (Bois dit La), alias *des Agrolois*, 24.
Gros-Chigy (Le), Chigie, Chigy, Le Chisy, *alias* Chigy-l'Aubépin, 25, 30, 36, 39, 79, 133, 134, 142, 191, 251.
Grosne (Rivière ou ruisseau de), 71, 128, 142, 162, 223, 224.
Gué de la Roche (Dez le), 3.
Gueyze (Lot-et-Garonne), 107.
Guiche (La), 29, 36, 105, 134, 135, 240.
Guicheloup, alias *Chivacheloup* (Bois ou brosse *de*), 4.
Guignot de Vaux (Bois), 209.
Guillermière (La), *La Guillermyère, La Guillermire*, 13, 15.
Guye (Rivière de), 74.

H

Haraucourt (Meurthe-et-Moselle), 77.
Haute Roche (En), Alta Ruppis, la alta Ruppe, 22.
Haye, 189.
Hénin (Pas-de-Calais), 135, 136.
Herenfels, 115.
Héronde (L'). Voir Néronde.
Hurigny, Urigny, 44, 124, 136-139, 157, 199, 243.

I

Igé, Igié, Igyé, *Ygiacum*, 2, 3, 30, 35, 41, 85, 139, 158, 164, 243.
Illiat (Ain), 203, 205.
Indre, *Aynde*, 22.
Isle (L') (Suisse), 85.

J

Jalogny, 85.
Jandon. Voir Chandon.
Jarnosse (Loire), Gernousso, Genosse, 15, 30.
Joncy, 30, 72, 140, 141.
Joux, *alias* Le Vigneau, 115, 119, 141, 246. — Voir Vigneau (Le).
Jubilé, 31.
Juis (Ain), 133.

L

Lac (Le) (commune d'Anzy-le-Duc), 166, 167.
Lac (Le). Voir Saint-Martin-du-Lac.
Laconas (Rhône), 92.
Lache (Bois *de*), 159. — Voir *Ache (L')*.

Lagny (Oise), 135, 189.
Laives, 224.
Laizé, 136.
Lally, 116.
Lamothe-Bézat. Voir Mothe-d'Agen (La).
Lancié (Rhône), 110, 113.
Landaise (Ain), 201.
Landes (Les), 139.
Langeac (Haute-Loire), 191.
Lanzy, 129.
Lapron (Ile de), 223.
Larodde (Puy-de-Dôme), 237.
Laumes (Les) (Côte-d'Or), 219.
Laval-du-Tarn (Lozère), 193.
Lavau (commune de Dyo), Vaulx, 37, 52.
Lavau (commune de Gibles), 141, 142.
Laveau, 140.
Layé, 56, 142-144, 157.
Lesdiguières (Haute-Alpes), 69, 70, 250.
Lessard, 144, 145.
Lessard-en-Bresse, 79.
Leynes, 110, 111, 145, 146.
Lième, *Liemum, Lyemum, Leemum*, 11, 12, 19, 20.
Lis, Liz. Voir Lys.
Lissiat, 237.
Loché, 110, 111, 143, 144.
Loge (La), 146.
Loire (Rhône), 165.
Loize, Loyse, 31, 34, 43, 111, 112, 114, 146.
Lourdy (Allier), 63.
Louvois (Marne), 202.
Loys (Bois *de*), 215.
Lugny, 33, 45, 79, 86, 146, 237.
Lugny-lès-Charolles, 61, 175. — Voir Uny.
Lurcy (Ain), 185.
Lusignan (Vienne), 96.
Lyemum. Voir Lième.
Lyon, 1, 6, 110, 114, 134, 163, 168, 183, 191, 206, 211, 217.
Lys, Lis, Liz, 36, 39, 71, 72, 140, 147, 164, 166, 240.

M

Mably (Loire), 64, 124, 211.
Macheron, 36.
Mâcon, Mascon, 1, 2, 4-7, 27, 33, 34, 49, 53, 57, 61, 97-99, 101, 102, 118, 121, 123, 127, 128, 130, 131, 139, 141, 142, 144, 145, 147-158, 169, 170, 172, 176, 178-180, 182, 188, 192, 193, 196, 199, 200, 203, 204,

207, 210, 211, 215, 227-229, 231-233, 236, 237.
Madeleine (La), 69, 70. — Voir Collonge-la-Madeleine.
Magnac-Bourg (Haute-Vienne), 135.
Magny-lès-Aubigny (Côte-d'Or), 219.
Maigrette (La). Voir Douze (La).
Maigrette (Moulin appelé *de La*), 121.
Mailly, 177.
Mailly (Tour de), 122, 123, 157, 158, 164.
Maison (Métairie dite *de La*), 175.
Maison-Comte (Nièvre), 144.
Maison-Neuve (La) (Rhône), 142.
Maizeray, 207, 219.
Malessart (Bois de), *alias* Forêt de Malezard, 3, 122.
Malfontaine, 45, 81, 82, 158, 222, 249.
Malfontaine. Voir Marfontaine.
Malinière (La) (Loire), 110.
Malval (Rhône), 100.
Manisiacum. Voir Marigny.
Manziat (Ain), 111.
Marbé, 131.
Marcelle, 168, 169.
Marcigny, 60, 170, 178.
Marcilly-la-Guerce, 37, 49, 52.
Marcilly-lès-Buxy, 46.
Marchangy (Loire), 67.
Mardore (Rhône), 80.
Marey-sur-Tille (Côte-d'Or), 84.
Marfontaine, Malfontaine, 31, 34, 158, 159, 165, 240, 249.
Marigny (commune de Verzé), *Manisiacum*, 334.
Marigny. Voir Fleurville.
Marillat (Ain), 162.
Marmeaux (Yonne), 160.
Marmont (Ain), 151, 152.
Marnant, 140.
Marnay. Voir Mornay.
Marongo, 140.
Mars (Loire), 12.
Mars (Terre dite *des*), *alias* appelée de Mars, 5, 178.
Martigny-le-Comte, 232.
Mary, 191.
Marzé (Rhône), 86.
Mascon. Voir Mâcon.
Masilles Guion (Champ de), *alias* Masille Guion, 24.
Massilly, 64.
Massonnay, 112.
Massy, Massey, 29.
Matour, 37, 54, 94, 95, 145, 174, 237.
Matrouille (La), La Mayteroille, 53, 160, 161, 242.
May. Voir Nay.

Mediusmons. Voir Mimont.
Mende (Lozère), 195.
Ménétrol (Puy-de-Dôme), 63.
Ménillet (Le) (Allier ?), 122.
Menoue (Bois de La), 141.
Mercey, 165.
Merzé, 84, 52.
Mes ancien de Messire Gui Chevrier (Meix appelé *Le*), alias *Le Meix ancien*, 178.
Messeau (Moulin de), 128.
Messey-sur-Grosne, Messé, Messy, 27, 29, 48, 161, 162.
Meuriers (Les), 109.
Meursault (Côte-d'Or), 104.
Milly, *Milliacum*, 4, 55, 64, 168, 169, 180, 181, 210, 211, 243.
Mimont (Bois de), *de Mediomonte*, 25.
Miolan (Savoie), 179.
Miolands (Les), 137.
Moge. Voir Mouge.
Molard (Le) (Ain), 162.
Môle (Le), 162, 230-232.
Molière (La) (Puy-de-Dôme), 170.
Molin, Molins. Voir Moulin et Moulins.
Molinot (Côte-d'Or), 71, 72.
Molleron (commune de Chassigny-sous-Dun), 75.
Molleron (commune de Saint-Clément-sur-Guye), 163.
Molles, 53.
Monbruchiez. Voir *Montbruchie*.
Monceau (Meix ou tènement appelé du), 21.
Monetais (Ain), *Monnestey*, 6.
Mongin, 44.
Monnet, Moanay, 31, 249.
Monnet. Voir Arnet.
Mons Acherii. Voir Montarcher.
Monsbrisonia. Voir Montbrison.
Monsseuti. Voir Montsupt.
Mont (Le) (Loire), 27.
Montaclard, Le Grand-Montaclard (Drôme), 91.
Montagny, 199.
Montagny (Rhône), *Montaigny*, *Montigniacum*, 8, 9.
Montagny-sur-Grosne, 96.
Montaigu, 108.
Montaigu-le-Blin (Allier), 135.
Montanay (Ain), 130.
Montangerand, 72, 109.
Montarcher (Loire), *Mons Acherii*, 9.
Montbellet, Montbelet, 33, 41, 147, 164-166, 193, 227, 228, 240.
Montbrison (Loire), *Monsbrisonia*, 9.

Montbruchie (Bois appelé *de*), *Mon-bruchies*, 22, 23.
Montburon (Ain), 99.
Montceau, 183, 184.
Montceau (Le), 129, 250.
Montesaux (Yonne), 160.
Montceaux-l'Etoile, 126, 166-168.
Montchanin (commune d'Azé), 114, 205, 206.
Montchanin (commune-de-Mussy-sous-Dun), 168, 253, 254.
Montcrain, 175, 177.
Mont-de-France (Le), 53, 54. — Voir Chapelle-du-Mont-de-France (La).
Monteilz (Tènement dit *de*), alias *de Monteil, de Monterel*, 12.
Montferrand (Lozère), 105.
Montfort (Ain), 111, 113.
Montgenost (Marne), Montgenoux, 133, 254.
Montgesson, 64, 107, 168, 169, 211, 220.
Montigniacum. Voir Montagny.
Montigny, 129.
Montigny-sur-Aube (Aube), 152.
Montillet, 174, 242.
Montléans (Isère), 164, 165.
Mont-Mery, Montmeuru, 52.
Montmort, 108.
Montmurger, 163.
Montot (Le), 103.
Montperroux, 103.
Montpezat-de-Quercy (Tarn-et-Garonne), 198.
Montpinay (Rhône), 161.
Montpipeau (Loiret), 143, 144.
Montpont, 79.
Montprésentin. Voir Présentin.
Montrevel (Ain), 146, 237, 244.
Montrouan, 226, 246.
Montrouge, Au Montrouge, 199.
Mont-Saint-Vincent, 164.
Montsaupt (Loire), *Monsseuti*, 9.
Montval, 109.
Montval (Ain), 99.
Montvéran (Ain), 201.
Monvoisin, 138.
Moquets (Les), 106.
Morestin (Moulin de), 85.
Morland (Loire), 53. — Voir Brolan.
Mornant (Rhône), *Mornanz, Mornayum*, 8.
Mornay, *alias* Marnay, 26.
Mornes, 220, 221.
Moroges, 133, 134.
Mothe-d'Agen (La), peut-être Lamothe-Béeat(Lot-et-Garonne), 148, 151, 152, 154.

Motte (La) (commune de Dompierre-les-Ormes), 241.
Motte (La) (commune de Saint-Bonnet-de-Cray), *Mota*, 19, 20.
Motte (La) (commune de Sigy-le-Châtel), 140, 141, 191.
Motte (La) (commune de Tramayes), 120.
Motte (Bois appelé *de La*), 181.
Motteau (Ile du), 223.
Motte-Charmet (La), 79.
Motte-Saint-Jean (La), *La Mote*, 26.
Motte-sur-Dheune (La), 84.
Mouge, *Moge* (Rivière, *alias* bief de), 2-4, 89, 169.
Mouge-sur-Saône, *Moge*, 7, 169.
Mouhy, 18?, 184.
Moulin-de-l'Arconce, Moulins-sur-la-Reconce, Molin-sus-la-Regonce, 38, 47, 79.
Moulin-Gondras (Le), Gondrais, 41.
Moulin-Lacour, Molins, 49, 52, 146.
Moulin-le-Bost. Voir Bois-de-Moulin.
Moulins, Molins, Molin-lès-Chastel-Neufz, 30, 38, 41.
Moulins (Meix dit *des*), *de Mulins*, alias *de Molins*, 10.
Moussière (La), 218, 219.
Mouton (Le), autrement La Tour de Langes, aujourd'hui La Tour, 43, 171, 172, 249. — Voir Tour (La) et Tour de Langes (La).
Mouton (Le) (commune de Saint-Martin-Belle-Roche), 172.
Moux (Nièvre), 84.
Murgers (Les) (commune de Donzy-le-Royal), Les Murgiers, Esmurgier, 53, 54, 212, 213.
Murgers (Le) (commune de Mussy-sous-Dun), *Les Murgiers*, 20.
Murget, autrement La Grange-Murget, La Grange de Murget, La Grange des Murgers, 172-174.
Murzeau (Le), Murceaulx, Mursaux, 29, 244.
Mussy (Rivière de), 75.
Mussy-sous-Dun. *iacum*, 10, 12, 15, 16, 123, 24 3.
Myard (Les), 174, 241, 242.

N

N   ane), 94-96, 103, 132, 174, 175.
Noisse (Bois de), 204.
Nanton, 212.
Narbes (Les), 72.

Nay, 37, 50, 94-96, 103, 132, 174, 175.
Nemey et de Valet (Valeti, Valleti) du Coste (Le Meix de), 22.
Néronde (Rhône), anciennement L'Héronde, 161.
Nesle (Somme), 196.
Neufvi. Voir Dennevy.
Neuville (Allier), 226.
Neuville-sur-Oise (Seine-et-Oise), 95.
Noaille (La) (Loire), 44.
Noailly (Loire), 44.
Nobles, 111, 175.
Noblet, 107, 108, 168, 181.
Nostre-Dame-du-Bois. Voir Bois-Sainte-Marie (Le).
Nuguets (Les), 111.
Nusière (La) (Rhône), 161.

O

Origny-le-Château (Loire), 119, 124, 211.
Orise. Voir Augière.
Ostung. Voir Autun.
Ouilly, 94-96.
Oyé, 60, 221.
Ozenay, Ouzenay, 34, 46, 85, 175-177, 187, 230, 234, 239.
Ozores. Voir Augière.

P

Pacot (Moulin de), 162.
Palais (Le), Le Palays, 31, 38, 40, 177.
Pallud (La) (Rhône), La Pallu, Le Palus, 34, 43, 148, 151, 154, 155, 161, 249.
Paray-le-Monial, Peray-le-Monial, 60-62, 142, 196, 225.
Parc (Le), Parcus, 5, 31, 33, 40, 147, 151, 178, 179, 194, 198, 203, 206, 237.
Paris, 110, 129, 203, 210, 229.
Paris-l'Hôpital, 71, 72.
Parras, 140.
Patiers. Voir Puthières.
Péage (Le) (Rhône), 93.
Péronne, Perrone, Perrasne, 30, 31, 45, 222.
Perouzot (Bois de), Perroset, 23, 24.
Petit-Bois (Le), Le Petit-Bost, alias Le Petit-Boys, 30, 49, 53.
Petit-Bourg, 168.
Petit-Bragny (Le), 127.

Petite Ronze (Terre appelée La), aujourd'hui La Petite Ronce, 221.
Pézieux (Ain), 224.
Pierre-en-Bresse, 76.
Pierreclos, Petraclausa, Pierrecloux, 1, 5, 30, 34, 42, 73, 89, 98, 108, 109, 169, 180, 181, 199, 222, 243.
Pierres (Les), 238.
Pimont, Piedmont, 58.
Pin (Le) (Rhône), 219.
Piquecos (Tarn-et-Garonne), 198.
Place (La) (Loire), 80.
Poil-Vilain (Bois de), 141.
Poiseul (Bois de, alias Broussailles appelées de), 159, 229.
Poisson, 202.
Poluzot, 75.
Pommier, Pomier, Pomiers, 29, 31, 49, 181, 182, 245.
Pommier (Ain), 232.
Pommier (Maison dite de), 181.
Pondrevaux, 209.
Pont-à-Mailly, 95, 96.
Pont au Curé (Pont appelé Le), 142.
Pont-d'Alsy (Côte-d'Or), 225.
Pontcharras (Moulin dit de), 175.
Pont-de-Veyle (Ain), 90, 223.
Ponts-de-Cé (Les) (Maine-et-Loire), Le Pont-de-Cé, 70.
Porte (La) (Rhône), 92.
Pougnadoire (Lozère), 195.
Pouilly, Maison de Pouilly, 47, 118, 182, 183.
Poyet (Le) (Loire), 56.
Poype (La) (Isère), 156.
Pradines (Loire), 139.
Prangin (Ain), 201.
Praye Jehan Leduc (Pré appelé La), 22.
Préal (Pré dit), 20.
Pré Bernadot (Pré appelé Le), aujourd'hui Pré Berlandot, 221.
Pré Cheval (Pré appelé Le), 221.
Pré du Cul-de-Changy (Pré appelé Le), 221.
Préluaux, 95.
Prés (Les) (Rhône), 190.
Prés du Bois du Port (Les Cinq), 215.
Présentin, anciennement Montprésentin, 94-96, 103, 174, 175.
Prissé, Prissey, 35, 183-185, 243.
Prisy, Prisy, 47, 63, 64.
Proux (Les), 116.
Prusilly, 40, 110, 111, 185, 186, 239.
Puits (Les), 163.
Purlanges (Les), Purlanges, 72.
Puthières, Patiers, 53, 202, 203.

Q

Quarré (Le Mes), alias Carré, 25.
Quierre, 120, 187, 189.

R

Ragny (Yonne), 69, 250.
Rains, Rayns, Reins, Rain, 27, 29, 48, 59, 140, 186, 187, 249.
Rambuteau, 120, 175, 176, 187, 188, 226.
Ratecau (Moulin appelé de), 150.
Récloinville (Eure-et-Loir), 143.
Reichenau, 115.
Renom (Le). Voir Claîron (Le).
Rimond, 127.
Riverie (Rhône), Rivirie, Reiviriacum, 8.
Roanne, 110.
Robellet, 45.
Robert-de-Vaux (En), Robert-du-Vaux (En), 163.
Roche, 189.
Roceyum, Rocey. Voir Rousset (Le).
Roche (La), 72.
Roche (Etang et moulin de La), de Ruppe, 22.
Roche (La). Voir Vallée (La).
Roche Dauphagny (La), 209.
Roche de Solutré (La). Voir Solutré.
Rochepierre (Ardèche), 107.
Rochetaillée (Haute-Marne), 71, 72, 140.
Roche-Thulon (La) (Rhône), 241. — Voir Thulon.
Rochette (La), 39, 135, 136, 189, 239.
Rodde (La). Voir Laradde.
Roissars. Voir Royssars.
Romanèche, Romenanches, 8, 110, 112, 113, 239.
Romanèche (Tour de), 100.
Rongy (Pré), Pré du Ruingi, 75.
Roquefeuil (Aude), 101.
Rosières (Les) (Drôme), 91.
Rossan, En Rossan, 116, 118.
Rouis (Rente appelée des), 200.
Rousset (Le), Roceyum, Rocey, Rossey, Le Rossay, 20, 36, 39, 101, 210.
Roussillon (Isère), Rossillions, Rossillion, Roissillions, 8.
Roussin (Le Clos), 210.
Royssars (Bois dits de), alias Roissars, 6.

Ruaux (Bois des), 141.
Ruère, Rueres, 23-25.
Ruffey, 111, 152.
Ruingi. Voir Rongy.
Ruppis. Voir Roche.

S

Sagy, 36.
Saigne (La). Voir Chassaigne.
Sailly, 48, 191.
Saint-Amour, 86, 110, 111.
Saint-Amour (Jura), 7.
Saint-André-en-Forez, Saint-André-d'Apchon (Loire), 94.
Saint-André-le-Désert, Sainct-André, 25, 36, 133, 134, 191, 192, 213, 245.
Saint-Ardain, 114.
Saint-Aubin (Loire), 92.
Saint-Ay-sur-Loire (Loiret), 143.
Saint-Bonnet-de-Cray, Sanctus Bonitus de Cray, de Croyo, 11, 12.
Saint-Bonnet-le-Château (Loire), Castrum de Sancto Bonito, 9.
Sainte-Cécile, 71.
Saint-Chamond (Loire), 198, 199.
Saint-Chély-du-Tarn (Lozère), 105.
Saint-Christophe-en-Brionnais, Saint-Christophe en Mâconnais, 130, 162, 200, 249.
Saint-Clément-sur-Guye, 140, 163.
Saint-Embrun-la-Salle, 63.
Sainte-Enimie (Lozère), 105.
Saint-Etienne, 114.
Saint-Forgeuil, 207.
Saint-Gengoux-le-National, Saint-Gengoux-le-Royal, Sainct-Gengoulx, 25, 35, 62, 78, 128, 129, 163, 206-209, 241.
Saint-Georges, 226.
Saint-Germain-la-Montagne (Loire), Sanctus Germanus de Monte, Saint-Germain-de-la-Montaigne, Saint-Germain-de-Villon, Saint-Germain-de-Viffelon, Saint-Germain-de-Villion, 12-16.
Saint-Germain-lès-Buxy, anciennement Saint-Germain-des-Bois, 186.
Sainte-Hélène, 89.
Saint-Hippolyte, 207.
Saint-Huruge-sur-Guye, 82, 192, 221, 222.
Saint-Jean-de-Gonvillen (Ain), 232.
Saint-Jean-d'Ozolles, 241.
Saint-Julien (Lot-et-Garonne), 107.
Saint-Julien-en-Dauphiné. Voir Siccieu-Saint-Julien.

Saint-Laurent-en-Brionnais, *Sanctus Laurentius Briennensis, Sanctus Laurentius in Briennensi*, 10, 11, 16, 17, 104, 242.
Saint-Léger, Sainct-Ligier, 40, 115-117, 131, 143, 155, 192, 193, 238.
Saint-Léger-sous-la-Bussière, 174.
Saint-Léger-sur-Dheune, 84.
Saint-Loup (Ain), 203, 205.
Saint-Marcelin-de-Cray, 193, 194, 209, 244.
Saint-Martin-Belle-Roche, anciennement Saint-Martin-de-Senozan, Sainct-Martin, *Senosanum*, 5, 40, 178, 179, 198, 205, 206, 237.
Saint-Martin-de-Lixy, alias *Saint-Maurice-de-Lière*, alias Vanoise, 15, 77, 78. — Voir Vanoise.
Saint-Martin-de-Senozan. Voir Saint-Martin-Belle-Roche.
Saint-Martin-du-Lac, Le Lac, 56.
Saint-Martin-du-Tortre, 135, 189, 239.
Saint-Martin-en-Bresse, 70.
Saint-Martin-la-Patrouille, Saint-Martin-sur-Guye, 192, 222.
Saint-Maurice-de-Lière. Voir Saint-Martin-de-Lixy.
Saint-Maurice-de-Reyment (Ain), 198.
Saint-Maurice-de-Satonnay, anciennement Saint-Maurice-des-Prés, Sainct-Mauris-des-Preys, Sainct-Moris, 34, 44, 149-151, 153, 157.
Saint-Maurice-des-Champs, 135, 189, 239.
Saint-Maurice-lès-Château-Neuf, 14.
Saint-Micaud, Saint-Micault, 186, 187, 213.
Saint-Nizier (Loire), 27.
Saint-Nizier-d'Azergues (Rhône), 92.
Saint-Oyen, 166, 194.
Saint-Phal (Aube), 136, 189.
Saint-Pierre-de-Senozan. Voir Senozan.
Saint-Pierre-le-Vieux, 94-96.
Saint-Plain. Voir Suppléon.
Saint-Point, Sainct-Poinct, 30, 33, 44, 195, 196, 237.
Saint-Priest-d'Andelot (Allier), 148.
Saint-Racho, 250.
Saint-Rigaud, 170.
Saint-Romain-des-Iles, 86, 110, 113, 196.
Saint-Romain-en-Jarret (Loire), *Saint-Romain-en-Gereys, Sanctus Romanus in Jaresio*, 8.
Saint-Sernin, Saint-Sernin-en-Brionnais. Voir Vauban.

Saint-Simon en Gascogne, 82.
Saint-Sorlin, *Sanctus Saturninus*, 6, 7, 37, 71-73.
Saint-Symphorien-d'Ancelles, 110, 112, 113, 196.
Saint-Symphorien-sur-Coise (Rhône), *Saint-Sanphorien-le-Chastel, Sancti Simphoriani Castrum*, 8, 9.
Saint-Trys (Rhône), 147, 165, 166.
Salagny (Rhône), 153.
Salle (La), La Saule, *Aula*, 2-4, 7, 31, 33, 39, 40, 43, 198, 205, 206.
Salle (La) (Ain), 165.
Salle (La) (Rhône), 39, 101, 111, 175, 204, 237, 249.
Salornay, Sallornay, 30, 33, 43, 171, 199, 238.
Salornay-sur-Guye, 65, 66, 192, 212, 213.
Sancé, *Sanciacum*, 5, 178, 198.
Sancenay, *Saucenier, Cencenier*, 13, 29, 37, 200, 207.
Sanctus. Voir Saint.
Santenay (Côte-d'Or), 224.
Santilly, 128.
Santosse (Côte-d'Or), 71, 72.
Saône (Rivière de), 2-4, 149, 152, 157, 169, 215, 216, 223.
Sarmexe. Voir Sermaise.
Sarra (La) (Rhône), 104.
Sarrancy, 178.
Sarrières, Sarrière. Voir Serrières.
Satonnay, Sathonay, 44, 139, 200, 204, 238.
Saugerée (La), 149, 151, 171, 201.
Saule (La). Voir Salle (La).
Saules, 135, 136, 189, 239.
Sauvement (Le), 222.
Sauzey (Le) (Rhône), 83.
Savigny-en-Revermont, 111, 113.
Savigny-sur-Grosne, Savigny, 35, 46, 202.
Saz (Moix de). Voir Versaux.
Scelleis, 20.
Scivollère, Sivolières, Chivolière, 34, 45, 46.
Segauds (Les), ou Le Sigault, 72.
Selore, 202, 203.
Semur-en-Brionnais, 167, 168.
Sennecé-lès-Mâcon, 101, 150, 162, 203-205, 232, 238.
Senosanum. Voir Saint-Martin-Belle-Roche.
Senouches (Loire), 137.
Senozan, anciennement Saint-Pierre-de-Senozan, Saint-Pierre-de-Senozain, Senouzan, Senosan, *Seno-*

sain, 4, 31, 33, 40, 151, 179, 194, 198, 205, 206, 237.
Sercy, Cercy, 35, 46, 150, 206-208.
Sermoise, Sarmoze, 51.
Serra (La) (Ain), 205.
Serrée (La), La Sarrée, La Sarré, 35, 55, 209, 210, 239.
Serrières, Sarrières, Sarrière, 30, 32, 42, 43, 64, 65, 107, 131, 168, 169, 210-212, 215, 216, 243.
Serrotière (La), alias *Serrotey*, 14.
Sertaux (Les). Voir Esserteaux.
Sertines (Les), 78.
Seuil (Le), 225.
Siccieu-Saint-Julien (Isère), 124.
Sigault (Le), ou Les Segauds, 72.
Sigy-le-Châtel, Sigy, 36, 209.
Sirot, Ciro, 49, 138.
Sivignon, Civignon, 32, 36, 191, 212, 213.
Sivolières. Voir Scivolière.
Soleil (Le) (Ain), 153.
Sologny, 71, 72.
Solutré, 115-118.
Solutré, Roche de Solutré (La), 234, 235.
Sombernon (Côte-d'Or), 88.
Sommeré, 199.
Sompliain. Voir Suppléon.
Sorbier (Le), 168, 169.
Sorbier (Pré de), 121.
Sornin (Rivière de), *Sonnen, Sonnain*, 10, 20.
Sou (Le) (Rhône), 92.
Souchons (Les), 137.
Soulier (Le) (Ain), 155.
Souls la Buxière. Voir Garde (La).
Souset (Bois appelé de), 181.
Stella. Voir Étoile (L').
Sully, 149, 153.
Suppléon (Rivière de), *Saint-Plain*, alias *Sompliain*, 19.

T

Tallant, 149-151.
Taluchot (Moulin de), 162.
Tancon, 233.
Tanière (La), La Tanière, 49, 52.
Tarn (Rivière du), 195.
Tavannes (Côte-d'Or), 79.
Tavent, 72.
Terreaux (Les), anciennement Le Terreau, 37, 61, 190, 241.
Terre de la Ronze (Terre appelée *La*), 221.
Theillères (Puy-de-Dôme), 130.
Thelay (Rhône), 94, 95.

Thianges (Nièvre), 114, 156, 215, 217.
Thiers (Puy-de-Dôme), *Tiernum*, 9.
Thil (Le), Le Til, 47, 127, 213.
Thil (Le) (Rhône), Le Til, 55, 152, 153, 157.
Thoire (Ain), *Toyre*, 8.
Thoiriat, Toyria, Thorié, 35, 43, 214, 239.
Thoisy-le-Désert (Côte-d'Or), 206, 207.
Thoissey (Ain), 214.
Thomery, 140.
Thoys (Ain), 224.
Thulon (Rhône), 190. — Voir Roche-Thulon (La).
Tiernum. Voir Thiers.
Til (Le). Voir Thil (Le).
Tour (La) (commune de Charnay-lès-Mâcon), 30.
Tour (La) (commune de Flacé-lès-Mâcon), 126.
Tour (La) (commune de Mâcon ou de Romanèche), 35.
Tour de Drompvent (La), 191.
Tour de Langes (La). Voir Mouton (Le) et Tour (La).
Tour de Mailly (La). Voir Mailly (Tour de).
Tour de Romanèche. Voir Romanèche.
Tour-de-Vers (La), 73, 74.
Tour-Dormy (La), La Tour, 10.
Tour-en-Jarret (La) (Loire), *Turris in Jaresio*, 9.
Tour-Maubourg (La), 106.
Tour Perceval (La), 205, 206.
Tour Saint-Didier (La), 212.
Tour Saint-Giraud (La), 212.
Tour-Serville (La), 73, 74.
Tournelle (La) (Nièvre), 144.
Tournus, 4, 8, 158, 220.
Tours (Les), Retours, 30, 34, 42, 110-112, 114, 157, 215-217.
Toyre. Voir Thoire.
Toyria. Voir Thoiriat.
Tramayes, 66, 120, 126, 173, 217-219, 241.
Trélu, 68-70.
Tremblereau (Bois appelé *Le*), 121.
Trémont, 106, 107, 207, 219-221.
Troja (Italie), 223, 224.
Troières (Étang de les), 16, 17.
Turris. Voir Tour.

U

Uchisy, 97.
Uny, peut-être Lugny-lès-Charolles, 61.

Urigny. Voir Hurigny.
Uxelles, Ucelles, 30, 64.

V

Valécot, Valesot, 29, 47, 102, 221, 222.
Vales. Voir *Nemoy.*
Valétine, 227.
Valette (La), 140.
Valette (La) (Loire), 200, 201.
Valinière (La) en Provence, 160, 251.
Vallée (La) (commune de Semur-en-Brionnais), 69, 76.
Vallés (La), *alias* La Roche (commune de Buffières), 212, 213.
Valles. Voir Vaux.
Vallière (Allier), 157.
Vallin (Isère), 156.
Valois, 21.
Valorges (Loire), 138.
Vanoise, *Vanoyse, Vanoyse,* 10, 232, 233. — Voir Saint-Martin-de-Lixy.
Vansé, *Vangiacum,* 5.
Varanges, *Varange,* 50.
Varax (Ain), 198.
Varcilles, 68, 69, 212.
Varenne (La), 73, 180, 222.
Varenne (Rente appelée *de La*), 200.
Varennes (Rhône), 185.
Varennes-le-Grand, 224.
Varennes-lès-Mâcon, Varennes, 32, 35, 42, 110, 112, 223, 224.
Varennes-sous-Dun, *Varenæ sublus Dunum,* 16, 103, 250.
Vauban, anciennement Saint-Seurin-en-Brionnais, Saint-Sarnin, *Sanctus Saturninus Briennensis,* 20, 32, 33, 42, 68, 79, 108, 130, 143, 176, 197, 198, 242.
Vaubresson, Vaubrisson, 50, 188, 225, 226.
Vau-de-Chiseull (Le), Le Vaulx-de-Choyseul, Le Vaulx-de-Chysoul, Vaulx-de-Chisseul, 36, 42, 240.
Vaulvry, 76.
Vaulx. Voir Lavau.
Vaulx Meldause (La), 1.
Vaux, Vaux-sous-Dun, *Vaulx,* Grand-Vaux, 21, 23, 25, 168, 169, 211, 219, 220, 251.
Vauxrenard (Rhône), 153.
Vaux-sous-Mazille, Vaux-Jalogny, 85.
Vaux-soulz-Seur (Vaux-sous-Suin?), 24.
Vaux-sous-Suin, 103, 104.

Vaux-sous-Targe, 226.
Vaux-sur-Aisne, Vaulx-sus-Aynes, *Valles,* 1, 46, 114, 205, 206, 226.
Vaux-Verzé, Vaux, *Vaulx,* 3, 71, 72, 239.
Vauzelle (Rhône), Vauzelles, 51.
Velogny (Côte-d'Or), 225.
Vendat (Allier), 63, 64.
Verdet (Le), 166, 168.
Verdier (Le), 227.
Verdprez. Voir Vertpré.
Véré, 142-144, 197.
Vergisson, 107, 115, 117, 124, 210, 243.
Vérizet, 159, 160, 227-229, 234, 239.
Vernay (Le) (commune de Berzé-la-Ville), 72.
Vernay (Le) (commune de La Chapelle-sous-Dun), 75.
Verne (Le), 136, 139.
Verneal (Pré dit *de*), *Verneaul, Vernea,* 24.
Vernée (La) (Ain), 138.
Vernette (La), 111, 145, 146, 230, 231, 239.
Verneuil, Vernus, 41, 117, 175, 177, 231, 233.
Verneuil (Bois de), 171.
Verny (Ain), 232.
Verpillère (La) (Loire), 137.
Verpré. Voir Vertpré.
Verrey, 162, 203, 205, 232.
Verrière (La), 50.
Vers, 29, 122.
Versailles, 130.
Versaugues, 160-168.
Verseux, *Sax* (Moix *de*), 20.
Vertpré, Verdprez, Verpré, 30, 38, 49, 52, 67, 77, 78, 232, 233, 242.
Vertpré (Loire), 110.
Verzé, *Verziacum,* 4, 6, 7, 139, 158.
Veyle, 233. — Voir Châtenay.
Vieille-Bâtie (La). *Antiqua Bastia, Vetus Bastia,* 4, 5.
Vienne (Isère), 164.
Vigneau (Le) (commune de Varennes-sous-Dun), 168, 169.
Vigneau (Le), *alias* Joux (commune de Saint-Laurent-en-Brionnais), 141, 233, 240. — Voir Joux.
Vigonsset, 141.
Villard (Le) (commune de Chassigny-sous-Dun), 75.
Villard (Le) (commune de Montmelard), Villers, 50, 230, 231, 234, 239-241.
Villars-les-Dombes (Ain), *Vilars,* 8.
Vilhonneur (Charente), 211.

Villeneuve-sur-Bellot (Seine-et-Marne), 133, 251.
Villeret (commune de Buffières), *Vileyres, Vileroys, Villeroy*, 23, 24.
Villeret (commune de Saint-Julien-de-Jonzy), 88.
Villerest, Villeret, 49, 74, 93.
Villeroy (Seine-et-Marne), 110.
Villers. Voir Villard (Le).
Villibre (La), 117.
Vinotte-devant-Saint-Mihiel (Meuse), 126.
Vindecy, 66.
Vinzelles, 7, 34, 42, 92, 110, 113, 131, 142, 144, 234, 235, 238.

Viré, 227, 229, 236.
Viroy, 104.
Viry, *Viriacum*, 18, 232, 233.
Vitry-lès-Cluny, *Vitriacum*, 25, 31, 55, 74, 91-93.
Vitteaux (Côte-d'Or), 202.
Voisine du Vacher (Les), 72.
Voisines des Feuillans (Les), 72.
Vougy (Loire), Voulgy, 36, 37, 103.

Y

Ygiacum. Voir Igé.

INDEX ONOMASTIQUE

A

Ablato (De). Voir Blé (Du).
Agoult (D'). Voir Bonne (De).
Aillant (Thomas d'), 230.
Ailloud (Lancelot), 31.
Ailly (D'). Voir Rochefort (De).
Alais (Pierre), alias Delais ou de Lais, 12.
Alais (M™* la comtesse d'), 209.
Albert (Abel), 184, 185.
Albert (Marie-Anne), 144.
Albon (Hilaire d'), 89.
Albon (Isabeau d'), 89, 180.
Alenay (Philippe d'), 82.
Alexandre (Gilbert d'), 148.
Alexandre (Jacques d'), 148.
Alizan (Huguette d'), 234.
Alloing (Claude), 57.
Alsace d'Hénin-Liétard (Antoine-Denis d'), 135, 136.
Alsace d'Hénin-Liétard (Jean-Louis d'), 136.
Alsace (D'). Voir Hénin-Liétard (D').
Amansé (M. d'), 47, 218, 240.
Amansé (Antoine d'), 100.
Amansé (Diane d'), 130.
Amansé (Françoyse d'), 52.
Amansé (Jaques, Jacques d'), 31, 99, 100.
Amansé (Madeleine d'), 68.
Amansé (Marie-Josèphe d'), 63, 64.
Amansé (Marie-Cécile d'), 100.
Amansé (Pierre d'), 52.
Amédée, abbé de Tournus, 8.
Amoncourt (René d'), 152.
Angeville (François-Anthelme d'), 201.
Angeville (Joseph d'), 201.
Anglehermer (Marie-Elisabeth d'), 135, 136.
Angleure (Anthoinette d'), 47.
Anglure (M. le marquis d'), 246.
Angoulême (M™* la duchesse d'), 209, 213.
Apchon (D'). Voir Saint-Germain (De).
Arcy (Marguerite-Minerve d'), 114.
Arcy (D'). Voir Larcher.
Arcy de La Varenne (Marie-Rosseline d'), 66.
Aribus (Johan d'), 48.
Asne (Ly). Voir Fougères (De).
Aube (André-Emmanuel de L'), 100, 109.
Aube (Laurent de L'), 83, 100, 108, 109.
Aube (Philibert-Hubert de L'), 100, 109.
Aubépin (Edouard de L'), 142.
Aubépin (Jean de L'), 142.
Aubry (Michelle), 144.
Audour (M. d'), 245.
Audour (D'). Voir Damas (De).
Aujus (Antoinette), 193.
Aula (De). Voir Salle (De La).
Aulas (Antoine), 75.
Aulas (François), 75.
Aulas (Louis), 75.
Aulmonnyer (Denys), 61.
Aumônier (Angèle), 163.
Aumônier (Angélique), 145.
Aumônier (Antoinette), 163.
Aumônier (Françoise), 163.
Aumônier (Gabriel), 163.
Aumônier (Guillaume), 163.
Aumônier (Louis), 163.
Aumônier (Madeleine), 163.
Aumont (M™* d'), 107.
Aumont (Françoise d'), 72, 140.
Aumont (D'). Voir Rochebaron (De).
Aumont de Rochebaron (Antoine d'), 71-73.
Aumont de Rochebaron (Louis d'), 72, 73.

Autels (M. des), 245.
Au Vilain (Jean), 13, 15.
Au Vilain. Voir *Peille-Oille.*
Auxilly (D'). Voir Marillier.
Avaise (M. d'), 241.
Aymard de Montval (Mathieu), 99.

B

Babon (Philibert), 51.
Bagnes (Johan de), 49.
Balay (Estienne de), 29.
Balay (Pierre de), 29.
Balay (Girard de), 221.
Baleine (Pierre de), 104.
Balincourt (De). Voir Testu.
Balmondière (François-Philibert de La), 246.
Balmondière (Jacques-Constance de La), 246.
Balmondière (Joseph de La), 246.
Barjaud (Françoise), 91.
Barjot (François), 182.
Barjot (Guillaume), 148, 151, 154, 155.
Barjot (Jacques), 151, 182.
Barjot (Jean), 151.
Barjot (Philibert), 111, 113, 146.
Barjot de La Combe (Avoie), 155.
Barjot de La Combe (Brice), 108.
Barjot de La Combe (Brice-Alexis), 155.
Barnay (M. de), 242.
Baron (Jean de), *de Barono*, 20.
Baronnat (Camille-Joseph de), 130.
Barthelot (Claude), 178, 188.
Barthelot (Claude de), 188, 189.
Barthelot (François-Laurent), 177, 230.
Barthelot (Henri), 178, 187, 230, 234.
Barthelot (Henriette), 199.
Barthelot (Mathieu), 177.
Barthelot (Philibert), 176.
Barthelot. Voir Rambuteau (De).
Barthelot de Bellefonds (Jean-Elisabeth), 244.
Barthelot de Rambuteau (M.), 241.
Barthelot de Rambuteau (Claude), 239.
Barthelot de Rambuteau (Claude de), 226.
Barthelot de Rambuteau (Claudine), 62, 230.
Barthelot d'Ozenay (Philibert), 120, 187, 188.
Barthelot d'Ozenay (Philibert-Eléonor), 177.

Barthelot d'Ozenay (Philibert-Etienne), 239.
Bassée (Catherine de La), 101. — Voir Bessé (De La).
Bastier (Etienne), *Basterii*, 12.
Bastier (Huguenin), *Hugoninus Basterii*, 12.
Bataille (Françoise-Philippe), 180.
Bauderon (Brice), 156, 203-205.
Bauderon, Bauderon de Sennecé (Constance), 204, 205.
Bauderon de Sennecé (Antoine), 128.
Bauderon de Sennecé (Jeanne), 204.
Baudet (Demoiselle Claude), 170.
Baudinot (Benoît-Palamède), 202.
Baudinot (Guillaume), 61.
Baulme (Jehan-Loys de La), 43.
Baume (M. de La), 146.
Baume (Charles-François de La), 79.
Baume (Florent-Alexandre-Melchior de La), 237, 244.
Baume-Montrevel, Baume de Montrevel (Charles-François de La), 115, 175.
Bazin de Bezons (Marie-Suzanne), 106.
Bozolle (Guillaume de La), 23.
Béatrice, femme de Jean des Murgers, 25.
Beaujeu (Guillaume de), *de Bellijoco*, 14.
Beauvoir (De). Voir Chaintré (De).
Béchet (Henri), *Becheti*, 4.
Bédel, Bédet (Pierre), 46.
Bédet (Denise), 61.
Bellecombe (André de), 50.
Bellecombe (Claude de), 60.
Bellecombe (Jacques de), 49, 90, 131.
Bellecombe (Jean de), 90.
Bellefonds (De). Voir Barthelot.
Belleperche (Claude de), 91, 92.
Belleperche (Françoise de), 92.
Belleperche (Humbert de), 92.
Belleperche (Isabelle de), 92.
Belleperche (Louise de), 92.
Belleperche (Nicolas de), 92, 93.
Belleperche (Robert de), 92.
Bellijoco (De). Voir Beaujeu (De).
Bellon (Françoise), 238.
Belouze (Madeleine), 174.
Belrain (Marie de), 125, 126.
Berger (Anne-Gabrielle), 91.
Bergerie (M. de La), 128.
Bergier (Etiennette de), 120.
Beringhen (M. de), 64.
Berjois (Les), 84.
Berjot (Guillaume), 49.

INDEX ONOMASTIQUE

Bernard (André), 86, 87.
Bernard (Anne), 193.
Bernard (Antoine), 196.
Bernard (Claude), 141, 233.
Bernard (Emmanuel), 156.
Bernard (François), 171.
Bernard (Françoys), 63.
Bernard (Jacques-Antoine), 241.
Bernard (Jean), 96, 97, 156, 176.
Bernard (Jean-Baptiste), 97.
Bernard (Jean-Christophe), 86, 87.
Bernard (Jean-Étienne-Claude), 238.
Bernard (Joseph-Thomas), 97, 156.
Bernard (Marie-Suzanne), 110.
Bernard (Nicolas), 96, 97.
Bernard (Nycolas), 57.
Bernard (Philibert), 230.
Bernard de Chaintré (M.), 87.
Bernard de Châtenay (Claude), 233.
Bernard de Sennecé (Jean-Étienne-Claude), 205.
Bernard de Sennecé de Châtenay (Claude-Philibert-Marie), 238.
Bernard de La Vernette (Claude-Philibert), 231, 239.
Bernard de La Vernette (Jacques-Antoine), 239, 240.
Bernard de la Vernette (Philibert), 231.
Berthet (Antoine de), 132.
Berthet (Constance-Louis-Claude-Joseph-Benoît de), 133.
Berthet (Hugues de), 132.
Berthet (Jean-Joseph de), 101, 132, 133, 162, 204.
Berthet (Joseph), 204.
Berthet (Philibert de), 132, 175.
Berthet de Gorze (M.), 240.
Berthet de Gorze (Claude-Hyacinthe de), 101.
Berthet de Gorze (Claude-Joseph de), 232.
Berthet de Gorze (Constance-Louis-Claude-Joseph-Benoît de), 163.
Berthet de Gorze (Jean-Joseph de), 232.
Berthet de Gorze (Louise-Victoire de), 133, 163.
Berthet de Gorze (Philibert de), 101.
Bertoux (Benoît), 129.
Besanceuil (De). Voir Prisque (De).
Bessac (Claude de), 223, 224.
Bessac (Pierre de), 223.
Bessé (Catherine de La), 57. — Voir Bessée (De La).
Besserelles de Marillat (Claude de), 162.
Bougre (M. le comte de), 244, 245.

Bougre (Antoine-Palatin de), 89.
Bezons (De). Voir Basin.
Bief (M. du), 242.
Billet (Guillaume), 225.
Billion (Edme), 184.
Billy (Jean-Baptiste de), 171.
Biolay (Jean de), 147, 179.
Biolay (M. du), 240.
Bissy (De). Voir Thiard (De).
Blanchard (Jeanne), 81.
Blé (Henri du), de Ablato, 25.
Bled (Hugues du), 55.
Bletonnière (Abel de La), 139.
Bletonnière (François-Charles-Albert de La), 139, 238.
Bletonnière (Louis de La), 139.
Bletterans (Humbert de), de Bleterens, 7, 170.
Boisfranc (De). Voir Monnier.
Boisseaud (Claude), 75, 76.
Boissière (De). Voir Loriol (De).
Boissy (M. de), 151.
Bollan (Philibert), 60.
Bongars (Louis de), 125.
Bonne de Créquy (Charles-Nicolas de), 69-70.
Bonne de Créquy (François-Emmanuel de), 70.
Bonne de Créquy (Jean-François-Paul de), 70.
Bonne de Créquy d'Agoult de Lesdiguières (François), 160.
Bonne de Créquy d'Agoult de Vese de Montlaur de Montauban (François de), 69.
Bonnet (Antoinette), 150.
Borde (De). Voir Pelletenat.
Bordeaux (M. du), alias Bordeaux (M. de), 40.
Bordes (Jehan de), 48.
Bordet (M.), 165.
Bordon (Jean), 14.
Bosquet (Jehan), 40.
Bost (Gaspard du), 170.
Bost (Madeleine du), 170.
Bost (Marc-Antoine du), 170.
Botun (Claude), 109.
Boucaud (Denis), 250.
Boulaye (De La). Voir Burnal.
Bourbon (Mgr le duc de), 174, 203.
Bourgeois (François), 127.
Bourgeois de Molleron (M.ᵐᵉ Hippolyte), 145, 146.
Bourgeois, dit de Verny (Louis de), 232.
Bourgeoys (Françoys), 58.
Bourgogne (Charles de), ou Charles, duc de Bourgogne, 147, 149.

Bourgoin (François), 191.
Bourgoin de Sailly (M.), 245.
Boursuel (Loyze de), 54.
Bouthillier (Marie de), 88.
Boyaud (Françoise), 177.
Boyer (M. de), 242.
Boyer (Guichard), 222.
Boyer (Hector), 222.
Boyer (Jehan), 54.
Boyer (Louis), 222.
Boyer (Philiberte), 222.
Bréchard (Jean de), 221.
Brèche (Jacques de), 103.
Bridet (Philippe), 174.
Bridet (Pierre-Louis), 241, 242.
Bridet des Myard (Philippe), 244, 245.
Bridet des Myard (Pierre), 174.
Briord (Gabriel de), 194, 205, 206.
Brosse (M. de La), 243.
Brosse (Philibert de La), 59.
Brosses (Claude de), 100.
Brosses (Claude-Barthélemy-Joseph de), 241.
Brouilly de Piennes (Olympe de), 73.
Bruyère (De La). Voir Dumoulin.
Brulart (Anne), 88.
Brulart (Nicolas), 88.
Brulart de Sillery (Marie-Catherine), 195.
Brunet (Philibert), 57.
Buchet (Claude), 176.
Bufferard (Duraud), *Bufferardi*, 10.
Buffières (Jean de), *de Bufferiis*, 24, 25.
Buland (Benoît), 113.
Bullion (Jean), 218.
Bullion (Mathurin), 217, 218.
Bullion (Thomas), 218.
Bullion, de Bullion (Claude), 126, 127, 142, 143, 204, 218, 219.
Bullion (Louise de), 143, 144.
Bullion (Marie de), 176.
Bullion (Philibert de), 131, 210.
Bullion (Pierre de), 143.
Bullion, dit *le Bon* (Claude), 233.
Bulyon (Françoys), 56.
Bulyon (Jane), 56.
Bulyon. Voir Buylion et Buyllyon.
Burnet (Claude), dit *La Vallée*, 59.
Burnot de La Boulaye (Claude), 127.
Burtin (Les), 157.
Buseul (Charle de), 42.
Busseul (Anne-Henriette de), 68, 79, 107, 198.
Busseul (Antoine de), 179.
Busseul (Charles de), 32.
Busseul (Dame Claude de), 179.
Busseul (François-Gabriel de), 197.
Busseul (Girard de), 147, 178.
Busseul (Jean de), *de Buxul*, dit *Ly Mouton*, 20.
Busseul (Laurent de), 122.
Busseul (Louis de), 179.
Busseul (Marc-Antoine de), 108.
Bussière (Marguerite de La), *de Buxeria*, 2.
Buxeul (Claude de), 47.
Buxul (Anthoyne de), 31.
Buxul (Guillaume de), 31.
Buylion (Françoys), l'ancien, 58.
Buyllyon (Claude), 56. — Voir Bullion.

C

Cadenet (De). Voir Garde (De La).
Cadot (Anne), 223.
Cadot (Antoinette), 214.
Cadot (Pierre), 45.
Cajot (Philibert), 47.
Cam (Pierre), 19.
Camps (M. des), 244.
Canat (Gilbert-Bruno), 246.
Caprarii. Voir Chevrier.
Carsaigne (Guillaume de), 154.
Castellane (Boniface-Louis-André de), 96.
Castellane (Esprit-François-Henri de), 95, 195.
Catherine, femme de Jean de Marchizeuil, 24.
Cellard (Jean-Marie), 239.
Cellard de Chasselas (Etienne-Marie), 247.
Cellard de Chasselas fils (Etienne-Marie), 239.
Cellard de Pruzilly (Jean-Marie), 247.
Cellard d'Estours (Etienne), 91.
Cerve (De La). Voir Desvignes.
Chacipoul. Voir Chassepoul.
Chaillou (Du). Voir Jacquet.
Chaintré (Claude de), 196.
Chaintré de Beauvoir (Anne de), 86.
Chaintré (De). Voir Bernard et Chintré.
Chaloix (Hugues de), 12.
Chambes (Emmanuel de), 200.
Chambes (François de), 211.
Chambes (Jean de), 138.
Chambes (Jean-Baptiste de), 200.
Chambes (Philibert de), 131, 200.
Chambes (René-Emmanuel de), 138.
Chambes de Givry (M.), 243.

Chambes-Vilhonneur (Jean-François de), 138.
Chambre (Jeanne), 120.
Chambre (Claude de La), 113.
Chambre (Jean de La), 111-113.
Chambre (Jeanne de La), 215, 217.
Chambre (Pierrette-Enemonde de La), 152.
Chamburcy (De). Voir Frère.
Chamelly. Voir Chemilly.
Chamilli (Jehan de), 29. — Voir Chemilly.
Champagneux (De). Voir Fayard.
Champerny (De). Voir Salornay (De).
Champier (Antoinette-Marie de), 134.
Champier (Georges-Melchior de), 79, 134.
Champier (Jean-Philippe de), 134.
Champier (Louise de), 134.
Champier (Philippe-Charles de), 133, 134.
Champlecy (Anne-Charlotte de), 220.
Champ-Rond (M. de), 240.
Champ-Rond (Marguerite de), 15.
Champrond (Marguerite de), 85.
Chanay (Georges de), 176.
Chanay (Philiberte de), 176.
Chandieu (Bertrand), 56.
Chandieu (Albert de), 85.
Chandieu (Daniel de), 85.
Chandieu (Isaïe de), 85.
Chandon (Anne de), 82.
Chandon (Jean de), 111-113, 115, 227-229.
Chandon (Nicolas de), 118.
Chandon (Thomas de), 115-118.
Changy (De). Voir Chevriers (De).
Chanorier (Eustache), 201.
Chanorier (Hugues-Eustache), 183.
Chanorier (Jean), 183.
Chantemerle (Anthoine de), 51.
Chantemerle (Hugues de), 104, 164.
Chantemerle (Humbert de), 104.
Chantemerle (Marc de), 36.
Chantemerle (Philibert de), 104.
Chantemerle, Chantemerle de La Clayette (Alice-Eléonore de), 103, 105.
Chantemerle de La Clayette (Claude de), 103.
Chantemerle, Chantemerle de La Clayette. Voir Moles.
Chanuet (Thomas), 150.
Chapelle-de-Bragny (Mme de La), 244.
Chapuys (Antoine-Philibert), 242.
Chapuys puiné (Antoine-Philibert), 247.

Chapuys (Marguerite), 230, 234.
Charbonnier de Crangeat (Marie-Catherine-Françoise), 242.
Chardonnet (Madeleine de), 92.
Charles, duc de Bourgogne. Voir Bourgogne (De).
Charles V, roi de France, 154.
Charles IX, roi de France, 151, 155.
Charlieu (Jean de), 15.
Charnoux (Loys de), alias Loys Charnoux, 45.
Charollais (Mgr le comte de), 225, 230.
Charrier de La Roche (Louis), 217, 238.
Charron de Ménars (Charlotte-Louise), 195.
Charron de Ménars (Louise), 96.
Charvet (Estiennette), 60.
Chassagne (De). Voir Rambuteau (De).
Chassaigne (De). Voir Guicharde (La).
Chasselas (De). Voir Cellard.
Chassepoul (Jehan), alias Chacipoul, 31.
Chassignolle (Françoys de), 48.
Chassipol (Françoyse de), 46.
Châteaugay (De). Voir Queuille (De La).
Châtenay (De). Voir Bernard.
Chauffailles (De). Voir Saint-Georges (De).
Chauvestein (Jean-Rodolphe de), 115, 206.
Chavagnac (Henri de), 170.
Chavannes (De). Voir Galland (De).
Chemilly (Dame Claude de), 181.
Chemilly (Michel de), 181.
Chemilly (Jean de), Chamelly (Jehan de), 31. — Voir Chamilli.
Cheminant (Hector de), 231.
Chemynant (Françoys de), 41.
Chenelotte (De). Voir Noblet (De).
Chesnard (Anne), 123, 155.
Chesnard (Emmanuel), 144.
Chesnard (Etienne), 199.
Chesnard (Guillaume), 61.
Chesnard (Philibert), 200.
Chesnard (Pierre), 165, 199, 227-229.
Chesnard (Salomon), 155, 193.
Chesnard de Layé (Abel-Michel), 144, 246.
Chesnard de Layé (Pierre-Anne), 144, 237-240, 243.
Chesnard de Layé (Pierre-Elisabeth), 238.

Fiefs du Mâconnais

Chesnard de Montrouge (Emmanuel-Aimé-Marie), 240, 246.
Chesnard de Salornay (M.), 180.
Chevalier (Claude), 246.
Chevalier de Franclieu (François), 246.
Chevalier des Raviers (Jean-Baptiste), 196.
Chevigny (Françoys de), 49.
Chevillard (Jean-Baptiste), 228.
Chevreau (Bertrand), 58.
Chevrel (Anthoyne de), 31.
Chevrier (Barthélemy), 6.
Chevrier, *alias* Chivrier (Guy, Gui, *Guido*, alias *Guiotinus*), *Caprarii*, 5, 178, 179.
Chevrier (Guyot, *Guiotus*, alias *Guionetus*), *Caprarii*, 6.
Chevrier (Henri), *Caprarii*, 6.
Chevrier (Loys), 31.
Chevrière (André), *alias* Chevrier, 27.
Chevrière (Henry), *alias* Chevrier, 27.
Chevrière (Louys), *alias* Chevrier, 27.
Chevrière (Jeanne), *Chevrere*, 6.
Chevrières (Philibert de), 44.
Chevrières (De). Voir Mitte.
Chevriers (Louis), 149, 150.
Chevriers, de Chevriers (Philibert), 149-152.
Chevriers, de Chevriers (Philippe), 149, 150.
Chevriers (Claude de), 152.
Chevriers (Claude-François-Joseph de), 153.
Chevriers (Claude-Joseph de), 152, 153.
Chevriers (Gaspard de), 171.
Chevriers (Honoré de), 153.
Chevriers (Léonard-François de), 153, 157.
Chevriers (Philibert-Alexandre de), 153.
Chevriers (Philiberte de), 152.
Chevriers de Changy (Philibert-Alexandre de), 171.
Chevriers de Saint-Maurice (M. de), 238.
Chevriers de Saint-Maurice (Alexandre de), 171.
Chigy (De). Voir Ducrest.
Chintré (Girard de), *Girardus, Gerardus de Chintriaco*, 16, 17. — Voir Bernard et Chaintré.
Chivrier. Voir Chevrier.
Choin (M. le baron de), 162.

Choiseul (Madeleine-Françoise de), 164, 165.
Chossat de Montburon (Jacques-Marie), 99, 177.
Chuffin (M.), 158.
Chuffin (Pierre), 128.
Cipierre. Voir Marcilly (De).
Civry (M. de), 244.
Claude, seigneur de Chaintré, 32. — Voir Chintré.
Claude, donné (bâtard) de Jean de Laurencin, 83.
Clayette (De La). Voir Chantemerle (De), Moles (De) et Noblet (De).
Clos (Aimé du), 125, 126.
Clos (Camille du), 125, 126.
Clos (Catherine du), 125.
Clos (Jacques du), 125.
Clos de L'Etoile (Armand du), 125-6.
Clugny (Barthélemy de), 225.
Clugny (Charles de), 224.
Clugny (Charlotte de), 225.
Clugny (Claude de), 224.
Clugny (Jeanne de), 225.
Cochet (Melchior), 154.
Coetlosquet (M. du), 197.
Colin (Jean), 158.
Colin de Serre (Bruno), 186.
Colin de Serre (Jeanne-Marie-Louise), 186, 187.
Colligny (Marie-Isabeau de), 174.
Colombier (Anthoine de), 46.
Colonge (Guillaume de La), 84.
Comba (De La). Voir Barjot.
Compain. Voir Guichard.
Condé (Mgr le prince de), 104.
Condry (Ly Lambert de), Les Lombars de Coyndrieu, Condrieu, 0.
Conys (Pierre), 59.
Coppet (Jehan), 57.
Coq (Gabrielle Le), 203.
Corbelein (Renaud de), *alias* Jean Leduc, 22.
Cordeboeuf (Gabrielle de), 220.
Corneloup (Les), 104, 108.
Cornu, Cornu d'Essertines. Voir Essertines.
Corsan (M. le baron de), 43.
Coste (Anne de La), 76.
Cour (Claude de La), 146.
Court (Pierre de), 107.
Court (Françoys de La), 52.
Crangeat (De). Voir Charbonnier.
Cray (Catherine du), 104.
Cray (Hugues du), 104.
Créquy (De). Voir Bonne (De).
Crest (Antoine-Marie du), 129.
Crest de Montigny (M. du), 245.

Crest de Montigny (Antoine-Marie du), 129.
Croix (Pierre de), 58.
Croix (François-Marie de La), 67.
Crozet (Gilbert du), 141, 142.
Cucherat (Guillaume), 12.
Cucherat (Jean), 11.
Curtil de Milly (M. de), 240.
Cusin (Guillaume). *Cusini*, 1.
Cutigny (M. de), 245.
Cyberond (Benoid), 59.
Cyry (Françoys de), 47.

D

Damas (*Dalmacius*), fils de Guy, seigneur de Dyo, 14.
Damas (Hugues), *Dalmacii*, 23.
Damas (M. le comte de), 67, 68.
Damas (Antoine de), 105, 106.
Damas (Charles de), 215.
Damas (Dame Claude de), 103.
Damas (Claude-Eléonor de), 217.
Damas (Claude-Hippolyte de), 120, 219.
Damas (Claude-Léonard de), 114, 156, 217.
Damas (Edoard de), 31.
Damas (François de), 217.
Damas (Gilbert de), 67, 232, 233.
Damas (Jean-Eléonor de), 66, 120.
Damas (Jean-Léonard de), 105, 106, 220, 221.
Damas (Jehan de), 30, 52.
Damas (Jeanne de), 170, 233.
Damas (Marguerite de), 231.
Damas (Mathieu-Claude de), 241.
Damas (Michault de), 32.
Damas (Paul de), 105.
Damas (Pierre de), 232.
Damas (Théophile de), 135.
Damas d'Audour (M.), 66.
Damas d'Audour (Claude-Mathieu de), 66, 67.
Daron (Claude), 59.
Daron (Jean), 60.
Daron (Philibert), 60.
Daron (De). Voir Perrin.
Davayé (De). Voir Desvignes.
Dèce (Emard), *Emardus Decius*, 30.
Dejoux (Claude), 61.
Delaforeste (Loys), 62.
Delais. Voir Alais.
Demochanyn (Claude), 59.
Denis (Henri), 77.
Desbois (Antoine), 84, 101, 158.
Desbois (Avoie), 123.
Desbois (Etiennette), 173.
Desbois (Gabriel), 101, 102.
Desbois (Pierre), 84, 101.
Desbois (Pierre-Antoine-Salomon), 237, 240.
Desbois (Pierre-Salomon), 84, 102.
Desbois (Pierre-Salomon-Antoine), 102.
Desbrosse (M.), 41.
Descrivieux (Antoine), 229.
Descrivieux (Charles), 89.
Descrivieux (Claude), 90.
Descrivieux (Françoise), 90.
Descrivieux (Placidas), 90.
Descrivieux. Voir Escrivieux (D').
Desfossés (Anthoine), 58.
Désir (Bénigne), 130.
Désir (Louis), 129, 130.
Désir (Philibert), 78.
Desmure (Les), 129.
Desmye (Pierrette), 158.
Desvignes (Esther), 156.
Desvignes (Pierre), 118, 119, 204.
Desvignes de Davayé (Jean-Baptiste-Marie), 238.
Desvignes de La Cerve (Claude-François-Joseph), 119.
Dibal (Catherine), 160, 161.
Digoine (Claude-Joseph de), 177.
Digoine (Hugues de), *de Digonia*, 18.
Digoine (Jean de), 84.
Digoine (Philiberte de), 84.
Digoine du Palais (M. de), 242.
Digoyne (M. de), 40.
Digoyne (Françoys de), 31.
Dinechin (De). Voir Dupont.
Dinet (Louis), 147.
Diximien (François-Louis de), 124.
Dodde (Pierre), 44.
Donguy (Jean), 64, 124, 211, 212.
Donguy (Jean-Marie), 119.
Donguy (Jérémie-Joseph), 67.
Donguy (Laurence-Marie), 67.
Donguy d'Origny (Jean), 169.
Donguy d'Origny (Jeanne), 64, 65, 160, 211.
Doret (Claude), 207.
Dorin (Philibert), 172.
Dormy (M.), 48.
Dormy (Charles-François), 235.
Dormy (François, Françoys), 40, 91, 234, 235.
Dormy (Jean-Charles), 235.
Dormy (Marie), 235.
Dormy (Pierre), 91, 92, 235.
Doulcet (Johan), 44.
Drée (Charles de), 209, 210.
Drée (Etienne de), 78, 232, 233, 242, 244.

Drée (Gilbert de), 78, 242.
Drée (Guillaume de), 209.
Drée (René de), 233.
Drée (Salomon de), 209.
Drée de La Serrée (René de), 170.
Droyn (Louis), 139.
Dubois (Ariane), 97.
Dubois (Thomas), 97, 156.
Dubost de Tavannes (Laurent), 168.
Ducerf (M.), 242.
Ducis. Voir Leduc.
Ducrest (Michel), 134, 192.
Ducrest de Chigy (M.), 245.
Dufournier (M.), 325.
Dufournier (Claire), 225.
Duligier-Testenoire (Dame Claude), 185.
Dumont (Philibert), 62.
Dumoulin (M.), 137.
Dumoulin (Etiennette), 81.
Dumoulin (Joseph), 81.
Dumoulin (Louis), 81.
Dumoulin (Marguerite), 81.
Dumoulin, Dumolin, Du Moulin, Du Molin (Benoît), 81.
Dumoulin, Dumolin, Du Moulin, Du Molin (Jacques), 81.
Dumoulin, Dumolin, Du Moulin, Du Molin (Jean), 80, 81.
Dumoulin de La Bruyère (M.), 243.
Dumyrat (Pierre-Emmanuel), 110, 241.
Dunoyer (Benoît), 157.
Dupont (Gaspard), 119.
Dupont de Dinechin (Jacques), 120.
Duprat (Louis-Antoine), 202.
Duprat (Louis-Bernard), 202.
Dupuis (Philibert), 167.
Durret (Louis), 217.
Duvernay (Salomon), 246.
Duverne (Simon), 170.
Dyme (Pierrette), 158.
Dyo (M. de), 40.
Dyo (Anthoyne de), 32.
Dyo (Eléonore de), 106.
Dyo (De). Voir Palatin et Palatine.

E

Ecreux (M. d'), 242.
Edouard (Gabriel d'), 221.
Effondré (M. d'), 240.
Enghien (Mgr le duc d'), 203.
Epaux (M. des), 240.
Escloine (Anthoine d'), 55.
Escole (D'). Voir Lamartine (De) et Vallier.

Escorailles (M. le comte d'), 245.
Escorailles (Jean-Eustache-Marie-Alexandre d'), 127.
Escorailles (Jean-Marie-Eustache-Alexandre d'), 237.
Escrivieux (Charles d'), 170. — Voir Descrivieux.
Esloy (Claude), 62.
Espées (Mlle des), 47. — Voir Serpens (Des).
Espinacia (De). Voir Lespinasse (De).
Essertines (Jean d'), dit *Monsieur Quornu*, alias *Cornu*, alias Cornu d'Essertines, 14.
Essertines (Jeanne d'), 14.
Essertines (Robert d'), 14.
Estaing (D'). Voir Saillans (De).
Estours (D'). Voir Cellard.
Etang (M. de L'), 241.
Etienne. Voir *Stephanus*.
Etoile (De L'). Voir Clos (Du).
Eudes. Voir *Odo*.

F

Fabry (Marguerite), 102.
Fage (Amédée de La), 227.
Fage (Christine de La), 215.
Fage (Jacques de La), 227.
Fage (Louis de La), 227.
Fage (Philibert-Joseph de La), 222.
Fage (Victor-Amédée de La), 192, 222.
Fage de Péronne (M. de La), 245.
Fage de Saint-Huruge (M. de La), 244.
Falconis (Cécile de), 100.
Farge (Etienne de La), *de Fargia*, 1.
Farnay (De). Voir Ferney (De).
Faultrières (Jehan de), 30.
Faulx (Perrot), 104.
Fautrières (Catherine-Louise de), 101.
Fautrières (Gaspard de), 56.
Fautrières (Michel de), 104, 191.
Fay (Jacques de), 106.
Fay (Jean-Hector de), 106.
Fay (M. de La), 242.
Fay-Maubourg (Eléonore de), 93.
Fayard de Champagneux (Laurent), 91.
Fayn de Rochepierre (Charles-François de), 107.
Fayn de Rochepierre (Joachim de), 107.
Fayn de Rochepierre (Thérèse-Gabrielle de), 107.
Ferney (Jehan de), *Fernay*, *Farnay*, 9.

Ferrières (Lazare de), 176.
Ferté (Demoiselle Claude de La), 46.
Feurs (Claude de), 42.
Feurs (Loys de), 30.
Fitigny (Perceval de), 31.
Fleutelot (Marie), 100, 109.
Florette (M.), 40.
Floriet. Voir Pérard.
Fond de La Rolle (Laurent de La), 91.
Fontanès (Catherine de), 200, 201.
Fontanès (Marc de), 200, 201.
Forestille (De La). Voir Pâtissier et Perrot.
Foresta (Mathias de La), 51.
Fossés (Antoine des), 131.
Foudras (Anne de), 93.
Foudras (Camille-Joseph de), 80.
Foudras (Claude de), 114.
Foudras (Emmanuelle de), 114.
Foudras (Etienne de), 227.
Foudras (Françoise de), 80.
Foudras (Henriette de), 80.
Foudras (Jean-Jacques de), 80.
Foudras (Laurent de), 80.
Foudras (Louis de), 83, 94, 95, 110.
Foudras (Lucrèce de), 80.
Foudras (Madeleine-Henriette-Françoise de), 96, 110.
Foudras (Marguerite de), 80.
Foudras (Marie de), 80.
Foudras (Marie-Louise-Alexandrine de), 96.
Foudras (Roland de), 94, 95, 174.
Foudras. Voir Fouldras.
Fougerd (Alexandre), 61.
Fougère (Marie), 185.
Fougère (M. de), 243.
Fougères (Pierre de), *de Fougières*, dit *Ly Asne*, 26.
Fougières (Girard de), 37.
Fougières (Philibert de), 32, 54.
Fouldras (Jehan de), 46, 54. — Voir Foudras.
Fouquot (Madeleine), 208.
Fournerat (Marguerite), 87.
Fournier (Antoine), 185.
Fournier (Guyot), 183, 185.
Fournier (Jeanne), 185.
Fournier (Pierre), 184, 185.
Franc (Hector de), 146.
Franc (Jean de), 114, 124.
Franc (Louis de), 111, 112.
Franc (Nycolas de), 44.
Franc (Philippe de), 31, 170.
Franc de La Salle (Claude-Marie de), 246.
Franc de La Salle (Marc-Antoine de), 246.

Franchelains (Béraud de), *de Franchelains*, 2.
Franclieu (De). Voir Chevalier.
Fremet (Jacques), 55.
Frère de Chamburcy (Marie-Françoise), 87.

G

Gachet (Anthoine), 30.
Gadagne (Mme de), 63.
Gaillard (Benoid), *alias* M. de La Gallardière, 52.
Galland, Galland de Chavannes (Claude-Nicolas de), 133, 163, 250.
Galland de Chavannes (M. de), 241.
Gallardière (M. de La), 52. — Voir Gaillard.
Gambin (Anne de), 67, 232, 250.
Garadeur (Catherine de), 231.
Garde (Adrien de La), 51.
Garde (Claude de La), 50.
Garde (Jehan de La), 49, 55.
Garde de Cadenet (Jean de La), 102.
Garnier (Philippe), 231.
Garnier (Pierre), 59, 231.
Garnier de Verneuil (MM. et MMlles), 234.
Gaschet (Huguenin), 21.
Gaspard (Jean de), 92.
Gaspard (Jeanne de), 134.
Gaspard de Marcilly (Claudine-Hippolyte de), 146.
Gassion (Madeleine-Angélique de), 246.
Gauthier (Henriette), 186.
Geudrier (De). Voir Masson.
Génelard (Pierre de), 104.
Geneloux (Louis de), 157.
Genost (Claude de), dit *de Saint-Amour*, 154.
Genost (Pierre de), 148, 152, 154.
Genost (De). Voir Saint-Amour (De).
Genouilly (M. de), 244.
Geoffray (Claude), 59.
Geoffray (Denys), 59.
Geoffray (Jacques), 59.
Geoffray (Philibert), 59.
Geoffray (Pierre), 59.
Germolles (Geoffroy de), *de Germola*, 6.
Gigault (Louis-Charles-Bernardin), 208.
Gimaray (Anne-Marie), 196.
Giraud (Philiberte), 189.
Giraud (Georges), 147, 166.
Giraud (Georges-Marie), 240.
Giraud (Jean), 147, 166.

Giraud (Jean-Baptiste), 165, 166.
Giraud de Montbellet (Jean), 166.
Givingy (Oddot de), 31.
Givry (De). Voir Chambes.
Gleteins (Catherine de), alias de Gletens, 16.
Gleteins (Guillaume de), Gletens, 9.
Gobier (Claudine), 75.
Godoyl, 12.
Gondy de Retz (Paule-Françoise-Marguerite de), 70.
Gonthier (Marie), 214.
Gorze (De). Voir Berthet (De).
Grand-Vaulx (Nycole de), 44. — Voir Grant-Vaulx.
Grange (Jehan de La), le jeune, 60.
Grange (Marthe de La), 148.
Granges (M. des), 243.
Grant-Vaulx (Jaques de), 29. — Voir Grand-Vaulx.
Gratier (François), 116.
Gravier (Théophile), 144.
Graz. Voir Legras.
Grenot (Mlle de), 165.
Grenot (De). Voir Salle (De La).
Grôlée (Guy de), alias Groles, 27.
Grollier du Soleil (Marguerite), 153.
Grosbois (Marianne de), 160.
Groslier (Anne de), 102.
Guichard (Etienne), dit Compain, 250.
Guicharde de Chassaigne (La), 24.
Guiche (Amable-Charles de La), 240.
Guiche (Claude de La), 29.
Guiche (Claude-Elisabeth de La), 191.
Guiche (Henri-François de La), 212.
Guiche (Philibert de La), 134, 212.
Guiche du Rousset (M. de La), 245.
Guillaud (Esther-Chrétienne), 217-18.
Guillaume, seigneur de Saint-Amour et de Vinzelles, 7.
Guillelmus, alias *Vuillelmus*, *comes Matisconensis*, 26.
Guillermain (Alexandre de), 160, 161.
Guillermain (François de), 161.
Guillermain (Jean-Baptiste de), 161.
Guillermain (Jeanne de), 160.
Guillermière (M. de La), 243.
Guillin (Jean-Antoine), 77.
Guy, seigneur de Dyo, 14.
Guyot, seigneur de *La Mote* et de *Rocey*, 26.

H

Hénin-Liétard (Antoine d'), 189.
Hénin-Liétard (Gabriel d'), 189.
Hénin-Liétard (Jacques d'), 136.
Hénin-Liétard (Jean-François-Gabriel d'), 189.
Hénin-Liétard (Jean-Louis d'), 135, 136, 189.
Hénin-Liétard (Marie d'), 135, 189, 190.
Hénin-Liétard (D'). Voir Alsace (D').
Hôpital (Madeleine-Elisabeth de L'), 153.
Huet, seigneur de L'Etang, 20.
Hurigny (Enemond d'), 137, 138.
Hurigny (Jean d'), 137.

I

Isabeau, femme de Geoffroy de Lugny, 2.

J

Jacques, fils de Guy, seigneur de Dyo, 14.
Jacquet (Jaconne), 222.
Jacquet du Chaillou (Christophe), 122.
Janin (Claude), 214.
Janin (Claudine), 77.
Janoire (M.), 158.
Jaquot (Claude de), 220, 221.
Jaquot (Gérard de), 219.
Jean, comte de Forez, 9.
Jean, fils de Hugues Damas, 23.
Jean, seigneur de Saint-Léger, *Sancti Leodegarii*, 10.
Jeanne, femme de Girard de Chintré, 16, 17.
Jeanne, femme de Jeannet Perrière, 12.
Jeannette, femme de Michel Peille-Oille, 13, 15.
Joly (François), 87.
Joly (Jean-François), 87.
Jubilé (M. de), 239.
Juillet (Benoît), 129.
Juillet (Jeanne), 129.

L

Laborier (François), 210.
Laborier (Jean), 211.
Laborier fils (Philibert), 216.
Laborier père (Claude-Antoine), 238, 240.
Laborier de Serrières (Abel-Louis de), 173.
Lac (Loys du), 56.
Lachard (Antoine), 214.
Lachard (Claude), 214.

INDEX ONOMASTIQUE

Lachard (Emiliane), 214.
Lachard de Thoiriat (Amédée-Victor), 214.
Lais (De). Voir Alais.
Lamain (Henriette), 145.
Lamartine (Jean-Baptiste de), 123, 139.
Lamartine (Louis-François de), 123.
Lamartine (Philiberte de), 139.
Lamartine (Philippe de), 138, 139.
Lamartine (Philippe-Etienne de), 138.
Lamartine ou La Martine père (Louis-François de), 243.
Lamartine. Voir Martine (De La).
Lamartino d'Escole (N. de), 244.
Lambert. Voir *Condry.*
Langeac (Marie-Roger de), 191.
Languet (Guillaume), 60.
Languet (Jehan), 60.
Larcher (Pierre), 106, 107.
Larcher d'Arcy (François-Louis), 66.
Lardy (Antoinette), 157.
Lardy (Archambaud), 145.
Lardy (Jean), 145.
Larme (Nicolas), 120, 121.
Larrey (De). Voir Lenet.
Lastic de Saint-Jal (Louise-Jacqueline de), 64.
Laubespin (Anthoine de), 39.
Laurant (Jehan), 59.
Laurencin (Antoine de), 83.
Laurencin (Arténice de), 83.
Laurencin (François de), 83.
Laurencin (Jean de), 83.
Laurencin (Jean-Alexandre de), 83.
Laurencin (Philippe de), 83.
Laurencin (Pierre de), 83.
Laurencin (Pierre-Laure de), 65.
Laurencin (Raimond de), 83.
Laurencin (De). Voir Claude.
Laurencin de Paffy (Jean de), 83.
Layé (De). Voir Chesnard.
Léanges (Philibert de), 147.
Lect (Jacques), 217.
Lect (Pierre), 217.
Leduc (Jean), *Ducis*, 22. — Voir *Corbelein.*
Legras (Jean), Legras, Gras, 22.
Lemoine (François), 130.
Lenet (Antoine-Ignace), 203.
Lenet (Jean-Antoine), 203.
Lenet (Marie), 202.
Lenet, Lenet de Larrey (Henri), 202.
Lenet de Seloro (Antoine-Ignace), 203.
Lesdiguières (De). Voir Bonne.
Lespinasse (Jean de), 104.

Lespinasse (Philibert de), *de Espinacia,* 21, 32, 105.
Lestouf (Barbe de), 100, 220.
Lestouf (Jacques-François de), 157.
Lestouf de Pradines (Charlotte de), 138.
Lestouf de Pradines (Jacques-François de), 138.
Leverd (Alice), *Alisia Viridis,* 18.
Lévis (Claude de), 175.
Lezay (Hugues-François de), 06.
Liétard. Voir Hénin (D').
Ligeret (Jehan), 40.
Lochars (Li). Voir *Sirot.*
Lombars. Voir *Condry.*
Longecombe (Antoine-Balthazar de), 221.
Longvy (Claude de), 147.
Loreton (Claudine), 142.
Loriol de Boissière (Georges de), 87.
Loriol de Boissière (Marie-Henriette de), 87.
Lorme (Jacques de), 234.
Lorraine (Charlotte de), 71.
Lorraine (Louis de), 70, 71.
Louis XI, roi de France, 164, 169.
Loysy (Florance de), 60.
Loysy (Guyot de), 61.
Loysy (Philiberte de), 60.
Lugny (Claude de), 30.
Lugny (Demoiselle Claude de), 111, 112.
Lugny (Geoffroy de), *de Luignie,* 2.
Lugny (Jehan de), 49.
Lugny (Dame Philippes de), 41, 54.
Luyrieu (Charles de), 201.
Luyrieu (Pierre de), 201.
Luzy (Jean de), 221.
Lyon (M. de), 40.
Lyon (Jean de), 176.
Lyon (Nicolas de), 176.

M

Macet (Henri de), 118.
Macet (Jean de), 118.
Macet (Jean-Pierre de), 118.
Machaud (Vve), 81.
Madeleine (Anne de La), 69.
Madeleine (Léonard de La), 69.
Madeleine de Ragny (M. de La), 242.
Madeleine de Ragny (Anne de La), 69, 70.
Magdelayne (MM. de La), 39.
Magdeleine (Edouard de La), 30.
Magdeleine de Ragny (Anne de La), 160.

Mailly (Guillaume de), *de Maillie, de Mailliaco*, 3.
Maire (Jeanne), 134.
Maire (Madeleine), 86.
Malard (Françoise-Antoinette), 196.
Malard (Jacques), 196.
Malaval (François de), 1.
Malaval (Pierre de), *de Mala Valle, de Maleval*, 1.
Malorge (Antoinette de), 136, 138.
Mandelot (Théodore de), 222.
Marbé (De). Voir Meaux (De).
Marboux (Gratian), 57.
Marcelange (Jehanne de), 54.
Marchizeuil (Jean de), *Melchisul, Merchisul*, 23, 24.
Marcilly (M. de), 244.
Marcilly (Lucresse de), 52.
Marcilly (De). Voir Gaspard (De).
Marcilly-Cipierre (Philiberte de), 82.
Maréchal (Jean), *Marescalli, Mareschalli*, 20.
Mareschal (Claude), 179.
Mareschal, de Mareschal (Jacques), 31, 179.
Mareschal (Françoise de), 151.
Margot (Philippe), 138.
Marguerite, femme de Guillaume de Masille, 10.
Marguerite, femme de Guy de Grolée, 27.
Marguerite, *alias* Quicque, femme de Jean, seigneur de Saint-Léger, 10.
Marguerite, fille de Robert de La Rochette, 18.
Marigny (De). Voir Perrier.
Marillat (De). Voir Besserelles (De).
Marillier d'Auxilly (Anne-Nicole), 102.
Marins (Louis des), 133.
Marins (Perrone des), 133.
Marlon (Huguenin), *Hugoninus Marionis*, 11.
Marnay (De). Voir Porte (De La).
Mars (Guy de), 105.
Martel (Claude-Philippe de), 194.
Martigny (Marie-Jeanne de), 93.
Martine fils ainé (François-Louis de La), 246.
Martine (Pierre de La), 246.
Martine (La, De La). Voir Lamartine.
Mary (Pierre de), 50.
Marzac (De). Voir Montchanin (De).
Masilles (Claude de), 50.
Masilles (Jehan de), 50.

Masson (Henri), 193, 194.
Masson (Philibert-Marie, *alias* Philippe-Marie), 194.
Masson (Philippe), 209-40.
Masson de Gendrier (Eléonore-Françoise), 194.
Massy-sous-la-Vineuse (M. de), 245.
Mathoud (Antoinette), 99.
Maubourg. Voir Fay (De).
Maugiron (M. de), 218.
Maugiron (Claude de), 164.
Maugiron (Guillaume de), 54.
Maugiron (Jean-Baptiste-Gaston de), 164, 165.
Maugiron (Timoléon de), 126.
Mayot, 11.
Mazille (Guillaume de), *de Masilliis, de Masiliis*, 10, 14.
Meaux (Aimé de), 98, 120.
Meaux (Etienne de), 99.
Meaux (Hugues de), 98, 99, 120.
Meaux (Jacques de), 98.
Meaux (Jean-Etienne de), 99.
Meaux (Marie-Elisabeth de), 99.
Meaux (Marie-Thérèse de), 99.
Meaux (Pierre de), 98.
Meaux, Meaux de Marbé (Claude de), 131, 192, 193.
Médavy (M. le comte de), 67.
Melchisul (De), *Merchisul* (De). Voir Marchizeuil (De).
Mellier (Marguerite de), 83.
Ménars (De). Voir Charron.
Mercier (François), 78.
Mercier (Jacques), 60.
Mercier (Jehan), 60.
Merzé (Mme de), 52.
Mesgrigny (Antoinette de), 94.
Mesgrigny (Jean de), 93.
Messé (Jehan de), *alias* Messay, 39, 48.
Messey (M. de), 244.
Messey (Guillaume de), 27, 29.
Messey (Jean de), 161.
Messey (Pierre de), 161.
Mousinot (Mme de), 225.
Michet de Sanville (Elisabeth), 205.
Michon (Aimé-Gabriel), 181.
Michon (Alexandre), 180, 181.
Michon (Antoine-Alexandre), 73.
Michon (Jean), 180.
Michon (Jean-Baptiste), 180, 181, 222.
Michon de Pierreclos (Jean-Baptiste), 239, 243.
Millot (Françoise), 184, 185.
Milly (De). Voir Curtil (De).
Mincé (Claudine de), 150.

Mincé (De), Minoié (De). Voir Myncé (De).
Mincié (Jehan de), 30.
Mincié (Quantin de), 30.
Miolans (Jehan de, Jean de), 40, 151.
Mirabeau (M. de), 243.
Mitte de Chevrières (Just-Henri), 199.
Mitte de Chevrières (Melchior), 198.
Moisson (Françoise), 184.
Moisson (Humbert), 184.
Moisson (Nicolas), 184.
Moiziat (M. de), 240.
Moles (Jehan de), 53.
Moles-Chantemerle-La Clayette (Marc de), 103. — Voir Chantemerle.
Molin (Du). Voir Dumoulin.
Molins (Christophe de), 74-5.
Molins (Clodion de), 75.
Molins (Jacques de), 75.
Molins (Jehan de), 30.
Molle (Jacques de), 50.
Mollée (Charles de), 54.
Molleron (De). Voir Bourgeois.
Monnay (Claude de), 31.
Monnay (Ysabeau de), 57.
Monnier (Archambaud), 145.
Monnier (Archambaud-Louis), 145.
Monnier (Jean), 145.
Monnier (Jeanne-Louise), 145, 251.
Monnier (Philibert), 145.
Monnier de Boisfranc (Jean), 145.
Montaigny (Claude de), 51.
Montaigny (Pierre de), 55.
Montauban (De). Voir Bonne (De).
Monthellot (De). Voir Giraud.
Monthuron (De). Voir Chossat.
Montchanin (M. de), 241.
Montchanin (François de), 94.
Montchanin, Montchanin de Marzac (Antoine de), 93, 94.
Montchanin, Montchanin de Marzac (Françoise-Éléonore de), 93, 94.
Montchanin-Marzac (Claude de), 93.
Monteynard de Montfrin et de Souternon (Joseph de), 203.
Montfaulcon (Anthoine de), 29.
Montferrand (Jean-Claude de), 214.
Montfrin (De). Voir Monteynard.
Montigny (M. de), 243.
Montigny (De). Voir Crest (Du).
Montherot (Pierre de), 243.
Monthieux (Guillaume de), de Monteu, 8.
Montlaur (De). Voir Bonne (De).
Montperroux (De). Voir Palatine.

Montpipeau (De). Voir Rochechouart (De).
Mont-Regnard (Jehanne de), 50.
Montrevel (De). Voir Baume (De La).
Montrevost (De). Voir Perrault.
Montrichard (Louis-Henri de), 67.
Montrouge (De). Voir Chesnard.
Montval (De). Voir Aymard.
Monz (Robert de), alias de Tresetis, 19. — Voir Trézette.
Morel (Philiberte), 97.
Morelle (Bérarde), Berarda Morella, 13.
Morin, Morini, 12.
Morland (M. de), 242.
Moroge (Charles de), 49.
Moroges (De). Voir Thésut (De).
Mortemart (De). Voir Rochechouart (De).
Mothe (Nycolas de La), 53.
Mothion (Aimée), 152.
Moton (Jehan du), 43.
Motte (M. de La), 245.
Mottin (Jean), 223.
Moulin (Du) Voir Dumoulin.
Mouton (Claude du), 30.
Mouton (Ly). Voir Busseul (De).
Moyne (Benoît), 59.
Moyne (Claude), 59.
Moyne (Nicolas), 54.
Moyne (Pierre), 59.
Moyria (Anne-Marianne de), 201.
Mucie (Jacques de), 209, 210.
Mugon (Jean), 12.
Murat (François de), 226.
Murat (Gilbert de), 226.
Mure (Mathieu de La), alias dit de Mure, de Mura, alias de Muro, 1.
Murgers (Jean des), des Murgiers, 25.
Murgers (Perret des), 20.
Murzeau (Huguenin de), de Mulzeau, 26.
Musy (Pierre de), 44.
Musy de Romanèche (Gabrielle de), 158.
Myard (Des). Voir Bridet.
Myncé (Philibert de), 45. — Voir Mincé (De) et Mincié (De).

N

Nagu (Jean de), 185.
Nagu (Philibert de), 50.
Nanton (Dame Claude de), 111-113.
Nanton (Jean de), 80.
Nanton (Pierre de), 80.
Naturel (Anthoine), 50.
Naturel (Mathias), 45.

Naturel (Charles-Marie de), 122.
Naturel (Claude de), 122, 227.
Naturel (Jams Claude de), 109.
Naturel (Jacques de), 227.
Naturel (Lazare de), 227.
Naturel (Pierre-Marie de), 227.
Nazarier (François-Hilaire de), 88.
Neufville (Philippe de), 30.
Neuville (Catherine de), 70, 71.
Neuville (Charles de), 229.
Neuville (François de), 110.
Neuville (Valentine-Adrienne-Elisabeth de), 78.
Nevers (Jeanne de), *de Nyvernis*, 23.
Noblet (Alexandre-Marie de), 65, 168.
Noblet (Bernard de), 64, 65, 181, 211.
Noblet (Catherine-Jacqueline de), 124.
Noblet (Charles de), 65.
Noblet (Charles-Étienne de), 65, 243.
Noblet (Claude de), 169, 220.
Noblet (Claude-Alexis de), 107.
Noblet (Elisabeth de), 190.
Noblet (Jean-Éléonor de), 169.
Noblet (Marie-Alexandre de), 124.
Noblet (De). Voir Thibaut (De).
Noblet, Noblet de Chenelette (Bernard de), 107, 108, 169.
Nobles de La Clayette (M. de), 210.
Nyvernis (De). Voir Nevers (De).

O

Occors de La Tour (Philiberte d'), 79.
Odo, dux Burgundiæ, 20.
Ollivier (David), 206.
Ollivier de Senozan (François), 206.
Ollivier de Senozan de Viriville (Madeleine-Henriette-Sabine), 155.
Origny (D'). Voir Danguy.
Orléans (Mgr le duc d'), 96.
Ozenay (D'). Voir Barthelot.

P

Paffy (De). Voir Laurencin (De).
Paillard (Milas de), 104.
Paisseaud (Antoine), 121, 122.
Paisseaud (Humberte), 121.
Paisseaud (Joseph), 127.
Paisseaud (Thomas), 90, 121, 127.
Palais (Du). Voir Digoine (De).
Palatin de Dyo (Antoine), 106.
Palatin de Dyo (Claude-Antoine), 106.
Palatin de Dyo (Eléonor), 175, 251.
Palatin de Dyo (Henri), 106.
Palatin de Dyo (Noël-Eléonor), 105-6.
Palatin. Voir Dyo (De).
Palatine de Dyo de Montperroux (Marie-Jeanne-Baptiste), 181.
Palerne (Antoine-Augustin), 87.
Palerne (Antoine-Marie-Augustin), 239.
Palu (Anthoyne de La), 30.
Palus (Anthoine), 61.
Parthenay (Marie de), 74.
Particelli (Pierre), 86, 87.
Particelli (M. de), 115.
Patarin (M⁽ᵉ⁾), Paterin, 55.
Pâtissœur (Mᵉ), 172.
Pâtissier (Demoiselle Philippe), 182.
Pâtissier de La Forestille (Marc-Antoine), 238, 239, 247.
Pâtissier de La Preste (André), 247.
Péan de Saint-Gilles (Michel-Denis), 64.
Peille-Oille (Michel), *alias Peyle-Oylle, alias Au Vilain, alias dit Au Vilain*, 13, 15.
Pelez (Jehan), 58.
Pelez (Philibert), 58.
Pelez (Zacharie), 227-229.
Pelleterat (François), 152, 245.
Pelleterat de Borde (Antoine), 244.
Pelleterat de Borde (Louis-Gérard), 155, 245, 246.
Pelleterat de Borde (Marguerite), 153.
Pelleterat de Borde (Marguerite-Gasparde), 155.
Pelleterat de Borde (Simon), 153.
Pelletier (Jehan), 57.
Pelletier (Jean), 177.
Pélussieux. Voir Salle (De La).
Pérard-Floriet (M.), 214.
Pérard-Floriet (Jean), 181.
Périgord. Voir Talleyrand (De).
Pernaton (Jeanne de), 229, 230.
Péronne (De). Voir Fage (De La).
Perrachon (Gabrielle), 104.
Perrachon (Louise-Françoise), 191, 203, 206.
Perrachon (Marc-Antoine), 181, 205.
Perrachon (Marthe), 118.
Perrachon (Pierre), 170, 192.
Perrault de Montrevost (M.), 231.
Perret (Blaise), 59.
Perrier (Emiland), 81.
Perrier (Girard), 159, 181, 185.
Perrier (Hélène), 159.
Perrier (Jean-Baptiste), 159, 229, 230.

Perrier (Vincent), 159, 229.
Perrier, Perrier de Marigny (François-Charles-Marie), 160, 238, 240.
Perrière (Jeannet), Perrero, Pererii, 12.
Perrière (Thomas), Perrere, 11, 12.
Perrière (Philiberte de La), 2.
Perrin (Gilbert), 167, 168.
Perrin (Jean), 167.
Perrin de Doron (Christophe), 141, 246.
Perroy de La Forestille (Claude), 208.
Petit-Bissy (M. du), 245.
Petit-Bois (M. du), 241.
Petra Lata (De). Voir Pierrelatte (De).
Pézerat (Gérard), 225.
Philippe le Bel, 1.
Philippe VI, roi de France, 151, 154, 251.
Philippin (Andrée), 217.
Philippin (Pierre), 217.
Piennes (De). Voir Brouilly (De).
Pierreclos (De). Voir Michon.
Pierrelatte (Thomas de), *de Petra Lata*, 19.
Piso (Antoine de), 126, 218.
Piso (Antoine de), l'oncien, 143.
Piso (Antoinette de), 126, 127.
Piso (Jeanne de), 156, 218.
Piso (Marie de), 102.
Plessis (Du). Voir Quarré.
Poiseux (Huguenin de), 250.
Pollet (Antoine), 182, 183.
Pollet (Claude), 183.
Pollet (Jeanne-Marie-Philippe), 183.
Polignac (Françoyse de), 45.
Ponceaulx (Michiel de), 29.
Porchier (Françoys), 58.
Porte (M. de La), 245.
Porte (Antoine-Hilaire de La), 161.
Porte (Claude de La), 57.
Porte (François de La), 172.
Porte (Françoise de La), 97.
Porte (Jacques de La), 172.
Porte (Jean de La), 172.
Porte (Joseph-Alexandre de La), 161.
Porte (Louis-Hugues de La), 92.
Porte (Michiel de La), 57.
Porte de Marnay (Jacques de La), 186.
Poullet (Jean), 82.
Poype (Isabeau de La), 60.
Poype (Louis-Claude de La), 150.
Poype (De La). Voir Vallin (De).
Pradines (De). Voir Lestouf.
Près (Des). Voir Thibaut (De).
Presle (De La). Voir Pâtissier.
Prestre (Antoine Le), 68.

Prestre (Jacques-Philippe-Sébastien Le), 68.
Prestre de Vauban (Antoine Le), 78, 198.
Prestre de Vauban (Jacques-Anne-Joseph Le), 242.
Prestre de Vauban (Jacques-Philippe-Sébastien Le), 198.
Prestre de Vauban (Louis-Gabriel Le), 68.
Prez (Jacques des), 48.
Priézac (Jean-Marc de), 145.
Prisque (Claude), 101.
Prisque (Françoise), 96, 97.
Prisque (Antoine-Louis de), 65, 245.
Prisque (Armand de), 74.
Prisque (Etienne de), 74.
Prisque (Louis-Etienne de), 246.
Prisque (Louis-Marie de), 74.
Prisque de Besancœuil (Antoine-Louis de), 74, 241.
Promaçon (Amaconnée), 146.
Pruzilly (De). Voir Cellard.
Puthières (M. de), 213.
Puthod (Louis), 185.
Pyemont (Jaquemin de), 32.

Q

Quarré du Plessis (Claude), 155.
Quarrière (Tevenin), 21.
Queuille (Anne-Gilbert de La), 64.
Queuille (Gilbert de La), 63.
Queuille (Louis-Gilbert, comte de La), 64.
Queuille et de Châteaugay (Jean-Claude-Marie, marquis de La), 64.
Quicque. Voir Marguerite.
Quornu. Voir Essertines.

R

Rabutin (Hugues de), 133.
Rabutin (Paule-Antoinette-Louise de), 133, 134.
Raffin (Thomas), 51.
Raffin (Claude-François de), 181.
Raffin (François de), 182.
Raffin (Georges de), 181, 182.
Raffin (Jeanne de), 89, 244.
Raffin (Philippe de), 181, 182.
Raffin (De). Voir Simon.
Ragny (De). Voir Madeleine et Magdeleine (De La).
Ragot (Jehan), 60.
Ragot (Pierre), 45.
Rains (Benoît de), 128, 129.
Rains (Henri de), 103.

Rains (Hilaire de), 128, 129.
Rains (Philiberte de), 128, 129.
Rains (Pierre de), 128.
Rambuteau (M. de), 188.
Rambuteau (De). Voir Barthelot.
Rambuteau de Chassagne (Claude de), 241.
Raquin (Jehan), 60.
Ratton (Jacques), 238.
Raviers (Des). Voir Chevalier.
Ray (Jacques), 71, 223.
Regnaud (Gilbert), 226.
Renibert (Anne), 172.
Réty (Mlle), 173.
Retz (De). Voir Gondy (De).
Revillon (Jacques), 128.
Revol (Lucrèce de), 80.
Rey (Philiberte du), 87.
Robelot (Jehan), 31.
Roberget (Jean), 104.
Robert, fils de Hugues Damas, 23.
Roche (Claire de), 211.
Roche (De La). Voir Courrier.
Rochebaron (Françoys de), 30.
Rochebaron (Geoffray de), 39.
Rochebaron (René de), 72, 140.
Rochebaron (De). Voir Aumont (D').
Rochebaron d'Aumont (Antoine de), 140.
Rochechouart (Charles de), 144.
Rochechouart (Gabrielle de), 217.
Rochechouart (Marguerite de), 144.
Rochechouart de Montpipeau (Jean-Léonard de), 157.
Rochechouart de Mortemart (Jean-Léonard de), 143, 144.
Rochefort (Anne de), 207.
Rochefort (François de), 207, 208.
Rochefort (Marie-Elisabeth de), 208.
Rochefort d'Ailly (Anne de), 106.
Rochefort d'Ailly (Jean-Amédée de), 105.
Rochefort d'Ailly (Jean-Baptiste de), 195.
Rochepierre (De). Voir Fayn.
Rocherot (Gilbert), 61, 62.
Roche-Thulon (De La). Voir Thibaut.
Rochette (Robert de La), de Rocheta, 18.
Rochette et Saint-Maurice (M. de La), 244.
Rodde (Marie-Etienne-Charles-Louis de La), 237.
Rogemont (Anthoine de), 42. — Voir Rougemont (De).
Rolin (Marie-Anne), 100.
Rolle (De La). Voir Fond (De La).

Ronchevol (Jacques de), 56.
Romanèche (De). Voir Musy (De).
Rosset (Jacques), 45.
Rosset (Philibert), 31.
Rotrou (Mme de), 188.
Rougemont (Antoine de), 98.
Rougemont (Gabrielle de), 114.
Rougemont (Hugues de), 89, 180.
Rougemont (Philibert de), 30, 169, 170.
Rousselot (Catherine), 102.
Rousselot (Nicolas), 102.
Rousset (M. du), 165.
Rousset (Adrienne du), 82.
Rousset (François du), 82, 158, 159.
Rousset (Françoise du), 82.
Rousset (Du). Voir Guiche (De La).
Roux (Johan de), 45.
Roux (Jeanne Le), 211.
Royers (Alphonse de), 161.
Royers (François de), 186, 213, 251.
Royers (Henri-Bernard de), 187, 251.
Royers (Paul de), 160.
Royers (Pierre de), 160, 161.
Royers de Saint-Micault (Henri de), 186, 251.
Royers de Saint-Micault (Marie-Antoinette de), 127, 250.
Rozard (Philiberte), 49.
Rozet (Nicolas), 81.
Rye (Dèle de), 212.
Ryer (Claude du), 146.
Ryer (Françoise-Christine du), 119.
Ryer (Marie-Rose du), 119.
Rymon (Charles de), 218, 219.
Rymon (Claude de), 157.
Rymon (Marie de), 120, 188.
Rymon (Moïse de), 213.

S

Sagle (Geoffray de), 58.
Saigle (Philibert de), 40.
Saigne (Silvain-Alexis de La), 226.
Saillans d'Estaing (M. de), 188.
Saillant (Charles de), 36.
Saillant (Gaspar de), 36.
Sailly (Du). Voir Bourgoin.
Saint-Amour (Charles de), alias Charles de Genost, dit de Saint-Amour, 148.
Saint-Amour (Pontus de), dit de Genost, alias de Genost, dit de Saint-Amour, 147, 148.
Saint-Andrieu (Philippe de), 30.
Saint-Chamond (Jean-Armand de), 170.

INDEX ONOMASTIQUE

Saint-Christophe (M. le comte de), 171. — Voir Tenay (De).
Saint-Gengoux (M. de), 244.
Saint-Georges (Antoine de), 167.
Saint-Georges (Claude de), 94, 125.
Saint-Georges (Claude-Marie de), 100.
Saint-Georges (Marguerite de), 125.
Saint-Georges de Chautfailles (M. de), 242.
Saint-Germain (Agnès de), *de Sancto Germano*, femme de Guillaume de Beaujeu, 14.
Saint-Germain d'Apchon (Henri de), 79.
Saint-Gilles (De). Voir Péan.
Saint-Jal (De). Voir Lastic (De).
Saint-Huruge (De). Voir Fage (De La).
Saint-Maurice (De). Voir Chevriers (De) et Rochette (De La).
Saint-Micault (De). Voir Royers (De).
Saint-Point (M. de), 237.
Saint-Point (Claude de), 31.
Saint-Point (Guillaume de), 44.
Saint-Point (Jehan de), 3.
Saint-Romain (Oger, *Ougerius*, de), 8.
Saint-Romain-du-Breuil (De). Voir Seyvert (De).
Saint-Romain-sur-Saône (M. de), 238.
Sainct-Romain (Demoiselle Claude de), 49.
Saincte-Collombe (Anthoine de), 55.
Saix (Jean-Baptiste du), 170, 171.
Sologny (Marc Lordin de), 39.
Salle (Demoiselle de La), 138.
Salle (Catherine de La), *de Aula*, 2.
Salle (Isabeau de La), 148.
Salle (Jean-Claude de La), 141.
Salle (De La). Voir Franc (De).
Salle de Grenot (M. de La), 239.
Salle-Pélussieux (Madeleine-Laurence de La), 93.
Sallornay (Françoys de), 43.
Salornay (Aimé de), 185.
Salornay (Antoine de), 185.
Salornay (Bernard de), 43.
Salornay (Claude de), 30.
Salornay (Françoys de), 32.
Salornay (Jacques de), 185.
Salornay (Philibert de), 30.
Salornay (Pierre de), 30.
Salornay (De). Voir Chesnard.
Salornay de Champerny (Aimé de), 185, 186.
Salornay-sur-Guye (M. de), 245.

Sanville (De). Voir Michet.
Saulx (Charles de), 79.
Saulx (Claude de), 79.
Saulx de Tavannes (Marie-Anne de), 177.
Saulx de Tavannes, Saulx-Tavannes (Claire-Françoise de), 79, 115, 175.
Saulx-Tavannes (De). Voir Tavannes (De).
Saumaise (Marie de), 144.
Sauvage (Guillaume de), 232.
Sauvement (Henri du), 25.
Sauvet (M.), 164.
Sauvot (Michel), 158.
Savigny (M. de), 244.
Selore (De). Voir Lenot.
Semeur (Anthoine de), 46.
Semeur (Gérard de), 52.
Semeur (De). Voir Semur (De).
Sempigny (Thibault de), 29.
Semur (Girardin de), *Gerardinus, Girardinus de Sine Muro*, alias *de Semur-en-Brionnois*, 13.
Semur (Jehan de), 29.
Semur (Léonard de), 207.
Semur (De). Voir Semeur (De).
Senneçé (De). Voir Bauderon et Bernard.
Senneton (Anne de), 151, 155.
Senozan (M. de), 237.
Senozan (De). Voir Olivier.
Sercy (M. de), 244.
Sermaise (M. de), 244.
Sermaise (De). Voir Simon.
Sermant (Antoine de), 100, 220.
Serpents (Gabrielle des), 109.
Serpens (Demoiselle Claude des), 49.
Serpens (Jehanne des), 53.
Serre (Claude de), 234, 235.
Serre (Demoiselle Claude de), 91.
Serre (De). Voir Colin.
Serrée (M. de La), 244.
Serrée (De La). Voir Drée (De).
Serrières (De). Voir Laborier (De).
Sève (Lucrèce de), 94.
Severt (Estienne), 44.
Severt (Jehan), 44.
Severt. Voir Seyvert.
Sevré (Edme-Jean-Nicolas), 1 9, 197, 246.
Sevré (Jean-Claude), 197.
Seyssel (Demoiselle Claude de), 92.
Seyturier (Jean-Louis de), 152.
Seyvert (Aimé), 127, 210, 218, 219.
Seyvert (Aimé-Jean-Jacques), 130.
Seyvert (Antoine-François), 127, 210.
Seyvert (Edme), 211.

Seyvert. Voir Sovert.
Seyvert de Saint-Romain-du-Breuil (M. de), 238.
Sillery (De). Voir Brulart.
Simon de Raffin de Sermaise (Mlle de), 245.
Sine Muro (De). Voir Semur (De).
Siraudin (Jean), 116.
Sirot (Jean), *Siroti*, alias *Li Lochars*, alias dit *Li Lochars*, 15, 16.
Sirot (M. de), 240.
Soleil (Du). Voir Grollier.
Sologny (Guillaume de), *de Sologniaco*, 6.
Sommièvre (Jean-Augustin de), 191.
Souche (Madeleine de La), 226.
Souternon (De). Voir Monteynard (De).
Stephanus, comes Burgundiæ, 26.
Symon (Jehan), 55.

T

Talleyrand-Périgord (Joseph-Archambaud de), 155.
Tanay (Béatrice de), *de Teney*, 1.
Tannière (M. de La), 242.
Tartre (Anthoine du), 47.
Tartre (François du), 127.
Tartre (Robert du), 127.
Tavannes (Mme la baronne de), 86.
Tavannes (De). Voir Dubost et Saulx (De).
Tellier (Michel Le), 202.
Tenay (Laurent de), 130, 200.
Tenay (Marc-Hilaire de), 130.
Tenay (De). Voir Saint-Christophe (De) et Thenay (De).
Tenay de Saint-Christophe (Anne de), 171.
Tenay de Saint-Christophe (Philiberte de), 162.
Teney (De). Voir Tanay (De).
Testenoire (Demoiselle Philippe), 182, 183.
Testenoire. Voir Duligier.
Testu de Balincourt (Charles-Louis), 198.
Thenay (Aymé de), 48.
Thenay (Jehan de), 29.
Thenay (De). Voir Tenay (De).
Thésut (M. de), 244.
Thésut (Françoise de), 163.
Thésut (Philibert de), 163.
Thésut de Moroges (M. de), 244.
Thévenard (Renée), 67.
Thiard (M. de), 244.
Thiard (Anne-Claude de), 77.
Thiard (Claude de), 76.
Thiard (Jacques de), 76.
Thiard (Pontus de), 204.
Thiard (De). Voir Tyard.
Thiard de Bissy (Claude de), 77.
Thibaut (Claude de), 190.
Thibaut (François de), 82.
Thibaut (Gabriel de), 82.
Thibaut (Philippe de), 190.
Thibaut de La Roche-Thulon (Claude-Marie-René-François), 241.
Thibaut de Noblet des Prés (Claude de), 190.
Thibaut de Noblet des Prés (Claude-Hyacinthe de), 190.
Thibaut de Noblet des Prés (Philibert-Joseph de), 190.
Thoiriat (De). Voir Lachard.
Thy (Alexandre de), 215.
Thy (Huguette de), 74.
Thy (Philibert-Joseph de), 214, 239.
Toillon (Françoys), 47, 57.
Toison (Claude de La), 135, 189.
Toulongeon (Jean de), 196.
Tour (De La). Voir Occors (D').
Tournelle (Charles de La), 144.
Trama (Philbert), 236.
Trémont (Robert de), *de Tribus Montibus*, 21.
Trézette (Raoul de), *de Trezetes*, *de Tresetis*, 19, 27. — Voir Monz.
Tribus Montibus (De). Voir Trémont (De).
Troncey (Jehan de), 29.
Trouilloux (Claude), 113.
Tupinier (Claude), 173.
Tupinier (Emilian), 172, 173.
Tupinier (Emilien), 126, 127.
Tupinier (Françoise), 173.
Tupinier (Henri-Oswald-Gabriel), 173, 174.
Tyard (Estienne), 29. — Voir Thiard (De).

V

Vaginay (Jean), 161.
Valadoux (M. de), 134.
Valécot (M. de), 245.
Vallée (La). Voir Burnet.
Vallier (Abraham), 122, 123, 148, 158, 200.
Vallier (Abraham-Thomas), 123, 148, 155, 158.
Vallier (Marie), 127.
Vallier (Maurice-François), 157-8.
Vallier (Pierre), 123, 158.
Vallier d'Escole (Antoine), 154.

Vallier d'Escole (Avoie), 154.
Vallier d'Escole (Marie), 154.
Vallin (Marguerite de), 186.
Vallin de La Poype (Gabrielle-Marguerite de), 156.
Vanoise (Jacques ou Jacquet de, *Jacobus*, alias *Jaquetus*), *Valnoyse*, 40.
Varay (Marie de), 42.
Varenne (De La). Voir Arcy (D').
Varennes (M. de), 239.
Vauban (De). Voir Prestre (Le).
Vaux (Guillaume de), *de Vaulx*, 3.
Vaux-sous-Suin (M. de), 241.
Vaux-sur-Aisne (M. de), 243.
Vauzelles (Pierre de), 51.
Verchère (Philibert), 203.
Verchières (Jehan des), 59, 61.
Verchières (Pierre des), 60.
Verchières (Thomas des), 60.
Vergier (Pierre de), 31.
Vergy (Claude de), 156.
Verjus (Anthoine), 55.
Verjus (Béraud), 55.
Verjus (Jacques), 213.
Verjus (Philibert), 57.
Verne (M.), 245.
Verne (Jean-Gabriel), 64.
Vernée (Claude de La), 138.

Vernée (Jean de La), 138.
Vernette (De La). Voir Bernard.
Vernette du Villard (M. de La), 241, 244.
Verneuil (De). Voir Garnier.
Verny (De). Voir Bourgeois (De).
Vers (Girard de), 117.
Vesc (De). Voir Bonne (De).
Viard (M.), 128.
Vichy (M. de), 240.
Vichy (Mlles de), 155.
Vichy (Anthoine de), 29, 46.
Vichy (Gaspard de), 88, 89, 125, 168.
Vichy (Gilbert de), 88.
Vichy (Isabeau de), 127.
Vichy (Marie de), 148.
Vichy (Robert de), *de Vicheyo*, alias *de Vichiaco*, 15.
Vilhonneur. Voir Chambes.
Villard (Du). Voir Vernette (De La).
Villars (Humbert de), 8.
Villeroy (M. le maréchal de), 80.
Villod (Philippe), 156.
Vincent (Claudine), 142, 143.
Vincent (Jean), 159.
Viridis. Voir Leverd.
Viriville (De). Voir Olivier.
Viste (Jehanne La), 47.
Vuillelmus. Voir *Guillelmus*.

www.ingramcontent.com/pod-product-compliance
Lightning Source LLC
Chambersburg PA
LVW071515160426
796CB00010B/1528